民国文献整理与研究
发展报告（2018）

国家图书馆出版社

图书在版编目（CIP）数据

民国文献整理与研究发展报告 . 2018 / 刘民钢，蔡迎春主编 . — 北京 : 国家图书馆出版社，2019.10

ISBN 978-7-5013-6642-2

Ⅰ . ①民… Ⅱ . ①刘… ②蔡… Ⅲ . ①中国历史－文献－研究报告－民国 Ⅳ . ① K258.07

中国版本图书馆 CIP 数据核字（2018）第 267037 号

书　　名	民国文献整理与研究发展报告 . 2018
著　　者	刘民钢　蔡迎春　主编
责任编辑	梁　盼　吕若萌
封面设计	北京麒麟轩文化发展有限公司

出版发行　国家图书馆出版社（北京市西城区文津街 7 号　100034）
　　　　　（原书目文献出版社　北京图书馆出版社）
　　　　　010-66114536　63802249　nlcpress@nlc.cn（邮购）
网　　址　http://www.nlcpress.com
印　　装　北京市通州兴龙印刷厂
版次印次　2019 年 10 月第 1 版　2019 年 10 月第 1 次印刷

开　　本　710×1000（毫米）　1/16
印　　张　26.75
字　　数　332 千字
书　　号　ISBN 978-7-5013-6642-2
定　　价　58.00 元

本书编委会

前　言

《民国文献整理与研究发展报告》（以下简称《发展报告》）是一本民国文献研究领域的工具书。我们编纂这本报告的初衷是想为大家提供一个较为方便地了解民国时期文献目前出版整理状况的途径。让我们感到十分高兴的是，这本《发展报告》已经在本领域的研究者中引起一定的关注，很多读者认为每个年度的《发展报告》确实可以为大家提供一定的方便。这对我们来说是恰如所愿，正合初心。我们真心感受到了能为研究者们做一点小小贡献的喜悦。

民国文献作为中国近代思想文化发展的重要记录，作为中国近代社会生活的重要记录，越来越显示出其研究的价值。越来越多的民国文献得到大家的关注，获得整理和出版。

本年度民国文献研究的《发展报告》，特别关注了佛教文献的整理出版情况，因为这个方面文献的整理日渐增多，从一个侧面反映了大家对这一时期思想领域研究的重视。其次，我们还特别综合了物理学文献的出版和研究情况，可以看出民国时期西方现代科学传入中国后引发的国民的兴趣，也可以看到当时的人们对科学教育日渐浓厚的兴趣。我们还对儿童教育和女性教育文献进行整理和研究，反映了大家对教育类文献的关注。在本年度的报告中，我们还特别介绍了美术学文献整理情况和地方文献整理状况。

本年度还有一个比较特别的专题，就是民国文献修复的研究，是我们对民国文献整理专题的延伸。众所周知，民国文献的修复是当今文献保护中的一个难题，也是大家关注的一个热点，把相关研究的情况加以整理，希望能够帮助大家更多地了解相关情况。现在出版界花费大量的精力和财力重新整理出版民国时期的文献，其中一个重要的原因就是民国文献的保护不易，利用很难。对这个方向的关注，也是想引起更多研究者的关心，特别是期待能够利用现代科技的发展，有更好的方法来解决民国文献的保护和保存问题。

在前次《发展报告》的《前言》中，我们曾经提到，《发展报告》的作者群中，增加了一些年轻的生力军。让人高兴的是，这些生力军正在逐渐变为主力军。年轻的研究队伍的成长，也是我们编纂本《发展报告》的初衷之一。正是一批又一批年轻的研究者的加入，才让我们的《发展报告》有了不断发展的力量。

同时，在本年度的《发展报告》中，还有多位不是我们馆的研究者加入了我们的队伍，这更是让人高兴的事。我们希望我们的工作，能够引起更多学者的兴趣和关注。让他们加入到我们的队伍中来，共同为广大的民国文献研究者提供文献整理和研究方面的帮助。

上海师范大学图书馆

刘民钢

2018 年 7 月 28 日

目　录

上编　年度报告

下编 专题报告

上　编

年度报告

第一章　民国文献整理出版综述

根据对出版机构网站、网上书店、书商征订目录、新书发布等出版信息以及图书馆书目数据等的检索和统计（检索统计日期截至 2018 年 7 月 15 日），2017年整理影印出版的民国文献共计 87 种 4841 册，涉及出版机构 15 家。相较于2016 年，民国文献的影印出版，在品种数量和册数上均略有上升，出版物的内容、出版形势依然体现和沿袭了近年民国文献整理与影印出版的特色和发展态势。

一、影印出版的基本情况

2017 年影印出版的民国文献共 87 种 4841 册（详见表 1–1–1），涉及国家图书馆出版社、凤凰出版社、天津古籍出版社、海豚出版社、线装书局、广陵书社等 15 家，整理出版的民国文献主要包括政治、历史、教育、文化、经济、艺术等各个方面，整理的文献类型包括图书、期刊、档案、调查报告、公报、手稿以及各种类型文献综合汇编等多种形式。

表 1-1-1   2017 年民国文献影印出版目录

序号	书　名	丛书名	出版社	册数
1	宝兴矿业档案		北京联合出版公司	41
2	民国童子军教育史料汇编	南开大学中国社会史研究中心资料丛刊	凤凰出版社	31
3	近代旅游指南汇刊二编	南开大学中国社会史研究中心资料丛刊	凤凰出版社	25
4	近代环境资源调查资料		凤凰出版社	21
5	近代域外游记丛刊二编	南开大学中国社会史研究中心资料丛刊	凤凰出版社	32
6	福州族谱丛刊	中国珍稀家谱丛刊	凤凰出版社	31
7	雄安新区方志丛书		凤凰出版社	16
8	近代教育心理学书系		广陵书社	77
9	近代乡村建设史料汇编（第二辑）		广陵书社	27
10	国闻周报		广陵书社	86
11	中华民国史史料五编		广陵书社	100
12	民国诗集选刊		广陵书社	137
13	蜀道行纪类编	西华师范大学历史文化学院资料丛刊	广陵书社	46
14	近代世界史文献丛编		广陵书社	49
15	徽州合同文书汇编		广西师范大学出版社	11
16	汉语基督教珍稀文献丛刊（第一辑）		广西师范大学出版社	10
17	民国乡村教育文献丛刊续编	民国文献资料丛编	国家图书馆出版社	34
18	孙中山思想政见各方论争资料集（第一辑）	民国文献资料丛编	国家图书馆出版社	10
19	东亚同文书院中国调查手稿丛刊续编		国家图书馆出版社	250

（续表）

序号	书名	丛书名	出版社	册数
20	中国社会科学院近代史研究所藏"满铁剪报"类编（第二辑）		国家图书馆出版社	100
21	民国时期话剧杂志汇编	民国文献资料丛编	国家图书馆出版社	100
22	民国时期社会教育史料汇编	民国文献资料丛编	国家图书馆出版社	40
23	民国赈灾史料三编	民国文献资料丛编	国家图书馆出版社	36
24	民国时期高等教育史料三编	民国文献资料丛编	国家图书馆出版社	30
25	建川博物馆藏侵华日军日记		国家图书馆出版社	5
26	民国时期禁烟禁毒资料汇编	民国文献资料丛编	国家图书馆出版社	50
27	民国时期经济统计资料续编	民国文献资料丛编	国家图书馆出版社	30
28	山东省政府公报	民国文献资料丛编	国家图书馆出版社	106
29	民国时期新闻史料续编	民国文献资料丛编	国家图书馆出版社	32
30	民国华侨史料续编	民国文献资料丛编	国家图书馆出版社	20
31	福建侨批档案文献汇编（第一辑）		国家图书馆出版社	25
32	民国时期国情统计资料续编	民国文献资料丛编	国家图书馆出版社	36
33	民国时期社会调查资料三编	民国文献资料丛编	国家图书馆出版社	30
34	民国时期地方概况资料续编	民国文献资料丛编	国家图书馆出版社	30
35	南京图书馆藏稀见书目书志丛刊	著名图书馆藏稀见书目书志丛刊	国家图书馆出版社	68
36	雄安新区旧志集成		国家图书馆出版社	14函75册
37	保定旧志集成		国家图书馆出版社	80函351册
38	天一阁藏历代方志汇刊		国家图书馆出版社	850
39	国家图书馆藏稀见书目书志丛刊	著名图书馆藏稀见书目书志丛刊	国家图书馆出版社	28

（续表）

序号	书　名	丛书名	出版社	册数
40	重刊民国龙游县志		国家图书馆出版社	2 函 16 册
41	四川历代方志集成（第四辑）		国家图书馆出版社	24
42	上海图书馆藏张元济往来信札		国家图书馆出版社	14
43	上海图书馆藏稿钞本日记丛刊		国家图书馆出版社	86
44	《滨江特刊》辑录：一九三五年二月——一九四一年六月		国家图书馆出版社	1
45	中国人民抗日战争纪念馆藏珍稀抗战文献汇刊		国家图书馆出版社	22
46	民国时期浙江省地方议会史料续编	民国文献资料丛编	国家图书馆出版社	28
47	民国罕见书刊汇编		海豚出版社	280
48	中国近现代教育资料汇编：1927—1935		海豚出版社	300
49	万有文库（第一辑）		海豚出版社	210
50	民国文学名刊汇编		南开大学出版社	45
51	世界报业考察记		商务印书馆	1
52	燕京学报	民国期刊集成	上海书店出版社	14
53	美术生活	民国期刊集成	上海书店出版社	6
54	《中学生》第一编	民国期刊集成	上海书店出版社	16
55	《中学生》第二编	民国期刊集成	上海书店出版社	18
56	《中学生》第三编	民国期刊集成	上海书店出版社	16
57	小说大观	民国期刊集成	上海书店出版社	15
58	戏考大全		上海书店出版社	5
59	光明	民国期刊集成	上海书店出版社	5

（续表）

序号	书　名	丛书名	出版社	册数
60	华国月刊	民国期刊集成	上海书店出版社	9
61	辽宁省图书馆藏抗战文献汇编·文献卷		上海远东出版社	9
62	辽宁省图书馆藏抗战文献汇编·经济卷		上海远东出版社	6
63	辽宁省图书馆藏抗战文献汇编·历史卷		上海远东出版社	10
64	国学经典丛刊（第二辑）		天津古籍出版社	40
65	上海文献汇编·艺术卷		天津古籍出版社	35
66	天津文献集成		天津古籍出版社	50
67	老上海时尚画报		天津古籍出版社	30
68	天津近代商会档案选编		天津古籍出版社	9
69	天津租界档案		天津古籍出版社	36
70	日本侵华密电·七七事变		线装书局	51
71	民国奉系军阀档案（1916年卷）		线装书局	13
72	民国奉系军阀档案（1917年卷）		线装书局	20
73	民国奉系军阀档案（1918年卷）		线装书局	14
74	民国奉系军阀档案（1919年卷）		线装书局	15
75	民国奉系军阀档案（1920年卷）		线装书局	12
76	民国奉系军阀档案（1921年卷）		线装书局	10
77	民国奉系军阀档案（1922年卷）		线装书局	19
78	民国奉系军阀档案（1923年卷）		线装书局	16
79	民国奉系军阀档案（1924年卷）		线装书局	18
80	吉林省图书馆藏日伪统治时期历史文献汇编		线装书局	50
81	民国京昆史料丛书（第十六辑）		学苑出版社	1
82	民国京昆史料丛书（第十七辑）		学苑出版社	1

（续表）

序号	书　名	丛书名	出版社	册数
83	民国京昆史料丛书（第十八辑）		学苑出版社	1
84	中国香文献集成		中国书店	36
85	阮章竞太行山笔记手稿四种		中华书局	2
86	温州市图书馆藏日记稿钞本丛刊		中华书局	60
87	中央档案馆藏日本侵华战犯笔供选编（第二辑）		中华书局	70
	合计			4841

（一）文献类型

2017 年的民国影印出版物，从出版品种上看，图书的整理出版最多，达到 25 种，其次为档案 18 种，综合汇编 16 种，其他依次为报刊 13 种，调查报告及统计资料 5 种，其他（包括家谱、信件、日记、剪报等）10 种（见图 1-1-1）。

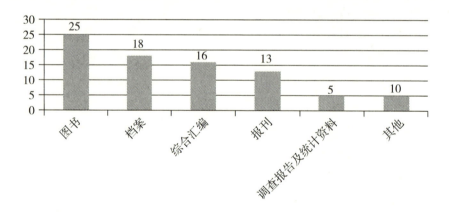

图 1-1-1　2017 年影印出版的民国文献类型分布（按种）

从出版册数上看，与近年来的出版趋势基本相同，图书是 2017 年出版册数最多的出版形式，达到 2106 册，其次为综合汇编 1109 册，档案 514 册，调查

报告及统计资料 446 册，报刊 361 册，其他（包括合同、家谱、日记、剪报等）
305 册（见图 1-1-2）。

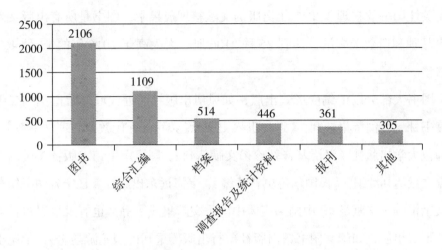

图 1-1-2　2017 年影印出版的民国文献类型分布（按册）

1. 综合汇编

从文献类型角度看，依某一主题汇集包括期刊、报纸、图书、档案，甚至
是传单、内部文件、书信、未刊稿、手稿等各种类型文献的综合汇编类出版物，
近年来出版比重一直较高。2017 年该类型出版物共 16 种 1109 册，品种数和册
数都是所有出版文献类型中较多的，出版品种占全年全部出版物类型近 18.4%，
出版册数占全年全部出版物类型近 23%。与 2016 年 19 种 505 册的数字相比，
品种数基本相同，册数则上升明显。2016 年仅有 1 种文献出版册数超过 100 册，
而 2017 年出版册数超过（含）100 的有海豚出版社的《中国近现代教育资料汇
编：1927—1935》（300 册）和《民国罕见书刊汇编》（280 册）以及广陵书社的
《中华民国史史料五编》（100 册）三种文献，其余 13 种文献出版册数也都在
20 册以上。

2. 图书

两千年以前，民国文献的整理出版大部分以期刊为主，两千年后，出版界开始关注图书的整理。2017 年出版的文献整理成果中，图书是所有出版文献类型中品种和册数最多的，达到 25 种 2106 册，大大高于 2016 年的 13 种 467 册的数量。

图书大部分以汇编的形式出版，如凤凰出版社《近代域外游记丛刊二编》、广陵书社《民国诗集选刊》《近代世界史文献丛编》《近代教育心理学书系》、广西师范大学出版社《汉语基督教珍稀文献丛刊》、国家图书馆出版社《民国乡村教育文献丛刊续编》《民国华侨史料续编》、上海远东出版社《辽宁省图书馆藏抗战文献汇编·文献卷》、中国书店《中国香文献集成》等。也有少量以单行或合订的形式出版，如国家图书馆出版社单行出版《重刊民国龙游县志》、学苑出版社《民国京昆史料丛书（第十七辑）》以及两书合订出版的《民国京昆史料丛书（第十六辑）》和《民国京昆史料丛书（第十八辑）》等。另还有一些民国时期出版的丛书或多卷本的影印再版，如海豚出版社《万有文库（第一辑）》、上海书店出版社的《戏考大全》以及天津古籍出版社选刊《万有文库》著作出版《国学经典丛刊（第二辑）》等。

3. 报刊

从出版统计来看，报刊仍然是 2017 年民国文献整理出版的重点，全年报刊类出版物共 13 种 361 册。与图书按汇编形式的出版模式相反，报刊大部分是民国时期发行的某一种较有影响或收集较齐全的单刊的影印出版，如《燕京学报》《小说大观》《美术生活》《华国月刊》《光明》《中学生》《国闻周报》等。以汇编形式出版的主要是一些文学、艺术类期刊，如《民国时期话剧杂志汇编》《老上海时尚画报》《民国文学名刊汇编》等。

4. 档案

档案是近年来民国文献整理出版的主要方向之一。2017 年出版档案 18 种

514 册，均以专题汇编形式编辑出版，主要有国家图书馆出版社《福建侨批档案文献汇编（第一辑）》《山东省政府公报》《民国时期浙江省地方议会史料续编》、北京联合出版公司《宝兴矿业档案》、天津古籍出版社《天津租界档案》《天津近代商会档案选编》、线装书局《日本侵华密电·七七事变》《民国奉系军阀档案》、广西师范大学出版社《徽州合同文书汇编》等。

5. 调查报告及统计资料

2017 年出版的调查报告及统计资料共有 5 种 446 册。其中调查资料 3 种，为国家图书馆出版社《民国时期社会调查资料三编》《东亚同文书院中国调查手稿丛刊续编》及《中国社会科学院近代史研究所藏"满铁剪报"类编：第二辑》；统计资料 2 种，为国家图书馆出版社《民国时期经济统计资料续编》《民国时期国情统计资料续编》。

6. 其他类型

除上述类型的文献外，2017 年整理出版的民国文献中，还包括家谱、剪报、日记、信札等一些特种文献，如凤凰出版社《福州族谱丛刊》、国家图书馆出版社《中国社会科学院近代史研究所藏"满铁剪报"类编（第二辑）》《上海图书馆藏张元济往来信札》《孙中山思想政见各方论争资料集（第一辑）》《建川博物馆藏侵华日军日记》《国家图书馆藏稀见书目书志丛刊》《南京图书馆藏稀见书目书志丛刊》、中华书局《阮章竞太行山笔记手稿四种》《温州市图书馆藏日记稿钞本丛刊》、商务印书馆《世界报业考察记》等。

（二）出版机构

2017 年，影印出版民国文献的出版社共有 15 家，其中国家图书馆出版社出版物品种最多，共 30 种，其次为线装书局 11 种，上海书店出版社 9 种，广陵书社 7 种，天津古籍出版社、凤凰出版社各 6 种，海豚出版社、上海远东出版社、学苑出版社、中华书局各 3 种，广西师范大学出版社 2 种，中国书店、北京联合出版公司、商务印书馆、南开大学出版社各 1 种（见图 1-1-3）。

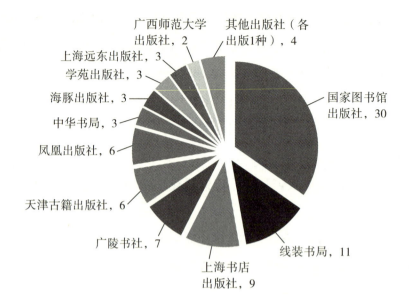

图 1-1-3 2017 年民国文献影印出版机构分布（按种）

国家图书馆出版社自 21 世纪以来，依托国家图书馆丰富的民国文献资源及各收藏机构的大力襄助，积极开展民国时期专题文献的整理和出版，在民国文献的保存保护、整理出版方面处于龙头地位。2017 年出版的 30 种民国文献，占全年全部 87 种出版物品种近 34.5%，主要包括《民国文献资料丛编》《著名图书馆藏稀见书目书志丛刊》等民国文献整理出版几大系列（详见表 1-1-1）。未入上述系列的出版成果还有一些地方志汇编、手稿文献以及摘编性质的出版物等，如《重刊民国龙游县志》《雄安新区旧志集成》《东亚同文书院中国调查手稿丛刊续编》《中国社会科学院近代史研究所藏"满铁剪报"类编（第二辑）》等。

凤凰出版社自 2013 年推出《南开大学中国社会史研究中心资料丛刊》以来，至 2017 年，整理出版民国文献近 30 种。2017 年又继续出版《近代域外游记丛刊二编》《近代旅游指南汇刊二编》《近代环境资源调查资料》《民国童子军教育史料汇编》《福州族谱丛刊》《雄安新区方志丛书》等 6 种民国时期文献。

广陵书社 2017 年整理出版的民国文献包括《民国诗集选刊》《蜀道行纪类编》《近代世界史文献丛编》《近代教育心理学书系》《中华民国史史料五编》《近代乡村建设史料汇编（第二辑）》等，内容和范围涉及文化、文学、历史、教育、社会等各个方面。另外还整理出版单刊《国闻周报》。

天津古籍出版社除延续其在艺术类期刊、画报、国学文献方面的整理方向，出版《上海文献汇编·艺术卷》《老上海时尚画报》《国学经典丛刊（第二辑）》外，2017 年在档案文献、地方文献等方面亦有建树，出版《天津租界档案》《天津近代商会档案选编》《天津文献集成》等大型文献。

广西师范大学出版社 2017 年的出版成果主要在徽州合同、宗教文献的整理方面，出版《徽州合同文书汇编》《汉语基督教珍稀文献丛刊（第一辑）》。

上海书店出版社从上世纪八九十年代起，一直是民国文献整理出版的主要机构。2017 年继续推出《民国期刊集成》系列，出版《燕京学报》《小说大观》《美术生活》《华国月刊》《光明》《中学生》六种期刊。另外还整理《戏考》40 册，出版《戏考大全》。

线装书局较为重视档案的整理，2017 年出版《日本侵华密电·七七事变》，继 2016 年出版《民国奉系军阀档案》1912 年—1915 年的 4 卷后，2017 年又出版 1916 年—1924 年共 9 卷。另外还出版《吉林省图书馆藏日伪统治时期历史文献汇编》。

海豚出版社继续近代教育资料题材的开发，继 2015 年出版《中国近现代教育资料汇编：1900—1911》，2016 年出版《中国近现代教育资料汇编：1912—1926》后，2017 年出版《中国近现代教育资料汇编：1927—1935》，另外还编辑出版《民国罕见书刊汇编》以及《万有文库（第一辑）》。

二、影印出版文献内容概述

2017 年，影印出版的民国文献涉及政治、历史、文学、艺术、经济、文化、教育等各个方面，其中历史 23 种、综合 7 种、地理 8 种、教育 9 种、艺术 8 种、政治 8 种、文化 7 种、文学 6 种、社会 5 种、经济 4 种、宗教 1 种、自然科学 1 种（见图 1-1-4）。

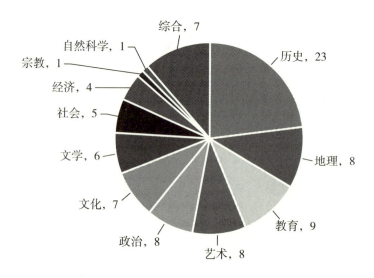

图 1-1-4　2017 年民国文献影印出版内容分类统计（按种）

（一）政治类

2017 年整理出版的政治类文献 8 种，类目包括政府文件及公报、华人华侨、日本侵华档案等几个方面。

1. 政府文件及公报类

2017 年整理出版政府公报汇编 1 种、政府文件 1 种，分别为国家图书馆出版社的《山东省政府公报》以及《民国时期浙江省地方议会史料续编》。

《山东省政府公报》，1928 年 8 月在济南创刊之《山东省政府公报》，是国民党山东省政府机关刊物，1937 年 8 月停刊，1946 年 5 月复刊，共计 600 多期，刊有中央法规、中央命令、该省指令、命令、委任状、训令、省政府会公函、电文、指令批示、布告、会议纪录等，主要传达发布省政府的政令、措施，本省政治、经济、文化的发展状况等。伪政权出版的公报有《山东省政公报》《山东省

公报》《山东省政府公报》等。这些公报记录了民国时期山东省政治、经济、文化、教育等多方面的信息，是研究民国时期山东地方历史的重要资料。

政府文件方面，浙江图书馆 2016 年选编出版的《民国时期浙江省地方议会史料汇编》一书，辑录民国时期浙江地方议会相关史料 163 种。2017 年出版续编，在其基础上增扩收录了民国时期浙江省议会及地方各县议会所编印 104 种文献，内容涉及浙江省及杭县、余杭县、富阳县、建德县、分水县、萧山县等县议会的议决案、常年会、议事录、文牍、议员质问书、议会要览、会议案、报告书、会刊等，展现了民国时期浙江省及各县议会的组织、活动等情况，较完整地保存了当时议会所提出与公布的议案，反映了浙江省基层民主政治发展的过程，是研究基层政治史、民国议会史、民国浙江史的重要文献。同时，考虑到浙江省议会的特殊发展历程及连贯性，在编选时，该书收录了清宣统时期的浙江咨议局部分相关史料。

2. 华人华侨

晚清到民国时期是华侨大规模移民潮时期，其出国人数之多，规模之大，分布之广，均属前所未有。近代中国的种种经济、社会、文化变革，均有华侨参与的身影，有关华侨的文献亦是近代史研究的史料之一。

2017 年出版的关于华侨的文献两种，分别为国家图书馆出版社的《民国华侨史料续编》和《福建侨批档案文献汇编（第一辑）》。前者继《民国华侨史料汇编》后遴选 66 种重要文献辑成，收录文献包括侨务侨政、华侨问题研究与华侨概况、华侨教育、华侨与抗战、华侨华人相关社团机构、华侨调查与统计、救济华侨等，所收史料绝大多数为此前从未出版过且具有一定学术价值的文献。后者收录珍贵档案 3289 件，内容大致分为政策规章、注册登记、业务管理、调查统计及稽查督查等五类，各类各具特色，均有较高的文献和学术价值。这些档案文献绝大部分为首次公开面世，为系统认识清末以来国内外侨批业的发展脉络、批局运营发展历程、政府对侨批国内外业务运营的监督管理提供了原始档案资料，具有较高的学术研究价值和史料价值，有助于进一步深入挖掘和阐释侨批档案的历史价值和世界意义。

3. 日本侵华档案

关于日本侵华档案文献 3 种，线装书局出版的《日本侵华密电·七七事变》，收录日本策划七七事变及发动、进行全面侵华战争期间，日本军部和外务省等内阁主要部门及日本驻外使领馆的秘密电报、秘密文件。这些文献资料以无可争辩的事实，全面揭露了七七事变前后日本侵华的罪恶历史，为进一步深入开展七七事变、日本侵华战争及第二次世界大战的研究提供第一手资料。中华书局出版的《中央档案馆藏日本侵华战犯笔供选编（第二辑）》是继 2015 年第一辑出版后的再次整理，两辑共编选 842 名日本侵华战犯笔供档案近 63000 页，全宗内各个战犯的书面笔供以及审讯笔录等材料详细记录了日本军国主义侵略者在中国所犯的种种罪恶。战犯本人以不同经历、角度的陈述、补充，使诸多历史细节得以鲜活、详实、全面再现，是日本帝国主义侵略者对中国人民所犯滔天罪行不容撼动的铁证。国家图书馆出版社出版的《建川博物馆藏侵华日军日记》收录建川博物馆藏两名侵华日军新罗实藏、平井正男在中国期间所记述的日记，记录了其在中国的作战情况、所见所闻、战争感受、与家人的书信联系等情况，反映了其所在部队的侵略活动，包括扫荡村庄、虐杀中国人、设置慰安所等罪行，是日军侵华的铁证。

（二）社会类

社会学方面的文献 5 种。包括国家图书馆出版社出版的《民国时期社会调查资料三编》《民国时期禁烟禁毒资料汇编》《民国赈灾史料三编》、广陵书社出版的《近代乡村建设史料汇编（第二辑）》以及广西师范大学出版社出版的《徽州合同文书汇编》。

民国时期，出于对中国国情的了解与改良社会的需要，社会调查盛极一时，形成了大量珍贵的调查资料。《民国时期社会调查资料三编》在前两编的基础上，再次深入整理，本书所收资料，既有图书，也有从各种期刊中爬梳整理的相关调查文章，既收录国人自己进行的调查，还收录日本在华特务机关及伪政权机构进行的调查。这些调查报告采用了当时较为先进的调查、统计方法，是近代时人了解和掌握中国社会和国情的重要途径和手段，是当代学者研究近代中国社会变迁的重要资料。

《民国时期禁烟禁毒资料汇编》收录民国时期图书、期刊 89 种，基本涵盖了当时最主要的禁烟禁毒资料，比如期刊中的《禁烟汇刊》《禁政月刊》，图书中的《禁烟法规汇编》《禁烟宣传大纲》等都是颇具史料价值和研究价值的资料，对相关领域的研究提供了丰富的史料支撑。

赈灾史料主要有国家图书馆出版社出版的《民国赈灾史料三编》，该书是继《民国赈灾史料初编》《民国赈灾史料续编》后，又一民国赈灾方面的资料汇编。该书尽力收集涉及华洋义振会的相关史料，包括历次讲习会会刊、赈务报告书、华洋义振会主办的《合作讯》等内容。除此之外，为最大限度丰富汇编内容，诸多民国时期灾害调查报告、赈灾实况等也一并收录，具有较高的文献价值和史料价值。

乡村建设运动是二十世纪二三十年代间兴起的社会改造运动。这场运动有政治、经济、文化等多重维度，是知识分子、教育家、革命家对近代史上的"中国问题"不断求解与深入的结果。《近代乡村建设史料汇编》主要收录中国近代乡村建设运动文献，包括各实验区报告、刊物、会议记录、研究著作、领袖人物论述等，第一辑、第二辑共收入文献 163 种，所收文献反映近代中国社会转型期乡村建设发展特点，是深入研究中国近代社会的重要史料。

《徽州合同文书汇编》收入合同文书 1234 份，按形制及内容分为"分单""阄书""合同"三部分，分别收录最早从万历三十九年（1611 年），最晚至 1967 年的文书及图片。"分单"及"合同"为单页，内容涉及较广，如分业合同、共业合同、会书合同、换产合同、墙界合同、纠纷调处合同、齐心诉讼合同、生图合同、多姓族的禁约（公约）合同等，基本涵盖徽州合同的基本类型；而"阄书"则全为簿册，基本是分家文书。由于这些合同文书是散见的，难以归户，所以各部分皆以时间先后编排。文书题名据实拟定，包含时代年月、事主、事由、原件尺寸等。读者据目录检索，颇为方便。

（三）文化类

2017 年出版的文化方面的文献共 7 种，主要包括专题文化、国学以及新闻等几个方面。

1. 专题文化

在专题文化方面，有中国书店出版的《中国香文献集成》。收录历代香文献 270 余种，时间跨度上起西汉，下至民国。分为古代香文献（含正史香文献、佛藏香文献、道藏香文献小专题）、本草香文献、域外香文献、民国香文献四大板块，将中国香文献几乎搜罗殆尽。

2. 国学文献

国学文献的整理出版物 3 种，为上海书店出版社的《燕京学报》《华国月刊》两种国学期刊和天津古籍出版社的《国学经典丛刊（第二辑）》。

《燕京学报》1927 年 6 月创刊，1951 年 6 月停刊，是一部以研究中国学术为主旨的重要学报，与当年的《北京大学国学季刊》《清华学报》《中央研究院历史语言研究所集刊》被誉为我国四大国学刊物。其具有宏博的学术内容，探讨问题的范围从中国到亚洲，论文体裁有研究考证、注疏校雠、考察报告、读书札记、书目年谱、史料传记、人物评介等，还涉及自然科学领域，如天文、历法、算学、仪器制造等。共出版二十多个"专号"，在海内外学术界、文化界影响广泛。《华国月刊》是以国学研究为主的综合性刊物，1923 年 9 月 15 日在上海创刊，1926 年 7 月停刊。该刊欲发扬"国故"，挽救"人心"，以"甄明学术、发扬国光"为号召，内容取材广泛，刊物栏目有图画、通论、学术、文苑、杂著、记事、通讯等，涉及古今各家书画、学术论著、笔记、小说、随笔、国内外大事记等。

上海书店出版社 2017 年整理出版上述两刊。

《万有文库》是 20 世纪初由商务印书馆推出的一部颇具影响力的大型丛书，尤其是其中的"国学基本丛书"更为近代学人所推崇。《国学经典丛刊（第二辑）》是继 2016 年第一辑之后，又一传统史部文献的精选之作，选刊《万有文库》"国学基本丛书"中归入传统史部类的图书 21 种，总体上反映了史部各小类的面貌。其中既包括了《史记》《国语》等重要的古史著作，涵盖了《通鉴纪事本末》《宋史纪事本末》等纪事本末体类读物，又收录了《四库全书总目》《书目答问》等入学门径的著作，是一部学习国学的经典丛书。

3. 新闻学

新闻学方面的出版物 3 种，包括广陵书社出版的《国闻周报》、国家图书馆出版社出版的《民国时期新闻史料续编》和商务印书馆出版的《世界报业考察记》。

《国闻周报》是国闻通讯社在上海创办的一份时事性、政治性、综合性的新闻周刊，创刊于 1924 年 8 月，至 1937 年 12 月停刊，是当时影响较大的报刊之一。其主要栏目包括新闻、时评、译作、文艺作品、一周评述、一周日志、新闻图片等，比较完整地反映了当时中国的现状。目前要找到一套完整的《国闻周报》已非易事，广陵书社整合多家图书馆所藏影印出版该刊。同时于书前附录了 1957 年三联书店（北京）出版的《国闻周报总目》及新编分册目录。

《民国时期新闻史料续编》收入民国时期新闻史料 120 余种，所收包括新闻统计资料、新闻机构概况、新闻年刊和纪念刊、新闻学专著、战时新闻、新闻期刊等，为研究民国时期的政治、经济、文化的学者们，特别是研究新闻史的学者提供了宝贵的史料。

《世界报业考察记》是根据戈公振同名手稿影印出版。这部手稿完成于 1931 年，书稿曾交付商务印书馆准备出版。然而 1932 年，"一・二八"事变爆发，日军对商务印书馆实行定点轰炸，本书书稿及印版随商务印书馆建筑毁于战火。

2017 年出版的《世界报业考察记》包括原稿的影印件和全书整理稿两部分。

（四）教育类

民国时期教育史料浩繁众多，是民国史研究中一个非常重要的方面。2017年教育学方面的文献共出版 9 种，主要包括高等教育、乡村教育、社会教育、童子军教育、教育心理学、教育资料汇编以及教育期刊的整理等几个方面。

高等教育方面，国家图书馆出版社出版的《民国时期高等教育史料三编》主要对民国时期有关高等教育的各级政府法规、各地发展状况、各级统计资料、科目设置、高等教育理论、校园学生运动、大学质量监控、高等教育社会服务、高等教育发展存在的问题的探讨等进行专题分类整理，收录图书 200 余种。

乡村教育方面，国家图书馆出版社出版的《民国乡村教育文献丛刊续编》收入民国时期乡村教育文献 96 种，包括乡村教育理论、乡村教育教材、乡村教育实施、乡村办学、乡村教育研究等内容。

社会教育方面，国家图书馆出版社出版的《民国时期社会教育史料汇编》收入民国时期的社会教育文献，包括通俗教育、平民教育、民众教育、社会教育、社会教育期刊等几个部分，内容涵盖专著与教材、统计资料、机构概况、实施情况、会议报告、纪念刊、法律法规、普及读物等。

民国时期的童子军运动，是近代中国的教育思潮与革命意识相互激荡的产物。在近代史的曲折进程中，童子军运动在青少年运动、青少年组织与教育等领域都留下了宝贵的经验。凤凰出版社出版的《民国童子军教育史料汇编》主要包括有关法案、会议记录、调查报告、训练材料等。

近代是中国教育心理学转承启合的一个重要时期，作为一门独立学科，中国近代教育心理学是在清末随着师范教育的兴起而出现的，并通过中外学术交流，发展本土教育心理学。广陵书社出版的《近代教育心理学书系》首次集中收录民国时期教育文献 190 多种，包括大量译著及本土研究专著，囊括近代中国绝大部分教育心理学著作，充分体现近代中国学术特点，反映近代中国教育心理学发展历程和主要成果，具有重要的史料价值。

《中国近现代教育资料汇编：1927—1935》是在 1900—1911 及 1912—1926 两卷出版之后海豚出版社对近现代教育资料的进一步汇编整理。内容包括中小学课程标准、幼稚园及小学之部、中小学课程暂行标准、初级中学之部、中小学课程暂行标准、高级中学之部等。

在教育学期刊的整理方面，2017 年上海书店出版社汇编《中学生》自创刊号至 1949 年 9 月各期影印出版。《中学生》是民国时期著名的综合性国文教学刊物，1930 年 1 月于上海创刊，战时迁至桂林、重庆出版，战后又迁回上海，坚持出版约 20 年直至中华人民共和国成立，前后共出 215 期。该刊以"替中学生诸君补校课的不足，供给多方的趣味与知识，指导前途，解答疑问，且作便利的发表机关"为使命，汇聚一批著名教育家、学者，秉承贴近中学生的平实写作风格，其进步的思想内容、丰富的科学文化知识，受到广大师生欢迎，被几代中学生视作良师益友。

（五）经济类

2017 年出版经济类文献 4 种，主要包括民国时期的国情统计资料、经济统计资料、商会资料以及矿业经济资料。

出于对中国国情的了解与改良社会的需要，民国时期中国的统计体制逐步建立，官方、民间都开展了大量的调查和统计工作，编印完成卷帙浩繁的各类经济统计资料，涉及经济发展与变迁的方方面面，为民国史的研究提供了数据支持，具有很高的史料价值。国家图书馆出版社 2017 年收集整理出版《民国时期经济统计资料续编》及《民国时期国情统计资料续编》两种相关统计资料。前者收录经济方面的统计资料 100 余种，即包括各地的建设统计、农业统计、工商业统计、贸易统计、财政统计、金融统计、交通统计等，也包括国民政府主计处等部门编纂的统计期刊，所收资料采用了当时较为先进的调查、统计方法，反映了民国时期中国经济发展变化的风貌，为当代学者研究近代中国经济变迁提供了重要资料。后者收录国情方面的统计资料 90 余种，包括全国性和各地方省市县的统计资料、统计报告、统计提要和统计年鉴等。

天津商会是近代天津以振兴商务和实业、繁荣市场为宗旨，由全市工商各界按不同行业组织起来的社会团体。天津古籍出版社出版的《天津近代商会档案选编》从天津市档案馆丰富的商会档案中，围绕天津商会的组织状况、缓解金融危机、振兴商务、兴办实业等方面选取了 1903 年至 1949 年的相关档案，内容涉及天津商会制定、转发的各项工商法令、章则，商会工作报告、工作计划、商业调查表册，商会组织沿革情况，商会选举总理、协理的记录及名单，商会对各同业工会关于税收、会员管理、各项业务等颁发的指令，商会进行改选、召开董事会及会员代表会会议记录等。

有关矿业经济方面，北京联合出版公司出版的《宝兴矿业档案》以张家口市档案馆所藏《宝兴煤矿档案》为基础影印编纂而成。宝兴煤矿又名下花园煤矿，坐落于京包铁路下花园站洋河南玉带山一带。宝兴煤矿所留存档案收录了自民国三年（1914 年）至民国三十八年（1949 年）的相关信函、电报、簿册、报告、计划、合同契约、规章规程、会议记录等原件，数量达 25000 余件，记录了宝兴煤矿在这一历史时期建立及曲折发展的艰辛历程。

（六）文学类

2017 年出版的文学类文献 6 种，包括诗词、文学名刊、纪行游记等几个方面。

诗词方面，主要有广陵书社出版的《民国诗集选刊》，选取民国时期不同地域、不同领域、不同流派的诗人别集影印出版，并为每一种别集作叙录，给读者和研究者提供了一个系统认识和深入了解民国时期旧体诗创作的资料合集。所收范围限定其人卒于 1912 年以后，其集出版于 1949 年以前。

文学名刊方面，主要有南开大学出版社出版的《民国文学名刊汇编》，收录了中国现代文学史上极具学术影响力和社会知名度，并有极高史料参考与利用价值的《文学》《文学季刊》《文季月刊》《文丛》等七种文学类重要期刊。另外上海书店出版社还整理影印出版了《小说大观》《光明》两种民国时期较为有名的文学期刊。

在纪行游记方面，中华书局出版《阮章竞太行山笔记手稿四种》，前三种为抗日战争及解放战争期间阮章竞在太行山地区的记录，最后一种则为1963年阮章竞为给自己的长篇小说寻找素材而重回太行山进行的座谈记录。这四种笔记，从几个不同的角度记录了20世纪40年代太行山的历史环境与人民的生活状态。广陵书社出版的《蜀道行纪类编》收录宋代至民国各类行纪文献近500篇，以专著为主，间及单篇，全面展示蜀道历史与文化。

（七）艺术类

2017年出版民国艺术类文献8种，包括话剧、戏剧、画报、美术等几种艺术形式。

天津古籍出版社出版的《上海文献汇编·艺术卷》是继2014年以来电影卷、经济卷、文化卷、史地卷、建筑卷后推出的又一种《上海文献汇编》系列，该书选编了19世纪中期以来，尤其是民国时期出版的艺术类文献，重点收录了反映各种艺术形态的专题性的史志、史略、概览、纪念刊类的著作，主要内容涉及艺术理论、书法、绘画、篆刻、雕塑、摄影、音乐、舞蹈、工艺美术以及近现代艺术教育等，是一部全面记述近现代上海艺术状况、艺术建设以及艺术成就的大型史料文献，是展现近现代城市艺术风貌与特征的重要资料。

画报方面，2017年出版的《老上海时尚画报》是继2016年《老上海艺术画报》后天津古籍出版社出版的又一画报类文献，仍由上海图书馆黄显功主编，选编了20世纪上半叶最有影响力且至今较少刊印的时尚类画报，内容涵盖服饰、生活、女性、时尚等类别。这些史料性画报类文献生动鲜活地记录了从晚清到中华人民共和国成立这一段时期内上海乃至全中国的时尚人文生态，从一个侧面反映了城市文化演进的脉络以及社会风尚的变迁路径。

美术方面，上海书店出版单刊《美术生活》。《美术生活》1934年4月1日创刊，至 1937 年 8 月 1 日终刊，共出 41 期，是一份综合性的美术生活类画报。其编撰人员集合了当时美术界的精英，具有"内容丰富、取材精绝、编排新颖、印刷优良"的特色，曾被誉为"全国唯一的美术杂志"，内容主要包括美术与社会生活两方面。该刊对中国近代美术、文化、社会生活等各方面情况的了解和研究都有很高的价值。另外，清末民初为我国漫画的发端时期，涌现出马星驰、钱病鹤、汪绮云等知名漫画家。

话剧方面，国家图书馆出版社出版的《民国时期话剧杂志汇编》收录民国时期（兼收部分清末的话剧杂志）具有重要资料价值的话剧杂志约 180 种，选录原则注重稀有性、早期性和代表性。除收录连续出版多期的话剧期刊以外，也收录仅发行一期的话剧特刊，以及非话剧期刊中出版的话剧专号。书中还收录了不少共产党出版的话剧杂志，非常珍贵。该书以上海图书馆、国家图书馆藏本为主，所缺期数则从四川省图书馆、重庆图书馆等收藏单位多方补齐，书前为每种杂志撰写了内容提要，介绍出版源流。该书前言由田本相先生撰写，对中国现代话剧杂志进行了系统的介绍与研究，是一部反映中国话剧历史及成就的期刊文献集成之作。

戏剧方面的文献，主要有上海书店出版社出版的《戏考大全》以及学苑出版社出版的《民国京昆史料丛书》（第十六、十七、十八辑）。前者为民国时期出版的多卷本《戏考》的汇编，根据中华图书馆原本合订精装影印。该书于 1915 年初版，1925 年出齐，共 40 册，收京剧剧本近 600 出，每册附有故事提要、考证和评论，并新编《剧目索引》和《分类目录》附于合订本第 5 册后。后者分别收录了上世纪二三十年代出版的 5 种戏剧类图书。其中包括民国戏曲研究专家刘豁公著《戏学大全》、齐如山著《梅兰芳游美记》、顾曲周郎著《男女名伶小史》以及中国戏班研究的开山之作《戏班》、尚小云早期艺术小结《尚小云集》。

（八）历史类

2017 年影印出版的历史类文献，主要包括世界史、民国史、地方史、日记、族谱以及调查报告等，共 23 种。

1. 世界史

有广陵书社出版的《近代世界史文献丛编》，收录民国年间出版的《西史纪要》《西洋历史教科书》《西洋大历史》《东西洋史讲义》《朝鲜亡国演义》《中等历史教科书·东西洋之部》《世界亡国史》等。

2. 民国史

通史方面有 2017 年广陵书社出版的《中华民国史史料五编》，收集《临时政府内务行政纪要》《铁道借款合同汇编》《国民政府外交史》《蒋介石军事手札》《中国战时经济志》《军事委员会委员长行营政治工作报告》《国民政府近三年来外交经过纪要》《内政部第一期民政会议纪要》《国民代表大会代表对于中华民国宪法草案发言录》《国民大会代表对于中华民国宪法草案意见汇编》《审计院公报》《司法院公报》《司法公报》《外交公报》《统税公报》等政治、经济方面的相关史料。

专门史方面，关于伪满史料，有线装书局出版的《吉林省图书馆藏日伪统治时期历史文献汇编》；抗战史料方面，有国家图书馆出版社出版的《中国人民抗日战争纪念馆藏珍稀抗战文献汇刊》收档案与图书两种文献，大多是首次出版。其中，档案文献包括日记、信札、赠言、笔记、公文、剧本等，图书包括卢沟桥事变相关著作、战史类著作、抗战教育与宣传类著作等。上海远东出版社出版的《辽宁省图书馆藏抗战文献汇编》全面反映了从九一八事变到一九四五年抗战最终胜利十四年间，我国社会诸多方面的情况。汇编所收图书见证了东北乃至全国抗战的重大历史事件的发生，收录了有关东北抗战的政治、军事、经济、文化等方方面面的资料。整套丛书分三卷，共收录文献 58 种，其中历史卷 27 种、经济卷 12 种、文献卷 19 种；军阀史料方面，有辽宁省档案馆馆藏 3.8 万多卷（150余万拍）奉系军阀时期档案（1922—1932 年），记载了以张作霖为首的奉系军阀兴衰的全过程。线装书局出版的《民国奉系军阀档案》全书 21 卷，260 册，每年编辑 1 卷，继 2016 年推出 1912—1915 年 4 卷后，2017 年继续出版 1916—

1924 年 9 卷。该书一方面全面系统勾画出奉系军阀的发展脉络、组织构建、政权运作、思想体系，反映这一时期东北政治、经济、军事、外交、文化教育事业发展历程，另一方面通过奉系军阀同北洋政府、国民政府军政要人往来函电等档案，映射出中华民国成立后中国社会各方面的深刻变革。

3. 地方史料

天津古籍出版社出版的《天津租界档案》系天津档案馆馆藏天津租界档案的文献汇编，全书分为租界设立、扩张与沿革，地亩、地租的管理，综合行政管理，实业商号、税收管理，法律、教育、医疗、卫生状况，封锁租界、日伪收回租界以及租界最终的清理与收回等几个部分，真实再现了天津租界方方面面的情况。

4. 日记

温州市图书馆所藏的稿本、抄本日记从清道光年间到中华人民共和国成立之初。日记作者虽然多数为温州地方士绅，但他们的活动及见闻却远远超出温州的范围。对这批日记进行系统的整理和解读，不但有助于梳理地方历史的脉络，即对研究近现代中国尤其是沿海地区的社会变迁，也有积极的意义。中华书局出版的《温州市图书馆藏日记稿钞本丛刊》收入 29 家 307 册日记，其中包括民国时期的稿钞本，如林向藜《寄鹤巢日记》、张组成《浣垞日记》、黄梅生《辛亥光复日记 话劫录》、郑剑西《万万庵日记》、刘祝群《疢顾日记》、杨道亩《秦游日记》以及《佚名日记》等。国家图书馆出版社出版的《上海图书馆藏稿钞本日记丛刊》收录上海图书馆藏稿钞本日记，涉及范其骏、潘祖荫等 49 人的 65 种日记。

5. 族谱

凤凰出版社出版的《福州族谱丛刊》共收录 13 种福州族谱，其中包括民国二十四年《闽侯雁门萨氏家谱》、民国十五年《福州武林邵氏族谱》、民国九年《凤岗忠贤刘氏族谱》、民国十八年《陶江林氏宗谱》、民国二十四年《西清王氏重修族谱》、民国二十五年《郭氏旧德述闻》、民国二十七年《侯官云程林氏家乘》等民国时期的族谱共 7 种。

6. 调查报告

"满铁剪报"是日本情报机构"满铁"调查部持续近 30 年（1918—1945 年）而未间断的专题剪报，选用近 170 份中、西、日文报刊，将涉及中国及东北亚其他国家（包括日本、朝鲜半岛）的相关文章等剪裁下来，是世界范围内迄今为止涉及 20 世纪 20—40 年代中国（东北亚）问题的采集范围最宽、分类最齐全、数量最庞大的资料剪报，是我们研究东北亚近现代史、近现代中日关系史和中国东北地方史极为珍贵的第一手资料。国家图书馆出版社继 2016 年整理出版《中国社会科学院近代史研究所藏"满铁剪报"类编（第一辑）》后，2017 年继续出版第二辑，收录政治、经济、教育、农林畜水产业、工业等方面的内容，剪报条目约 46000 条，近 52000 页。

东亚同文书院是近代日本为培养"中国通"而开办的高等学校，该校从清末至 1945 年，每年派学生到中国各地进行调查，以调查报告书作为毕业论文，分别向日本外务省和军方呈送，前后持续 40 余年，总计派出 4000 余名日本学生分成近 700 个小组，足迹遍布中国各地，进行了地毯式的调查，形成调查报告千余份。这些调查使用了现代社会学、人类学的调查方法，持续时间、调查地域都超过"满铁"，调查报告极为详细。国家图书馆出版社《东亚同文书院中国调查手稿丛刊续编》是继 2016 年《东亚同文书院中国调查手稿丛刊》后的续集，将日本爱知大学图书馆、中国国家图书馆所藏的 1916—1926 年间的调查报告手稿系统整理出版。这批手稿本分藏于中日两地，内容是铅印整理本的三倍，包括机密资料、不许可出版的报告，亟待整理和研究，此次整理之后，全部的东亚同文书院调查手稿得成完璧，对认识东亚同文书院的调查活动具有重要的意义。

（九）地理类

2017 年出版的民国地理类文献 9 种，主要包括 2 种旅游类文献和 6 种地方志资料。

1. 旅游类文献

继 2016 年出版《近代域外游记丛刊》后，凤凰出版社 2017 年出版《近代域外游记丛刊二编》，收录鸦片战争以后至民国时期域外游记 60 余种。旅行区域涉及欧美、南洋、印度、日本、苏联等地区。凤凰出版社《近代旅游指南汇刊二编》是 2014 年出版的《近代旅游指南汇刊》的续编，收录晚清、民国时期旅游文献 80 多种，包括城市旅游指南、城市地理文献、景点导游手册、风景图片等，保存了大量的中国在现代化快速变迁过程中关于城市生活的记录，作为社会史材料，对研究近代中国的城市文化、社会变迁、民俗风情等方面，有一定的价值。

2. 地方志资料

地方志资料包括国家图书馆出版社出版的《雄安新区旧志集成》《保定旧志集成》《天一阁藏历代方志汇刊》《四川历代方志集成（第四辑）》《重刊民国龙游县志》，以及凤凰出版社出版的《雄安新区方志丛书》，共 6 种。

2017 年 4 月 1 日，中共中央、国务院在保定市境内设立国家级新区雄安新区，其规划范围涵盖雄县、容城、安新等三个县及其周边地区。雄安新区地处保定境内，保定是一座历史悠久的文化名城，保存至今的旧方志记录了其悠久的历史和丰厚的文化。据不完全统计，保定市现存的旧方志约有 105 种，其中府志 5 种、州志 14 种、县志 79 种、乡土志 6 种、村志 1 种。2017 年，国家图书馆出版社对保定旧志进行了整理，出版《雄安新区旧志集成》和《保定旧志集成》两种与保定相关的地方志汇编。其中《雄安新区旧志集成》收录了雄安新区旧方志 14 种，起自明嘉靖十六年（1537 年）的《雄乘》，终于民国十九年（1930 年）的《雄县新志》。《保定旧志集成》收录保定旧方志 76 种，起自明弘治七年（1494 年）的《重修保定志》，终于民国三十四年（1945 年）的《重订清苑县志》。两书是雄安新区及保定旧方志的集大成之作，均采用传统工艺，宣纸印刷，线装函套装订。关于雄安新区的方志整理，还有凤凰出版社的《雄安新区方志丛书》，收录包括《雄县志书》《容城县志》等，并附录部分地方档案文献如《保定商会档案》《救济院档案》中有关三县的资料。

天一阁是我国乃至亚洲最古老的私家藏书楼，距今已有 450 年的历史，被誉为中国藏书史上的奇迹，是中国藏书文化经久不衰的象征。《天一阁藏历代方志汇刊》囊括了天一阁所藏的 518 部 3273 册历代方志，规模相当宏大。该书收录全国二十多个省区直辖市的方志，涵盖全国绝大部分地区，反映的年代自宋元、至明清、民国，前后跨度达 500 余年。

《四川历代方志集成》从 2015 年起分年分辑影印出版 300 余种旧志，2017年出版第四辑，收录通志、乡土志、图志和有关四川的地情资料 60 多种，包括民国十五年宋育仁纂《重修四川通志例言》、民国二十四年龚煦春纂《四川郡县志》、民国三十六年郑励俭编著《四川新地志》、民国四年郑国翰撰《蜀程日记》、民国三十三年张目寒撰《蜀中纪游》等民国时期编纂的地方志资料。

除方志的汇编整理外，对单一地方志文献也有整理。余绍宋纂《重刊民国龙游县志》编成于民国十四年（1925 年），共 40 卷。国家图书馆出版社据民国十四年铅印本影印出版该书。

（十）综合类

2017 年出版综合类文献 7 种。主要为民国时期地方概况、罕见书刊、书目书志等的汇集。

1. 地方概况

民国时期的"地方概况"是一类综合性的地方文献，其内容涉及民国时期历史、地理、政治、经济、文化、教育、民生等诸多方面。2017 年出版的地方概况资料包括国家图书馆出版社的《民国时期地方概况资料续编》和天津古籍出版社的《天津文献集成》两种。前者收录民国时期地方概况资料 60 余种，文献类别有概况、指南、调查报告、考察记、地志等。后者收录 1949 年以前关于天津的各类地方文献 81 种，选收的文献分天津人的著作和外地人记述天津的著作两大门类，选目上突出集部，史部则以地方史料笔记为主，经部和子部及史部其他门类著作，酌情予以兼顾。

2. 罕见书刊

海豚出版社出版出版的《民国罕见书刊汇编》汇编民国时期出版的民俗研究书刊、个人学术作品，收录书籍类 180 册，杂志类 16 种 100 册。

3. 书目书志

书目书志方面，国家图书馆出版社近年出版《著名图书馆藏稀见书目书志丛刊》系列，2017 年出版《南京图书馆藏稀见书目书志丛刊》和《国家图书馆藏稀见书目书志丛刊》两种。前者收录南京图书馆藏方志 140 种，涉及沪、冀、晋、蒙、陇、宁、新、鲁、江、浙、皖、赣、闽、台、豫、鄂、湘、粤、桂、蜀、滇、藏等 22 个地区。本书所收 140 种方志中，孤本方志 52 种，国内收藏单位在 3 家以内的稀见方志 88 种。每种方志撰写有提要。后者收录国家图书馆所藏稀见书目 72 种，所选之书以善本为主，兼及普通古籍，版本类型以稿抄本为主，兼及刻本。

4. 综合文献

在综合性文献汇编方面，有对《滨江特刊》的辑录以及《万有文库》的影印出版。

国家图书馆出版社出版的《〈滨江特刊〉辑录：一九三五年二月——一九四一年六月》是由《盛京时报》中刊载的《滨江特刊》辑录而成。《滨江特刊》刊登时间从 1935 年 2 月 23 日到 1941 年 6 月 22 日，不定期出版，是一份真正的"民间报纸"，在前期以大量新闻性较强的报道为主，平铺直叙地报道了很多社会热点问题，内容涵盖了农业、商业、运输业等社会各个方面。本次出版辑录的是哈尔滨市图书馆馆藏的 290 期。

海豚出版社 2017 年影印出版《万有文库（第一辑）》，共 210 册，内容涵盖《经部总目》《史部总目》《子部总目》《集部总目》《阅藏知津》《汉学师承记》《论语正义》《孟子正义》《荀子集解》《论衡》《墨子间诂》《王文成公全书》《近思录集注》《明儒学案》等。

（十一）其他

除上述学科外，2017 年的民国文献影印出版，还有关于宗教和自然科学方面的文献汇编各 1 种。

关于宗教的有广西师范大学出版社出版的《汉语基督教珍稀文献丛刊（第一辑）》。基督教传入中国千年以来，积累了大量的汉语文献，这些用汉语表达的基督教文献不仅仅是语言上的翻译，更是汉语文化对基督教文化的涵化和诠释。《汉语基督教珍稀文献丛刊（第一辑）》是在对上海图书馆藏明末以来汉语基督教珍稀文献进行整理与研究的基础上精选书目汇集而成，甄选国内外罕见的明清至民国刻本或抄本共 14 种，含《治历疏稿》《函牍举隅》《函牍举隅碎锦注释》《书契便蒙》《契券汇式》《上海老天主堂志》《诸巷会修道人表》《圣教古史小说鼓词》等，内容主要涉及历法、函牍、书契等，是研究汉语基督教文献的产生和流传、历史中基督教中国化的进程、基督教和中国文化之间的相互影响的重要史料。

关于自然科学文献汇编的主要有凤凰出版社出版的《近代环境资源调查资料》，内容涵盖水文、水利、气候、土壤等方面，以调查报告、观测记录、统计汇编为主，所收资料包括《全国水文报告》《全国水利建设报告》《豫冀鲁三省黄河视察报告》《欧美水利调查录》《甘肃之气候》《太湖流域之雨量》《宁夏省水利专刊》《海河放淤工程报告书》《全国气象会议特刊》《中国黄土区域土壤冲刷概况》《渤海海洋生物研究室第二次年报》《中华自然科学社西北科学考查报告》等 94 种。

三、民国文献整理出版的特点

（一）出版机构

从 2017 年出版机构的分布来看，出版过 1 种以上民国文献的出版机构 15 家，其中国家图书馆出版社出版 30 种文献。从出版品种上看，国家图书馆出版社的优势地位，与前些年一样非常明显。除国家图书馆出版社外，一些 2000 年以后较为重视民国文献整理出版的机构，如天津古籍出版社、广西师范大学出版社、线装书局、上海书店出版社，以及近年来在民国文献整理出版方面有上佳表现的凤凰出版社等，2017 年仍旧维持了较好的出版势头。但与 2016 年相比，出版社的数量从 30 家下降为 15 家，降幅较为明显，且均为历年来已有过大型民国文献影印出版的出版社，可以看出，民国文献的整理和出版，越来越集中于几家以民国文献为出版特色的主要出版社。

从近年来民国文献的影印出版的现状来看，已形成以国家图书馆出版社为主要出版中心和重心，各地方出版社参与的格局。国家图书馆出版社充分利用国家图书馆的文献资源优势，在 2000 年以来的民国文献整理出版中逐渐形成特色和重点，在出版数量和出版规模上，遥遥领先于全国各家出版社。当然，民国文献的保护和整理，需要来自全国的共同努力，有着良好出版基础和显著资源优势的上海、南京、重庆等地的出版机构，亦应进一步加强民国文献的整理和挖掘，在民国文献出版方面，有更大作为[①]。

（二）出版特色

随着对民国文献整理出版的重视和加强，一些主要的民国文献出版机构已经形成了自己的出版特色和系列，从 2017 年出版情况看，出版机构都继续保持自己的出版特色。如国家图书馆出版社《民国文献资料丛编》《著名图书馆藏稀见书目书志丛刊》系列，上海书店出版社《民国期刊集成》系列，凤凰出版社《南开大学中国社会史研究中心资料丛刊》系列，天津古籍出版社的《上海文献汇编》系列等在 2017 年依旧有相关文献持续出版。

---

① 段晓林，蔡迎春 . 2000 年以来民国文献影印出版现状研究［J］. 大学图书馆学报，2017（04）.

（三）出版数量

2017 年全年共出版民国文献 87 种，近 4900 册，无论是品种还是数量上，都超过 2016 年 82 种 3200 余册的数字。2017 年出版的民国文献中，超过 100 册的大型出版物 11 种，20—99 册的 42 种，其中规模最大的是《天一阁藏历代方志汇刊》850 册，其他出版规模较大的依次为《中国近现代教育资料汇编：1927—1935》300 册，《民国罕见书刊汇编》280 册，《东亚同文书院中国调查手稿丛刊续编》250 册以及《万有文库（第一辑）》210 册。20 册以上大中型出版物品种量，占到全年度出版物品种量的 60.9%，与 2016 年 60% 的比例基本持平。从出版物种册数来看，大中型出版物仍是 2017 年民国文献影印出版的主流。

（四）出版内容

2017 年民国文献整理出版中最为明显的特点就是内容上的延续性。各家出版社纷纷出版同一内容文献的续辑、多卷本。

如凤凰出版社《近代旅游指南汇刊二编》《近代域外游记丛刊二编》，国家图书馆出版社《民国乡村教育文献丛刊续编》《民国时期高等教育史料三编》《民国时期经济统计资料续编》《民国时期新闻史料续编》《民国时期国情统计资料续编》《民国时期地方概况资料续编》《民国时期浙江省地方议会史料续编》《东亚同文书院中国调查手稿丛刊续编》《民国华侨史料续编》《中国社会科学院近代史研究所藏"满铁剪报"类编（第二辑）》等等，中华书局《中央档案馆藏日本侵华战犯笔供选编（第二辑）》。天津古籍出版社着力于《上海文献汇编》的整理，继 2013 年以来陆续出版该汇编史地卷、文化卷、建筑卷、电影卷之后，2017 年出版艺术卷。广陵书社《近代乡村建设史料汇编（第二辑）》是在前期相关整理成果《近代乡村建设史料汇编（第一辑）》的基础上对乡村教育、乡村建设有关文献的持续整理。广陵书社出版的"民国史史料"系列《中华民国史史料五编》，亦是在前期出版成果《中华民国史史料长编》（1993 年，南京大学出版社）、《中华民国史史料外编》（1997 年，广西师范大学出版社）、《中华民国史史料三编》

（2007 年，辽海出版社）、《中华民国史史料四编》（2009 年，辽海出版社）之后的进一步整理出版。

同时，一些新出版的汇编，也为后续的持续出版埋下伏笔，如国家图书馆出版社《福建侨批档案文献汇编（第一辑）》、海豚出版社《万有文库（第一辑）》、南开大学出版社《民国文学名刊汇编》等。另外一些汇编资料，也以多卷本的形式，持续出版，如线装书局《民国奉系军阀档案》、学苑出版社《民国京昆史料丛书》、上海远东出版社《辽宁省图书馆藏抗战文献汇编》等。

（五）出版选题

1. "日军战史资料"依然是主要的选题方向

自 2012 年"民国时期文献保护计划"启动以来，国家图书馆全面开展了对二战日军罪行史料的收集与整理工作。经多方努力，从海外复制回归远东国际军事法庭庭审记录近 5 万页、法庭证据 2.8 万页、其他相关日本战争罪行档案约 150 万页，以及有关抗战的历史图片与影音资料 1.6 万件，规划了"对日战犯审判文献丛刊"这一专题文献整理项目，并于 2013 年起陆续出版二战后审判日本战犯的核心史料《远东国际军事法庭庭审记录》《远东国际军事法庭证据文献集成》《横滨审判文献汇编》《马尼拉审判文献汇编》《国际检察局讯问记录》《远东国际军事法庭判决书》《二战后审判日本战犯报刊资料选编》《丸之内审判文献汇编》和《伯力审判庭审记录：中、英、俄、德、日文版》等一系列对日战犯审判文献。2017 年，相关题材再次出版，《中央档案馆藏日本侵华战犯笔供选编（第二辑）》《建川博物馆藏侵华日军日记》《日本侵华密电·七七事变》等的出版，进一步深化和扩展了对日战犯审判以及日军战史资料相关文献的整理出版工作。

2. 抗战文献的出版较为集中

继 2015 年以来推出 10 余种抗战文献后，2017 年再次推出一系列相关文献。如国家图书馆出版社出版的《中国人民抗日战争纪念馆藏珍稀抗战文献汇刊》，上海远东出版社出版的《辽宁省图书馆藏抗战文献汇编》文献卷、经济卷、历史卷等。

3. 统计资料的出版是近年整理出版较多的文献类型

民国时期，随着统计机构的逐步建立，官方、民间都开展了大量的统计工作，编印完成卷帙浩繁的各类统计资料，涉及社会发展与变迁的方方面面。这些数据为民国史的研究提供了数据支持，具有较高的史料价值。国家图书馆出版社先后出版了《民国统计资料四种》《民国时期司法统计资料汇编》《民国教育统计资料汇编》及其续编，收录了各类统计资料百余种。2017 年，国家图书馆出版社继续对民国时期统计资料进行整理，出版《民国时期经济统计资料续编》《民国时期国情统计资料续编》《民国时期社会调查资料三编》三种。

第二章　民国文献研究综述

通过相关检索，共获得2017年与"民国文献"相关的国家社科基金项目的立项课题8项，其中一般课题7项，青年课题1项；教育部人文社会科学研究项目7项，其中规划基金项目5项，青年基金项目2项。通过"中国知网""维普期刊资源整合服务平台"和"万方数据知识服务平台"，以"民国文献""抗战文献""红色文献"等为主题词共检索出与"民国文献"相关的期刊论文28篇、学位论文2篇、会议报告14篇。这些论文主要集中于民国文献整理与保护、数字化、影印出版、抗战文献等研究。

以上检索截止时间为2018年6月15日。

一、民国文献研究情况

（一）课题立项

2017年与"民国文献"相关课题共有15项，具体见表1-2-1。

表1-2-1　2017年立项与"民国文献"相关的课题

项目类型	项目编号	项目形式	课题名称	申请人
国家社科基金项目	17BTQ001	一般项目	清末及民国时期日本破坏中国图书馆事业及掠夺中国文献之研究	李彭元

（续表）

项目类型	项目编号	项目形式	课题名称	申请人
国家社科基金项目	17BTQ081	一般项目	新版民国文献总目编撰（1949—）	蔡迎春
国家社科基金项目	17BZS092	一般项目	晚清民国时期西南瘴疠调查与防治的资料整理与研究	付春
国家社科基金项目	17BZS119	一般项目	近代江南宗族义庄文献资料整理与研究	李学如
国家社科基金项目	17BZW151	一般项目	晚清民国时期中外行记中的西北形象研究	孙强
国家社科基金项目	17BTQ043	一般项目	民国婚俗文书文献整理与研究	吴志凌
国家社科基金项目	17BTQ044	一般项目	学术分科视域下民国文献学科的形成与发展研究	杨翔宇
国家社科基金项目	17CTQ035	青年项目	民国时期图书馆学人留学史料整理与研究	郑丽芬
教育部人文社会科学研究项目	17YJA751002	规划基金项目	晚清民国台湾诗话研究	白雪梅
教育部人文社会科学研究项目	17YJA870009	规划基金项目	近代图书馆地方文献事业与学术发展研究（1912—1945）	江山
教育部人文社会科学研究项目	17YJA770013	规划基金项目	明清民国时期徽州动植物史料收集与研究	罗莉
教育部人文社会科学研究项目	17YJAZH078	规划基金项目	中国近代女性游记文献整理与研究	王凤仙
教育部人文社会科学研究项目	17YJA740078	规划基金项目	近代国学典籍英译与中国形象的建构和传播	朱伊革
教育部人文社会科学研究项目	17YJC870010	青年基金项目	民国时期读书会史料整理与研究	凌冬梅
教育部人文社会科学研究项目	17YJC870014	青年基金项目	清至民国岭南地区杂字文献收集、整理与汇编	丘妮

（二）学术论文

经过检索，与"民国文献"相关的期刊论文 28 篇，具体见表 1-2-2。

表 1-2-2　2017 年与"民国文献"研究相关的期刊论文

作　者	题　名	刊　名
蔡迎春，段晓林	上海地区民国文献整理现状与对策	出版发行研究
蔡迎春，段晓林	民国文献目录编制沿革及其趋势	图书馆论坛
曾展鹏	《广州大典》民国文献搜集整理之思考	河南图书馆学刊
陈文革	两份民国文献与闽南华侨捐资办学——民国永春鲁国学校	福建文博
陈绪军	国内民国时期文献酸化调研与思考——基于国内五家大型公共图书馆调研结果	新世纪图书馆
杜晶	民国文献的界定与分类刍议	社会科学战线
段晓林	民国文献整理与研究的现状及其方向——回眸与展望：民国文献整理与研究国际学术研讨会综述	图书馆杂志
段晓林	影印版民国文献核心出版社测定及其出版研究	图书馆
段晓林	民国文献影印出版与馆藏建设实证研究——以上海师范大学图书馆为例	图书馆理论与实践
段晓林，蔡迎春	2000 年以来民国文献影印出版状况研究	大学图书馆学报
何飞	党校图书馆红色历史口述文献的内容收集和归档研究	湖北函授大学学报
胡石	民国文献分类研究	上海高校图书情报工作研究
李海瑞，石玉廷	民国平装文献版本价值管窥	内蒙古科技与经济
李洪伟，赵春艳，范明智	东北小延安红色文献资源的传承价值研究——以解放战争时期佳木斯为例	兰台世界
刘莉	民国警察史料的数字化整理与开发研究	图书馆理论与实践
穆卫国，段晓林	公共图书馆民国文献自建数据库研究	上海师范大学学报（哲学社会科学版）
彭璨	档案机械修复用纸修复适用性研究	档案学通讯

（续表）

作　　者	题　　名	刊　　名
唐伯友，张天强	抗战文献国际合作开发的基本模式研究	图书馆学研究
王慧娟	民国时期书法重要文献研究述略——以章草为例	内蒙古科技与经济
王兆辉，闫峰	时代化视域下抗战历史文献研究	图书馆工作与研究
吴方枝	数字人文背景下民国文献的数字化研究	图书馆学研究
肖玲	华南抗战文献的史料价值与保护利用	大学图书情报学刊
谢蕴	图书馆民国文献保护工作研究概述	创新科技
杨苏琳	高校图书馆馆藏民国文献保护对策——以云南大学图书馆馆藏民国文献为例	法制与社会
张亮，石玉廷	近五年民国文献整理与保护发展报告	内蒙古科技与经济
张亮，石玉廷	论民国文献提要关联全文数据库的创建——以辽宁师范大学图书馆为例	内蒙古科技与经济
张林友	地方文献的出版、整理及获取研究——以近代福建经济金融史料为中心	上海高校图书情报工作研究
赵之深，张小思，马爱梅	民国时期科技文献的整理及特殊编校问题的探索与研究	中国编辑

经过检索，与"民国文献"相关的学位论文 2 篇，具体见表 1-2-3。

表 1-2-3　2017 年与"民国文献"研究相关的学位论文

作　　者	题　　名	作者单位
黄昊	普陀山民国文献整理及其旅游推广应用研究	浙江海洋大学
侯赫男	纸质文献水溶液脱酸后真空微波—冷冻联合干燥技术研究	南京师范大学

经过检索，与"民国文献"相关的会议报告 14 篇，具体见表 1-2-4。

表 1-2-4　2017 年与"民国文献"研究相关的会议报告

作 者	题 名	刊 名
陈子善	民国时期文学文献的整理与研究	上海高校图书情报工作研究
胡晓明	努力提高馆藏民国文献的社会能见度	上海高校图书情报工作研究
黄显功	上海图书馆民国文献整理出版与相关思考	上海高校图书情报工作研究
蒋耘中	清华大学图书馆藏民国文献的整理与开发	上海高校图书情报工作研究
于浩，李强	民国文献的整理出版	上海高校图书情报工作研究
林明	民国时期文献原生性保护浅说	上海高校图书情报工作研究
陆健	传承与服务——上海图书馆近代报刊文献的数字资源建设	上海高校图书情报工作研究
马忠文	中国近代史档案馆馆藏民国文献与民国史研究	上海高校图书情报工作研究
毛雅君	回眸与展望：民国时期文献保护计划工作概况	上海高校图书情报工作研究
王水乔	民国年间云南地方文献的搜集与整理	上海高校图书情报工作研究
王雅戈	民国文献数字化整理的分层讨论	上海高校图书情报工作研究
吴瑞秀	民国时期特殊文献数字化整理——以张其昀先生相关文献为例	上海高校图书情报工作研究
朱敏彦	民国时期上海地方志编纂述略	上海高校图书情报工作研究

二、学术研究综述

民国文献的重要性不容质疑。随着社会的发展，民国文献的历史意义及其利用价值越来越突显，搜集与整理、保护民国文献的工作刻不容缓，民国文献的社会、经济、历史等价值也日益受到学术界的重视。杨翔宇在国家社科基金一般项目《学术分科视域下民国文献学科的形成与发展研究》中提出了民国文献学科的概念。

民国文献相关工作与研究也在大规模展开。段晓林《民国文献整理与研究的

现状及其方向——回眸与展望：民国文献整理与研究国际学术研讨会综述》总结
了 2016 年度由上海图书馆、国家图书馆出版社、上海师范大学共同主办，国家
图书馆出版社、《图书馆杂志》社、上海师范大学图书馆共同承办的"回眸与展望：
民国文献整理与研究"国际学术研讨会的会议内容。会议围绕民国文献整理与研
究的现状及发展方向，分民国文献保护计划、原生性保护、整理出版、数字化建
设、馆藏与开发利用、专题文献的整理与研究等 6 个主题开展讨论。

毛雅君与林明分别探讨了民国文献的保护问题。前者主要阐述了"十三五"
期间民国时期文献保护工作及计划；后者则是从管理的角度阐述了民国文献原生
性保护工作的开展情况。在原生性保护过程中，一方面是预防性保护，原则是不
加害；另一个是补救性的修复，原则是止损。王雅戈与陆健探讨的是有关民国文
献数字化的问题。王雅戈将民国文献数字化整理分为三个层次，分别为中央战略
层次、区域战略层次、专题研究层次。陆健则是立足上海图书馆近代报刊文献的
数字资源建设实践，提出要实现资源的开放与合作，将现有的资源利用起来，使
其获得更高的价值。黄显功分享了上海图书馆民国文献整理出版工作与相关思
考。上海图书馆的民国文献秉持"三位一体"的模式进行整理，即通过一个专题
的文献展览、一部专题的著作、一套专题的文献整理。他提出应当扩大民国文献
的视野、梳理文献整理上综合性和专题性的关系、关注民国外文文献，同时，民
国文献的整理出版离不开各个馆的共同合作。蒋耘中与马忠文分别分享了清华大
学图书馆馆藏民国文献与中国近代史档案馆馆藏民国文献的整理与研究工作实
例，对各个图书馆开展民国文献的研究工作具有指导意义。

此次会议对 2017 年度民国文献保护和普查的进一步实施、民国文献整理与
研究的持续开展，及对民国文献影印出版和数字化建设的全国范围合作，均起到
积极的推动作用。

与 2016 年度相比，2017 年度民国文献研究论文数量有所减少，立项课题数
目有所增长，保持了近几年来民国文献研究较为繁荣的景象。与去年相一致，今

年民国文献学术研究的重点主要集中于民国文献整理与保护、数字化、影印出版研究等方面，立项课题则多集中于地方文献、史料研究等方面。

（一）民国文献搜集与整理研究

本年度，民国文献搜集与整理工作的研究重点在于民国时期地方文献。

20 世纪初叶到抗日战争爆发之前，上海是中国书刊出版事业的中心。1949年至 2000 年的民国文献整理出版，半数以上是由上海地区的出版机构承担。由此可见，上海地区不仅在中华人民共和国成立以前是出版事业的中心，中华人民共和国成立之后在民国文献整理出版中，也有着国内最好的出版基础。蔡迎春、段晓林《上海地区民国文献整理现状与对策》按历史线条回顾上海地区民国文献出版的现状，总结数字化整理的基本情况，指出上海地区民国文献整理出现的纸质出版弱化，数字化开发几乎由上海图书馆一馆支撑的问题，提出通过充分利用资源，强化出版支持，提振上海的出版地位；多馆共建，共同加强数字化开发力度；影印出版和数据库开发相互借力，加快民国文献整理等对策。

除上海地区外，广州地区的民国文献也得到了学术界的充分重视。《广州大典》二期搜集整理和抢救保护工作主要是以民国时期广州文献为主。曾展鹏《〈广州大典〉民国文献搜集整理之思考》从《广州大典》民国文献的收录时间、范围、内容及编目、数字化建设、文献保护等方面探讨了《广州大典》二期民国文献的搜集和整理工作，旨在系统搜集整理和抢救保护广州文献典籍，传播广州历史文化。图书馆应利用《广州大典》二期工程摸清家底并进行文献保护与抢救，加强对民国广州文献的宣传报道，定期举办文献专题研讨会或文献展览，开发地方文献，弘扬地方文化，服务地方建设，充分发挥民国文献的价值，使得民国广州文献更好地为社会所利用。

黄昊的硕士研究生论文《普陀山民国文献整理及其旅游推广应用研究》在梳理普陀山民国文献的来源、种类、特点等基础上，分析了文献中所呈现的民国时期普陀山旅游的行程路线、交通状况、住宿条件、消费水平、庙宇建筑、风土习惯，并探究普陀山民国文献在当代普陀山旅游推广中的应用价值。

与民国时期地方文献整理有关的国家社科基金一般项目有李学如《近代江南宗族义庄文献资料整理与研究》一项；教育部规划基金项目有丘妮《清至民国岭南地区杂字文献收集、整理与汇编》、江山《近代图书馆地方文献事业与学术发展研究（1912—1945）》二项。

除此之外，还有对民国时期专题文献的整理研究。赵之深、张小思、马爱梅《民国时期科技文献的整理及特殊编校问题的探索与研究》以民国时期水利类文献的整理工作为例，对民国时期水利文献的现存状态、分类情况、专业特点、文化特性进行了深入探讨，对科技文献整理与出版的基本思路和突出问题进行了分析和研究。

蔡迎春、段晓林《民国文献目录编制沿革及其趋势》则是从民国文献目录编制的角度加强民国文献的整理揭示，促进相关学术研究的。1949 年以来，民国文献存藏机构纷纷编制联合目录、馆藏目录。但由于各种原因，导致民国文献目录收集非常困难，迄今民国文献目录的整体编制缺乏精确统计，相关研究阙如。本文基于收集到 1949 年以来编制的 16 种民国文献联合目录、71 种馆藏目录，从文献类型、年代分布等角度进行梳理。民国文献目录编制趋势主要体现在三个方面：从内部编印转向公开出版发行；文献类型、机构和地区趋向多元化；从纸本目录向数据库转型。与此相关的国家社科基金一般项目有蔡迎春《新版民国文献总目编撰（1949—）》一项。

（二）民国文献分类研究

民国时期发生了五四运动、新文化运动、北伐战争、抗日战争、解放战争等一系列影响深远的大事件，是中国历史发展的重要阶段。民国文献体量庞大，包罗万象，是中国文化资源的重要构成。民国文献研究涉及的范围非常广，有价值的论题特别多。诸如民国文献概念的界定、图书分类著录的方法等，均带有基础理论性的意义。

杜晶《民国文献的界定与分类刍议》探讨了如何对民国文献进行准确的概念界定、科学的种类划分等问题。有关民国文献的形成时间、语种文献、载体形式等问题一直存在分歧。作者认为，第一，民国期间，特指 1912 年民国政府成立后至 1949 年中华人民共和国成立前的 38 年。但是，文献形成时间跨清末、民国，或民国、新中国的，也可以划入民国文献的范畴。第二，民国期间各种刊本的古代典籍，也是民国时期文化信息的载体，是研究民国时期思想文化的重要资料，故而也可以划入民国文献的范畴。第三，1912—1949 年间国内外形成的有关中国的文献，都应划入民国文献的范畴。

胡石《民国文献分类研究》从实证的角度出发，在对省级公共馆及高校图书馆调研的基础上做了分析，以期对民国文献分类的相关理论及实践有所贡献。民国时期的文献内容既不同于中华人民共和国成立后规范化的现代文献，也不仅限于古籍文献经、史、子、集内容的撰述，具有自身的历史特色。然而，这部分文献的分类问题一直是学界的盲区，学者也没有达成共识。针对民国文献分类问题，胡石提出了四点建议：一、民国文献的分类应由全国古籍管理部门统一规划、制定、推出，由上而下地推广、实施，结合各分类标准的特点，制定出一套符合我国民国文献特色的分类法；二、民国文献分类标准的制定与推广要选取准确的时机，在全国性古籍文献保护计划后期进行最为合适，最好在编制全国性民国文献藏书目录时产生；三、民国文献的分类标准应以《中国图书馆分类法》为主线，融合其他分类法的优势；四、构建全国性民国文献书目数据库。

（三）民国文献保护研究

与往年一致，民国文献保护问题仍是学界的研究重点。

近年来，民国文献保护工作的研究成果成绩斐然。张亮、石玉廷《近五年民国文献整理与保护发展报告》从民国文献的保护现状、存世情况和整理工作的纪实与成果 3 个方面，对 2011 年至 2016 年间我国民国文献保护工作进行了综述，并对以后工作进行了展望。民国初期文献几乎百分之百破损，民国文献酸化程度严重，民国文献的保护现状不容乐观。因而民国文献抢救保护工作极其紧迫。从技术层面上讲，最好的保护措施是脱酸和加固，从存放条件层面上讲，我国绝大多数民国文献收藏单位都应该从根本上改善存放条件。未来需要在以下方面开展工作：①推动建立全国范围民国文献保护工作协调机制；②进一步开展文献普查，编制《民国时期文献总目（图书卷）》，可以借鉴古籍经验，设立分省卷；③继续开展海内外民国时期文献的调查与征集，促进文献实物回归，或以缩微、数字化形式成果回归；④保存民族历史、弘扬民族文化，深入推进民国时期文献影印、再造、深入整理出版工作；⑤加大民国时期文献原生性保护力度；⑥建立文献信息资源整合、揭示与发现平台，共建共享一批高质量的民国文献专题资源库；⑦面向图书馆业界和社会公众，继续做好展览和宣传工作。谢蕴《图书馆民国文献保护工作研究概述》通过对民国文献保护工作的研究成果的分析，梳理了其研究现状并总结出目前民国文献保护工作中的一些问题和不足，并针对这些问题提出了四条建议。首先，建立文献分级保护体系；第二，研究民国文献修复方法，培养专业修复人才队伍；第三，制定合理有效的阅览制度；第四，改善民国文献的馆藏条件。民国文献是记载了中国现代化转型时期政治、经济、文化、教育、社会、历史等方面的文化遗产，所以有效地对其保护，是传承中华文化的必然要求，更是图书馆人义不容辞的责任和义务。

从技术角度开展的民国文献保护研究均集中于民国文献纸张问题。针对纸质文献酸化日趋严峻的形式，大量脱酸处理技术已应用于纸质文献保护中。目前，国内研究的主要方向为水溶液脱酸法。快速、安全地干燥水溶液脱酸后的纸质文献是文献保护过程中的重点。侯赫男在硕士论文《纸质文献水溶液脱酸后真空微波—冷冻联合干燥技术研究》中选取水溶液脱酸后的纸质文献为研究对象，运用真空微波—冷冻联合干燥的方法对脱酸后的整本图书进行处理。研究结果表明，运用真空微波—冷冻联合干燥工艺对脱酸后图书进行干燥是一种切实可行的方法。对不同厚度及不同时期纸张的图书进行一系列的联合干燥工艺对比试验，对图书干燥后的各项指标进行了分析研究，确定了（实验范围内）最佳的联合干燥工艺，为进一步达到纸质文献规模化脱酸处理提供了一种高效安全的干燥处理方法，也为其进一步的应用推广奠定了一定的理论基础和优化方法。陈绪军《国内民国时期文献酸化调研与思考——基于国内五家大型公共图书馆调研结果》根据 GB/T13528-1992《纸和纸板表面 pH 值的测定法》的标准要求，通过对南京图书馆、重庆图书馆、福建省图书馆、贵州省图书馆、大连图书馆五家图书馆藏民国文献酸碱度测试数据的对比分析，认为濒临损毁的民国文献整体酸化的现状惊人，有必要加强协调各方力量，尽快推动民国文献的脱酸工作，并改造民国文献收藏环境，延缓酸化的速度。彭璨《档案机械修复用纸修复适用性研究》基于宣纸和档案机械修复用纸的纸张性能和耐久性对比研究结果，提出了档案机械修复用纸的修复适用性需从纸张原料和加工工艺角度进行改善；讨论了机械修裱工作中修复用纸的选用原则，机械修裱修复用纸选择应综合考虑档案文献原纸的情况和修复用纸适用性能，并应对机械修复用纸的性能进行系统、科学的测定。

此外，还有高校民国文献保护的实例研究。杨苏琳《高校图书馆馆藏民国文献保护对策——以云南大学图书馆馆藏民国文献为例》通过界定民国文献，分析了民国文献的重要意义，以云南大学图书馆馆藏民国文献为例，分析云南大学图书馆馆藏民国文献的现状，云南大学图书馆馆藏民国文献种类繁多，数量丰富，颇具特色。但由于缺乏保护意识，保存条件差，缺乏资金、专业的修复人员和技术手段等原因，导致民国文献受损严重。针对以上问题，作者提出了高校图书馆馆藏民国文献的保护对策：（一）树立和增强保护民国文献的意识；（二）加大对民国文献修复和保护的资金投入；（三）改善民国文献的保存环境；（四）摸清家底，进行分级保护和鉴定；（五）培养专业的民国文献修复人才；（六）加快数字化建设，建设本馆民国文献特藏数据库。

（四）民国文献数字化研究

"数字人文"是当代信息技术和人文研究融合而形成的一个新兴的研究领域，在此背景下，民国文献数字化的实践工作已经有了丰富的成果。吴方枝《数字人文背景下民国文献的数字化研究》通过对国内外数字人文实践和民国文献数字化项目进行分析，指出在数字人文研究背景下，传统的民国文献数字化工作应该充分利用数字人文的研究成果，将文本挖掘、可视化技术和 GIS 技术应用到民国文献数字化的深度开发中。

作为保护民国文献的重要手段之一，民国文献数据库的建设应当受到社会各方的充分重视。高校与公共图书馆应充分利用各自的馆藏优势，积极参与到民国文献数据库的建设工作中来。穆卫国、段晓林《公共图书馆民国文献自建数据库研究》重点介绍国家图书馆、上海图书馆、南京图书馆、重庆图书馆、辽宁省图书馆等几家民国文献馆藏量较大的公共图书馆的数据库建设概况，分析公共图书馆民国文献数字化开发现状，指出存在的问题，并提出对策和建议。张亮、石玉廷《论民国文献提要关联全文数据库的创建——以辽宁师范大学图书馆为例》在论述"民国文献提要关联全文数据库"创建意义的基础上，着重论述了数据库的创新之处和核心内容，以及数据库创建的具体实施过程和可行性分析。

此外，民国文献数字化的专题整理工作也具有实践意义。刘莉《民国警察史料的数字化整理与开发研究》从民国警察史料整理出版、史料数据库建设情况等方面调查的基础上，提出运用数字化技术整理民国警察文献，建设融史料及研究成果的采集整理、存储更新、查询检索、校核比勘以及数据统计分析等为一体的民国警察史料智能信息处理检索系统及开放式的公共学术交流平台，供研究者和普通大众共同使用。同时探索运用信息技术，如文本挖掘、关联技术、可视化技术等，从一个新的角度进行民国警察史料的开发研究。

（五）民国文献影印出版研究

民国文献的老化和损毁现象非常严重，影印出版是民国文献再生性保护的一种手段。但目前对民国文献影印出版状况的研究并不多，围绕影印出版进行的馆藏资源建设研究几乎没有。段晓林《民国文献影印出版与馆藏建设实证研究——以上海师范大学图书馆为例》概述中华人民共和国成立以来民国文献影印出版情况，并根据上海师范大学重点学科分布，在分析文学类、教育类、历史类以及宗教类等学科文献的影印出版及馆藏情况的基础上，提出高校图书馆民国文献资源建设策略。

此外，段晓林、蔡迎春《2000 年以来民国文献影印出版状况研究》与段晓林《影印版民国文献核心出版社测定及其出版研究》均是针对 2000 年以来民国文献影印出版问题的研究。前者从民国文献影印出版机构、出版内容以及文献类型几个方面，概述 2000 年以来民国文献出版的现状，总结其出版特点，并指出民国文献影印出版过程中存在的出版机构分布过于集中，出版选题相似或雷同，出版形式规模过大，出版文献类型不平衡，以及索引编制重视程度不够，电子版本开发缺失等问题。同时提出了进一步开展民国文献影印出版的建议：加强地方出版机构对民国文献的整理与出版；研发影印版民国文献目录检索系统，避免重复出版；建立民国文献资源调配与出版共享机制；采用整套和分卷出版相结合的形式，解决图书馆资源建设难题；鼓励电子版本的制作和共享，加速出版物的数字化进程。后者运用累积 80% 法，并通过对 2000 年以来影印版民国文献出版情况的实际数据分析，测定出 8 家核心出版社，进一步分析各核心出版社在出版内容上的特色和重点，总结民国文献出版的共同特点及存在的问题，为图书馆采购影印版民国文献以及出版社对民国文献的进一步整理出版提供依据。

近年来，随着大规模的民国文献影印工作的开展，区域经济金融史研究的史料瓶颈有所突破。张林友《地方文献的出版、整理及获取研究——以近代福建经济金融史料为中心》通过对近代福建经济金融资料出版状况的分类整理，一方面为专题史研究提供史料线索，明确当前民国文献整理出版的总体特征。更主要的，通过对已整理文献数字化程度的检验，从文献稀缺性和获取便利性角度，简要评价纸质文献整理出版工作，并讨论区域专题民国文献出版保护的优化策略。

（六）抗战文献研究

抗战历史文献作为特定时代语境下产生的历史文化载体，不仅是中国抗日战争的主要文本载体，而且也是世界反法西斯战争的历史文化遗产。

时代化视域下抗战文献具有时代所赋予的历史使命和时代发展的精神引领作用。王兆辉、闫峰《时代化视域下抗战历史文献研究》提出须站在新的历史发展起点上审视抗战文献。新的历史时期研究和探讨抗战文献，有利于深刻理解抗战文献所蕴含的历史文化价值，也有利于推动抗战文献的时代化发展。时代发展下，抗战文献蕴藏着精神引领作用，能使人铭记抗战历史、传承抗战文化、弘扬抗战精神。将抗战文献的历史文化信息融入到现代，可以构建一种引领时代精神价值的抗战历史文化的立体发展形态。

抗战文献的国际交流合作，亦是我国抗战文献资源建设工作的重要途径和必然趋势。为实现抗战文献国际合作工作的稳定性、持续性和可操作性，有必要探索一系列行之有效的合作模式。唐伯友、张天强《抗战文献国际合作开发的基本模式研究》在总结我国图书馆界前期相关工作实践和相关案例的研究分析基础上，提出了6种基本合作模式，即合作编制文献总目模式、文献购买模式、联合开发模式、项目合作模式、捐赠托管模式、文献交换模式。并逐一分析其特点，试图为我国抗战文献资源建设提供有益的探索和借鉴。图书馆界只有在实际工作中不断地探索和总结，逐渐形成一套适用的机制和模式，才能促进和推动我国抗战文献资源建设向纵深发展。

肖玲《华南抗战文献的史料价值与保护利用》分析了华南抗战文献所具有的史料价值和现实意义，鉴于此类文献纸质特殊和保存环境不佳导致损毁严重的现实，介绍了举办展览、编撰图录、影印出版、建立数据库等开发利用方法，探讨了开展普查、原生性保护和再生性保护相结合、数字资源共建共享等保护策略。

此外，还有红色文献的相关研究。李洪伟、赵春艳、范明智《东北小延安红色文献资源的传承价值研究——以解放战争时期佳木斯为例》关注了东北地区的红色文献，这些文献真实记载了解放战事实况与东北小延安的红色文化精神，极大地扩展了东北小延安红色文献资源的史料价值。何飞《党校图书馆红色历史口述文献的内容收集和归档研究》关注了红色历史口述文献收集和归档工作，这是对现有民国红色文献的一种重要补充。

（七）其他方面专题研究

本年度民国专题研究的文章数量不多，主要集中于史料研究。

陈文革《两份民国文献与闽南华侨捐资办学——民国永春鲁国学校》梳理的《闽永鲁国学校民十五至十八年经过征信录》和《鲁国学校旅洋募捐征信录》是两份珍贵的民国文献资料。两份文献为我们呈现华侨捐款资助家乡兴学的全过程，包括旅洋董事机构、学校管理机构、教员组成、学员成份、课程设置、善款开支明细等等信息，对正确解读华侨及民国时期我省侨办学校具有较高的参考价值。除此以外，民国文献史料研究的项目数量较多。国家社科基金一般项目有付春《晚清民国时期西南瘴疠调查与防治的资料整理与研究》、吴志凌《民国婚俗文书文献整理与研究》二项，青年项目有郑丽芬《民国时期图书馆学人留学史料整理与研究》一项。教育部规划基金项目有罗莉《明清民国时期徽州动植物史料收集与研究》一项，青年基金项目有凌冬梅《民国时期读书会史料整理与研究》一项。

此外，还有涉及民国纸质文献价值的探讨。李海瑞、石玉廷《民国平装文献版本价值管窥》探讨了民国平装文献版本研究的相关内容，同时结合具体文献，揭示民国平装文献的版本价值以及发掘途径，为新书版本学的研究抛砖引玉。

民国文献研究涉及的其他学科还有文学类。与此相关的国家社科基金一般项目有孙强《晚清民国时期中外行记中的西北形象研究》一项。教育部规划基金项目有白雪梅《晚清民国台湾诗话研究》、王凤仙《中国近代女性游记文献整理与研究》、朱伊革《近代国学典籍英译与中国形象的建构和传播》三项。

　　此外，还有涉及中日战争及中国图书馆史的研究。与此相关的国家社科基金一般项目有李彭元《清末及民国时期日本破坏中国图书馆事业及掠夺中国文献之研究》，该项目关注了抗战时期被日本以各种非法手段从我国境内掠夺去的公私藏书的追索等问题。

第三章　民国档案研究综述

民国档案作为历史档案的一部分，是我国历史文献的重要组成部分，在政治、经济、文化、军事、宗教等传统研究领域，以及工业史、商业史、科技史、医药史等学科史的研究中，发挥着越来越大的作用。

根据对出版机构网站、网上书店、书商征订目录、新书发布等出版信息以及图书馆书目数据等的检索和统计，2017 年与"民国档案"相关的出版成果共14 种。通过"全国哲学社会科学工作办公室"网站检索①，2017 年与"民国档案"相关的国家社科基金项目的立项课题 14 项，其中重大课题 3 项、重点课题 1 项、一般课题 7 项、青年课题 3 项。通过查询教育部网站②，2017 年与"民国档案"有关的规划基金项目 1 项、青年基金项目 4 项。最后，再通过"中国知网""维普期刊资源整合服务平台""万方数据知识服务平台"检索，2017 年以"民国档案"为主题的期刊论文 32 篇，学位论文 4 篇。

以上检索截止时间为 2018 年 7 月 12 日。

---

① 全国哲学社会科学工作办公室［EB/OL］.［2016-4-10］. http：//www.npopss-cn.gov.cn/.
② 教育部社会科学司［EB/OL］.［2016-4-10］. http：//www.moe.edu.cn/s78/A13/A13_gggs/A13_sjhj/201509/W020150911492688152390.pdf.

一、民国档案研究情况

（一）出版成果

经过查询，共检索出2017年各类型"民国档案"出版成果14种，具体见表1-3-1。

表 1-3-1　2017 年出版与"民国档案"相关的成果

书　名	作　者	出版社	册数
宝兴矿业档案	杨学新、张冰水、梁松涛编	北京联合出版公司	43
福建侨批档案文献汇编（第一辑）	福建省档案局编	国家图书馆出版社	25
民国奉系军阀档案·1916	辽宁省档案馆编	线装书局	13
民国奉系军阀档案·1917	辽宁省档案馆编	线装书局	20
民国奉系军阀档案·1918	辽宁省档案馆编	线装书局	14
民国奉系军阀档案·1919	辽宁省档案馆编	线装书局	15
民国奉系军阀档案·1920	辽宁省档案馆编	线装书局	12
民国奉系军阀档案·1921	辽宁省档案馆编	线装书局	10
民国奉系军阀档案·1922	辽宁省档案馆编	线装书局	19
民国奉系军阀档案·1923	辽宁省档案馆编	线装书局	16
民国奉系军阀档案·1924	辽宁省档案馆编	线装书局	18
日本侵华密电·七七事变	汤重南主编	线装书局	51
天津近代商会档案选编	天津市档案馆	天津古籍出版社	9
天津租界档案	天津市档案馆	天津古籍出版社	36

（二）学术研究

1. 课题立项

2017 年与"民国档案"相关的国家级社科基金课题 14 项，教育部人文社会科学研究项目 5 项。相较于 2016 年，在立项课题总数量上基本持平。具体见表 1-3-2。

表 1-3-2 2017 年立项与"民国档案"相关的课题

项目类型	项目编号	项目形式	项目名称	申请人	单　位
国家社科基金项目		重大项目	近代长江中游地区（湘鄂赣）商会档案资料整理与研究	张芳霖	南昌大学
国家社科基金项目		重大项目	近代广东海关档案文献整理和数据库建设研究	陈永生	中山大学
国家社科基金项目		重大项目	国民参政会档案文献整理与研究（1938—1948）	曹必宏	中国第二历史档案馆
国家社科基金项目	17ATQ011	重点项目	档案学经典著作评价研究	胡鸿杰	中国人民大学
国家社科基金项目	17BZS004	一般项目	近代基督教蒙古文档案资料整理与研究	苏德毕力格	内蒙古大学
国家社科基金项目	17BZS036	一般项目	民国青田华侨档案整理与研究	徐立望	浙江大学
国家社科基金项目	17BZS060	一般项目	日本外交史料馆所藏辛亥革命档案的整理、翻译与研究	朱文亮	暨南大学
国家社科基金项目	17BZS061	一般项目	法国外交部南特外交档案中心所藏原法国驻天津领事馆档案之整理与研究	吕颖	南开大学
国家社科基金项目	17BSS013	一般项目	近代英国殖民政府有关新马华侨华人的法律档案整理与研究	胡亚丽	广州大学
国家社科基金项目	17BTQ077	一般项目	民国时期档案管理思想研究	张会超	上海师范大学
国家社科基金项目	17BTQ088	一般项目	民国档案学人及其学术思想研究	刘旭光	山东大学
国家社科基金项目	17CFX007	青年项目	中法法律交流档案研究（1877—1958）	朱明哲	中国政法大学
国家社科基金项目	17CZS025	青年项目	法国藏中国抗战档案史料的收集、整理、研究与编译	蒋杰	上海师范大学

（续表）

项目类型	项目编号	项目形式	项目名称	申请人	单 位
国家社科基金项目	17CZS046	青年项目	基于基层档案的太行根据地"全民皆兵"体系研究（1937—1945）	王龙飞	华中师范大学
教育部人文社会科学研究项目	17YJA770013	规划基金项目	明清民国时期徽州动植物史料收集与研究	罗莉	韶关学院
教育部人文社会科学研究项目	17YJC870010	青年基金项目	民国时期读书会史料整理与研究	凌冬梅	嘉兴学院
教育部人文社会科学研究项目	17YJC870014	青年基金项目	清至民国岭南地区杂字文献收集、整理与汇编	丘妮	梧州学院
教育部人文社会科学研究项目	17YJCZH139	青年基金项目	秦皇岛港藏日军侵占时期外文档案翻译、整理与研究	齐海娟	东北大学
教育部人文社会科学研究项目	17YJCZH169	青年基金项目	民国耀华玻璃公司档案整理与研究——兼论近代京津冀协同发展	王莲英	东北大学

2. 学术论文

经过检索，与"民国档案"相关的期刊论文32篇，学位论文4篇。相较2016年在发表数量上均有所减少。具体见表1-3-3、1-3-4。

表1-3-3 2017年与"民国档案"研究相关的期刊论文

作 者	题 名	刊 名
杨向昆	从档案到历史：富含开创性和思想性的史料集——评陈谦平编《翁文灏与抗战档案史料汇编》	民国研究

（续表）

作 者	题 名	刊 名
张会超	十年来学界对民国时期文书档案工作研究的文献梳理与分析	中国档案研究
于森	民国档案所见历代帝王庙使用情况	北京文博文丛
裴斐，黄玉明	英文历史档案翻译刍议——关于民国档案抢救保护与数字化的思考	档案学研究
杨世洪	民国档案数字化工作的探索与实践	四川档案
杨健生，李孔燕	民国档案文件级目录制作方法研究	云南档案
张北根	蒋介石应对居里第二次访华的策略——以《蒋介石日记》为中心	民国档案
蒋余芬	数转模工作中数据前处理技术研究	档案与建设
程积安，杨勇	传统拍摄与数转模在民国书前整理中的差异性分析	数字与缩微影像
周雷鸣，刘年贵	丁文江致蔡元培、王显廷等函札七通考释	文献
袁硕	英国国家档案馆馆藏日本二战罪行文献档案调查与思考	图书馆研究与工作
黄化	民国档案公文格式汉译英初探	档案学研究
马垒	从民国碑刻看房山县民国二十五年凿修泉池始末	文物春秋
陈杰靖	民国档案缩微胶片的质检校对	兰台世界
兰日旭，周莹	中国近代公债整理探析	贵州社会科学
韩李敏	档案是历史的真实记录——谈《日军侵浙细菌战档案资料汇编》编纂的几点体会	浙江档案
杨国宾	做好民国档案文件级目录编报工作的几点体会	档案
潘超正	南京国民政府时期的法庭调解：制度与实践——基于龙泉司法档案的考察	政法论坛
罗国辉	台湾地区馆藏民国时期会计史料整理与研究	中国注册会计师
陈静波	从档案看日军对昆明的轰炸	云南档案

（续表）

作　者	题　　名	刊　名
王明芳	齐齐哈尔市清末民国历史档案的保护及开发利用分析	黑龙江史志
王琦	"中国近代史纲要"教学中民国地方档案的价值	教育观察（上半月）
张红扬	于海外案卷深处听民国历史回音	大学图书馆学报
胡振荣	历史档案数字化著录存在的问题与对策研究	档案学研究
郑典宜	成都师范教育传统是怎么形成的——成都大学档案馆馆藏部分民国档案解读	四川档案
陈俐，姚行	北京地方民国档案文件级目录著录问题的实践探索	北京档案
杨敏	1931—1937年民国四川基层女性研究——以民国荣县档案为例	兰州学刊
王鑫宏，汪效驷	民意诉求：七七事变后蒋介石抗日决策的重要推力——以"各方吁请政府抗日案"为中心的考察	民国档案
刘俊峰，蒋梅	区域史视野下的档案利用与民国史研究——"档案利用与民国区域史研究学术研讨会"综述	民国档案
杨祝庆	民国档案《昆明方目》方源初考	云南中医中药杂志
王晓敏	民国初期土默特地区教育经费支出结构分析	学理论
蒋杰	瑞士日内瓦国联档案馆馆藏抗战史料述略	图书馆学研究

表1-3-4　2017年与"民国档案"研究相关的学位论文

作　者	题　　名	作者单位
纪曼青	北洋时期《政府公报》出版发行研究	上海师范大学
潘炜	民国初期（1912—1913）湖南县乡议会之荒政议案研究	湖南科技大学
陈雨	中国第二历史档案馆馆藏八路军致国民政府战报档案研究（1937—1940）	南京师范大学
陆坤鹏	从《海军公报》看南京国民政府时期的海军建设（1929—1937）	东北财经大学

二、民国档案研究综述

（一）出版成果

1. 抗战系列

《民国奉系军阀档案》（1916—1924，共 9 卷 137 册），2016 年出版 4 卷，由辽宁省档案馆编纂，收录了辽宁省档案馆藏奉天省长公署全部重要档案。本书辑入档案，上限起自 1912 年，以张作霖通过镇压辛亥革命掌握奉省军权实际统治奉天奉系军阀正式形成为开端；下限截至 1932 年，以九一八变事后奉系军阀结束在东北统治为断线。各卷出齐后，还将编辑《民国奉系军阀档案》总目录和目录索引。

《日本侵华密电·七七事变》，全集共 51 卷，中国人民抗日战争纪念馆为纪念全民族抗战爆发 80 周年而组织的国家出版重大项目。

2. 社会系列

《福建侨批档案文献汇编（第一辑）》是福建省档案管编纂，全书共 25 册，是福建侨批档案文献系统整理出版和研究开发的重要成果。"侨批"指海外华侨通过海内外民间机构汇寄至国内的汇款暨家书，是一种信、汇合一的特殊邮传载体，广泛分布在福建、广东、海南等地。2013 年 6 月，福建"侨批档案"入选《世界记忆遗产名录》。侨批上记录了寄批人姓名地址、收批人姓名地址、汇款种类、款项数额及所附信件，内容丰富，是广大侨胞对所在国和祖国经济社会发展所作贡献的历史真实见证，是研究中国近代史、华侨史、金融史、邮政史、交通史和对外交流史的重要史料来源，对研究"海上丝绸之路"相关文化有较高的学术价值。

此外，还有天津古籍出版社出版的《天津租界档案》。

3. 经济系列

《宝兴矿业档案》，以张家口市档案馆所藏《宝兴煤矿档案》为基础影印编纂而成，共 43 册，该书的出版既能将历史遗留档案以新形式保存传播，又能为北方中小矿业、近代矿业民族企业及华北近代社会生活的研究提供宝贵的材料，具有重要价值。

此外，还有天津古籍出版社出版的《天津近代商会档案选编》。

（二）学术研究

2017 年立项的国家社科基金课题有 14 项，教育部人文社会科学研究项目 5 项，选题主要集中在抗战档案、外交档案、经济档案、社会档案等领域。而学术研究方面，相对于 2014 年近 20 篇，2015 年和 2016 年均近 60 篇，2017 年则不到 40 篇，从数量上来说对民国档案的相关研究论文有所回落，从研究主题范围而言也没有前两年全面，下面将对此进行重点综述。

1. 民国档案管理研究

本年度民国档案管理方面的研究主要集中在民国档案概况、著录、保护及开发利用方面。

（1）民国档案概况

2016 年 11 月 18 日至 20 日，杭州师范大学民国浙江史研究中心与中国第二历史档案馆《民国档案》杂志社联合主办的"档案利用与民国区域史研究学术研讨会"在杭州举行。来自中国第二历史档案馆、吉林大学、西南大学、安徽师范大学、上海师范大学、上海理工大学、东华大学、华东师范大学、上海交通大学、扬州大学、南京邮电大学、湖南工业大学、宁波大学、宁波工程学院、湖州师范学院、绍兴文理学院、浙江省社会科学院、杭州师范大学等单位的专家及研究生 70 余人参加了此次研讨会。会议收到论文 30 余篇，这些论文从区域史的角度出发，利用了大量档案资料，研究内容涉及民国史的诸多方面。与会学者围绕会议主题进行了深入探讨，在一定程度上也反映了当前民国区域史研究的现状和水平。《区域史视野下的档案利用与民国史研究——"档案利用与民国区域史研究学术研讨会"综述》，从"档案资料的保护与利用""国民党、三青团与地方政府""抗日战争时期的民众运动、战后建都问题""工会、行业及经济组织""新式交通、迁徙方式与社会变迁""人物、宗教信仰及社会意识"等若干方面进行述评。总结本次会议主要特点：与会代表充分挖掘和利用了档案；正是因为档案挖掘和利用的深入，区域史研究得以进入视野，使得民国史的研究范围更加广阔，研究成果更加丰硕，观点更加新颖；学术气氛浓厚，展开了充分的学术批评。

（2）民国档案著录

民国档案目录数据采集工作难度大、问题多。民国档案有着不同于其他历史档案的特点，其公文文种、行文格式、公文用语等方面都有着特殊的程式规定。

《做好民国档案文件级目录编报工作的几点体会》指出在民国档案文件级目录信息采集编录工作中，编录人员应根据文件的特点，准确把握文件内容，逐条逐项核实著录项目，这样才能保质保量做好目录编报工作。《历史档案数字化著录存在的问题与对策研究》则通过国内历史档案数字化实践，详细介绍了著录工作耗时较多，成为影响数字化工作进度的瓶颈；历史档案著录工作有分阶段完成的趋势，著录方式有内包和外包。历史档案著录客体存在量大、整理基础差、文字识别难等问题，著录主体存在专业人才缺乏的问题，著录标准存在内容不全和不统一的问题，工作环境存在影响健康的问题。为提高历史档案著录工作水平，需要从国家战略的高度制订规划，加大投入；同时加强人才培养，增加人才储备；完善标准，提高著录精度。最后要通过优化流程和技术创新，通过众包的方式，充分利用社会计算资源，降低著录成本，提高著录效率。《北京地方民国档案文件级目录著录问题的实践探索》结合北京市档案馆北京地方民国档案文件级目录著录的具体实践，就民国档案文件级目录著录的三大难点问题，探索如何不断补充完善著录细则，提出了符合北京地方民国档案特点的、更加细致的、可操作性更强的著录要求；探索如何组织著录工作，提出了科学合理的著录工作路径；探索如何适应著录工作需要，提出了有针对性地安排著录培训内容的要求。《民国档案文件级目录制作方法研究》认为，在实际操作中，对民国档案文件级目录制作方法主要有对题名结构进行规范、利用计算机进行辅助著录、对各种民国档案归类分析三个方面。其中对题名结构进行规范主要包括从规范"事由"的语言表述、规范组成"事由"的信息元素、规范"事由"组成元素的表述逻辑三个方面。

（3）民国档案保护与开发

历史档案翻译应遵循"忠实于原文，表达通顺的译入语，符合文本内容的专业规定，追求'诸者平衡'"等原则。但在翻译实践中，这些原则需要根据具体情况进行调适。《民国档案公文格式汉译英初探》，详细介绍了政府公文是民国档案的大宗之一，公文术语及格式是影响翻译质量的重要因素，术语翻译重在考证，格式句则取决于对原文的现代汉语转换以及对译文的简化。民国以来的汉英词典等工具书，对术语、专有名词的翻译可能存在误差，引用时需反复斟酌。

民国档案因年代久、破损多，加之公文的格式排列和文字用语与现代公文有较大区别，其数字化工作面临着许多急需解决和亟待规范的问题。遂宁市档案馆民国档案数字化工作从 2016 年 9 月开始启动，严格按照国家档案局有关标准规范进行操作，同时又结合馆藏档案的实际并参照中国第二历史档案馆的一些做法，在整理加工、著录划控、题名拟写方面展开了一些有益的探索。《民国档案数字化工作的探索与实践》从馆藏民国档案数字化工作面临的困难和问题、民国档案数字化工作的探索与实践两方面对遂宁市档案馆民国档案数字化工作进行详细介绍，并提出在民国档案数字化过程中应尽快明确标准规范（整理、著录、拟名方面）、自上而下项目化推进、其目录验收标准应考虑当前基层实际等若干工作建议。

《英文历史档案翻译刍议——关于民国档案抢救保护与数字化的思考》通过安徽省档案局民国档案抢救保护与数字化工作中的翻译实例，从历史档案的特性、翻译的目的和策略等方面探讨了档案英文材料的翻译实践和理论问题，对互联网时代外文历史档案的整理与翻译工作提出了新的思考与建议。

《齐齐哈尔市清末民国历史档案的保护及开发利用分析》分析了齐齐哈尔市

市档案馆内清末民国档案的概况，以及历史档案的保护和利用情况，最后对齐齐哈尔市历史档案的保护以及开发中的不足进行分析再提出几点建议，旨在保护齐齐哈尔市的历史档案。

《数转模工作中数据前处理技术研究》以江苏省档案馆"民国档案数转模"项目为例，针对文件管理、色彩模式转换、图片处理等数据前处理工作中出现的问题进行探究，并结合实际情况提出技术层面的解决方法，以期做到质量与效率兼顾。

2. 民国政治档案研究

《北洋时期〈政府公报〉出版发行研究》以中国第二历史档案馆编辑出版的240册《政府公报》影印本为史料基础，参考了相关论文和著作，通过史料阐述自唐代有官报以来，固定邸报、旧式官报直到北洋时期《政府公报》的演变历程。并且从四个部分梳理《政府公报》的出版发行，即《政府公报》概述、《政府公报》出版发行主体、过程、作用和价值。

清末的北洋海军曾经排在世界第四位，盛极一时。甲午战争后，中国海军的重建一直没有正式提上日程，军阀的混战更是让中国海军派系分立，各自为政，海军的领导体制比较混乱，舰船武器老旧落后，与世界的差距越来越大。1927年，南京国民政府成立，中国海军开始走向统一，1929年南京国民政府海军部成立后，中国海军完成了形式上的统一，虽然东北舰队和广东舰队还不归属于海军部管理，但也统一在了一个国民政府之下，有利于中国海军的统一管理和建设。1927年至1937年，尤其是1929年之后，海军的发展走向正轨。在海军部长陈绍宽的带领下，随着一部部法规的颁布和实施，中国海军的建制和领导体制逐渐完善，海军的一切活动有了规章可循；通过购买和自主建造，海军的舰船和武器得到更新和加强，海军人才的培养也更加正规化。到1937年抗战爆发前，中国的海军虽然还没有与日本有一战之力，但较之以前已有了较大发展。《从〈海军公报〉看南京国民政府时期的海军建设（1929—1937）》，对晚清至北洋政府时期的海军发展历程作简要概括，介绍中国近代海军从初生、发展到北洋时期的强盛，至甲午战败衰落，再到重建的过程，并主要根据南京国民政府海军部发行的《海军公报》探讨 1929 年南京国民政府海军部成立后中国海军的建设情况，包括这一时期海军领导体制的完善、舰队编制的变化、舰船武器建设情况等，总结了海军在抗战中所起的作用，分析了南京国民政府时期海军建设在海军抗日战争中的贡献，并探讨了最终失败的原因。

3. 民国经济档案研究

我国公债滥觞于晚清，发展于民国时期。在民国短短的 38 年间，相继在 1921 年、1932 年和 1936 年发生了三次公债整理事件，《中国近代公债整理探析》一文对三次公债整理进行分析和总结。从经济层面看，这三次整理是中央政府对公债制度和财税体系不同程度的纠错和改革。它们的发生缘于公债担保的不稳定、债务结构的不合理、中央与地方财政关系的非对称以及财政收支极度的不均衡等。从政治层面看，三次整理是在政府宏观经济治理由"经济极度自由"向"统制经济"转变的过程中，中央政府和银行家之间相互博弈的结果。政治与经济层面的相互交织，贯穿于三次公债整理的始末，而三次整理的本质区别取决于"经济面"与"政治面"之间力量的消长，由此也导致三次整理过程中政府与银行家的得失迥异。

改革开放以来，我国会计史研究取得了丰硕成果，对近现代会计历史发展的研究也不断深入。然而，颇为遗憾的是，1949 年国民党撤退台湾时，大批有关民国时期会计发展的历史档案被一并带去台湾，使得大陆会计界数十年来有关民国时期会计历史的研究，一直受资料不足甚至断档的困扰，乃至于许多重要的历史发展因为缺乏档案资料而难以还原其真相。虽然近年来两岸交往日益增多，但迄今为止，两岸会计史学界的交流依然基本处于空白状态，而对台湾地区所藏会计史资料的系统搜集和梳理亦付阙如。《台湾地区馆藏民国时期会计史料整理与研究》一文，基于台湾各档案馆、图书馆及资料馆，搜集、查阅台湾地区所藏会计史资料，基本摸清了台湾地区馆藏民国时期会计史料的基本情况，并进行了资料收集和初步的整理与研究。对于弥补空缺，形成相对完整的资料链，尤其是弥补民国时期国民政府在会计制度建设和会计事业发展方面资料的不足，无疑具有重要意义。

4. 民国抗战档案研究

抗日战争的胜利对中华民族的影响是深远的，2015 年 9 月 3 日迎来了伟大的抗日战争胜利 70 周年。八路军抗战老兵在阅兵仪式上受到了全国人民崇高的敬仰。抚今追昔，我们不应忘记那些曾经为我们民族解放事业流血牺牲的八路军将士们，他们理应受到最公正的评价。然而事实上，在国共合作的大背景下，八路军实际上屡次受到了国民政府方面的不公正的待遇，甚至被污蔑为"游而不击"、"毫无功绩可言"等。《中国第二历史档案馆馆藏八路军致国民政府战报档案研究（1937—1940）》，从战报档案资料的角度出发，利用档案，分析档案，研究档案，从战报档案的视角出发来研究抗日战争中的重要战役，并给予八路军以系统的分析和客观的评价，可以填补全民族抗战史研究的不足之处，还原八路军敌后抗战的真实历史。消弭两岸学者认识的分歧、对两岸学者的学术和情感交流也是大有裨益。这既是历史研究者们存在的价值也是其职责之所在。只有这样才能让无数牺牲在战场上的八路军将士们的亡灵得到安息。

《民意诉求：七七事变后蒋介石抗日决策的重要推力——以"各方吁请政府抗日案"为中心的考察》，详细阐述了七七事变发生后，社会各界纷纷致电、上书蒋介石和国民政府，表达强烈的抗日诉求，形成全社会抗日救亡的新高潮。各界民众慷慨陈词，呼吁政府早下决断，出兵抗日，并表示愿为政府后盾。各方的"吁请抗日"体现了大势所趋和民心所向。民意聚拢、累积成一股巨大的压力，推动了以蒋介石为首的国民政府最终下定决心，确立抗日国策。民意诉求可谓国民政府走向抗日之路的重要推力。

创立于 1920 年的国际联盟，是 20 世纪上半叶建立起来的重要国际政治组织。

它的创设，意在巩固"一战"以后所形成的以英法为核心的国际政治、军事和外交新秩序。20世纪30年代以来，随着日本军国主义者日趋加快对华侵略扩张的步伐，国联曾多次介入、调停中日争端，由此形成了大量档案资料。这些资料中的很大一部分目前收藏在日内瓦国联档案馆内。《瑞士日内瓦国联档案馆馆藏抗战史料述略》聚焦这些一手文献，对它们的生成过程、主要内容、档案类型、资料形态以及过往的开发与利用展开论述。此外，文章还从抗战史、国际关系史和经济社会史三个维度入手，讨论这批档案史料的学术及文物价值。

1938年9月28日至1944年12月，日军为截断中国西南的国际交通线，包抄中国抗战后方，达到迅速灭亡中国的目的，对云南省各军事、交通、工业目标及各城市区域狂轰滥炸，其中云南省会昆明因其特殊的战略地位，受到轰炸的次数最多，投弹也最多，仅次于当时的陪都重庆，居全国各省之前列。昆明遭受大轰炸时间长达6年之久，给人民生命财产造成了极大的伤害和损失，也给社会和无数家庭留下了难以愈合的伤痛。长期以来，社会各界及历史研究者对昆明大轰炸研究的不多，也缺乏系统性的整理和梳理，为了铭记历史、不忘国耻、激励后人，《从档案看日军对昆明的轰炸》通过云南省档案馆馆藏昆明大轰炸相关档案资料，厘清大轰炸的一些关键性问题，以期引起对昆明大轰炸的系统深入研究。

抗战时期，浙江是遭受日军细菌武器攻击灾难最为严重的省份之一。为了应对日军的细菌战，防治鼠疫等各种恶疫的蔓延，国民政府组织民众，做了大量的宣传教育和疫病防治工作，形成了不少档案材料，这些档案材料成为我们今天研究日军对浙细菌战必不可少的史料。据不完全统计，浙江省31家综合档案馆保存着280卷又575件日军侵浙细菌战方面的档案史料，计有16000多页。自2014年起，浙江省档案局和中共浙江省委党史研究室合作，依据浙江省各级综合档案馆馆藏，着手《日军侵浙细菌战档案资料汇编》编纂工作，经共同努力，目前已有六册正式出版。《档案是历史的真实记录——谈〈日军侵浙细菌战档案资料汇编〉编纂的几点体会》从编者的角度，展开日军侵浙细菌战的研究，详细介绍了日军在浙江进行细菌武器攻击是有案可查的，许多日军抛撒的异物中没有检测出致命细菌，并不能证明日军没有进行细菌攻击。民国时期，对于列入防疫范围的传染病的登记、统计是真实和严格的，其形成的档案是比较可信的，要高度重视、尊重前人战时调查形成的成果和战后防疫史料的收集与研究。

国家图书馆于2011年启动了"民国时期文献保护计划"，以远东国际军事法庭审判文献史料为切入点对日本二战罪行档案文献进行征集、整理与编译。为深入推进该项工作，在世界范围内对各个大型档案馆及专业机构的调研工作已全面铺开。《英国国家档案馆馆藏日本二战罪行文献档案调查与思考》，通过大量调查英国国家档案馆馆藏日本二战罪行文献档案资料，对其相关档案进行整理和分类，并对日本二战罪行文献档案的征集获取、组织揭示以及推广利用工作进行了思考。

5. 民国名人档案研究

历史名人档案是历史上存在的著名、知名人士，做出过重要贡献或产生巨大影响并得到社会和历史认可，在此过程中直接形成具有保存价值的历史记录。历史名人档案建设问题的探讨，对提高名人档案的理论和实践高度，具有指导意义。《丁文江致蔡元培、王显廷等函札七通考释》，整理刊布丁文江任"中央研究院"总干事期间，于1935年致院长蔡元培、文书处主任王显廷、外交部政务次长徐谟函札七通。这些函札均与庚款留学荷兰有关，涉及留荷生王元恺申请中荷庚款文化基金补助，留荷考生严恺体检、成绩通知等。文中引证相关档案等史料，考释函札写作的背景和内容，彰显了丁文江认真负责、严谨务实、灵活的办事风格和出色的行政才能。

1942年7月20日至8月7日，美国总统行政助理居里第二次访华，与蒋介石进行了14次会谈。会谈涉及的范围很广，除中美关系外，还包括中英关系、中苏关系、领土问题、全球战略、战后国际关系、英印关系及史迪威的双重地位等。《蒋介石应对居里第二次访华的策略——以〈蒋介石日记〉为中心》，通过《蒋介石日记》解析蒋介石在会谈中的应对策略，从7月20日至27日，"以刚毅之气应之"；从7月29日至8月7日，"以宽和无求与毋必毋固之心对之"。总体来看，蒋介石应对居里访华"始刚终和"的策略比较成功，捍卫了国家尊严和国家利益；中美"斗而不破"，在太平洋战争爆发后的紧张关系得到了缓和，美国继续援助中国，对中国坚持抗战起到了积极作用。

6. 民国教育档案研究

教育是伴随着人类社会文明进步的产物，师范教育活动历史悠久。作为师范教育史上一个特殊的教育形态，女子师范教育则更是近代社会经济、政治和文化教育变革的缩影。在四川成都，女子师范教育历史也是源远流长。原成都师范学校并入成都大学后，其档案整体移交至成都大学档案馆。《成都师范教育传统是怎么形成的——成都大学档案馆馆藏部分民国档案解读》，透过一张张泛黄的老照片、斑驳的档案，从"追求真理，坚持进步""艰苦奋斗，育人为本""学制改革，管理严谨""学为人师，行为世范"四个方面来感知、认识成都师范教育传统是怎么样形成的。

民国初期，在旗财政入不敷出的情况下，土默特地区教育事业却比较发达，这与教育经费合理分配关系密切，因此，深入研究土默特地区教育经费支出结构有助于丰富民国时期土默特地区教育史的内容。《民国初期土默特地区教育经费支出结构分析》以土默特地区教育经费的内部使用结构和支出层次结构的视角，借助原始档案材料分析民国初期（1912—1922年）土默特地区教育经费支出特点，为当前教育支出提供借鉴。

7. 民国司法档案研究

"浙江大学光华法学院龙泉司法档案支持计划"资助的《南京国民政府时期的法庭调解：制度与实践——基于龙泉司法档案的考察》，将着眼点放在南京国民政府创制的法庭调解制度，并兼及与这一制度存在亲缘、渊源关系的民间调处和官方调处。龙泉司法档案收录的案卷则展现了实际生活中该制度的运行状况及其效果，带来对法庭调解制度的微观、中观、宏观三个层面的观察。在微观层面，法庭调解制度在龙泉县取得了不错的效果，有着相对较高的调解成功率，并在不同类型的案件中呈现不同的效果。在中观层面，法庭调解实践反映出场域对制度的实践及其效果的达成有着重要的影响。在宏观层面，对法庭调解制度实践的分析揭示了制度与实践的关系问题只有置于国家与社会的关系框架中才能被更深刻地理解。作为将调解制度化的先驱，南京国民政府颁行了中国第一部《民事调解法》，成为现代中国调解制度的滥觞。虽然目前已有多项研究就该时期的民事调解制度进行了探索，但囿于材料的限制，这些研究还只停留在"制度"层面的评述；对制度之"实践"层面则难有着墨，亦少发见。文章作者基于《龙泉司法档案》材料，得以对南京国民政府时期的法庭调解实践作一考察，以对其运作过程、运作效果做具象的描述并反过来对法庭调解制度加以评述。

8. 民国地方档案研究

昆明市药材业同业公会 1939 年汇编医方《昆明方目》，全书 82 方，补遗 4 首，分 14 门，涉及补益、脾胃、妇科、痰嗽、眼目、泻痢、气滞、风痰、伤寒、暑湿、燥火、咽喉口齿、幼科和疮科诸门。该书医方是民国时期昆明中药铺制药的标准，但未著出处。《民国档案〈昆明方目〉方源初考》通过考证，陈明卫生丸、参茸丸、十全丸等 86 方的出处、来源或组方，分析《昆明方目》具有以"旨证为纲"分类、创新的数量超过继承、严守制方法则、大量使用云南地产药材和价值突出等特点，为深入认识和正确应用《昆明方目》成方创造条件。

1930 年国民政府颁布的《中华民国民法典》从法律层面为中国女性开创了男女平等的可能。但是理论上的法律文本对于中国基层社会的影响究竟如何还有待进一步的探索。《1931—1937 年民国四川基层女性研究——以民国荣县档案为例》，尝试通过对 1931—1937 年民国荣县档案中离婚案件的研究，从基层社会现实、社会伦理道德和民间力量三个角度展现民国时期中央立法与地方司法的互动关系以及这种关系对于当时四川基层女性的影响。

"中国近代史纲要"课程在教学中必须遵循"论从史出，史论结合"的基本原则，民国地方档案在教学实践中具有重要应用价值。在《"中国近代史纲要"教学中民国地方档案的价值》一文中，作者详细阐述了民国地方档案的价值在于作为原始史料，有利于澄清历史事实，反击历史虚无主义；作为微观史料，有利于宏大叙事与微观论证相结合；作为乡土史料，有利于激发学生的学习兴趣。

抗日战争全面爆发前夕，为了复兴农村，在国民政府开始加强农田水利建设的大背景下，河北省农田水利委员会对辖区内各县开展了凿泉建设，时属河北省管辖的房山县（今属北京市房山区）曾开展了较大规模的凿泉疏渠工程，保存至今的三通石碑见证了这一水利工程的建设情况。《从民国碑刻看房山县民国二十五年凿修泉池始末》，结合民国档案资料，对民国二十五年（1936 年）所开展的房山县凿修泉池工程进行了论述。

9.民国其他档案研究

《北美民国研究档案资源指要》（*Archival Resources of Republican China in North America*）这一论著择入的 329 种档案为北美主要民国档案收藏机构的重要档案，是了解和研究民国著名历史人物、重大历史事件的珍贵资料。同时，其双语形式增强了其使用价值，描述和研究并重的风格显示了编者的研究能力。这一论著和近年来其他同类著述和数字化文献一起，标志着北美中国研究现代文献在加强收集力度的同时，向整理、揭示和共享阶段转型和迈进。《于海外案卷深处听民国历史回音》，从北美中国研究的历史发展趋势分析《北美民国研究档案资源指要》一书在民国档案整理和揭示方面的重要性。

北京历代帝王庙是明清两代皇家祭祀历代帝王及名臣的场所。1911 年，孙中山领导的辛亥革命推翻了清王朝的统治。北洋政府时期，历代帝王庙划归内务府礼俗司管辖，后由坛庙管理处接收管理。《民国档案所见历代帝王庙使用情况》，通过调研北京市档案馆，详细查阅民国时期关于历代帝王庙的文献档案，将所收集资料按事件内容分类整理，以期对民国时期历代帝王庙的使用状况有进一步了解。

第四章　民国报刊研究综述

民国时期，报刊作为一种新兴的文字载体，得到了迅速的发展，并成为各种思想理念的重要载体。据统计，民国时期，全国报刊出版总数达 4 万种以上，其中，期刊 36000 余种，报纸 4000 余种[①]。这些报刊真实、全面地反映了当时的社会经济、政治军事、文化艺术等各方面情况，其史料和学术价值不言而喻。2017 年度，民国报刊的整理和研究工作依然是学界关注的热点。

根据对出版机构网站、网上书店、书商征订目录、新书发布等出版信息以及图书馆书目数据等的检索和统计，得到 2017 年与"民国报刊"相关的出版成果 11 种，其中影印、汇编、摘编类丛书 8 部，专著 3 部。通过检索"全国哲学社会科学工作办公室"网站，查得本年度与"民国报刊"相关的国家社科基金项目 12 项，其中重大项目 1 项、一般项目 9 项、青年项目 2 项。通过查询教育部网站，得到与"民国报刊"相关的规划基金项目 2 项、青年基金项目 5 项。在"中国知网""万方数据知识服务平台""维普期刊资源整合服务平台"，以"民国"并含"报刊"以及"民国"并含"期刊"为主题进行检索，共查得 2017 年与"民国报刊"密切相关的期刊论文 68 篇、学位论文 39 篇。本章力图通过对这些文献的综

[①] 桑兵. 治学的门径与取法——晚清民国研究的史料与史学 [M]. 北京：社会科学文献出版社，2014.

述，揭示 2017 年度学界对"民国报刊"关注的热点和理论研究的新方向。

检索统计日期截至 2018 年 6 月 30 日。

一、民国报刊研究情况

（一）出版成果

2017 年度与"民国报刊"相关的出版成果共 11 部，具体见表 1-4-1。

表 1-4-1　2017 年出版与"民国报刊"相关的成果

书　　名	丛书名	出版社
美术生活	民国期刊集成	上海书店出版社
光明	民国期刊集成	上海书店出版社
小说大观	民国期刊集成	上海书店出版社
中国社会科学院近代史研究所藏"满铁剪报"类编（第二辑）		国家图书馆出版社
民国时期话剧杂志汇编		国家图书馆出版社
民国文学名刊汇编		南开大学出版社
浙江兴业银行《兴业邮乘》期刊分类辑录（1932—1949）	稀见民国银行史料丛编	上海书店出版社
《滨江特刊》辑录：一九三五年二月——九四一年六月		国家图书馆出版社
《新月》：一种同人期刊与自由媒介的综合透视		中国社会科学出版社
报里乾坤：《北洋画报》中的天津城市文化		天津人民出版社
旧报旧刊旧连载		上海远东出版社

（二）学术研究

1. 课题立项

2017 年与"民国报刊"相关的国家社科基金课题共 12 项（重大项目 1 项、

一般项目 9 项、青年项目 2 项）、教育部人文社会科学研究项目 7 项（规划基金项目 2 项、青年基金项目 5 项），具体见表 1-4-2。

表 1-4-2 2017 年立项与"民国报刊"相关的课题

项目类型	项目编号	项目形式	课题名称	申请人
国家社科基金项目	17ZDA276	重大项目	中国近现代文学期刊全文数据库建设与研究（1872—1949）	刘增人
国家社科基金项目	17BZW018	一般项目	近代岭南报刊小说整理与研究	梁冬丽
国家社科基金项目	17BZW026	一般项目	抗战后期四大党（官）报文艺副刊整体性比较研究（1942—1945）	李相银
国家社科基金项目	17BZW150	一般项目	近代报刊与中国小说的现代转变研究	王龙洋
国家社科基金项目	17BYY053	一般项目	近代英文期刊对中国经典的译介与传播研究（1800—1949）	曾文雄
国家社科基金项目	17BXW019	一般项目	中国近代报刊的海权观与南海诸岛报道研究	赵建国
国家社科基金项目	17BXW018	一般项目	香港进步报刊的统战宣传研究（1927—1949）	田秋生
国家社科基金项目	17BXW015	一般项目	红色报刊与中国新闻界集体记忆建构研究	郭恩强
国家社科基金项目	17BTQ010	一般项目	《申报》新疆文献整理与研究（1872—1949）	高健
国家社科基金项目	17BZW073	一般项目	中国通俗文学期刊文本与电影改编研究（1913—1931）	陶春军
国家社科基金项目	17CDJ012	青年项目	中国共产党揭露侵华日军暴行的报刊资料整理与研究（1931—1945）	王楠
国家社科基金项目	17CZW054	青年项目	社会体制视野下的《小说月报》研究（1910—1931）	李直飞
教育部人文社会科学研究项目	17YJA860013	规划基金项目	东北日系报纸与另类殖民叙事的媒介建构（1905—1945）	马嘉
教育部人文社会科学研究项目	17YJA751037	规划基金项目	晚清民国报刊文言小说研究	张振国

（续表）

项目类型	项目编号	项目形式	课题名称	申请人
教育部人文社会科学研究项目	17YJC860016	青年基金项目	"东突"分裂势力在国内的报刊活动及舆论诱导研究（1933—1949）	潘理娟
教育部人文社会科学研究项目	17YJC860015	青年基金项目	在华德文报刊发展轨迹研究（1886—1945）	牛海坤
教育部人文社会科学研究项目	17YJC850001	青年基金项目	近代期刊视角的中医药文化传承研究	邴守兰
教育部人文社会科学研究项目	17YJC760072	青年基金项目	从幻灯到电影：《申报》早期影像广告研究	孙慧
教育部人文社会科学研究项目	17YJC710022	青年基金项目	《群众》周刊与马克思主义中国化研究	何建娥

2.学术论文

经过检索，与"民国报刊"相关的期刊论文 68 篇、学位论文 39 篇，具体见表 1-4-3、表 1-4-4。

表 1-4-3　2017 年与"民国报刊"研究相关的期刊论文

作　者	题　　名	刊　名
李羣	《佛学丛报》与民国佛教复兴	安徽大学学报（哲学社会科学版）
刘英翠	基于文本分析的民国报刊新闻述评话语研究	编辑之友
刘英翠，饶鉴	民国报刊新闻述评的话语分析研究	编辑之友
陆高峰	民国时期新闻出版人从业生态	编辑之友
李倩倩	由封面图像看民国期间左翼期刊的传播策略——从《世界知识》《读书生活》《中国农村》谈起	编辑之友
朱季康	民国成立前后的苏中地区报刊事业	常州大学学报（社会科学版）
冯成杰	20 世纪三四十年代迪化社会变迁——以民国报刊为中心的考察	城市史研究

（续表）

作　者	题　　名	刊　名
韩磊	民国时期中医药期刊出版探微	出版广角
丁兰兰	民国时期著名记者群的报刊功能观嬗变	传播与版权
陆依君	我国高校图书馆民国时期报刊资源馆藏建设研究	大学图书情报学刊
王强，林琳	从民国时期期刊文献看十月革命的思想史意义——基于《民国时期期刊全文数据库（1911—1949）》的分析	党的文献
邹赜韬	植壤、技术与生存策略：晚清民国的宁波土医——以1870至1936年的报纸材料为中心	地方文化研究
沈立力	民国期刊分类服务体系探索与实践——以"全国报刊索引民国时期期刊全文数据库"为例	河南图书馆学刊
赵炎才，熊健	民国初期舆论界呼唤减政思想探论——基于《大公报》《庸言》《东方杂志》等报刊杂志的历史考察	红河学院学报
袁仕萍	从民国期刊中探寻邹荻帆1937年的诗歌创作	湖北文理学院学报
单永军	民国戏曲期刊批评的转型——以《剧学月刊》为中心	湖北文理学院学报
刘瑶	民国学术期刊的名人书法题名——以《国专月刊》为例	湖南科技学院学报
马景	从社会变化看民国伊斯兰教报刊宗旨的转变——以《月华》为例	回族研究
丁明俊	近代回族报刊的时代特征	回族研究
丁劼，钟银梅	民国回族学者对中国伊斯兰教发展的理性认知——以民国回族报刊为中心的考察	回族研究
王继霞	民国时期回族社会的郑和阐释：以回族报刊为中心的考察	回族研究
张超	从体育期刊发刊词看民国时期的体育思想	吉林体育学院学报
郭奇林	抗战时期日本社会舆论探析——以《时与潮》时论译文为中心的考察	近代史学刊
吕强	民国文献中的疫苗使用与管理——以民国报刊报道的霍乱疫苗为例	近代中国

（续表）

作　者	题　名	刊　名
刘冰，牟婉莹	一种都市文化符号——浅谈民国时期上海报刊中的女性服饰	科技风
徐悦蕾，白欣	民国期刊中的力学类文章	科学
章梅芳	民国时期的科学启蒙与性别政治——以大众报刊的相关话语为考察对象	科学技术哲学研究
张晴柔	民国时期报刊妇女诗话略论	理论界
王永春	民国时期政府公报的期刊形态与史料价值	秘书之友
郭洋	民国期刊中的净土——《长歌》期刊研究	名作欣赏
李翚	《现代僧伽》与民国佛教革新运动	南京理工大学学报（社会科学版）
陈旭鸣	民国《寿世医报》中诗词的特点及意义	南京师范大学文学院学报
宋黎明	从《医育》期刊看江苏民国医药期刊的发展	南京医科大学学报（社会科学版）
袁剑，刘玺鸿	近代中国视野中的乌兹别克斯坦：背景、认知与演变——以清末民国时期的国内报刊记述为例	南京政治学院学报
孟和宝音	民国年间蒙古文期刊分期分析	内蒙古民族大学学报（社会科学版）
钟银梅	回族知识分子眼中的国际伊斯兰世界——以民国回族报刊为中心的考察	宁夏社会科学
孙绍旭	北洋政府时期关于茶叶的报道和研究述论——以《民国时期期刊全文数据库》收藏为例	农业考古
刘丽霞	民国时期教会大学校园期刊文学考察——以天津工商学院《北辰杂志》等为中心	齐鲁学刊
杜臻	民国时期民众教育报刊的办刊宗旨与编辑理念	青年记者
李俊婷	晚清民国时期人们对报纸功能的认识	青年记者
李建伟，杨金芳，王琪	《民铎》心理学引进与五四文学"向内转"	山东理工大学学报（社会科学版）

（续表）

作　者	题　名	刊　名
苏日娜	民国时期广州地区期刊出版研究述评	山东图书馆学刊
谢伟	民国报刊中的《庄子》作者考研究	商丘师范学院学报
龚瑞怡，俞凯君，胡姗姗	民国时期（1912—1949）医学期刊计量分析研究	上海高校图书情报工作研究
徐悦蕾，于鑫、白欣	民国初期《观象丛报》中力学文章的科学史意义	首都师范大学学报（自然科学版）
杨浩	以《戏剧月刊》为例谈民国时期的期刊广告	四川戏剧
肖红，槐燕	民国报纸数字化实践中的质检问题探析	图书馆学研究
肖红	民国报纸数字化实践中的主要问题及处理策略	图书馆学研究
石晶	民国时期《艺风》月刊考略	图书馆学研究
翟桂荣	冯翰飞的报刊收藏特色及其历史图书馆情怀	图书馆研究与工作
王耘	《开发西北》插图和广告的文献价值	图书与情报
陈志勇	荀慧生与1930年代京剧"四大名旦"的评选——以《戏剧月刊》《申报》等民国报刊为中心	文化遗产
孙红梅	民国非体育期刊体育专号的发展历程、特征及启示——基于29种民非体育期刊体育专号的历史考察	武汉体育学院学报
赵萱	19世纪末至20世纪初中国近代波斯认知的生成与演变——以清末民国时期国内报刊的记述为例	西北民族研究
倪金艳	论新剧对海派京剧特点形成的影响——基于民国年间上海戏剧报刊的考查	戏剧（中央戏剧学院学报）
于琦	民国戏曲期刊与戏曲批评传播	戏曲研究
任婷婷	指示于伶而改进于剧——论《半月剧刊》剧评的三个维度	戏曲艺术
陆欣，赵泓	民国时期粤港报刊发行管理研究	新闻大学
张璐	民国"黄金十年"民营报纸的发展研究	新闻研究导刊
韩宇曦	阎锡山统治时期山西教育类刊物繁荣的原因及影响	新闻研究导刊
何宝民	民国文学期刊的短刊现象	寻根
夏媛媛	民国医学教育刊物《医育》的特色及价值	医学与哲学（A）

（续表）

作　者	题　名	刊　名
李雪丽	浅谈近代中国报刊对日本海军的报道	中国纪念馆研究
李德强	《民国日报》中的报刊诗话创作	中国文学研究（辑刊）
康鑫	晚清民国时期报人小说与报刊新闻的互文性	中国现代文学研究丛刊
央珍，强俄巴·次央	民国时期内地人眼中的藏族妇女——以近代妇女期刊的有关刊载为例	中央民族大学学报（哲学社会科学版）
董娴、段逸山	民国山西《医学杂志》研究文献综述	中医文献杂志
陈清莲、罗丽丽	贵州民国期刊研究	中州大学学报

表 1-4-4　2017 年与"民国报刊"研究相关的学位论文

作　者	论文题名	作者单位
李趁霞	20 世纪 30 年代以来太极拳研究走向分析——基于《民国国术期刊文献集成》的研究	集美大学
张聿婷	论三十年代国画家的文化自觉——以《国画月刊》为中心的研究	中国艺术研究院
陈春晓	民初北平美术期刊研究（1919—1937）	中国艺术研究院
杨华丹	民国期刊《乐风》研究	西安音乐学院
王亚楠	中国近代美术期刊封面字体设计研究	太原理工大学
李敏	"双城记"：《晨报》副刊与《觉悟》妇女解放运动呈现的比较研究（1919—1920）	安徽大学
任佳为	《大公报》之于袁世凯：1911—1916——以"时评"为考察中心	天津师范大学
费嵩晴	《东方杂志》刊载"同光体"诗歌研究	山东大学
刘盼红	《纺织时报》研究	上海师范大学
陈莉莉	《上海日日新闻》体育报道研究（1927—1937）	上海体育学院
叶珣	《四川公报·娱闲录》与成都民初文学的嬗变	西南大学

（续表）

作　者	论文题名	作者单位
郭萌萌	《娱闲录》中的戏曲资料研究	华东师范大学
李徐阳	1937—1949年根据地党报经营探索研究——以《晋察冀日报》的定价和广告为视角	山西大学
吴卓然	报刊舆论与政治事件——《大公报》对于辛亥革命的报道与评论	天津师范大学
任晓利	报人史量才的公共交往研究——以其主持《申报》时期的报刊活动为中心	安徽大学
纪曼青	北洋时期《政府公报》出版发行研究	上海师范大学
吴伦羽	从政治化到社会化：《申报》"新生活运动"报道研究（1934—1936）	安徽大学
李昕	记忆与想象——1919—1927西安报纸副刊研究	陕西师范大学
周涛	金圆券改革报道研究——以《中央日报》《大公报》及《申报》为考察中心	安徽大学
周彤	近代报刊媒体与慈善组织关系研究——以《申报》（1872—1937）为中心	山东师范大学
张敬	近代化图景中的宁波报刊	宁波大学
欧贺然	近代中国的国际红十字记忆——民国时期中国红十字期刊研究	苏州大学
仇钰奕	抗战时期妇女运动研究——以《妇女共鸣》（1937—1944）为研究中心	暨南大学
李素珍	抗战时期中国主流媒体中的基督教形象——以《申报》为中心的考察	华中师范大学
卢佳雯	民国报纸健康传播研究（1927—1949）——以广州《越华报》为例	华南理工大学
黄华	民国电影期刊中女明星形象的生产与消费——以阮玲玉、胡蝶为个案	西南大学
王晓琳	民国回族报刊中的新生活运动	河北大学
蒋君玉	民国期刊《春秋》中写实小说研究	安徽大学
汪婵	民国期刊《新闻学季刊》研究	重庆大学
雷振	民国期刊的版式设计研究	太原理工大学
杨珊珊	民国时期《大众卫生》科普研究	安徽医科大学

（续表）

作　者	论文题名	作者单位
刘冉冉	青岛近代报业研究（1897—1929）	渤海大学
杨静静	清末民初戏剧期刊研究	上海戏剧学院
李越	清末民国太原地区报纸上的剧院戏曲广告研究	山西师范大学
张慧芳	社会关系网络嬗变与《时报》转型	南昌大学
张朝觐	长沙《大公报》视野中的禁烟禁毒问题宣传研究（1917—1924）	贵州师范大学
阮来祥	纸上旅程：民国时期的国民旅行活动与旅行观念变迁——以《旅行杂志》为中心的考察（1927—1942）	安徽大学
郭强	中央国术馆馆刊研究	河南师范大学
梁德学	近代日本人在华中文报纸的殖民话语与"他者"叙事——以《盛京时报》《泰东日报》的伪满洲国"建国"报道为例	吉林大学

二、民国报刊研究综述

为了对民国报刊的整体研究情况进行全面的综述，主要分两个部分进行：一是对民国报刊的整理出版情况进行综述，主要涉及 2017 年民国报刊的影印出版、汇编及摘编出版；二是对民国报刊的学术研究情况进行综述，主要涉及 2017 年民国报刊的出版专著、课题立项及学术论文方面。

（一）出版成果

2017 年，与民国报刊相关的出版物共 11 种。从出版内容上看，可分为文学类 6 种，艺术类 1 种，历史类 3 种，经济类 1 种。从出版册数上看，相较去年有所减少。主要出版机构是国家图书馆出版社和上海书店出版社。值得注意的是，本年度出现了 2 种摘编类出版物，这种形式在民国报刊相关出版物中首次出现。

1. 文学系列

《光明》半月刊，洪深、沈起予主编，1936 年 6 月 10 日创刊于上海，是在民族危机日渐严重的情况下创刊出版的。抗日救亡、反帝反封建、"救亡救穷"的精神，贯彻于刊物的始终。1937 年 8 月 10 日出至第 3 卷第 5 号后，改出《光明战时号外》，同年 10 月停刊，共出 3 卷 29 期（又《光明战时号外》6 期）。是左翼文学运动后期的大型文学杂志之一。其中大量的小说、戏剧、诗歌、报告文学、散文作品，控诉日寇侵略罪行，歌颂中国人民以各种形式进行的抵抗斗争，揭露投降派、汉奸的丑恶行为。

《小说大观》由包天笑于 1915 年 8 月在上海创刊，1921 年 6 月停刊。是中国较早的大型文学期刊，为鸳鸯蝴蝶派的一种刊物。杂志内容分为："哀情小说""军探小说""家庭小说""苦情小说""爱情小说"等等，作家有包笑天，周瘦鹃，刘半农等等。由上海文明书局印刷，上海中华书局发行。现上海书店出版社现将该刊收入《民国期刊集成》丛书中，影印出版。

《新月（一种同人期刊与自由媒介的综合透视）》一书，以《新月》月刊为基本研究对象，把同人期刊研究与自由媒介研究结合起来，把媒介研究、传播研究与文学文化研究结合起来，从媒介生态、媒介构成、媒介传播方式、媒介内容、媒介影响等方面入手进行探讨，形成了关于《新月》月刊的文学、媒介和文化研究的多维视野与系统而又独到的阐发，是《新月》月刊和新月同人研究的重要成果。

《旧报旧刊旧连载》收录了作者多年来精心撰写的 23 篇关于民国时期的旧报、旧刊、旧连载的研究文章。书中一些新发现、新研究对广大文史工作者来说不无裨益。

此外，还有《民国时期话剧杂志汇编》《民国文学名刊汇编》。

2. 艺术系列

《美术生活》月刊，由金有成创办，1934 年创刊，1937 年终刊，共 41 期，是一份综合性的美术生活类画报。《美术生活》具有"内容丰富、取材精绝、编排新颖、印刷优良"的特色，曾被誉为"全国仅有的美术杂志"，内容主要包括美术与社会生活两方面。该刊对于了解和研究 20 世纪 30 年代美术、文化、社会生活等各方面情况都有很高的价值。

3. 历史系列

作为民国文献整理的重要内容之一，"满铁"资料一直备受关注。国家图书馆出版社继《中国社会科学院近代史研究所藏"满铁简报"类编（第一辑）》Q 类（政治、外交、军事、国际一般）顺利推出后，本年度又出版了该系列的第二辑。第二辑收小开本 A（政治、经济）、B（工业经济、教育状况）、C（经济一般）、D（农林畜水产）、E（畜产业）、F（工业部门经济）类内容，为研究东北亚近现代史、近现代中日关系史和中国东北地方史提供了极其宝贵的一手资料。

此外，还有《报里乾坤：《北洋画报》中的天津城市文化》《〈滨江特刊〉辑录：一九三五年二月——一九四一年六月》。

4. 经济系列

《浙江兴业银行〈兴业邮乘〉期刊分类辑录 (1932—1949)》一书对旧上海浙江兴业银行在 1932 至 1949 年期间编印的该行内部刊物《兴业邮乘》中一部分具有史料价值的文稿进行遴选整理，将所选文稿按社情、金融、工业、行务、演讲、顾客、同人、出游、修学、居家、娱乐、论丛等分类编集，总计约三百五十万字。

（二）学术研究

2017 年度出版民国报刊相关专著 3 部。与去年相比，相关论文的发文量也基本持平。期刊论文数量最多，共 69 篇，其中 C 刊 32 篇，涉及 27 个国家及省部级项目。其次是学位论文，共 39 篇。从学科分布上看，新闻与传播专业占多数，史学与文学其次。从内容上看，这些论文既有整体研究，也有个体研究；既有专题性研究，也有史料性研究，这与民国报刊包罗万象，涉及学科门类繁多的特点相一致。

分析这些论文与专著的主题以及国家社科基金与教育部人文社会科学研究

项目的课题立项的情况，2017 年民国报刊的相关研究按主题可以分为新闻出版、历史、文学、民族宗教、艺术、体育健康、图书馆以及其他 8 大类。

1.民国新闻出版报刊研究

民国报刊研究一直是新闻出版界关注的焦点。2017 年度民国新闻出版报刊研究在理论深度挖掘上成果颇丰。

（1）新闻与传媒类

民国时期是我国新闻出版业从传统向现代全面转型时期，也是报刊新闻业务由政论时代向新闻时代转型的重要时期。以报刊为主要媒介的新兴传媒勃兴之后，迅速在社会上流传开去，并占据社会舆论的主流位置，其具备的新闻传播、思想交流、区域互动等功能也日益强大起来。

2017 年新闻与传媒领域共有 1 部著作，且在内容上具有一定的延续性。倪斯霆的《旧报旧刊旧连载》，是上海远东出版社继《旧人旧事旧小说》《旧文旧史旧版本》之后推出的又一部作品。作者考证了《天风报》《新天津画报》《庸报》《中南报》等天津报刊从创立到停刊的经过，以及若干天津通俗文学作家的具体事迹，用生动活泼的语言还原出一个"活色生香"的民国时期天津通俗文学文坛。

除了上述专著外，一些专家学者继续从理论方面对民国报刊相关问题做了更广泛的探索。刘英翠、饶鉴的《民国报刊新闻述评的话语分析研究》一文，借助梵·迪克话语分析理论中的内容研究方法，以"题材话语"和"思想话语"为切入点，对民国处于不同发展阶段的新闻述评进行了分析，并认为"题材话语"是围绕"服务事实、侧重军政"展开，而"思想话语"则围绕"意在抗争、旨在宣传"展开。同时认为，民国报刊新闻述评之所以呈现出上述话语特征，是对救亡图存和国富民强追求的外在使命的结果，也是中国传统文化潜移默化的内在传承的影响。为破解新闻述评在理论与实践两方面的困惑，刘英翠的《基于文本分析的民国报刊新闻述评话语研究》引入西方解释性报道作为参照，并以源自语言学的话语分析学说为工具，对新闻述评的民国时期予以文本分析，并得出结论：新闻述评是一种与西方解释性报道不同的颇具中国特色的特殊文体。1927 年到 1937 年为民国时期"黄金十年"，是我国民营报刊的蓬勃发展期。这一时期的民营报纸能够有此巨大发展，与当时的社会环境密不可分。张璐的《民国"黄金十年"民营报纸的发展研究》从政治、经济、社会、文化等方面对这一时期民营报刊的发展原因进行分析，以期能够更好地把握这一时期民营报刊的发展情况。

此外，李俊婷《晚清民国时期人们对报纸功能的认识》、李雪丽《浅谈近代中国报刊对日本海军的报道》、丁兰兰《民国时期著名记者群的报刊功能观嬗变》、陆高峰《民国时期新闻出版人从业生态》等论文亦与新闻传媒相关。

（2）出版与编辑类

中国近代报刊业自 20 世纪以来，在编辑出版等形式上趋于成熟，无论是报刊的形式、内容与作用均日渐完善。

2017 年出版与编辑领域共有 2 部著作，分别是史习斌的《〈新月〉：一种同人期刊与自由媒介的综合透视》以及王兴昀的《报里乾坤：〈北洋画报〉中的天津城市文化》。前者由中国社会科学出版社出版，该书以传播学理论为基本框架，采用文学研究和文化研究的双重视角，对《新月》月刊进行了系统研究。后者将《北洋画报》作为一种社会文化现象，在揭示天津市民的生活风貌和生存状态的同时，关注报刊媒体如何观察、评介以及引导社会生活和文化艺术的发展变化。

在期刊与学位论文方面，石晶的《民国时期〈艺风〉月刊考略》提出，由艺风社创办的《艺风》月刊具有鲜明的特色，在办刊宗旨、学术影响、艺术精神和政治引领等方面成为同时代期刊中的佼佼者，具有珍贵的文献价值和学术价值，在中国近现代期刊史上占有举足轻重的地位。20 世纪 30 年代是中国出版界的黄金时代，《世界知识》《读书生活》《中国农村》分别是生活书店、读书出版社、新知书店三家出版机构先后在三个月时间内创办的刊物。与同时期其他出版机构出版的同类型期刊封面设计相比，这三种刊物封面朴素却具有代表性。李倩倩的《由封面图像看民国期间左翼期刊的传播策略——从〈世界知识〉〈读书生活〉〈中国农村〉谈起》由这三种封面图像入手，释读三家书店初创时期的文化立场与期刊封面设计理念。近年来以民国期刊研究为主题的成果较为丰硕，但是专门针对广州地区的期刊出版研究较少。苏日娜的《民国时期广州地区期刊出版研究述评》认为，大多学者针对出版群体或个体研究，但是研究重点并未关注在"出版"本身上，多偏重于还原历史真相、分析社会变革、解析出版文化的层面。研究主题对象缺失是当前相关研究中普遍出现的问题。与此同时，在文献调研基础之上可以看出相关研究缺乏实践的梳理，并且缺乏真正结合历史思潮以及出版事业发展背景的分析，这正是此文着重探讨的问题。

其他相关论文还包括杜臻《民国时期民众教育报刊的办刊宗旨与编辑理念》、阮来祥《纸上旅程：民国时期的国民旅行活动与旅行观念变迁——以〈旅行杂志〉为中心的考察（1927—1942）》、陈清莲和罗丽丽《贵州民国期刊研究》等。

对民国报刊研究的持续升温也体现在了国家和省部级课题上。本年度与新闻出版相关的国家社科基金项目有《中国近代报刊的海权观与南海诸岛报道研究》《香港进步报刊的统战宣传研究（1927—1949）》《红色报刊与中国新闻界集体记忆建构研究》三项。相关的教育部人文社会科学研究项目有《东北日系报纸与另类殖民叙事的媒介建构（1905—1945）》《"东突"分裂势力在国内的报刊活动及舆论诱导研究（1933—1949）》《在华德文报刊发展轨迹研究（1886—1945）》《从幻灯到电影：〈申报〉早期影像广告研究》四项，相较去年略有增长。

2. 民国历史报刊研究

民国时期的地方报刊资料是这个地区这段时间历史进程的见证，它客观反映了民国时期该地区的发展轨迹，为现代学者展示一个了一个可以管窥的过去。2017 年度共发表民国历史报刊研究相关论文 14 篇。

作为现代伊朗的前身以及欧亚大陆上重要的节点国家，波斯在近代中国知识界受到长期且广泛的关注，尤其在 19 世纪末至 20 世纪初这样一个转折的历史阶段，中国近代的波斯认知伴随着中国对自身的认知逐渐生成，并经历了特征鲜明的三个阶段。赵萱的《19世纪末至20世纪初中国近代波斯认知的生成与演变——以清末民国时期国内报刊的记述为例》聚焦19世纪70年代至20世纪20年代国内报刊对波斯的记述，分析中国"波斯观念"的形成过程如何与当时中国的国内环境与关注议题相契合，从而看中国人如何不断探索属于近代中国自身发展的改革之路。冯成杰的《20世纪三四十年代迪化社会变迁——以民国报刊为中心的考察》提出，二十世纪三四十年代是迪化社会转型的重要时期。迪化是一座传统、现代与多民族交融的城市，革故鼎新的趋势尤为明显。城市公共空间布局和现代化建设显示了迪化城市发展的重要一面。迪化民众日常生活受多民族聚居环境、现代化发展趋势的影响，呈现异于内地的丰富性与复杂性的特点。探究迪化城市变迁和民众日常生活有助于从微观视角考察城市现代化进程中市民生活的实态。郭奇林的《抗战时期日本社会舆论探析——以〈时与潮〉时论译文为中心的考察》一文关注抗战期间发生在日本舆论界的一些变化，并以此为切入点，借助民国期刊《时与潮》所刊载的译文资料及其他时政文献资料，尝试从思想舆论的角度对这一变化及其身后的社会舆论"潜流"做一考察。

相关论文还有王强和林琳《从民国时期期刊文献看十月革命的思想史意义——基于〈民国时期期刊全文数据库（1911—1949）〉的分析》、周彤《近代报刊媒体与慈善组织关系研究——以〈申报〉（1872—1937）为中心》、张敬《近代化图景中的宁波报刊》等。

在立项方面，有王楠的《中国共产党揭露侵华日军暴行的报刊资料整理与研究（1931—1945）》。

1. 民国文学报刊研究

报刊的发展需要文学作品的支撑，而报刊也为中国近现代文学的繁荣提供了承载与发展的空间。民国期刊为当代文人提供了各式平台，也为后人研究中国文学提供了极其丰富的资料。2017年度共发表相关论文11篇，从诗话、小说、文学史这三个方面研究民国时期文学观念的更迭与社会的转变，其中诗话研究是本年度该领域的研究重点。

本年度以诗话为主题的论文有 5 篇。李德强的《〈民国日报〉中的报刊诗话创作》提出，《民国日报》是近代报纸中的重要媒介，诗话理论和文献资料丰富，宋诗派与唐诗派诗话的刊载与传播，以及"艺文屑"诗论的刊载等，都从诗学批评角度反映了 1916 年前后近代诗坛的发展与嬗变情况，具有很高的文学与史学价值。费嵩晴的硕士论文《〈东方杂志〉刊载"同光体"诗歌研究》以"同光体"诗派发表在《东方杂志》上的诗歌为研究对象，通过文献考索、定量分析与定性分析结合等研究方法，探究"同光体"与《东方杂志》的关系，以期找出现代传媒方式与传统诗歌创作相互影响之处。陈旭鸣的《民国〈寿世医报〉中诗词的特点及意义》认为，民国时期创办的中医期刊《寿世医报》中含有大量的原创诗词文献，题材丰富，形式多样，展现了苏州地区优越的人文环境和编者的国学基础，整理研究这些诗词文献，对理解民国时期的中医文化与诗性智慧，具有一定的意义。袁仕萍的《从民国期刊中探寻邹荻帆 1937 年的诗歌创作》选取了邹荻帆在 1937 年民国期刊上发表的诗歌作品进行横断面的剖析，提出邹荻帆在诗歌起步阶段就获得高度认可与重点培养，与作者清醒的时代自觉、文体自觉密不可分，邹荻帆 1937 年在刊物中发表的诗歌对我们今天的中国诗坛仍然具有指导作用和借鉴意义。张晴柔的《民国时期报刊妇女诗话略论》提出，民国时期涌现了大量连载于报刊杂志之上的妇女诗话。这些诗话既是对清代闺秀诗话的继承，同时也具有鲜明的时代特性。它们一方面提倡传统妇德，一方面又萌生了新的女性才德观。对女性诗作的批评虽尚具成见，但也有了新的视角。研究这些诗话，一方面可以补充清代和民国闺秀诗的文献，另一方面也可以让我们对民国时期的女学和女权思潮有更全面的认识。

以小说为主题的论文有 1 篇。蒋君玉的《民国期刊〈春秋〉中写实小说研究》指出，《春秋》是 20 世纪 40 年代活跃于上海文坛的通俗文学期刊，由陈蝶衣创刊于 1934 年 8 月，终刊于 1949 年 3 月，横跨上海沦陷区和国统区两个重要时期。

论文通过分析该刊物中小说的主题、风格和写作特色，从雅俗相融的守成者和温和的启蒙这两个方面来评价《春秋》的价值。

以民国文学史为主题的论文有 5 篇。自 19 世纪末 20 世纪初以来，随着西方思想文化的渐渐渗入，随着四川地区社会生产力的日益发达，成都逐步完成了由农业社会向工商业社会的转型。辛亥革命以后，社会环境产生更大变革，成都文学亦紧跟步伐，在时代的激荡中呈现出了新的面貌。叶珣的硕士论文《〈四川公报·娱闲录〉与成都民初文学的嬗变》以《四川公报·娱闲录》为考察中心，揭示出民国初年成都文学的嬗变轨迹。李建伟、杨金芳和王琪的《〈民铎〉心理学引进与五四文学"向内转"》提出，该刊契合了晚清以来政治启蒙思潮和"心理建设"的治国策略，用翻译、介绍、评述、开辟专号等形式来大力传播心理学理论，这些理论为文学向人的"内宇宙"掘进提供了观察的方法和拓展的内容，促发了"五四"文学创作从内容到形式开始出现"向内转"倾向性，这种由"故事化"到"心理化"创作模式的转变被认为是文学由传统走向现代的一个重要标志。何宝民的《民国文学期刊的短刊现象》分析了 20 世纪 30 年代期刊出版的盛况，指出当时文学类期刊短刊的原因多样，如意识形态的缘由，经济上不能支持或因人员星散而自行终止。郭洋的《民国期刊中的净土——〈长歌〉期刊研究》对该杂志作了一个整体系统的分析，将研究对象置于 20 世纪 40 年代末的中国，用从大到小的方法进行研究，探寻《长歌》对中国现代文学史的价值和意义。刘丽霞的《民国时期教会大学校园期刊文学考察——以天津工商学院〈北辰杂志〉等为中心》认为，民国初期的教会大学中，文学爱好者们藉助校园期刊这一平台开展过丰富多彩的文学活动，其中法国天主教耶稣会创建的天津工商学院曾编辑出版了《北辰杂志》《公教学生》《工商生活》等多种期刊，其所刊载的文学翻译、文学创作和文学评论营造了良好的校园文化氛围，同时也培育了部分有影响力的青年作家，曾为华北沦陷区文学发展做出了积极贡献。

在课题立项方面，有 5 项中国文学方面的国家社科基金项目，分别是梁冬丽《近代岭南报刊小说整理与研究》、王龙洋《近代报刊与中国小说的现代转变研究》、陶春军《中国通俗文学期刊文本与电影改编研究（1913—1931）》、李直飞《社会体制视野下的〈小说月报〉研究（1910—1931）》、李相银《抗战后期四大党（官）报文艺副刊整体性比较研究（1942—1945）》。1 项教育部人文社会科学研究项目立项，即张振国《晚清民国报刊文言小说研究》。

4. 民国民族宗教报刊研究

民国时期少数民族报刊具有一定的规模，反应了中国少数民族的历史面貌。央珍和强俄巴·次央的《民国时期内地人眼中的藏族妇女——以近代妇女期刊的有关刊载为例》指出，民国时期的妇女期刊对藏族妇女有诸多报道、论述，涉及藏族妇女的性别意识、婚姻观念以及社会地位等等。这些篇章既有基于实地考察的客观见闻，也不乏充满想象的夸张演绎，无论其内容的真实程度如何，都从一个侧面反映了民国时期内地人眼中的藏族妇女形象及特征，从中亦反映出民国时期汉藏民间沟通的情状。钟银梅的《回族知识分子眼中的国际伊斯兰世界——以民国回族报刊为中心的考察》以集中体现回族知识分子眼界和思想的资料文本——中华民国回族报刊为中心，对中华民国时期回族知识分子眼中的国际伊斯兰世界展开多角度、分层次的探究。相关论文还包括孟和宝音《民国年间蒙古文期刊分期分析》、丁明俊《近代回族报刊的时代特征》、王晓琳《民国回族报刊中的新生活运动》、王继霞《民国时期回族社会的郑和阐释：以回族报刊为中心的考察》。

民国时期的宗教报刊也为数不少，它们的产生有的源自本土宗教事业的发展，有的则是外来殖民思想下的产物。马景的《从社会变化看民国伊斯兰教报刊宗旨的转变——以〈月华〉为例》以《月华》旬刊为例，首先就《月华》创办的动因及相关参与者作详细考辨，进而以《月华》的临时停刊与复刊为线索，重点探讨每次复刊后宗旨发生的转变，从而揭示中国社会形势变化给刊物带来的影响。丁劼、钟银梅的《民国回族学者对中国伊斯兰教发展的理性认知——以民国回族报刊为中心的考察》以回族历史报刊为资料文本，从细致深入的历史考证、犀利深刻的现状剖析两方面着重探讨了民国时期回族学者对于中国伊斯兰教发展脉络、发展状况以及存在问题的理性认知，指出正是基于这种共同的理性认知，民国期间回族学者掀起了一场改革中国伊斯兰教的群体实践，为回族历史谱写下浓墨重彩的篇章。相关论文还包括李羿的《〈佛学丛报〉与民国佛教复兴》和《〈现代僧伽〉与民国佛教革新运动》、李素珍的《抗战时期中国主流媒体中的基督教形象——以〈申报〉为中心的考察》。

5. 民国艺术报刊研究

本年度对民国报刊在艺术理论领域的研究论文共 16 篇，主要集中在戏剧和美术两方面。

2017 年度共发表戏剧报刊相关研究论文 9 篇，不仅数量最多，研究视角也最为广泛，充分体现了现代学者对传承与保护戏剧文化的重视。京剧"四大名旦"是对梅、程、荀、尚四位旦角名伶的特定称谓。它是 1930 年代初由上海捧荀慧生的"白党"策划并通过《戏剧月刊》"现代四大名旦"征文评选而产生的，带有鲜明的时代特征和浓郁的沪上色彩。陈志勇的《荀慧生与 1930 年代京剧"四大名旦"的评选——以〈戏剧月刊〉〈申报〉等民国报刊为中心》一文从"四大名旦"术语生成史的角度考察其背后所蕴藏着的丰富讯息和文化意涵。任婷婷的《指示于伶而改进于剧——论〈半月剧刊〉剧评的三个维度》分析了北平《半月剧刊》中剧评的三个维度后提出，"指示于伶而改进于剧"是《半月剧刊》的剧评思想，以伶人表演为批评重心，契合"场上之道"，形成了京剧的本体意识，并对初步确立的京剧批评范式有所推进。相关论文还包括倪金艳《论新剧对海派京剧特点形成的影响——基于民国年间上海戏剧报刊的考查》、于琦《民国戏曲期刊与戏曲批评传播》、杨静静《清末民初戏剧期刊研究》等。

相较戏剧期刊，研究美术期刊的论文数量稍少。张聿婷的《论三十年代国画家的文化自觉——以〈国画月刊〉为中心的研究》一文以 20 世纪 30 年代中国画会主办的《国画月刊》为主要研究对象，以中国画会及《国画月刊》发展中所展现的 30 年代国画家做出的国画现代化思考及该过程中体现的文化自觉为主线，采用文献资料考订与综合分析的方法，通过展现《国画月刊》的具体面貌，月刊撰稿人及其持有的对于中西艺术的观点进行探讨。以多维的视角进行阐释性的理论研究，展现 30 年代国画家及《国画月刊》的时代意义与学术价值，确定其历史地位。刘瑶的《民国学术期刊的名人书法题名——以〈国专月刊〉为例》首先介绍了无锡国专的主要学术期刊，进而对《国专月刊》书法题名进行重点赏析，同时整理书写作者生平，最后探索了名人书法题名的意义与价值。相关论文还包括陈春晓《民初北平美术期刊研究（1919—1937）》、雷振《民国期刊的版式设计研究》以及王亚楠《中国近代美术期刊封面字体设计研究》。

音乐方面，杨华丹的《民国期刊〈乐风〉研究》利用音乐编辑学的学科视角，运用归纳概括、计量统计、对比分析等方法，对期刊的文本材料做详细分析，同时对主要编辑者的编辑实践过程、编辑思想做论述。文章不仅对期刊的编辑特色做了总结，还论述了该刊对中国早期音乐教育的贡献，对中国近代音乐文化的支撑以及它所带来的历史价值。

电影方面，黄华的《民国电影期刊中女明星形象的生产与消费——以阮玲玉、胡蝶为个案》一文聚焦于民国时期电影期刊对女明星形象的生产与消费，总结了民国电影期刊中明星形象的建构方式，深入探究民国时期电影期刊塑造女明星形象时报道的侧重及其社会因素，分析了在传统儒家道德伦理观、上海市井文化、明星制度以及印刷媒体对舆论的垄断共同作用下，该时期娱乐电影期刊中女明星的形象和状貌，提出当时的女明星时时面临着被媒体引导的社会舆论惩戒为不符合传统妇女规范的女人形象，从而有着时刻如星辰坠落般的危险。课题立项方面，有孙慧主持的《从幻灯到电影:〈申报〉早期影像广告研究》。

6.民国医疗体育报刊研究

民国时期医疗领域刊物（尤其是中医学）也得到了很多研究者的瞩目，

本年度共发表相关论文 9 篇，数量上比去年有所增加，他们以医学、养生等专刊为核心，丰富了民国时期医学发展状况的研究。宋黎明的《从〈医育〉期刊看江苏民国医药期刊的发展》从该刊的背景、内容、文献价值等方面着手，对其在江苏医药期刊发展中的作用和意义做出探讨。卢佳雯的《民国报纸健康传播研究（1927—1949）——以广州〈越华报〉为例》一文，以《越华报》中健康传播相关文本作为研究主体，对其进行梳理和分类，展现该报健康传播内容和形式上的发展和演变，总结出该报在健康传播方面的内容、方式和特征。同时，在民国时期全国社会环境和报业发展的大背景下，把握广州的社会发展、政府相关政策，医疗卫生状况以及市民卫生观念，分析《越华报》在健康传播活动中的角色和作用。龚瑞怡、俞凯君和胡姗姗的《民国时期（1912—1949）医学期刊计量分析研究》通过查阅文献，将所搜集到的581 条民国医学期刊信息按省市、刊名、期刊类别、出版周期、创办者或主编、刊发机构或刊发地、信息出处和备注进行分类整理。在此基础上从年度创刊数量分布、创刊地区数量分布和不同创刊主体创刊数量三个方面进行了计量分析和研究，以此对民国医学期刊的发展状况有一个较为全面清晰的了解。相关论文还有杨珊珊《民国时期〈大众卫生〉科普研究》、韩磊《民国时期中医药期刊出版探微》、吕强《民国文献中的疫苗使用与管理——以民国报刊报道的霍乱疫苗为例》等。

民国体育刊物也是近年来体育研究的热点。张超的《从体育期刊发刊词看民国时期的体育思想》采用文献整理的方法，通过对该时期体育期刊发刊词的梳理与把握，来理解当时体育思想的内在特征以及时代价值，为当前的体育思想完善与体育内容实践提供借鉴。为了深度挖掘中国近代体育专号的发展历程和所蕴藏的历史价值，孙红梅的《民国非体育期刊体育专号的发展历程、特征及启示——基于 29 种民国非体育期刊体育专号的历史考察》对 1915 年至 1948 年间非体育杂志刊发有卷有期的 29 种体育专号进行详细分析，认为近代非体育期刊刊发的体育专号在中国体育近代化和本土化发展过程中发挥了重要作用。并从中得出启示：提倡体育期刊与非体育期刊出版单位展开合作交流、鼓励非体育期刊刊登中小学学校体育研究的专题内容、建立体育期刊在线交流平台，使体育期刊发展融入"互联网+"。相关论文还包括李趁霞《20世纪30年代以来太极拳研究走向分析——基于〈民国国术期刊文献集成〉的研究》、郭强《中央国术馆馆刊研究》和陈莉莉《〈上海日日新闻〉体育报道研究（1927—1937）》。

7. 民国图书馆学报刊研究

民国时期的报刊作为重要的史料资源，近年来引起了图书馆界的高度重视。2017年度共发表相关论文5篇，馆藏建设、数字化和分类服务是这一领域的研究热点。

沈立力的《民国期刊分类服务体系探索与实践——以"全国报刊索引民国时期期刊全文数据库"为例》首先分析了国内民国期刊分类体系建设的现状，并以"全国报刊索引民国时期期刊全文数据库"为例提出了民国期刊分类服务体系设立的四个特点，其次结合实际分类工作中遇到的问题，提出了民国期刊分类标引加工的要点，最后探讨了民国期刊分类服务体系的价值和作用。肖红的《民国报纸数字化实践中的主要问题及处理策略》对数字化实践中遇到的民国报纸报名变化、报社迁移、报纸附属刊物、文字方向、两版互通，篇目的嵌套、剪报导致的篇目内容缺失、报纸中不同类型图片的处理方式等重要问题进行研究和总结，以期为其他机构相关工作提供建设性经验。陆依君的《我国高校图书馆民国时期报刊资源馆藏建设研究》则从馆藏建设出发，在调研全国高等院校民国时期报刊分布现状、数字资源建设情况等基础上，分析高校图书馆民国时期报刊的整体建设情况，并就如何结合各高校图书馆的实际情况、更有效地进行民国时期报刊的馆藏资源建设提出了建议。

相关论文还包括肖红和槐燕《民国报纸数字化实践中的质检问题探析》、翟桂荣《冯翰飞的报刊收藏特色及其历史图书馆情怀》。

8.其他

除上述学科外，2017 年民国报刊相关研究还涉及了农业、自然科学及纺织学等 3 个学科。

自然科学方面，章梅芳的《民国时期的科学启蒙与性别政治——以大众报刊的相关话语为考察对象》以民国时期的大众报刊为考察对象，聚焦于关于女性科学启蒙、性别差异的科学解释和女科学家社会形象三类文本，分析科学话语在近代性别观念的重塑与建构过程中发挥的作用，以及社会性别话语对科学力量的借用，探讨在民国时期特殊的时代背景之下，科学启蒙与性别政治之间被遮蔽的历史关联。徐悦蕾、白欣的《民国期刊中的力学类文章》通过对民国期刊中力学类论文的总体情况、所在期刊的分布特征及各个阶段的发展过程做简要统计，并从期刊发文量、创刊时间、发刊地区、内容主题四个方面对民国期刊中力学类论文进行研究和梳理，可归纳出 20 世纪上半叶力学类文章的发文特点。作为物理学的重要分支，力学已经发展成为一个完整的理论体系。力学研究的对象十分广泛，上至宏观的太阳系、银河系；下至微观的分子、原子。力学在中国的发展，最早可追溯到明末清初，以利玛窦为代表的外国传教士来到中国进行传教活动，并传播西方的科学知识。徐悦蕾、于鑫和白欣的《民国初期〈观象丛报〉中力学文章的科学史意义》对中国最早的天文和气象类期刊《观象丛报》作了历史性考察，并运用文献分析法对其所载天体力学、气象观测学、地球磁力学和大地测量学等方面的论文作了解读，侧重于有关天体力学和地球磁力学的内容，涵盖重力学、地磁学、相对论等知识。经与同时期发表的相关文章相比较，认为《观象丛报》发表的这些力学论文，完全不同于晚清时期的粗浅知识介绍，它促进和深化了天文学与力学之间的学科渗透，在近代中国天文学的多元化发展中具有重要科学价值。

农业考古学方面，孙绍旭的《北洋政府时期关于茶叶的报道和研究述论——以〈民国时期期刊全文数据库〉收藏为例》基于"民国时期期刊全文数据库"之收藏，对北洋政府时期围绕茶叶复兴之目标，充分利用期刊和报道等新闻媒体平台的作用，对相关茶叶期刊和报道的基本概况、国外产茶国和茶叶消费市场的调查研究、国内产茶省份调研和出口情况调研以及综合国内外调研提出对策等逐一进行梳理，并在综合分析的基础上，客观评价北洋政府时期茶叶复兴努力的意义。

纺织学方面，刘冰、牟婉莹的《一种都市文化符号——浅谈民国时期上海报刊中的女性服饰》认为，民国时期上海报刊中刊载了大量有关女性服饰的信息，这不仅清晰勾勒了一条近现代中国女性服饰发展的历史路径，也明确展现了上海都市文化强势崛起的必然与迅猛。作为一种都市文化符号，上海女性服饰深刻影响着女性的自我认知，构建着一种全新的都市生活方式，也为新时代的国民提供了民族身份确认的新参考。

另外，2017 年刘增人主持的国家社科基金重大项目《中国近现代文学期刊全文数据库建设与研究（1872—1949）》、曾文雄主持的国家社科基金一般项目《近代英文期刊对中国经典的译介与传播研究（1800—1949）》、何建娥主持的教育部人文社会科学研究青年基金项目《〈群众〉周刊与马克思主义中国化研究》也都是民国报刊相关的科研项目。

第五章　民国教材研究综述

通过对书商征订书目、网上书店、出版机构网站以及国家图书馆、上海图书馆等图书馆书目数据等的检索和统计，2017 年与"民国教材"相关的出版成果共 34 部。通过检索"全国哲学社会科学工作办公室"网站，查得 2017 年与"民国教材"有关的国家社科基金项目 4 项。通过教育部网站，得到与"民国教材"有关的规划基金项目 2 项、青年基金项目 1 项。再通过"中国知网""维普期刊资源整合服务平台"和"万方数据知识服务平台"，以"民国教材""民国教科书""民国老课本"为主题检索，经过筛选、整理共得到 2017 年与"民国教材"相关的期刊论文 37 篇，学位论文 29 篇。

检索截止时间为 2018 年 6 月 19 日。

一、民国教材研究情况

（一）出版成果

2017 年与"民国教材"相关的出版成果共 34 部，具体见表 1–5–1。

表 1-5-1 2017 年出版的与"民国教材"相关的成果

书　　名	作　　者	出版社
民国广东中医药专门学校中医讲义系列·内科类	邓铁涛总主编；郑洪，刘小斌主编	上海科学技术出版社
民国广东中医药专门学校中医讲义系列·外科类	邓铁涛总主编；郑洪，刘小斌主编	上海科学技术出版社
民国广东中医药专门学校中医讲义系列·药物方剂类	邓铁涛总主编；郑洪，刘小斌主编	上海科学技术出版社
民国广东中医药专门学校中医讲义系列·伤科类	邓铁涛总主编；郑洪，刘小斌主编	上海科学技术出版社
民国广东中医药专门学校中医讲义系列·生理病理类	邓铁涛总主编；郑洪，刘小斌主编	上海科学技术出版社
民国广东中医药专门学校中医讲义系列·妇儿五官类	邓铁涛总主编；郑洪，刘小斌主编	上海科学技术出版社
民国广东中医药专门学校中医讲义系列·医史类	邓铁涛总主编；郑洪，刘小斌主编	上海科学技术出版社
民国广东中医药专门学校中医讲义系列·伤寒温病类	邓铁涛总主编；郑洪，刘小斌主编	上海科学技术出版社
民国广东中医药专门学校中医讲义系列·针灸类	邓铁涛总主编；郑洪，刘小斌主编	上海科学技术出版社
民国广东中医药专门学校中医讲义系列·附编南天医薮	邓铁涛总主编；郑洪，刘小斌主编	上海科学技术出版社
陈伯坛金匮要略讲义	孟凡红，杨建宇，李莎莎主编	中国医药科技出版社
承淡安中国针灸学讲义	孟凡红，杨建宇，李莎莎主编	中国医药科技出版社
秦伯末国医基础讲义	孟凡红，杨建宇，李莎莎主编	中国医药科技出版社
秦伯末国医临证讲义	孟凡红，杨建宇，李莎莎主编	中国医药科技出版社
恽铁樵金匮要略讲义	孟凡红，杨建宇，李莎莎主编	中国医药科技出版社
恽铁樵临证基础讲义	孟凡红，杨建宇，李莎莎主编	中国医药科技出版社
恽铁樵临证医案讲义	孟凡红，杨建宇，李莎莎主编	中国医药科技出版社

（续表）

书 名	作 者	出版社
恽铁樵温病讲义	孟凡红，杨建宇，李莎莎主编	中国医药科技出版社
恽铁樵临证各科与药学讲义	孟凡红，杨建宇，李莎莎主编	中国医药科技出版社
恽铁樵内经讲义	孟凡红，杨建宇，李莎莎主编	中国医药科技出版社
恽铁樵伤寒论讲义（上）	孟凡红，杨建宇，李莎莎主编	中国医药科技出版社
恽铁樵伤寒论讲义（下）	孟凡红，杨建宇，李莎莎主编	中国医药科技出版社
恽铁樵医学史讲义	孟凡红，杨建宇，李莎莎主编	中国医药科技出版社
张山雷脉学讲义	孟凡红，杨建宇，李莎莎主编	中国医药科技出版社
张山雷中风讲义	孟凡红，杨建宇，李莎莎主编	中国医药科技出版社
商务共和国教科书新国文	庄俞，沈颐编著	山东人民出版社
商务女子国文教科书	戴克敦，蒋维乔，庄俞，沈颐编著	山东人民出版社
商务新学制国语教科书	吴研因，庄适，沈圻编著	山东人民出版社
大东书局新生活国语教科书	蒋息岑，沈百英，施松椒编著	山东人民出版社
世界书局模范公民训练册	陆伯羽编著	山东人民出版社
世界书局国语新课本	吴研因编著	山东人民出版社
国学大纲	汪震，王正己著	民主与建设出版社
中国近现代少数民族教科书政策研究	崔珂琰著	知识产权出版社
中国近现代教科书史论	吴洪成，田谧，李晨等著	知识产权出版社

（二）学术研究

1. 课题立项

2017 年与"民国教材"相关的国家社科基金项目共有 4 项，教育部人文社会科学研究项目共有 3 项，具体见表 1-5-2。

表 1-5-2　2017 年与"民国教材"相关的课题情况

项目类型	项目编号	项目类型	课题名称	申请人
国家社科基金项目	17BZS073	一般项目	近代外语教材与西方文明传入的研究	吴驰
国家社科基金项目	17BYY110	一般项目	中美英语写作教材百年发展比较研究	刘新芳
国家社科基金项目	17BYY208	一般项目	甲午战争以来日本军用汉语教科书研究	寇振锋
国家社科基金项目	17BZS012	一般项目	清末民国时期教科书中的日本形象研究	刘超
教育部人文社会科学研究项目	17YJA880069	规划基金项目	制度的力量：我国近代中小学教科书编审制度的整体性研究	王昌善
教育部人文社会科学研究项目	17YJA880052	规划基金项目	抗日战争时期沦陷区教科书整理与研究	刘学利
教育部人文社会科学研究项目	17YJC880071	青年基金项目	中国公民教育的本土实践：基于百年母语教科书的文本研究	刘霞

2.学术论文

经过检索，与"民国教材"相关的期刊论文 37 篇，学位论文 29 篇，具体见表 1-5-3、表 1-5-4。

表 1-5-3　2017 年与"民国教材"研究相关的期刊论文

作　　者	题　　名	刊　　名
代钦	作图是几何教育的根基——兼论清末民国时期几何作图教科书的发展	数学通报
管西荣	浅析民国初期中国历史教科书中的国耻述写	大观
李斌	民国初年的中学国文教科书——20 世纪中学语文教科书发展史（二）	语文教学与研究（教师版）
李虹霞	民国时期中小学教科书审定制度的研究	新商务周刊

（续表）

作 者	题 名	刊 名
李华	民国晚期小学科学教材特点分析——以《高级小学自然课本》为例	湖北教育（科学课）
齐刚，翟兆霞	读民国教材 悟家教之法	中学政治教学参考（中旬）
唐司妮	王敏时及其《国学概论》述略	湖南科技学院学报
田晓菲	基于内容分析法的民国时期小学语文教材研究述评	新校园（上旬刊）
王春燕，尹晓冬	民国时期中学物理教科书中的原子物理学知识	物理通报
王荐	清末、民国初中植物学教材中实验内容变迁研究	生物学教学
吴莎莉	晚清民国历史教科书研究的元分析	历史教学问题
谢何月	叶圣陶与其民国小学语文教材	速读（上旬）
闫明惠	清朝末年至民国时期小学体育游戏教材内容特点的研究	文体用品与科技
曾真	民国时期中小学历史教科书特点之粗浅研究	长江丛刊
张汉林	民国世界史教科书中的马克思主义	中学历史教学参考
张建军	民国初年蒙旗学校用教科书的编纂与使用状况初探	教育史研究
张亚斌	秉持教育初心 追溯民国篮球——品读民国教材《篮球训练法》	科学中国人
张艳丽	民国学人对管子经济思想的教材书写与研究	阜阳师范学院学报（社会科学版）
付俊良	民国时期"新学制"下小学体育教材述略	河北体育学院学报
高思杨，程远蝶	民国教材读图教学与人教版读图教学对比分析	吕梁教育学院学报
郭震	百年来我国中学化学教科书中有机化学内容的变迁	教育理论与实践
韩建立	新时期以来民国语文教科书研究综述	内江师范学院学报
黄伟	核心素养视域下民国与当代小学语文教材若干课文比较与审思	南京晓庄学院学报
刘铭，张红	从教科书管窥民国后期四川中等数学教学	内江师范学院学报

（续表）

作　者	题　名	刊　名
卢素侠，王玉	民国小学语文教材编写的四点创新——以《开明国语课本》为例	语文建设
朴英华	民国小学教科书《开明国语课本》插图艺术论	出版广角
沈玲蓉	民国小学国文国语教科书的教学性探讨	南京晓庄学院学报
孙鑫等	民国时期中药学教材特点及对中药理论体系发展之影响	中国中医基础医学杂志
王建军	清至民国四川乡土教材《大全杂字》的版本、作者及特点	四川师范大学学报（社会科学版）
吴小鸥，李想	民国时期中学校编教材探索及启示	课程·教材·教法
严碧芳	民国时期儿童教育教材研究综述	陕西学前师范学院学报
杨梅	由"新名词"到"新概念"——民国历史教科书中"中华民族"一词的概念史解读	课程·教材·教法
杨蕴希	民国时期清水江流域中小学教育的学制、课程与教材	教育文化论坛
俞明雅	民国小学语文教科书的用字研究——以商务印书馆四套国语教科书为中心的考察	四川师范大学学报（社会科学版）
曾檬檬	民国与大陆苏教版高中国文教材中"语文知识内容"的比较分析	教育教学论坛
赵璟，张树剑	民国时期针灸教材体例及内容特点	中国针灸
朱季康	实现语言统一，促进民族交流——试论民国小学母语教科书的语言教育	语文建设

表 1-5-4　2017 年与"民国教材"研究相关的学位论文

作　者	论文题名	作者单位
吴楠	"共和国教科书"《新修身》中的公民教育价值研究	云南师范大学
汪栩竹	"文白之争"对语文教材建设的启示	云南师范大学
谢静	《儿童南部国语》编写特色研究	华中师范大学

（续表）

作　者	论文题名	作者单位
崔晓红	《共和国教科书·新国文》带给现代教育的启示	贵州师范大学
朱雪霁	《开明国语课本》小学初级（1—8册）插图研究	杭州师范大学
梅翠莲	《新式国文教科书》研究	华中师范大学
黄宇兰	百年中学历史教科书中的法国大革命	华东师范大学
金雪雪	陈衡哲《新学制高级中学教科书西洋史》研究	四川师范大学
黄舒婷	儿童立场对小学语文教材的意义——以《开明国语课本》为例	广州大学
任苗苗	贵州乡土教材研究（1931—1945）	贵州大学
徐丹	近代德育内容演变研究——以小学修身教科书为中心的考察	浙江师范大学
张雪盼	近代英国外交官道格斯汉语教材研究——以《华语鉴》为例	山东师范大学
王丽君	吕思勉《复兴高级中学教科书本国史》研究	华中师范大学
李丽君	吕思勉《新式高等小学国文教科书》初探	内蒙古师范大学
李鹏举	民国初中历史教科书三皇五帝书写探析——以20世纪30年代四种版本初中《本国史》为例	河南师范大学
向林林	民国时期（1920—1949）中学国文教材中的新文学篇目的功能分析	暨南大学
杜安然	民国时期书法入门阶段教材研究	淮北师范大学
程慧	民国时期中学历史教科书插图的研究	扬州大学
刘凯悦	民国识字教育初探	杭州师范大学
顾文琳	民国以来中外史合编历史教科书研究	苏州大学
王烁	清末民初教科书插图中的儿童形象及其演变	华东师范大学
李晔	清末民初修身教科书中的国民教育研究	华中师范大学
韩永红	清末民国小学语文教科书中的人物形象研究（1904—1937）	河北大学
陆淑婷	中共解放区中小学历史教科书研究（1945—1949）	扬州大学
秦于颖	中学历史教科书对太平天国运动的百年书写	天水师范学院
张绪忠	民国历史教科书研究——以文化为中心的考察	华东师范大学
张金萍	民国时期大学的日本史教育	华东师范大学
赵璟	民国时期针灸教育研究	南京中医药大学
朱慧丽	南京国民政府时期初级中学历史教学研究（1927—1937）	河南师范大学

二、民国教材研究综述

为了便于对民国教材的整体研究情况进行全面综述，本章从两个方面展开：一是对民国教材的整理出版情况进行综述，研究对象主要是 2017 年民国教材出版成果；二是对民国时期教材的学术研究情况进行综述，研究对象主要是 2017 年民国教材的学术专著、课题立项以及学术论文。

（一）出版成果

2017 年上海科学技术出版社出版了"民国广东中医药专门学校中医讲义系列"教材 10 种，包括内科类、外科类、伤科类、药物方剂类、生理病理类、妇儿五官类、医史类、伤寒温病类、针灸类以及附编南天医数，广东中医药专门学校所编撰的医学教材在民国时享有盛誉，2017 年经点校整理分 10 个分册出版，该教材包含了很多当时中医名家的理论心得与临床经验，一方面较好地呈现了民国中医学校的中医课程体系、教材编撰等方面的特色，另一方面也为学者研究中医理论提供了学术参考。

中国医药科技出版社也出版了一套民国医学教材——"民国名中医临证教学讲义选粹丛书"，其中收集了民国名医恽铁樵全部医学教学讲义、秦伯未国医讲义、承淡安针灸学讲义，以及陈伯坛和张山雷编著的部分中医教材讲义，该套丛书按类分为 15 个分册，包含 39 种讲义。它的点校出版，一方面填补了民国时期中医书籍讲义类出版的空白，另一方面可为当前中医教改和教材的编写提供参考、开拓思路，同时也为提高中医临床医生诊疗水平提供借鉴。

2017 年山东人民出版社推出了六种"经典民国老课本"，分别是商务印书馆 1912 年版的《共和国教科书新国文（初小）》《女子国文教科书（订正版）》，1932 版的《新学制国语教科书（初小）》，世界书局 1933 年版的《国语新课本》《模范公民（公民训练小册）》，大东书局 1933 年版的《新生活国语教科书》。该系列教科书由一大批著名学者与新文化代表人物如张元济、蔡元培、杜亚泉、高梦旦、王云五、胡适、吴研因等编写，以商务印书馆为代表的出版机构积极运作，是一套形式与内容俱佳的教科书。此次出版的六种，经编者精心挑选，在呈现形式上尽量遵循原文、原图，通过回味传统国文教育重温老课本，再现国语精华。

《国学大纲》原为民国时期中学生经典国学教材，其中所含国学常识，条理清晰，不甚艰深，又不失偏颇。文经史哲，皆有涉及；总论分述，各有所长。全书共分为九章，第一章综述国学概义，余下各章分别从经学、史学、哲学、自然科学、文学、文字学等方面入手，用语浅白，介绍全面，脉络清晰地将国学概况展示在读者眼前，能满足一般读者了解国学的需要。民主与建设出版社2017年出版的这本《国学大纲》以人文书店民国二十六年七月第三版汪震和王正己合著的《国学大纲》为底本，为便于读者阅读，将繁体竖排改为简体横排，并对原书的目录，影响阅读的标点、错字等进行了调整。

（二）学术研究

分析学术论文、出版专著的主题以及国家社科基金项目与教育部人文社会科学研究项目的课题立项的情况，2017年民国教材的相关研究主题可分为学科主题研究、各类教材研究和其他主题研究三大类。

1.学科主题研究

2017年与民国教材相关的期刊论文与学位论文共66篇，而以学科为主题的就有61篇，3部专著中也有一部以学科为主题。这些学科中研究最多的当属语文，有25篇之多，其次为历史，有16篇，德育、化学、经济、科学、数学、体育、物理、医学、植物、书法等学科均有涉及，范围广泛。

（1）民国语文教材研究

分析以语文为主题的研究，它们大致可归纳为4种类型：对教材具体内容的研究、对教材编写理念的研究、综合性研究以及对教材研究的综述。

教材具体内容的研究主要涉及插图、识字、语言的编写、内容选择等方面。

涉及插图的论文有4篇，高思杨、程远蝶的论文《民国教材读图教学与人教版读图教学对比分析》通过对民国时期两套小学国文一年级教材中的插图与当代人教版小学一年级语文教材中的插图为例进行对比分析，探讨了语文教科书中的插图作为一种对课文的阐释载体的存在意义，并对当下语文教材中插图使用的合理性作了反思研究。

朴英华的《民国小学教科书〈开明国语课本〉插图艺术论》一文指出，民国小学教科书《开明国语课本》的所有插图均出自中国漫画巨匠丰子恺之手，这位绘画大师匠心独运，将插图与文字融于一体，这让一本小学教科书"美"了、"活"了，也更有"趣"了，既实现了儿童认知规律、文本内容、艺术意境的有机匹配，又实现了美育功能的渗透。

朱雪霁的学位论文《〈开明国语课本〉小学初级（1—8 册）插图研究》也以《开明国语课本》中丰子恺的插图为研究对象，探讨其插图在内容、编排、内涵等方面的价值，为当今教材插图的编辑者提供借鉴。

王烁的学位论文《清末民初教科书插图中的儿童形象及其演变》，则选取了商务印书馆 1902 年至 1923 年间出版的三代初等小学国文（国语）教科书，以图像研究的视角和方法，对教科书插图中的儿童形象进行了整理与研究，进一步探讨了如何在教育改革中合理地塑造儿童形象。通过对这一问题的解答以帮助在教科书编写领域将"儿童为本"作为理念的教育工作者，为日后的课程改革提供"如何认识儿童"的历史经验。

有关识字研究的有 2 篇，一篇是俞明雅的论文《民国小学语文教科书的用字研究——以商务印书馆四套国语教科书为中心的考察》，其选取民国时期具有代表性的四套国语教科书，分析其第一学段的生字量和字种，并结合当前主流教科书的统计数据，进行对比后发现：民国教科书的生字量和常用字占比对当前语文教科书具有一定的参照意义；当前教科书在 300 基本字和初期积累字量方面体现了语文教科书用字的日趋科学化；字序的随意性是民国至今语文教科书编制中尚未很好解决的一个难题。

　　刘凯悦的《民国识字教育初探》一文则通过对民国时期识字教材和教学方法的分析，概括出民国时期的识字教材是由传统向现代过渡，识字教学已变得科学化，识字教育在不断探索中得到发展。

　　语言编写方面的论文有 3 篇，它们的研究对象各不相同。朱季康的论文《实现语言统一，促进民族交流——试论民国小学母语教科书的语言教育》指出民国时期，为实现语言统一，促进民族交流，小学教育在以汉族官方语言（文言文、国文、国语）为主的同时，保留了方言与少数民族母语教育。这在当时的教科书上，得到了充分的反映。论文对民国小学母语教科书的语言教育进行了论述。

　　汪栩竹的学位论文《"文白之争"对语文教材建设的启示》则以"文白之争"为视角，"文白之争"是五四新文化运动以来中国学术界、教育界关于文言文和白话文优劣利弊的论争，它从始至终都影响着中国语文教材的构建，论文对"文白之争"与语文建材改革的关系及其中产生的种种问题进行了剖析与论述。

　　还有一篇论及语言编写的是张雪盼的学位论文《近代英国外交官道格斯汉语教材研究——以〈华语鉴〉为例》，论文以近代英国来华外交官道格斯所编汉语教材《华语鉴》为例，对当时汉语教材编纂中的语音、用字、用词等予以探讨，挖掘其内在价值。

　　探讨教科书内容选择的有 2 篇。曾檬檬的《民国与大陆苏教版高中国文教材中"语文知识内容"的比较分析》一文通过对民国与大陆苏教版选文类型、编排和设计目的的比较分析，认识到两版国文教材存在明显差异，但也有着某种联系。其中，对"语文知识内容"的选择和编排，两者差异性显现得最为明显。

　　向林林的学位论文《民国时期（1920—1949）中学国文教材中的新文学篇目的功能分析》则以教材中的新文学为对象，研究其在当时中学教育中的接受情况。研究发现，新文学篇目在民国时期的国文教材中主要承担社会认知、思想道德教育等功能，而文学欣赏的功能并非重点。

　　有多篇论文对教材编写特点与理念进行了研究。卢素侠、王玉的论文《民国小学语文教材编写的四点创新——以〈开明国语课本〉为例》通过对《开明国语课本》的分析指出民国小学语文教材在编写上有四点创新：以儿童为中心的教材编辑思想、以单元为导向的教材编排体例、以联系生活为价值取向的选文内容以及凸显插图功能的版式设计。

而谢静的学位论文《〈儿童南部国语〉编写特色研究》则以一部民国时期极具地方特色的小学国文教材《儿童南部国语》为对象，对其编写特色进行了剖析，指出其显性的编排体例和组织内容以及隐性的思想价值等方面都达到比较高的水平，较好地体现了 1932 年国语课程标准的要求，也为我国现行的语文教育改革和语文教材建设带来启示。

这两篇论文都是以一本教科书为例，对其编写特点进行剖析与总结，而有些论文则是直接论述语文教科书某一方面的特点，进而对其教学理念进行揭示。

如韩永红的学位论文《清末民国小学语文教科书中的人物形象研究（1904—1937）》，认为教科书内容反映与表达的教科书中的人物形象，在传播知识的同时，亦体现着教育对学生行为习惯、道德品质、价值观等方面的塑造与期待，蕴含着某种价值取向。文章提出几点建议：现行小学语文教科书在内容选择和人物编选时，要体现时代发展诉求，同时也要注重对中国优秀传统文化的弘扬；要体现儿童视角，注重与儿童的身心发展相适应；要体现人物形象多元化，注重呈现方式的多样化、生活化等。

黄舒婷的学位论文《儿童立场对小学语文教材的意义——以〈开明国语课本〉为例》则以儿童立场为切入点，指出《开明国语课本》是一本站在儿童立场编写的优秀儿童文学读物，论文希望通过对其的研究能够完善和改进教材编写的理念，帮助教师更好地立足儿童实际，提高语文课堂的教学质量。

沈玲蓉的《民国小学国文国语教科书的教学性探讨》一文立足于教材的教学特性，通过对民国时期三套代表性的教科书《共和国教科书·新国文》《新学制国语教科书》和《开明国语课本》的对比分析，得到小学语文教科书只有体现其教学性，才能具有永久生命力的启发。

另有黄伟的论文《核心素养视域下民国与当代小学语文教材若干课文比较与审思》也探讨了教材编写理念的问题，该论文以文本比较的方法选择了民国与当代小学语文教材中若干同题同类课文进行对比研究，发现民国与当代小学语文教材的课文内容和价值导向在某些方面可以相互参照，进而对当代语文教材编写和语文教学提出一些思考与建议。

除了专题研究，2017 年也有学者对民国语文教材进行了综合性研究。

有 4 篇论文均是以民国时期的一部教材为对象进行综合评论，分别是唐司妮的论文《王敏时及其〈国学概论〉述略》，崔晓红的学位论文《〈共和国教科书·新国文〉带给现代教育的启示》，梅翠莲的学位论文《〈新式国文教科书〉研究》以及李丽君的学位论文《吕思勉〈新式高等小学国文教科书〉初探》，作者均希望通过对民国教材的分析评价为当今教材的编写、教学的改革提供启发与借鉴。

对民国教材进行综合评价的还有谢何月的论文《叶圣陶与其民国小学语文教材》，该论文选取了民国时期叶圣陶编写的三套小学语文教材，对它们的研究状况和特点进行整理、分析，并就目前小学语文教材编写的意义和启示给出了见解。

李斌的论文《民国初年的中学国文教科书——20 世纪中学语文教科书发展史（二）》从不同时期教科书内容选择的角度揭示了民国初年教科书的发展历程。

2017 年对民国教材的研究当中，也不乏综述类的论文。据韩建立的论文《新时期以来民国语文教科书研究综述》介绍，新时期以来，特别是 2011 年以来，关于民国语文教科书的研究论文呈现连续骤增的势头。这些论文从编辑学、出版学、历史学、教育学、文学、语言学、文献学等角度展开论述，已经取得一些可喜成果，有些成果还具有开拓意义，但也存在着缺少核心作者、研究方法单一、研究视角不平衡、研究视域不够宽广等问题。

另一篇综述是田晓菲的论文《基于内容分析法的民国时期小学语文教材研究述评》，其通过对"万方数据资源期刊论文"中民国时期小学语文教学的教材资料的统计分析，发现越来越多的专家和学者注意到小学语文教学的重要性，研究内容涉及小学语文教学的众多方面，如教材的文化价值、教学安排是否成体系以及文章的选取方法和标准等。研究也发现，小学语文教材与现实教学需求间仍有差距，教材编制理论仍然滞后于教材的编写和开发。

（2）民国历史教材研究

纵观 2017 年民国历史教材的研究，有对具体编写内容的研究，也有对教科书插图的研究以及对某类教科书的综合研究，还有对教科书研究的综述。

具体内容的研究涉及主题可归纳为两类，即对历史事件的分析和对特定词语或事物的评价。

黄宇兰的学位论文《百年中学历史教科书中的法国大革命》，以法国大革命为主题，对其在不同历史阶段教科书中的书写变化进行了研究，并且指出大革命书写应当做出与时俱进的调整，以更好地发挥其革命史教育的功效。

秦于颖的学位论文《中学历史教科书对太平天国运动的百年书写》，则以中国历史上的重大事件——太平天国运动为对象，考察和梳理了自清末以来百年间中学历史教科书关于太平天国运动的书写，从中得到启示：我们在看待中学历史教科书时，更应持严谨科学的态度，以客观真实的历史史实为出发点，只有这样，才能实现将传授知识和提高学生人文素养有机统一起来，从而为国家培养具有创新精神和创造能力的公民打下坚实的基础。

对历史发展中形成的特定词语或事物进行研究的论文有 3 篇，管西荣的论文《浅析民国初期中国历史教科书中的国耻述写》和杨梅的论文《由"新名词"到"新概念"——民国历史教科书中"中华民族"一词的概念史解读》，分别从"国耻"和"中华民族"两个角度剖析了民国时期的历史教科书，丰富和深化了民国时期的历史尤其是民族主义的认识，也拓宽了教科书研究的视野。

另有李鹏举的学位论文《民国初中历史教科书三皇五帝书写探析——以 20世纪 30 年代四种版本初中〈本国史〉为例》，以"三皇五帝"为研究对象，文章认为商务印书馆、中华书局、正中书局、世界书局四种版本的初中历史教科书对三皇五帝的书写各有千秋，并进行了具体分析与评价。重视并发挥史学的教化功能，是自古以来史学工作者秉承的一个优良传统，即使在今天，初中历史教科书中书写三皇五帝，也有助于培养中国青少年对中华民族的认同感，从而凝聚民族意识，树立民族自信，振奋民族精神。

张汉林的论文《民国世界史教科书中的马克思主义》对教科书中的马克思主义进行了剖析，认为马克思主义的诞生为世界历史之大事，也是中学历史教科书在书写时不可回避的内容。教科书对马克思主义的叙述，会受到时代背景的导向与制约；但教科书的叙述又在塑造着人们对马克思主义的认知，反过来影响到社会下一阶段的发展。因此，以民国时期中学世界史教科书为窗口，考察国人对马克思及其学说的认识，是非常有意义的。

对教科书插图进行研究的是程慧的学位论文《民国时期中学历史教科书插图的研究》，该文通过分析不同时期插图风格、选用原则及其史学背景，揭示了民国时期插图的整体风貌及其在教科书近代化进程中的推动作用。

教科书综合研究方面，有评价某部教科书的，也有分析某类教科书的，还有以整个民国历史教科书为研究对象的。

有两篇论文分别对一部教科书进行了评价研究，金雪雪的学位论文《陈衡哲〈新学制高级中学教科书西洋史〉研究》，以《新学制高级中学教科书西洋史》为专题从四个方面进行了深入探究：陈衡哲本人及其与教科书编写之间的关系、教科书的编写思路及结构、教科书内容分析以及对当今历史教科书编写的启示。

王丽君的学位论文《吕思勉〈复兴高级中学教科书本国史〉研究》，通过介绍《复兴高级中学教科书本国史》的编写背景、编写的指导思想以及对该书结构和内容上的分析，认为吕思勉重视对史料的使用，在叙述上详略得当，并且对历史的叙述只叙事实不参议论；在教学方法上主张采用倒叙的讲法，先讲距离现在比较近的近现代史，以引起学生的兴趣去学习古代史，再进而将古代史与近现代史进行比较学习，达到事半功倍的效果。虽然与同时代的其他教科书相比，在结构上有些许不足，但仍可被称为一部非常优秀的历史教科书。

同时，也有论文从地域、时间、编者、教学性等维度对某类教科书进行论述。如陆淑婷的学位论文《中共解放区中小学历史教科书研究（1945—1949）》，专门研究了中共解放区的中小学历史教科书，其认为解放区中小学历史教科书对于"新国家"的建构，不仅对中国共产党的建国事业有积极意义，对现今历史教科书如何更好地渗透唯物史观、爱国主义教育等也有借鉴意义。着重分析了教材编写的内容和编写的理念。

顾文琳的学位论文《民国以来中外史合编历史教科书研究》，则以教材的中外合编情况为视角，对其发展阶段和趋势进行了揭示。

教学必然离不开教材，朱慧丽和张金萍从教学的角度对历史教科书进行了研究。朱慧丽的学位论文《南京国民政府时期初级中学历史教学研究（1927—1937）》通过对南京国民政府时期初级中学的历史教学的研究，揭示了这一特定时期历史教科书的内容选材等方面的内容。

同样，张金萍的一篇关于日本史教育的学位论文《民国时期大学的日本史教育》，以柳诒征的《日本史》、陈恭禄的《日本全史》、卢杰的《日本历史纲要》以及王桐龄的《东洋史》为个案，具体讨论日本史教材，分析其编纂特点与讲授内容，并与各版本对比以分析写作态度、原则立场、历史分期以及资料来源等问题。

除了以某部或某类教科书为研究对象，也有研究对民国时期历史教科书进行了系统、综合论述。张绪忠的学位论文《民国历史教科书研究——以文化为中心的考察》则以文化为视角，对民国历史教科书进行了历史与逻辑相结合的系统研究。文章认为历史教科书作为一种文化现象，是社会思想、价值观念、意识形态和教育制度在民国时期历史教育的一种呈现。

曾真的论文《民国时期中小学历史教科书特点之粗浅研究》，则以中小学历史教科书为研究对象，对其特点进行了分类论述。

在民国时期历史教科书研究的综述方面，有吴莎莉的论文《晚清民国历史教科书研究的元分析》，其通过搜集、整理晚清民国时期历史教科书研究文献，借助 SPSS 软件对文献进行统计、分析，呈现晚清民国历史教科书研究的特点及内在原因，也为现今开展历史教科书研究提供资料参考。

另外，2017 年立项的国家社科一般项目中，有一项与民国时期历史教科书相关，即刘超主持的《清末民国时期教科书中的日本形象研究》。

（3）民国德育教材研究

涉及民国德育教材方面研究的有 3 篇学位论文和 1 篇期刊论文。

吴楠的学位论文《"共和国教科书"〈新修身〉中的公民教育价值研究》，从教科书编写视角出发，在编写理念、教学原则、教学文本中发现价值，研究价值，并结合已有经验，得出结论：在当代基础教育中，应当把学生置身于实际生活中去思考和判断，充分尊重和信任学生，给学生直面矛盾和困难的机会，让学生体验道德成长的过程，发现现实生活的价值和力量。同时，德育工作者在这样的过程中应不断提高自己的教学质量和道德水准，做到能够以符合时代要求和学生诉求的思想引领人，以能够激励学生进取精神鼓舞人，以平凡而有力人格影响人。

徐丹的学位论文《近代德育内容演变研究——以小学修身教科书为中心的考察》，以小学修身教科书为考察中心，从社会背景、德育演进、修身内容等方面对小学修身教科书进行研究，从中梳理出清末民初道德转型的方向。

另有一篇学位论文是李晔的《清末民初修身教科书中的国民教育研究》，该论文指出，修身教科书在清末 1902 年到民国 1922 年的历史进程中，其发展机遇与国民教育的背景契合在一起，展示出独特的国民塑造的意义。它对国民的塑造是温和渗透的方式，启发了国民意识，教之以国民基本生活常识，将国民与国家紧密联结起来，承担了清末民初时期培养新型国民的责任。

齐刚、翟兆霞也合著了一篇关于民国时期德育教育的文章《读民国教材悟家教之法》，其指出，民国国语教材特别重视家庭教育的作用，其许多课文通过情境创设、氛围营造、姊妹影响等，让孩子在学习基本文化知识的同时明白做人做事的道理，文以载道、以文化人，从而达到培养公民素养的目的。该文进一步总结说，民国教材对现代家庭教育有很大启示，我们应注重学习和总结其中的思想方法，为当前教育教学服务。

除了科研论文，刘霞主持的科研项目《中国公民教育的本土实践：基于百年母语教科书的文本研究》也与民国时期德育教材相关，该项目为教育部青年基金项目。

（4）民国体育教材研究

涉及民国体育教材方面的研究一共有三篇论文。付俊良的论文《民国时期"新学制"下小学体育教材述略》，是一篇小学体育教材的综合论述，论文通过查阅相关文献，梳理各个时期出版的小学体育教材，并对其教学内容、编写原则及特点进行概述，以期为现今小学体育教科书的编写提供借鉴。

而闫明惠的论文《清朝末年至民国时期小学体育游戏教材内容特点的研究》，则对小学体育游戏教材进行了分析，其基于清朝末年与民国时期的社会历史背景，梳理小学体育教科书中体育游戏内容的特点，力图追根溯源，以史为鉴，从教材史论的角度，分析不同历史时期，游戏教材内容蕴含的教育功能和时代特点，为现今体育游戏相关教材的编写提供历史资料。

另外一篇关于体育教材的研究是张亚斌的《秉持教育初心　追溯民国篮球——品读民国教材〈篮球训练法〉》，该论文以体育教材《篮球训练法》为研究对象，指出民国时期篮球运动得到了空前的发展，相应的训练比赛专门教材也先后出版，文章对吴邦伟的《篮球训练法》中体现的注重本能激发、坚持科学精神、兼顾训练管理等教育理念进行了深入剖析。

（5）民国数学教材研究

涉及到民国数学教材的有两篇论文和一部专著。

代钦的论文《作图是几何教育的根基——兼论清末民国时期几何作图教科书

的发展》指出，中国 1904 年确立新的数学教育体制，其后各发展阶段的"课程标准"中提出了几何作图的教学目标和要求，并翻译、编写出版了一系列中小学几何作图教科书，文章对几何作图教科书的出版状况及特点进行了介绍。

刘铭、张红的论文《从教科书管窥民国后期四川中等数学教学》，采用文献分析法，找出清末与民国后期四川使用较广泛的教科书，对比研究二者的不同之处，包括内容的呈现、概念的表述、例子的选择等特点。通过其与《复兴初级中学教科书》的对比，辅以四川地区对该套教材的使用情况分析，从教科书研究的角度呈现民国后期的四川中等数学教学情况。结果显示：民国后期四川中等数学的教学，更加重视学生的所得所需，重视学生的认知发展水平，重视爱国教育，注重学生日后的数学发展，注重实用性，重视图形的运用，其中的许多理念与特点，时至今日依然受用。

（6）民国医学教材研究

有三篇论文对民国医学教材进行了相关研究。一篇是孙鑫等合作的《民国时期中药学教材特点及对中药理论体系发展之影响》，其指出，民国时期是近现代中医药教育传承方式的转型期，这一时期对中药学教材的编写开展了有益的探索。这一时期的中药学教材具有鲜明的时代特色：或秉持传统中药基本理论体系框架，或融会中西体现中药科学化萌芽，或注重临床用药实用性，或研究对象具体化，逐渐促成中药学学科分化。这些教材体现了近现代中药学教育模式的思路，并从一定程度上反映了当时的中药理论体系所包含的基本内容及其特点，对中华人民共和国成立后中药学教材的编写具有启示意义。

赵璟、张树剑的论文《民国时期针灸教材体例及内容特点》则收集整理了民国时期针灸教材 67 种，并据其体例，划分为早（1912—1927 年）、中（1928—1939 年）、晚（1940—1949 年）三期。文章对这三个时期的教材特点分别进行了分析，民国时期这些教材体例和内容的变化，对中华人民共和国成立后统编针灸教材的编写产生了很大影响。

还有一篇也是针灸学相关研究，即赵璟的学位论文《民国时期针灸教育研究》，文章通过对民国时期针灸教育的分析与考察，探讨了民国时期针灸教材中经络腧穴学、刺灸法及治疗学的演变。

（7）其他学科民国教材研究

除了上述学科，对于化学、经济、物理、植物、科学、书法等方面的教材均有研究，另外在民国时期还有一类特殊的教材——乡土教材，2017年也有论文对其进行了研究。

化学教材研究。郭震通过论文《百年来我国中学化学教科书中有机化学内容的变迁》总结，清末至今百年来我国出版的化学教科书中有机化学内容变迁的特点是：基本内容和篇幅比例稳定，知识系统性强；清末民国教科书涉及有机物种类繁多，此后则有所减少；随时代和学科发展，知识内容不断更新；始终注意密切联系生产和生活。影响有机化学内容变迁的主要因素包括课程标准（教学大纲）、学科特征和学科发展、社会需求和政治等要求。中学化学教科书的编写要做到继承和创新的平衡。

经济学教材研究。张艳丽的论文《民国学人对管子经济思想的教材书写与研究》对经济学教材进行了相关研究，指出民国时期西学东渐，国内高校纷纷开设中国经济史课程，在构建独立的经济课程体系时，学者们逐渐加强对管子经济思想的教学和研究。甘乃光《先秦经济思想史》、李权时《中国经济思想小史》、熊梦《晚周诸子经济思想史》、唐庆增《中国经济思想史》等，利用西方的近代经济理论学说，结合中国古籍中的文献资料进行论证，将管子经济思想纳入教材进行授课和探究。这为中国经济学科的形成和发展奠定了基础，也为后世学者了解和深入研究管子经济思想提供指引。

物理学教材研究。王春燕、尹晓冬通过论文《民国时期中学物理教科书中的原子物理学知识》，梳理了民国时期中学物理教科书中原子物理学知识的内容，研究了这些教材中有关原子（及核）的结构及其成分的相关内容，并对该内容在民国时期中学物理教科书的演变历史作出了评析。

植物学教材研究。王荐在论文《清末、民国初中植物学教材中实验内容变迁研究》中总结，在我国，清末的初中植物学教材大多直接翻译于国外教材，实验较少；民国早期教材中的实验部分语言基本接近白话，论述更加清楚，实验严密性得到提升；民国中后期初中植物学教材中实验内容基本接近现代生物学。

科学教材研究。李华的论文《民国晚期小学科学教材特点分析——以〈高级小学自然课本〉为例》立足于民国晚期（1937—1949 年），对其小学科学教材的特点进行了分析，并就其对课程编制工作的启示展开了探讨。

书法教材研究。杜安然则对民国时期的书法教材进行了论述，其学位论文《民国时期书法入门阶段教材研究》以民国的书法教育状况为背景，从民国书法教育理念、模式、发展走势等方面对民国入门阶段的书法教材的建设状况进行了探析，发现民国书法教科书主要是习字教育，是建立在识字教育的基础之上，其教学目标是追求书写的规整性与熟练度以适应社会生产需要，而不同于传统书法教育，在书法技法上有更高要求，达到科举或者成为个人作为专长技能的标准。

乡土教材研究。除了现在熟知的各科目教科书，在民国时期还有一类特殊的教材——乡土教材，它是随着清末教育改革出现的一种新式教学资料，主要面向地方学生传播爱乡爱国意识。2017 年有两篇论文对其进行了论述，一篇是王建军的《清至民国四川乡土教材〈大全杂字〉的版本、作者及特点》。《大全杂字》是四川地区清至民国广为流传的蒙学读物，研究发现目前共有 18 个不同版本，分属三个不同版本系统。此杂字书有三个特点：第一，记载内容全面；第二，蕴含地方历史民俗文化丰富；第三，保留了铜梁地区大量方音俗语。当前，四川地区散失在民间的杂字文献亟待保护、收集和整理。

还有一篇研究乡土教材的是任苗苗的学位论文《贵州乡土教材研究（1931—1945）》，其指出，清末至民国时期，贵州编撰了众多乡土教材。特别是受抗日战争影响，在 1931 到 1945 年间，贵州乡土教材的编纂者们通过对地方历史文化和风土人情的发掘与记录，以期着力培养学生乡土之爱、国家之爱和民族观念。在具体的编撰实践中，以本地知识分子为主导的编撰群体从本乡本土实际出发，全面展示了极具地方和时代特色的地理、历史、政治、经济等各门类知识；在编撰体例上，既保留中国传统编目体和条目体，又加入了新兴西式章节体和课目体；在结构组织上，以儿童为中心，从儿童学习规律和身心特征出发，坚持由近及远的原则，力求语言简洁明了、通俗易懂，同时为激发学生学习兴趣，采用了灵活多变的编撰方式。

同时，2017 年有三项涉及民国语言教材的课题立项，分别是吴驰主持的《近代外语教材与西方文明传入的研究》、刘新芳主持的《中美英语写作教材百年发展比较研究》以及寇振锋主持的《甲午战争以来日本军用汉语教科书研究》，三者均为国家社科一般项目。

2. 各类教材研究

纵观 2017 年的民国教材研究，除了学科主题外，还有一些研究着眼于某一特定群体或区域，对他们使用的教材进行了研究。

严碧芳的论文《民国时期儿童教育教材研究综述》以儿童教育教材为研究对象，作为民国时期儿童教育教材文献资料的整理与综述，主要从民国时期儿童教材编撰特点、民国时期教材编审制度、民国时期教材编写人员、民国时期幼稚教育课程等内容展开研究。对当前民国时期儿童教育教材研究成果的总体印象是：民国时期小学教材特别是小学语文教材的研究已开展得比较成熟，并取得了较丰硕的研究成果。认为民国时期幼稚园教师教育教材研究是今后的一个研究方向。

吴小鸥、李想合作的论文《民国时期中学校编教材探索及启示》立足于中学校编教材，指出民国时期中学校编教材主要出现在北师大附中等教育改革前沿学校的国文、数学、外语、理化学科。中学校编教材研究学习规律，强调学习兴趣性与自主性，注重学科内容拓展性与前沿性，理科类教材实验设计多，有的教材基本要素不全。民国时期中学校编教材虽然数量与规模远不及书坊教材之系统与庞大，但因其与教育改革密切关联，凸显了教材的实践品性、教材编撰者的理性精神、课程改革与开发的主体为教师等，一些经验至今仍值得借鉴。

而张建军的论文《民国初年蒙旗学校用教科书的编纂与使用状况初探》则对蒙旗学校用的教科书进行了探讨。民国共和初建，中央政府对于新时期教科书的编纂使用制定了原则，但内地通行的有关课程教材的统一规定尚难迅速推广到内蒙古各地。民国初年蒙文教科书的印刷地主要分布在北京、察哈尔和内蒙古东部地区，以及沈阳东蒙书局。还有一些学校按照自己意愿编纂教科书。百花齐放式的自行编印出版，使蒙旗学校教本使用的互异性进一步增大。针对新式教育下蒙旗教科书的编纂，许多有识之士各抒己见，在一定程度上影响了当时的蒙旗学校教育。

杨蕴希的论文《民国时期清水江流域中小学教育的学制、课程与教材》分析了清水江流域的中小学教育，作为其中的一个重要组成部分，其教材上大多使用国颁、省定教材，又因经费的奇缺、交通的阻塞、战时的困扰等所造成的供给不济而以自编教材、抄写教材作补充，也因时代的特征有与知识传授课本并用的时政类、经学类教材的规定或使用。

3. 其他主题研究

2017 年还有一些民国教材的研究将着眼点放在教材政策以及教科书历史上。

教科书政策方面，涉及一篇论文和一部专著。论文为李虹霞的《民国时期中小学教科书审定制度的研究》，该论文在文献资料研究的基础上，厘清了我国民国时期教科书审定制度的历史脉理，提出此时期教科书审定制度与国定制度的博弈化，并对博弈图景做出了详细分析与研究。

崔珂琰的专著《中国近现代少数民族教科书政策研究》也对教科书政策进行了研究，其以民族教科书为研究对象，以历史为纵轴，以公共政策分析为横轴搭建了研究过程的框架，在具体的研究中以民族学、教育学的视角考察了在一定的社会政治、文化、教育背景下，不同政府制订民族教科书政策的目标、过程及内容，重点对教科书的编审政策、印行政策、经费支持政策进行了分析，总结了各个时期民族教科书政策的特点，并对其政治整合及文化整合的功能影响进行了评价。

探讨教科书历史的是吴洪成、田谧、李晨等合著的《中国近现代教科书史论》，该著作主要研究自鸦片战争爆发到中华人民共和国改革开放以后包含民国这一特殊时期共一百七十余年教科书演变发展的历史进程、基本线索、阶段特点，并从社会、教育以及理论和实践等多个方面加以反思与阐述，以为当前现实教育教学质量的提升、科教兴国战略的推进提供历史资源与现实思考。

另外，2017 年教育部规划基金项目中，王昌善主持的《制度的力量：我国近代中小学教科书编审制度的整体性研究》和刘学利主持的《抗日战争时期沦陷区教科书整理与研究》，也都是关于民国教材的科研项目。

下　编

专题报告

第一章　民国文献的修复研究

纸本书籍的恶化已经成为全世界图书馆、博物馆的一个严重问题。纸张酸化是世界性的问题，我国的古籍和民国文献日趋恶化，民国文献恶化的程度比古籍更严重。由于历史客观原因和主观原因，民国文献严重发黄发脆，正在面临损毁消失的严峻局面。2004 年，国家图书馆发布的《馆藏纸质文献酸性和保存现状的调查与分析》研究报告指出，民国文献的平均 pH 值为 4.4，酸化程度异常严重[①]。

民国文献是指 1911 年辛亥革命至 1949 年 9 月我国出版发行的中文文献。在种类上包括图书、期刊、报纸、照片、票据、海报、传单、手稿、档案等文献。它们记录了民国社会的真实面貌，对研究当时的历史、政治、经济、军事、文化等方面有着不可替代的价值，是中国历史文化遗产的一部分，也是高校图书馆馆藏的重要组成部分。

如何保存纸本图书已经成为全世界大学、造纸工业以及图书馆员关注的焦点。截止目前，纸张保护是一门技术。它与许多学科交叉，包括酸碱化学、专业设计、物理学的动力学、光学、美学等专业。我国具有悠久的文献生产和收藏历史，并在很早的时候就开始了文献保护的实践[②]。鉴于民国文献的现状，2012 年 2

---

① 曹宇. 碳化、脆化文献脱酸加固问题研究［J］. 图书馆建设，2016（05）：95.
② 林明，周旖，张靖，等. 文献保护与修复［M］. 广州：中山大学出版社，2012.

月 23 日，我国"民国时期文献保护计划"正式启动，全国高校图书馆以及公共图书馆、档案馆都采取了相应的保护措施。遗憾的是，民国文献保护方面的标准还没有公布。

一、研究及实践回顾

民国文献主要采用原生性保护与再生性保护两种方式。原生性保护是对纸张的保护与修复，包括各种脱酸、书页修补、去污、杀虫除菌等技术以及改善存储环境等，旨在起到延缓纸张老化的作用[①]。

文献修复是一项系统工程，涉及大规模脱酸的化学反应。脱酸，是一种使用碱性物质中和纸张的酸性物质，在纸张中保留一定的储备碱度的物质，以延缓纸张纤维素水解或环境中酸性物质的侵蚀的化学方法。据统计，纸质脱酸方法分为液相脱酸法、气相脱酸法、纳米脱酸法以及超临界脱酸法。

（一）国内研究及实践评述

通过检索 CNKI 等 27 个数据库，发现国内对民国文献修复的研究主要从保护及修复两个方面切入：前者主要探索民国文献的重要性、恶化的程度和预防性措施等，旨在呼吁政府和全社会共同关注民国文献的保护工作，如张春梅从复旦大学图书馆馆藏民国文献的保护分析入手，以构建分级保护模型为依据，对不同级别的民国文献实施差别保护，提出分级保护的具体实现方式；后者则通过探讨修复的技术、材料和方法，侧重于补救性措施，如中山大学图书馆林明副馆长与周旖、张靖等编的《文献保护与修复》，对民国文献修复方面提出了很多宝贵的意见和建议。

---

① 张春梅.民国文献分级保护策略研究——以复旦大学图书馆馆藏为例［D］.上海：复旦大学，2014：12.

目前，民国文献保护仍然沿用古籍保护的方法。国内的脱酸工作处在调研和实验研究的阶段，大批量脱酸还没有进行。修复实践主要有：（1）脱酸。20世纪80年代中期，南京博物院及中国人民大学先后研究了纸张气相脱酸技术。国家档案局、上海图书馆等单位对单页纸张脱酸技术进行了应用。1983年，南京博物院与南京化工设计研究院研究了气相脱酸项目。中国常用的脱酸方法是传统的碱水洗书法及双液两步脱酸法。广东工业大学采用超临界二氧化碳技术对纸张实行脱酸和加固，已经取得阶段性成果。（2）杀虫灭菌。我国通常使用甲醛、环氧乙烷、五氯酚纳等杀虫灭菌剂，采取臭氧除霉、充氮杀虫等措施。2011年2月23日，国家图书馆使用低温冷冻杀虫法，将图书放在 −22℃——25℃冷冻7天左右，低温杀虫除菌，效果显著。（3）纸张修复。我国通常使用三桠皮纸、桑皮纸、构皮纸、日本皮纸等纸张修复破损文献[①]。（4）保护文献的方法。2005年南京航空航天大学材料科学与技术学院用氟树脂和HDI三聚体对纸质文献进行加固保护的方法进行了研究，该方法可以提高纸张的机械强度，缓解、抑制酸和热对纸质文献的侵蚀。

就目前民国文献研究及实践总体来看，尽管取得了一定进展，但也存在以下问题：（1）损坏严重。民国文献损毁严重，表现在多方面：纸张酸化脆化；当时采用平钉、骑马钉等装帧方式，导致书钉生锈留下锈迹；装帧结构偏弱，书脊断裂，封面封底脱落，页边破裂；装订材料不合理；大多是双面印刷，古籍修复人员遇到民国文献也发挥不了作用。（2）脱酸剂、粘胶、纸张、装帧复原方式以及杀菌除霉剂等的选择都困扰着修复工作者，制约了修复的进程，这是民国文献修复过程中亟需解决的问题。（3）在去酸的过程中，主要采用手工使用的氢氧化钙、碳酸氢钙，修复人员面临着必须熟知各种脱酸方法的优劣与效果的挑战。

---

① 林明.民国时期文献原生性保护浅说［J］.上海高校图书情报，2017（03）：27.

（二）国外研究及实践评述

国外图书馆在理论研究和实践方面起步都早于国内，早在 1905 年，就有许多研究成果，到了 2000 年，逐年增加，呈现了繁荣的趋势，理论研究、实践研究都得到了迅速发展。论文主要集中在对纸张脱酸、老化、抗菌等的研究。

国外相关研究主要包括 6 个方面：

（1）古籍保护研究国际合作项目的重要成果

1980 年，以色列希伯来大学组织《死海古卷》研究，美国、以色列等国家参加了会议，成立了"死海古卷线上数据库"。1994 年—2002 年，美国材料与实验协会（ASTM）召开了"纸张老化研究"探讨会，制定了木浆纸、纯棉纸的老化试验标准。1994 年—2008 年，大英图书馆和中国国家图书馆等筹建了"国际敦煌项目"，主张敦煌文物数字化。2008 年—2015 年，中国、韩国、朝鲜、日本、蒙古国参加了项目为"东亚纸张保护方法和纸张制造传统"的学术会议，五国专家联合编写了《纸质文物保护与修复操作指南》[1]。2017 年 9 月 27 日—28 日，国际图联（IFLA）在斯里兰卡的科伦坡召开了主题为"保存文化遗产"的国际会议，讨论如何保留亚洲国家重要的手稿，以及该地区性元数据和数字化问题[2]。

（2）脱酸剂的研究

纸张脱酸是国外藏书机构解决文献老化所采用的方法。美国是世界上研究脱酸剂最早的国家之一。1936 年，美国 The Ontario 研究基金会申请了脱酸专利；1940 年美国人 Barrow 发明了利用氢氧化钙和碳酸钙作为脱酸剂的两步法。国外在脱酸方面进行了深入研究，现已进入批量脱酸的阶段。德国、美国、法国、加拿大等一些国家已经实施了三四十年。德国所有酸化书籍都属于商

① 余辉，陈刚，钟江，等．中华古籍和民国文献保护的科学问题初探［J］．复旦学报（自然科学版），2016（06）：678.

② Conclusions and Recommendations of the Workshop. Preserving Cultural Heritage–The IFLA Scoping Workshop on Palm Leaf Manuscripts［EB/OL］.https：//www.ifla.org/node/18572, 2017–11–22.

业的一部分，是欧洲大批量脱酸研究较早的国家之一。德国的脱酸工作，由图书馆提供，采用分散法进行；在实践过程中积累了大量的第一手实验数据和实践经验；已经普及了批量脱酸工艺；脱酸设备的研发和生产都走在了世界的前列①。

（3）纸张

纸张是文献修复的基本材料。在过去的 20 年中，永久性纸张的主题是一个备受争议的问题。它是一种高质量和高稳定性的纸，价格昂贵。这种纸的永久性只是相对的。为了定义这种纸张的耐久性，1994 年，美国材料与试验协会（ASTM）的一个分支美国标准测试研究所（ISR），在费城举办了一个研讨会，讨论纸张老化和持久性的问题。来自 12 个国家，超过 100 人，出自纸浆和造纸工业、政府机关、大学、保护研究中心、图书馆、档案馆等行业的代表出席了会议。会议讨论了许多与纸的持久性相关的话题，设立永久纸的最低标准。为了延长文献保存的时间，ANSI、NISO 即美国国家标准协会、国家信息标准组织制定了永久性纸张标准，规定纸张的最低冷提取 pH 值为 7.5，碱性储量相当于 2% 的碳酸钙，木质素最大含量为 1%。然而，德国标准化学会（DIN）标准是基于加速老化确定的性能，因此没有限制永久纸的木质素含量②。加拿大于 2000 年 9 月通过了永久纸规定标准的草案。另外，美国威廉姆.J.巴罗（William James Barrow）指出，碱性化学药品诸如碳酸钙和碳酸镁能增强纸张的耐久性。

（4）消毒除菌剂的选择

法国国家图书馆采用环氧乙烷消毒除霉，根据目前使用的执行标准，手稿的

---

① 龙堃，易晓辉.大规模脱酸的可持续性项目专题第一部分：概念、样本的选择及 pH 值的测定［EB/OL］.http：//blog.sina.com.cn/s/blog_78e9cd370102wZlf.html，2016-09-20.

② Henry A. Carter. The Chemistry of Paper Preservation Part 2.［J］. Journal of Chemical Education，1996(73)：1069-1072.

杀菌需在温度 25℃—30℃，湿度 50% 的条件下操作。消毒剂一般都有毒性，而且对图书会造成伤害。自从上世纪 60 年代开始，环氧乙烷被应用于文献保护。它易燃易爆，有毒，致癌。因此，法国严格限制使用此气体，安排专业人员使用特殊设备，在封闭的空间 24h 监控操作。为了防止气体泄漏，法国国家图书馆配置了循环设备[①]。

（5）新闻报纸脱酸

维也纳使用钙盐或甲基纤维素对新闻报纸和装订成册的印刷品进行大批量脱酸。

（6）感应系统

日本国立国会图书馆已经使用自动照明系统：新馆库房的天花板可以感应人体温度，自动开关，而且在库房里，移动书架也配置了自动照明系统。

近年来，国外学者认识到了碱性纳米颗粒基的液相脱酸剂是纸质文献脱酸的发展趋势之一。当然，就国外文献修复研究与实践来看，存在着理论与实践脱节的问题。主要问题表现在：在研究文献保护中各种碱性金属进行液相脱酸都有利有弊；保护研究必须考虑实际保护工作的情况，避免过度解释化学反应的细节；迫切需要探索一种更进步的方法以模拟出文献自然老化的原理[②]。

笔者认真调查了美国公共图书馆、高校图书馆的网站及其数据库，并没有获得相关信息。但是通过调查了一些美国关于纸张修复的网页并通过检索 27 个数据库获得了大量资料，对相关资料和数据梳理分析和总结归纳，形成了一个目前关于文献修复的相对较为完整的体系。

---

① Basset T. 环氧乙烷在批量处理发霉图书中的使用［EB/OL］. 张维，译.（2016–11–04）［2018–06–25］. http://blog.sina.com.cn/s/blog_78e9cd370102x1uy.html.

② Bansa H. Aqueous Deacidication-with Calcium or with Maguesium?［J］. Restaurator，1998（19）：1—40.

二、美国文献修复的概况

美国各级图书馆馆藏酸化毁损比例已达到 25%—50%，以 19 世纪和 20 世纪上半叶期间的文献纸张恶化最为严重。美国成立了文献保护的国家咨询和科研机构，还在全国各地设有 20 多个文献保护中心，对各地区的文献进行保护和研究，例如，美国历史艺术作品保护研究所（AIC），代表各种各样的背景和专业，他们共同致力于保护纸质材料，该组织每年都举办相关会议[①]。为了规范保护文献行业，美国保护专业协会颁布了《修复档案的道德规范和指导实践》，要求专业人员必须遵守法律法规，保守秘密，不得寻找没有专业背景的职工协助自己完成工作，以及不得从事利益相关的工作，如身份验证评估师或艺术处理师等。

美国的文献修复与环保联系紧密。20 世纪 80 年代中期，美国反对使用聚苯乙烯容器，这是一种无色透明的热塑性塑料，致癌，对环境有污染，最后通过法律禁止使用聚苯乙烯容器。1990 年，乔治·W·布什总统通过法律，要求所有政府文件使用无酸纸。1993 年，比尔·克林顿通过了一项命令要求政府和行政人员必须使用再生纸。美国将 1800 年至 1922 年期间的报纸收集到报纸档案馆的研究型图书馆中心，那里成立了一个"在线亚洲报纸数据库"，负责扫描报纸、纠正错误，并通过数据化的方式储存[②]。美国保护专业提倡绿色环保和再循环利用文献。

近几十年，美国科研部门对规模化脱酸技术的研究如火如荼。在以前的出版物中，一种液相基于氨基烷氧基硅烷（AAAS）的脱酸工艺，开启了多功能批量

---

① Information about Conservation/Preservation Organizations［EB/OL］. http : //cool. conservation-us.org/bytopic/orgs,［2008–11–24］.

② Delight Tawanda SIGAUKE. Digitisation Technologies for Newspaper Archives in Zimbabwe : The ICT Requirements for Digitising a Selected Bulawayo Newspaper Publication at the National Archives of Zimbabwe Part2.The Yellowing of Paper and Conservation Bleaching［M］. International Information Management Corporation，2017 : 1—10.

脱酸工艺的新时代。氨基烷氧基硅烷（AAAS）溶剂既能增强纸张强度，又能抑制细菌。美国普林斯顿大学发明的非水溶液喷雾脱酸技术；维也纳国家图书馆奥拓沃特与同事研究低温干燥技术；美国麻省亚瑟公司推出的使用醇镁临界流体溶剂进行大规模脱酸处理技术，最新的采用非水溶剂的丁氧基镁甘醇酸酯和微分散的氢氧化镁纳米颗粒脱酸[①]。美国 FMC 公司发明了一种将纸张的脱酸和加固两者有机地结合在一起的新型纸张保护技术。现在，美国造纸工业正在转变为碱金属纸的制造，这种纸既经济又环保。更为重要的是，美国将文献保护作为一个长期的系统性的工作来做。

（一）美国文献修复室的工作内容

修复室配备空调，夏天配备除湿机，冬天配备增湿器。根据修复的文献调节温度、湿度和照明。温度一般保持在 17℃—21℃之间。

修复纸张的步骤：首先用木炭过滤器，过滤污染物和颗粒物。然后，测试纸张的 pH 值。如果 pH 值偏低，调整钙、镁添加剂，分析纸张纤维类型，以确定上浆的类型和份量。最后用甲醛消毒，或使用丙酮、甲苯、正己烷、四氢呋喃溶剂消毒。方法一：采用物理的方法擦掉纸张上的污渍。修复人员使用聚乙烯基橡皮擦或橡皮直接擦掉纸张上的污渍。方法二：碱性化。首先使用镁、碳酸钙测试它们与被修复纸张是否发生有害酸反应。碳酸盐，氢氧化物被广泛使用。这里介绍两种对水进行脱钙的方法：其一、将 4 克氢氧化钙溶液滴到测试纸上，当 pH 值从 12 降到 8，就是恰当的值；其二、硬水中含的碳酸氢钙，当水沸腾时，分解成碳酸钙和碳酸镁混合物，约 7.3g / L，沉淀后形成水垢，水将变清澈；最后，使用化学的方法清洗纸张上的污渍。将乙醇或异丙醇与水的比例保持 1：1，如果有顽固性污渍，加入活性剂，或加一点纺织洗涤剂，能有效清除纸张上的污渍。

美国采用漂白的方法处理纸张发黄的问题。漂白是一种过时的方法，但仍然

① 李青莲 . 纸质文物的脱酸加固新技术及其应用研究［D］. 浙江：浙江大学，2014：10.

在使用。一种是光漂白，它是最简单、最安全的漂白方法。另一种是化学漂白，这种方法可能会对人造制品造成潜在的伤害。

根据最小干预原则，洗涤和脱酸只适用酸性纸。强、中性或碱性纸张不可水洗或脱酸。根据纸张保存的既定原则，最受人关注的是洗涤和液相脱酸的方法处理酸化纸张。除了油墨和颜色的损失外，一般认为，液相脱酸有利于保护字迹，甚至可以恢复纸张的机械强度和柔软性。脱酸是迄今为止最重要的化学稳定的策略。纸张是否采用水洗或脱酸，取决于纸张的 pH 值高低。根据测出纸张的酸碱度，选出一个合适的纸张脱酸剂，如异丁胺、丙酸钙、硼砂，采用浸泡的方式处理纸张的 pH 值。其中硼砂溶液，既是一种脱酸剂，也是一种抗菌剂，能有效地控制微生物的生长。硼砂溶液在 20℃—40℃之间，环境湿度在 16%—18%，将纸张浸泡 40min，活性效果最好。硼砂溶液作为最佳的轻度脱酸剂，不仅可以中和纸张的酸性，而且具有良好的耐久性[1]。修复室采用含锌源气体和含氧源气体以脉冲的方式交替对书籍进行干洗。

自 1961 年，美国将 Y 射线辐照应用于大量图书和档案以处理真菌。Y 射线具有很强的穿透力，它具有杀菌消毒的功效。在消毒剂处理过程中，辐照不会在纸张上留下有害残留物[2]。Y 射线辐照书籍一般照射 5h 左右，效果最佳。

以上仅是美国修复室的操作方法。面对大规模的酸化文献，如果纸张的 pH 值低于 5.6，美国则采用批量脱酸工艺去解决。

（二）国外纸质文献批量脱酸工艺

最早的脱酸方法是美国的 DEZ 脱酸法，采用二乙基锌气相无水脱酸法，二乙基锌的化学物质在空气中不稳定，容易与水产生反应，有爆炸的危险。美国已

---

① Zervos S, Moropoulou A. Methodology and Criteria for the Evaluation of Paper Conservation Interventions : A Literature Review [J]. Restaurator, 2006（01）: 2—28.

② Coppola F, Fiorillo F, Modelli A, et al. Effects of γ-ray treatment on paper [J]. Polymer Degradation & Stability, 2018(150) : 25–30.

经将德国 ZFB 公司投入市场。现在，全世界批量脱酸广泛采用 Bookkeeper 脱酸工艺、Booksaver 脱酸工艺、Papersaver 脱酸工艺、贝克布格脱酸工艺、韦托法等广泛使用。

1.Bookkeeper 脱酸工艺

Bookkeeper 是美国 PTLP 公司的脱酸工艺。1992 年，该公司成立在美国宾夕法尼亚州匹兹堡市。该脱酸工艺分喷剂和脱酸系统两种，采用氧化镁颗粒悬浮在全氟庚烷有机溶剂内。工艺系统要求安装在室外。下面介绍脱酸原理：该工艺不含溶剂和水，直接将文献浸泡在氧化镁的全氟油溶液，过滤，真空干燥，溶液可循环使用。任何一种纸张都可以使用，对粘胶剂和装订不会有影响。处理后书籍的 pH 值为 7—10，一般在 8—9.5，脱酸过程中氯化镁与空气的水分相结合生成氢氧化镁，其碱保留量 1.5%。此工艺的缺点是文献有化学残余物，对油墨有覆盖的影响。

2. Booksaver 脱酸工艺

Booksaver 脱酸工艺于 1999 年 5 月 CSC 公司在西班牙巴塞罗那创立。采用液相无水脱酸法，将二正丙醇碳酸化镁作为脱酸剂，溶剂为氟化物 HFC-227，40公斤为一批，一个周期 3h，该设备体积小，可以安装在室内。工艺程序需要 4—6h，包括干燥、浸泡、溶剂回收等等。每年能脱酸 250t，成本低，适用小规模脱酸。脱酸后的 pH 值为 8.78—10.5。此工艺的不足之处是脱酸后书上留有白色粉末。

3. Papersave 脱酸工艺

ZFB 公司的 Papersave 脱酸工艺来源于德国法兰克福研究所的巴特勒工艺。德国 ZFB 公司的 Papersave 脱酸采用分散法进行脱酸，操作如下：将书籍浸泡碳酸钙溶液或氧化锌溶液，联合使用醇镁、醇钛、乙氧基、异丙醇的混合物作为脱酸剂，溶剂是六甲二硅氧烷，溶质的质量分数保持在 10% 左右，程序在 50℃以上，真空干燥，当含水量 5%—7%，直至降到 1%，进行干燥，然后将文献浸泡在钛镁盐的硅油溶液，继续脱酸，最后回收溶剂。整个程序需要 2—3

天，脱酸效果一般。脱酸后的 pH 值为 7.5—9。此工艺的不足之处是引起褪色、牛顿环、白色粉末、纸张气味等问题。

4. 贝克布格脱酸工艺

德国耐生公司 2003 年发明该工艺，采用 C900 水相脱酸法，单页批量脱酸，脱酸剂为碳酸氢镁，纸张施胶和加固成分为甲基二乙基纤维素，另添加固色剂。脱酸的周期为 8min。纸张传输到脱酸槽中，脱酸液的温度应保持在 13℃，文件在脱酸液中浸约 3.5min。每天工作时间（不考虑启动时间和最后的洗涤时间）以 6h 计算。日脱酸能力约 1000—1500 张，具体脱酸量取决于书籍的材料类型。该工艺可以对大幅面的纸张进行脱酸，还可以处理已经脆化的纸张。但它不能对有缝合或粘胶的纸张，例如信封、邮票等进行脱酸。

5. 韦托法工艺

韦托法由美国芝加哥大学图书馆的理查德·史密斯于 1972 年发明。该工艺属于无水脱酸法，以有机碳酸镁为脱酸剂，以二氯二氟代甲烷为溶剂。除了皮革装订的图书和塑料皮的文献以外，其余的各种文献都可以处理。加拿大国家图书馆使用此工艺已经 17 年，对 100 万余本图书进行了脱酸。先将图书真空干燥 36h，经过 50min 的脱酸处理，脱酸剂在压力下浸入书籍，经过真空干燥去掉溶剂，能回收 95% 的溶剂。韦托法工艺脱酸后的 pH 值为 7.5—10.4。韦托法，除了有批量脱酸系统，还有一个巨大的喷雾器。此工艺的缺点是纸张上留有白色残留物、粘结剂渗色、纸张起皱、甚至变色 [①]。

三、民国文献修复的建议

近代生产的纸张为什么呈现酸性状态呢？原因有四个方面：① 19 世纪初近

---

① 田周玲. 国外纸质文献批量脱酸工艺进展［J］. 纸业纵横，2013（14）：91—93.

代机器纸张由木材纸浆替代了麻或棉作为造纸原料。磨木浆和化学木材纸浆含有大量的木质素。木质素在氧的存在下与光相互作用，导致纸的光发生化学反应，变黄，甚至变脆。木质素的存在加速了纸张强度的损失。②漂白剂。近代机器造纸用含氟的漂白剂漂白纸张，由于氟残留在纸张里，增加了纸张的酸性。③添加剂。印刷的过程中，为了提升纸张的印刷效果，降低纸张的吸水性，防止墨水扩散，必须加入明矾、松香和矾水胶料，这些添加物都呈酸性，加重了纸张的酸化程度①。④环境。微生物、空气中的氮氧化物（二氧化硫、二氧化氮等气体）与有机酸密切接触，产生酸。一般情况下，纸张的边缘酸化程度最高。

（一）纸张酸化的处理

脱酸，旨在提高纸张的整体寿命，延缓自然老化的速度。脱酸的最佳时机是图书变脆之前，如果书籍已经酸化脆裂，再做脱酸处理，就会无法恢复图书原来的强度。

1. 气相脱酸法

气相脱酸法是利用气化材料或挥发碱性的气体以脱酸的方法。具体操作如下：将碱性，如氨气、碳酸环己胺、吗啉及二乙基锌等气体均匀而充分地渗入到文献，实现大批量地脱酸。气相脱酸工艺条件要求高、投资大，存在安全隐患，需要谨慎操作。虽然气体更容易渗透到纸张里面，由于脱酸有碱保留的要求，建议优先液相脱酸法。

2. 液相脱酸法

脱酸剂出现很多新的研究方向，目前，纳米材料在纸质文献脱酸的应用正处在研究实验过程中。尤其，脱酸研究的方向多倾向有机镁。

纳米微粒是一种优异的纤维素酸类脱酸剂。它确保了良好的物理化学相容性

---

① 林明.民国时期文献的保护与修复［EB/OL］. http：//blog.sina.com.cn/s/blog_8747fedf01018dbo. html,（2013-01-04）［2018-06-25］.

的配合，并能转化为碳酸钙。它是一种没有副作用的碱性溶剂。几位学者已经研究并报告了纳米石灰对纸和帆布脱酸的功效。一些脱酸试验成功将纳米醇用于含铁胆墨水的纸张。溶剂通常是短链醇混合物，与油墨的组分高度相容。研究表明，纳米醇在人工老化过程中提高了纸张和保护铁墨区变色的力学性能[①]。

下面推荐一种碱性硅烷化试剂。此试剂为代表的分子级脱酸物质是更新、效果更好的脱酸剂，但目前还停留在实验室阶段。无水纳米脱酸液处理纸张，其特点是，纸张快速干燥，并均匀渗透到纸张纤维结构中去。研究趋势是通过选择更为合适的硅烷化试剂，或者将多种类多结构的硅烷化试剂相结合，以得到更好的脱酸加固和抗菌效果[②]。另外，据研究，氢氧化钙的纳米级微米颗粒在脂肪醇，尤其是异丙醇中性能稳定，对纸张没有伤害。氢氧化钙均匀地分布在纸张上，钙离子与大气中的二氧化碳反应生成碳酸钙，提高了碱在纸张的保留量。所使用的醇类具有挥发性，毒性小的特性。

另一种冷冻脱酸法。该方法主要靠深冻发生器，抽真空泵和用化学物品清洗书籍。零下15℃的七氯丙烷含丙醇镁，这种物质是酸的天然杀手。而且，这种液态物质气化后可以中和纸张、印刷颜色和墨水。研究院年处理能力大约80吨，相当于100万至200万册书。贝克说："经过处理的书籍可以继续保存100年以上，到时如果空气中的酸进入书籍，还可以进行再次处理，同样可以延长上百年的寿命。"[③]

脱酸pH值是脱酸过程能否完全中和纸张的强酸和弱碱的能力，是脱酸效果

---

① Stella Bastone, Delia F. Chillura Martino, Vincenzo Renda, et al. Alcoholic nanolime dispersion obtained by the insolubilisation-precipitation method and its application for the deacidification of ancient paper [J]. Colloids and Surfaces A : Physicochemical and Engineering Aspects, 2017（513）: 241—249.

② 闫玥儿，余辉，杨光辉，等.纸质文献脱酸方法研究进展：多功能一体化脱酸剂 [J]. 化学世界，2016（12）: 811.

③ 倪永华.拯救书籍是全人类的责任 [N].科技日报，2005-7-9（2）.

中最有权威的评价指标。因此要确保 pH 值测试数值的准确性和科学性。以下有
3 种方法：（1）使用多种不同种类的纸张。测试纸张的材质与处理的书籍材质相
同或近似。（2）pH 值的分布问题。测试每页纸的不同位置以及整本书不同页的
数值。（3）测试必须模拟批量脱酸，而不是仅仅停留在实验室规模。鉴于纸张数
量少了不能发现问题，建议每种纸张至少选择 3000 册[①]。

　　值得注意的是，脱酸溶剂通常不推荐使用水，因此各种脱酸工艺的特点测试
均在有机溶剂中进行。无论哪种脱酸法，都要严格控制脱酸剂的剂量，不能过量
使用。脱酸后，纸张保护并不是一劳永逸，还会发生返酸的现象。返酸的程度不
仅取决于碱保留量，也取决于纸张的类型和材质等因素[②]。另外，虽然德国、美
国等西方国家在脱酸方面有丰富的理论和实践经验，但是民国文献的纸张结构脆
弱，造纸配方与西方文献不同，不能完全照搬它们的脱酸方法，其采用的化学试
剂的安全性、稳定性，还需要时间检验。

　　（二）纸张发黄的处理

　　采用漂白法处理纸张发黄的问题。书籍要保持干燥，气态单体丙烯酸乙酯，
浓缩到书籍，并通过纤维素纤维扩散，12h 左右均匀分布在书籍上。第二天通过
辐照引发共聚反应。纸张所含木浆与文物的漂白最有效的 pH 值范围为 6—7.5 之
间。所用试剂包括二氧化氯、次氯酸盐、次氯酸钠、过氧化物、氯胺高锰酸钾、
过硼酸钠、臭氧和亚氯酸钠等。二氧化氯容易爆炸，需要谨慎操作。次氯酸盐对
纤维伤害最大，浓度不应高于 0.5%，漂白时间不应超过 5min。除非重污染物，
一般不使用它。工业漂白木浆和文物的漂白最有效的 pH 值范围为 6—7.5。过氧

---

　　①　田周玲.国外纸质文献批量脱酸工艺进展［J］.纸业纵横，2013（14）：94.

　　②　Ahn K，Henniges U，Blüher，et al. Sustainability of Mass Deacidification. Part I：Concept，
Selection of Sample Books and pH-Determination［J］. Restaurator，2011，32（03）.

化氢和硼氢化钠适用于木质纸张的漂白①。值得注意，这种化学漂白虽然可以表面上使纸张变白，但是可能对纸张造成潜在的伤害。

（三）杀虫灭菌的处理

杀虫灭菌是图书馆保护书籍的方法之一。2017 年，中国国家标准化管理委员会发布的《图书冷冻杀虫技术规程》规定了图书冷冻杀虫的技术条件、操作方法和安全防护要求。真菌的生长比细菌的生长更快。目前常用的杀虫灭菌的方法如下：化学消毒杀菌法，如用五氯苯酚、硫酰氟、溴甲烷、乙醇、甲醛和酒精等，它们危害环境；辐射杀菌法，如紫外线、X 射线、R 射线、远红外线、钴 –60 和微波杀虫等等。自从上世纪 60 年代开始，环氧乙烷气体被应用于文献保护。它有毒，含有致癌物质，易燃易爆。只有将环氧乙烷与其它惰性气体（二氧化碳）充分混合，才能削弱它的危险性。法国国家图书馆使用环氧乙烷消毒，除霉。根据执行标准，发霉书籍需在温度 25℃—30℃和湿度 50% 的密封环境，专业人员操作，使用特殊设备，24h 监控漂白进程。为了防止泄露，密封室里必须配备循环设备。真空充氮冷冻杀虫效果明显，但是去真菌、虫卵、霉菌成效低。众所周知，我国有着数千年的图书馆历史，在保护文献方面具有一套传统经验。我国古代图书馆一般采用芸香、樟脑、麝香等中药材防蛀防虫，值得推广。此外，曝书是我国古代常用的文献防潮防虫的方法。曝书更是古人常用的文献防潮、防虫方法。从春秋战国时期开始，曝书就是在每年的一定时节，将所藏书搬出来晾晒，保持文献干燥②。

（四）纸张破损的处理

民国文献的装帧方式存在隐患。平装是民国文献最常见的装帧形式。带铁锈

---

① Henry A. Carter. The Chemistry of Paper Preservation Part 2.The Yellowing of paper and Conservation Bleaching［J］.Journal of Chemical Education，1996（73）：1069—1072，1937.

② 林明，周旖，张靖，等 . 文献保护与修复［M］.广州：中山大学出版社，2012.

的纸张、脱落的封面封底、破裂的纸张和断裂的书脊等破损纸张都需要使用托裱法维修巩固。托裱法是我国独特的传统技艺，与国画、书法艺术的产生有密切联系。文献的装裱修复技术出现在南北朝时期，产生于当时官府对所藏书画的整理活动中[①]。裱书页法是修复破损、脆化的有效方法。裱书页的方法充分利用托纸的拉力，增强被修复纸张本身的强度。一般使用大米或小麦淀粉作为粘胶剂，衬里采用我国浙江的楮皮纸。该方法的缺点是裱纸影响书页字迹的清晰度。另外，在修补破损书籍的过程中，拼接破损或碳化文献时要遵守"颜色相近、字迹完整、图片对应"[②]的原则。修复人员力争做到"密其隙缝，端其经纬，就其形制，拾其遗脱，厚薄均调，润洁平稳。"[③]修复破损书籍需要两侧保持一英寸的粘膜。如果修复珍贵文献，丝绸、亚麻等材料也可以使用。聚酯薄膜是一种无色透明的薄膜，也可以代替纸张，将其与粘膜粘紧密，然后用纸巾吸出多余的水分。提醒一下，林明副馆长曾指出，使用透明胶或者牛皮纸修复民国文献，尤其档案脱裱机一页一页地脱裱，都属于不当的修复，可能加剧破损或影响文献的寿命。

（五）纸张的选择

1904 年，英国伯明翰公共图书馆（Birmingham Free Library）副馆长鲍威尔（Walter Powell）指出："一本图书的制造，纸张的质量可能是最重要的考虑点。"[④]日本纸"富士楮"（fujikozo）具有很多优点，欧美大多采用它，但是价格昂贵。日本手工纸统称为"和纸"，由悬铃木（gampi）、三桠皮（mitsumata）和构皮（kozo）三种纤维材料构成。倘若全部采用日本纸修复民国文献，成本太高，就会制约修复工作开展。我国浙江的楮皮

① 林明，周旖，张靖，等.文献保护与修复［M］.广州：中山大学出版社，2012.
② 曹宇.碳化、脆化文献脱酸加固问题研究［J］.图书馆建设，2016（05）：99.
③ 曹宇.碳化、脆化文献脱酸加固问题研究［J］.图书馆建设，2016（05）：96.
④ 张春梅.民国文献分级保护策略研究——以复旦大学图书馆馆藏为例［D］.上海：复旦大学，2014：62.

纸，厚度约 0.024mm，比 9g/m^2 的典具帖更薄（9g/m^2 典具帖约厚 0.038 mm，5g/m^2 典具帖厚 0.027 mm，3.8g/m^2 典具帖约厚 0.020mm），后两者虽然薄，相比日本纸稍微逊色，但基本符合大批量的民国文献修复所需用纸[①]。为了延长文献的寿命及抑制真菌繁殖，笔者建议，我国应该使用无酸纸（acid free paper）或具有抗真菌功能的纸代替普通纸，这是一个长久有效的解决方法之一。我国政府需要统一制造民国文献修复用纸，指定专门厂家生产，以确保专用的修复用纸质量达标。

（六）粘胶的选择

用于纸质文献的粘胶应具有以下特性：具有较强黏性，修复后的纸张不变形；无色透明，不损害纸质文献的纸张、字迹；化学性质稳定，不易变色、变质；不生虫、长霉，吸潮；中性无酸或弱碱性；具有可逆性[②]。过去，很多文献维修部门用面粉制成浆糊，粘贴脱落的纸张。这种方法简单、经济，但是容易受潮，容易生虫发霉。修复民国文献，需要粘贴效果好、又能抑制纸张酸化的粘胶。笔者推荐二种粘胶：一是利用"FC-100 胶液"，不仅可以包裹和渗透纸张纤维，使纸张恢复弹性，而且加固纸张，使纸张耐老化，甚至还可以解决纸张防霉的难题[③]。二是羧甲基纤维素钠为主要成分的粘接剂，它也被认可为安全的食品添加剂。它是一种广泛用于造纸业的粘合剂，其缺点是难以消除动物霉菌。它禁忌与强酸、强碱、重金属离子（铝、锌、铁等）等配伍，摄入量必须非常少。丙酮、甲苯、正己烷和四氢呋喃都能有效清除残余的胶水。纤维素醚是粘胶剂的主要成分，pH 值呈中性，能溶于水，稀释溶液，并具有热塑性。值得注意，无论采用哪种胶水，破损纸张的潮湿程度影响上浆的效果。

---

① 林明，张珊珊.民国时期文献修复技术探讨［J］.图书馆论坛，2015（12）：113.

② 林明，周旖，张婧，等.文献保护与修复［M］.广州：中山大学出版社，2012.

③ 张春梅.民国文献分级保护策略研究——以复旦大学图书馆馆藏为例［D］.上海：复旦大学，2014：62.

（七）装帧复原的处理

装帧方式法无定法。民国文献一般采用骑马钉、机器缝、三眼钉等装订方式，书脊容易断裂。维修人员在处理过程中要具体情况具体对待。对于破损轻微的书籍，不能采用维修古籍"整旧如旧"的原则，而是采用"恢复"或"重建"的原则。将书钉和周围受侵蚀的部分除掉，然后将书页修复完毕，去掉铁书钉，利用旧孔，采用麻线或棉绳装订，穿线不绕到书边。最后，为了保持书本平整，麻绳打一个小结，并将小结捶平，蝇头打散[①]。维修人员可以根据维修理念、书籍的价值、维修的实际条件、维修成本等，选择合适的维修方式。在维修过程中，尽量保持封面和封页的质感和美感，最小程度干预原貌。封面、封底、书脊的修复应根据具体的材质、破损程度、修复成本等具体情况具体对待。

（八）除尘

纸质文献清洁除尘是图书馆最常用的技术。鉴于部分民国文献封面上积累着一层厚厚的灰尘。如果采用人工擦拭的方式，既费时费力，又可能造成二次损坏。美国犹他大学图书馆的一位名叫 Randy Silverman 的工作人员采用一种叫"干冰除尘"的技术来清除烟尘中的烟灰残渣。该技术比橡胶海绵清洗得更有效。本质上，干冰除尘是利用高效的微粒空气通过 HEPA 过滤器真空来喷射雾状固态二氧化碳以剥离污染物。其原理是利用大幅度的温度差提升剥离力。但是，清理装订线处的污垢使用软刷，而清理书页边缘的积尘则最好使用硫化橡胶海绵[②]。笔者认为，除尘之时，文献不要堆放，尽量让污染表面充分而均匀地接触干冰，以达到全面除尘的目的。

---

① 林明，张珊珊.民国时期文献修复技术探讨［J］.图书馆论坛，2015（12）：113.

② 林明，周旖，张靖，等.文献保护与修复［M］.广州：中山大学出版社，2012.

四、结语

　　任何一门科学都是在曲折中发展壮大，任何一门学科的理论都是在反思、批判、总结中不断成长、不断完善。实践是检验真理的唯一标准。民国文献修复任重道远，需要解决经费短缺，技术、设备、人才培养等难题；同时，要普查和征集流散在海外的民国文献，促进海外的民国文献以数字化形式回归祖国；修复工作以分级保护为出发点，珍稀文献、重点文物可优先修复。另外，我们已经进入数据驱动发展的大时代，面对修复过程中出现的问题，要根据问题找"数据"，用数据分析出现的问题，并予以解决。总之，学术界既要吸取我国古人的智慧，又必须用新的思维、新的材料、新的技术，综合借鉴中西方文献修复技艺，广泛实践，根据实际情况及时调整修复理念，对民国文献进行分类，并及时将修复信息在网络上共享，开展全方位深度合作。

第二章　民国时期佛教报刊出版研究

19世纪后半叶，一大批志士仁人提出西学东渐，因而，在全国范围内兴起了一股开民智、鼓民力、兴民德、学西方的办报风潮。从19世纪50年代起，沿海一带的广州、上海、香港等大城市陆续出现了中国人自办的近代报刊，具有代表性的有王韬主编的香港《环球日报》、容闳等创办的上海《汇报》、艾小梅创办的汉口《昭文新报》以及广州的《述报》等①。为顺应时代的潮流，不断改革的佛教在文化事业方面也得以初步开拓，同时，创办发行佛教报刊这一新的媒体传播方式也广泛应用于佛教界。20世纪初期，民国时期佛教文化复兴，随着各地佛教团体及佛学院的纷纷设立，有一大批佛教刊物出版发行。民国时期到底出版发行了多少种佛教报刊，至今还没有一个确切的统计数字，在相关论著中，对此问题的论述虽常有提及，却很难达成共识。

《民国佛教期刊文献集成》（全209册）（以下简称《期刊集成》）与《民国佛教期刊文献集成·补编》（全86册）（以下简称《期刊补编》）以及《稀见民国佛教文献汇编（报纸）》（全13册）（以下简称《报纸汇编》）三套丛书收集与整理了民国时期的佛教报刊，为当今的佛教界与学术界提供了宝贵的资料，其影响与价值是有目共睹的。通过对其所收录佛教报刊文献进行统计，收录影印总数达

---

① 姚福申.中国编辑史［M］.上海：复旦大学出版社，2004.

230 种。因本文仅涉及民国时期佛教报刊，故去除部分佛教图书、论文集、年鉴以及非民国时期佛教报刊等，最终获得民国时期佛教报刊文献 220 种。

一、民国时期佛教报刊的出版

（一）民国时期佛教报刊的创办情况

1. 创办时间

经对各个时期创刊时间进行核准并统计（见表 2-2-1），各个时期创刊数量不一、相差较为明显。但从时段来看又相对集中，在 1920 年以后，创刊数量逐渐增多，至 1925 年前后明显增加；1935 年—1936 年创刊数量最多，共有近30 种，达到创刊高峰；到 1947 年又达到另一高峰时期，仅这一年就有 15 种民国时期佛教报刊创办。民国时期佛教报刊的创办、发展，可以说与近代佛教复兴运动密不可分。

表 2-2-1　民国时期佛教报刊创刊时间和创刊数量一览表

创办时间	创刊数量	创办时间	创刊数量	创办时间	创刊数量	创办时间	创刊数量	创办时间	创刊数量
1912 年	1	1922 年	4	1929 年	8	1936 年	13	1942 年	4
1913 年	1	1923 年	9	1930 年	7	1937 年	9	1943 年	6
1915 年	1	1924 年	4	1931 年	5	1938 年	8	1945 年	3
1918 年	1	1925 年	11	1932 年	9	1939 年	8	1946 年	5
1919 年	1	1926 年	9	1933 年	7	1940 年	7	1947 年	15
1920 年	2	1927 年	6	1934 年	8	1940 年	1	1948 年	5
1921 年	4	1928 年	7	1935 年	16	1941 年	9	1949 年	3

2. 创刊地点

经对民国时期佛教报刊之创刊地点逐一核对并进行汇总（见表 2-2-2），中国上海有 54 种，居于首位；中国北京次之，有 28 种；中国四川和江苏同居第三，各 24 种。其他依次为中国福建 14 种、广东 13 种、浙江 11 种、湖北 10 种，新加坡、中国香港各 5 种，中国山西、台湾和天津各 4 种，中国陕西 3 种，中国安徽、广西、湖南、山东，日本，马来西亚各 2 种，朝鲜，中国甘肃、吉林、江西、云南各 1 种。从地域分布来看，绝大部分报刊主要分布在中国上海、北京、江苏、四川、广东、福建、浙江、湖北等地，其他地区创办的佛教期刊则寥寥无几，尤其是在东北、西北、西南地区。由此可见，民国时期佛教报刊地域分布极不平衡，此种现象多与民国时期佛教寺庙的分布，以及创办这些报刊的佛教团体、佛教机构或居士、僧人多聚集在政治、经济与文化较为发达的城市或地区有关。

表 2-2-2　民国时期佛教报刊地域分布一览表

创刊地点	创刊数量	刊物名称（按创刊时间排序）
安徽	2	救劫特刊、江南九华佛学院院刊
北京	28	佛学月刊、佛心丛刊、新佛化旬刊、佛化世界、聂氏家言旬刊与聂氏家言选刊、仁智林丛刊、佛宝旬刊、息灾专刊、弘慈佛学院年刊、正觉杂志、佛教评论、北平佛化月刊、佛化半月刊、雍和宫导观所刊物、北平佛教会月刊、佛教图书馆报告、三教月刊、劝世文刊、微妙声、佛学月刊、东亚佛教青年呼声、佛教同愿会特刊、同愿学报、同愿月刊、莲池会闻、喜报、中国佛教学院年刊、世间解月刊
朝鲜	1	佛教振兴会月报
福建	14	佛音、漳州南山学校校刊、佛化策进会会刊、现代僧伽（现代佛教）、思明县佛教会会刊、敬佛月刊、宏善汇报、袈裟、人间觉、佛教公论、护院特刊、莲漏声、闽南佛学院特刊、大乘月刊
甘肃	1	西北佛教周报
广东	13	佛化季刊、楞严特刊、楞严专刊、灵泉通讯、频伽音随刊、解行精舍第一次特刊、人海灯、世灯佛学月刊、密教讲习录、金刚半月刊、圆音月刊、慈航月刊、佛教居士林特刊
广西	2	狮子吼佛学月刊、狮子吼月刊

（续表）

创刊地点	创刊数量	刊物名称（按创刊时间排序）
湖北	10	佛学院第一班同学录、佛学月报、觉社丛书选本、三觉丛刊、正信、净土宗月刊、宜昌佛教居士林林刊、佛海灯、佛教女众专刊、佛化新青年
湖南	2	湖南佛教居士林林刊、觉迷
吉林	1	梵声：满洲佛教会报
江苏	24	苏城隐贫会旬刊、佛光、内学、佛化周刊、苏城隐贫会旬刊汇编、晨钟、中国佛学、西藏班禅驻京办公处月刊、法海波澜、大佛学报、法雨月报、佛学周刊、觉社年刊、苏州觉社特刊、觉津杂志、无锡佛教净业社年刊、内院杂刊、慧灯月刊、弘法大师纪念特刊、印光大师纪念特刊、积因放生会年刊、佛教文艺、佛教文摘、中流月刊
江西	1	佛光社社刊
马来西亚	2	菩提特刊、觉世
日本	2	日华佛教、传道：大众佛教杂志
山东	2	莲社汇刊、狮吼月刊
山西	4	山西佛教月刊、佛教杂志、山西佛教杂志、佛教季刊
陕西	3	佛化随刊、西北佛教周报、大雄
上海	54	佛学丛报、佛教月报、觉社丛书、海潮音、佛学月刊、佛化、宏化特刊、世界佛教居士林林刊、佛学汇刊、广长舌、佛化旬刊、世界佛教居士林权募基金会特刊、班禅东来记、东方文化、净业月刊、心灯、中国佛教会报（中国佛教会月刊，中国佛教会报）、慈航、化佛造像、威音、佛学半月刊、钟声、护生报、佛学出版界、慈航画报、世界佛教居士林成绩报告书、慈航特刊、香汛、大生报、时雨、佛学丛刊、重兴清凉寺水陆法会特刊、上海纯善社特刊、超荐战地英灵水陆法会特刊、觉有情、罗汉菜、弘化月刊、佛教杂志、妙法轮、木铎声、中国佛教季刊、素食特刊、南行、觉群周报、觉讯月刊、法海一滴：解除人类患苦之先声、学僧天地、奋迅集、法相学社刊、中国佛教会上海市分会会务特刊、佛教日报、佛教特刊、佛教新闻报、佛学研究

（续表）

创刊地点	创刊数量	刊物名称（按创刊时间排序）
四川	24	四川佛教团体电请政府改定寺庙管理条例、佛学旬刊、四川佛教旬刊、佛化旬刊、藏民声泪、四川佛教月刊、西南和平法会特刊、世界佛学苑汉藏教理院特刊、荣县佛学月刊、世界佛学苑汉藏教理院年刊、西陲宣化使公署月刊、汉藏教理院立案文件汇编、佛化新闻周刊、渡舟月报、佛光季刊、狮吼龙啸、佛化评论、世苑汉藏教理院普通科第二届毕业同学录、大雄（四川）、陪都慈云寺僧侣救护队纪念刊、文教丛刊、灵岩学报、净宗随刊、净宗月刊
台湾	4	南瀛佛教会会报、中道、台湾佛教新报、台湾佛教
天津	4	天津金光明法会特刊、天津佛教居士林林刊、中日密教、佛教月报
香港	5	香海佛化刊、华南觉音、宝觉同学季刊、霭亭法师纪念特刊、觉音
新加坡	5	佛教与佛学、星洲中国佛学、佛教人间、人间佛教（星洲）、浩然月刊
云南	1	弘法特刊
浙江	11	新佛教、大云、迦音社周刊、浙江全省佛教会会刊、弘法社刊、鄞县佛教会会刊、七塔报恩佛学院院刊、莫干山莲社特刊、晨钟、人间佛教月刊、华藏世界

备注：本表仅按最初创刊地进行汇总。

3.创刊机构

佛教期刊的创办主体不同于其他政治、经济、文教思想类期刊，大都由佛教团体、佛学院或一些居士为主体创办，其中也有寺庙独立自主创办的。民国初期，佛教逐渐复兴，僧教育会成立，政治环境不断宽松，继而推动全国各地纷纷设立佛教团体及佛学院，伴随着它们的产生，一大批佛教期刊也随之出版发行。同时各地居士、僧人以及寺院也积极投入、立社办刊，佛教报刊发展迅速。

经对民国时期佛教报刊的创刊机构进行核准统计，其中由居士或僧人创办的报刊近 20 种；佛教会、居士林等佛教团体创刊 50 种左右；佛学院、佛学社等僧教育机构创刊达 80 种之多；佛教寺院创刊近 20 种；其余则为佛教编辑社、佛学书局或法会等组织创立。

（1）居士或僧人创办

民国时期，最早的佛教期刊是由狄楚青居士在上海创办的《佛学丛报》。除此之外，由居士创办的报刊还有范古农居士创办的佛教报纸《佛教日报》，吴倩芗居士《莲社汇刊》，胡嘉祁居士《佛学汇刊》，陈其昌居士《大生报》，陈法香居士《觉有情》，黄觉居士《荣县佛学月刊》，蒋特生居士《灵泉通讯》，王恩洋居士《文教丛刊》，许止烦居士《佛化新闻》和《佛化评论》等。

此外，民国时期，僧人也积极创刊立报，在这方面便不得不提佛教高僧太虚法师，其创办或主编的佛教刊物有《觉群周报》、《佛教月刊》、《觉社丛书》（《海潮音》）、《佛教公论》、《佛教日报》等，对民国时期佛教报刊的创立与发展产生深远影响。其他还有 1927 年宗月法师《佛宝旬刊》，1935 年星洲僧人《佛教与佛学》，1943 年锡兰佛教徒克兰佩《中国佛教季刊》，1930 年印智法师《正觉杂志》，1942 年高僧释惟圣《大雄》（四川）等。

（2）佛教团体创办

民国时期佛教复兴，产生了很多的佛教会以及居士林等佛教团体组织，对民国时期佛教报刊的创办产生了非常重要的影响。

中华佛教总会，成立于 1912 年，中国佛教总会成立于上海留云寺，又名中国佛教会、中华佛教协进会、佛教大同会，提出了"保护寺产、振兴佛教"的口号，并得到南京临时政府的承认，各地佛教分会也相继成立。因此，一大批佛教报刊得以创办。如最早由中华佛教总会在上海创办的《佛教月报》，中国佛教会的《佛学月刊》《中国佛教会公报》，山西佛教会的《山西佛教月刊》《佛教杂志》《佛教季刊》，四川佛教会的《佛化旬刊》，北平佛教会的北平佛教会月刊《微妙声》，汕头密教重兴会的《世灯佛学月刊》，中国佛教会广东分会的《圆音月刊》，广西佛教会的《狮子吼佛学月刊》《狮子吼月刊》，汉口佛教会的《正信》、台中佛教会的《中道》、新加坡佛教会的《佛教人间》等。

居士林是佛教居士从事宗教活动的团体，1918年创始于上海，1923年改名为世界佛教居士林，聘谛闲、印光、太虚为导师。1926年居士林扩大规模，设讲经、皈戒、出版、图书、研究、宣传、利生等部，同时兼办各种社会慈善事业，如出版《世界佛教居士林林刊》《世界佛教居士林权募基金会特刊》《世界佛教居士林成绩报告书》等。在上海居士林影响下，各地也陆续建立了不少居士林，同时也创办了许多佛教报刊，如《宜昌佛教居士林林刊》《湖南佛教居士林林刊》《佛教居士林特刊》《天津金光明法会特刊》《天津佛教居士林林刊》《觉迷》《弘法特刊》《广长舌》《狮吼月刊》等。

（3）僧教育机构创办

辛亥革命后，佛教界普遍明确了培育僧才的办学宗旨，新式僧教非常普及，相应地，佛教刊物亦发展迅速①。由佛学院创办的报刊主要有：安徽青阳九华山佛学院《江南九华佛学院院刊》，北平中国佛教学院《佛学月刊》，槟城佛学院《觉世》，江苏长生寺华严大学院《佛光》，成都文殊院《四川佛教旬刊》《四川佛教月刊》，汉藏教理院《世界佛学苑汉藏教理院年刊》《世界佛学苑汉藏教理院特刊》《世苑汉藏教理院普通科第二届毕业同学录》，弘慈佛学院《弘慈佛学院年刊》，上海静安佛学院《学僧天地》，觉津佛学院《觉津杂志》，马来西亚槟城菩提学院《菩提特刊》，闽南佛学院《佛化策进会会刊》、《现代僧伽》（《现代佛教》）、《护院特刊》、《闽南佛学院特刊》、《漳州南山学校校刊》，南京毗卢寺佛学院《佛教文艺》，七塔报恩佛学院《七塔报恩佛学院院刊》，世界佛学苑汉藏教理院《狮吼龙啸》，武昌佛学院《三觉丛刊》《佛学院第一班同学录》，玉佛寺上海佛学院《妙法轮》，岭东佛学院《人海灯》，中国佛教学院《中国佛教学院年刊》、《佛学月刊》（北平），广州解行精舍《解行精舍第一次特刊》等。

此外，还有相当一批民国时期佛教报刊是由佛学社、佛学会等研究团体创办，

---

① 李明.民国时期僧教育研究［D］.济南：山东师范大学，2009.

如弘法研究社《弘法社刊》，法相学社《法相学社刊》，南行学社《南行》《法海一滴：解除人类患苦之先声》，佛光社《佛光社社刊》，楞严佛学社《楞严特刊》《楞严专刊》，大云佛学社《大云》，无锡佛学文化社《佛教文摘》，江苏觉社《觉社年刊》，上海来苏社《木铎声》，上海佛化教育社《心灯》，广州佛学会《频伽音（随刊）》等。

（4）寺庙创办

寺庙创办的报刊在民国时期佛教报刊中数量也不少，如北平鼓楼法通寺《三教月刊》（后改名为《劝世文刊》），大觉兴善寺《世间解月刊》，上海通讲寺《时雨》，上海清凉寺《重兴清凉寺水陆法特刊》，四川威远中峰寺《净宗随刊》和《净宗月刊》，慈云寺《陪都慈云寺僧侣救护队纪念刊》，浙江金刚寺《迦音社周刊》，天台山国清寺《华藏世界》等。

（二）民国时期佛教报刊的出版特征

民国时期，伴随着民族危机的加深和国家时局的动荡，佛教界的命运也经历跌宕起伏、多舛坎坷，此时不论是佛教报刊的创办和发展，还是报刊本身都呈现出自身的特征。

1. 报刊寿命相对较短

除民国时期佛教特刊外，民国时期佛教报刊的出现大多是"昙花一现"。《金刚半月刊》《钟声》《时雨》《华藏世界》《佛化季刊》等仅出 1 期便停刊，《慈航》《中国佛学》《佛学汇刊》等仅出 2 期便止。还有一些刊坚持时间不长，多在四年以下，如《日华佛教》《三教月刊》《佛教月报》《觉津杂志》《慈航月刊》《大佛学报》《晨钟》《三觉丛刊》《世灯佛学月刊》《台湾佛教》《新佛化旬刊》《心灯》《觉群周报》《法相学社刊》《妙法轮》《慈航画报》《佛学月刊》《净业月刊》《佛宝旬刊》《法海波澜》《佛学月刊》《佛教与佛学》《人间觉》《山西佛教月刊》《护生报》《佛海灯》《山西佛教月刊》《大雄》《灵岩学报》《净宗月刊》等。造成许多刊物不能长期坚持下来的原因是比较复杂的，但主要缘于：一是政局的动荡。如《文教丛刊》因为局势原因，只出版了 8 期，就不得不停办。1944 年佛教同愿会的

《同愿月刊》因为局势动荡，4 年后停刊。二是经费不足。如 1912 年由狄楚青创办的民国时期的第一份佛教刊物《佛学丛报》，仅出版了 12 期就因经费不支而停刊。1946 年的《学僧天地》也因经费原因，仅出 6 期便停刊。而 1913 年中华佛教总会的《佛教月报》仅 1 年，就因经费原因停刊了。《佛光季刊》也因经费问题，只出版 1 期而不得不停办。三是创办人或主编个人原因。如 1939 年香港青山觉音社创办的《觉音》，因主编得病，于 2 年后停刊。1922 年新佛教青年会《新佛化旬刊》，因主编南下，仅 1 年便停止出版。

但是，其中也不乏出版发行时间较长的期刊。刊期时间最长的可能当数《海潮音》了，至今还仍在发行；《佛教新闻》虽不见其原刊，但根据记载得知此刊历经了 20 年，应是四川佛教期刊中发行时间最长的刊物；1941 年上海印光大师永久纪念会创办的《弘化月刊》，于 1958 年停刊，刊期达 17 年之久；1922 年创办的《佛学旬刊》，1937 年停刊，维系时间也比较长。此外，1939 年陈法香居士创办的《觉有情》、1936 年南普陀寺佛教养正广义院的《佛教公论》、1937 年许止烦居士主办的《佛化新闻周刊》、1923 年世界佛教居士林的《世界佛教居士林林刊》、1927 年陕西佛化社的《佛化随刊》、1930 年佛学半月刊社的《佛学半月刊》等办刊也都有 14 年之久。

2. 特刊数量明显居多

特刊居多是民国时期佛教刊物的又一显著特点，在 216 种刊物中，特刊就有近 35 种。从创刊数量来看，上海最多有 11 种，四川次之有 5 种，江苏 4 种；从创刊时间看，以 1922 年上海佛学推行社的《宏化特刊》为最早，大多是 1930 年以后创刊的；从出版周期看，除《解行精舍第一次特刊》《超荐战地英灵水陆法会特刊》出版 2 期，《世界佛教居士林权募基金会特刊》出版 3 期，《佛教居士林特刊》出版过 4 年，《苏州觉社特刊》不止出版 1 期，其余佛教报刊多仅出版 1 期，如《佛学院第一班同学录》《班禅东来记》《觉社丛书选本》《苏城隐贫会旬刊汇编》《天津金光明法会特刊》《救劫特刊》《西南和平法会特刊》《世界佛学苑汉藏教理院特刊》《弘法特刊》《世界佛教居士林成绩报告书》《慈航特刊》《世界佛学苑汉藏教理院年刊》《密教讲习录》《护院特刊》《莫干山莲社特刊》《重兴清凉寺水陆法特刊》《上海纯善社特刊》《闽南佛学院特刊》《佛教同愿会特刊》《狮吼龙啸》《世苑汉藏教理院普通科第二届毕业同学录》《弘法大师纪念特刊》《印光大师纪念特刊》《素食特刊》《菩提特刊》《奋迅集》《霭亭法师纪念特刊》《中国佛教会上海市分会会务特刊》等。

3. 刊名更改时有出现

民国时期佛教报刊在出版发行过程中，由于社会经济、局势动荡，以及扩缩版等原因，造成刊期、版式、栏目内容等方面变化外，刊名更改也时有出现。1918 年在上海觉社创办的《觉社丛书》，仅出版 5 期便停刊，于 1920 年10 月改名为《海潮音》，先后在杭州、北京、上海、泰县、汉口、武昌、重庆、南京、奉化等地继续编辑出版，至今仍在香港发行，成为出版时间最长、影响最大的佛教报刊；1928 年闽南佛学院创办的《现代僧伽》季刊，自 1932 年改名为《现代佛教》（月刊）；1923 年南瀛佛教会的《南瀛佛教会会报》，1941年改名为《台湾佛教》；1926 年创办的楞严佛学社的《楞严特刊》，14 期后改名为《大觉新闻日报》；1932 年汉口佛教会的《正信》，1937 年改为《正信周刊》；1932 年北平佛化居士会、南口居士林北平创办的《佛化半月刊》，第 23期后改名为《喜报》；1935 年北平佛教会创办的《北平佛教会月刊》，1936 年改为《微妙声》；1938 年华南觉音社的《华南觉音》，第十期后改为《觉音》；1936 年北平鼓楼法通寺主办的《三教月刊》，后改为《劝世文刊》继续出版；1947 年新加坡佛教会的《中国佛学》，后改名为《人间佛教（星洲）》；1939年三乐农产社荣柏云主办的《罗汉菜》，1946 年更名为《南行》；《法雨月报》的前身是《法雨报》，经扩版后更名继续出版；而在 1929 年由中国佛教会在上海创办的《中国佛教会公报》，曾经历过两次更名，先后更名为《中国佛教会月刊》《中国佛教会报》。

4. 内容多具文学特性

民国时期佛教报刊内容丰富，栏目设置较为广博，除通常或阐发佛理传布教义，或倡导佛教革新思想，或报导本地、全国佛教活动外，还多设置专门栏目，如论说等，以登载佛学研究成果，具有较强的学术性。此外，由于佛教团体内部集聚了不少学养深厚、文思超卓的高僧，他们不仅相互唱和，与俗界文人也多有往来，因而不少佛教刊物还专门辟有文苑、杂俎、小说等文学栏目，自成园地，对近代文学也起到一定的作用。如《海潮音》专辟有杂记、文苑、法苑诗林等，《世界佛教居士林林刊》《中道》《弘法社刊》《东方文化》等辟有文苑专栏，《佛学半月刊》专辟有诗苑、小说、游记等栏目。另外，如《北平佛教会月刊》的禅诗、法曲，《觉音》的文艺、觉音诗简，《狮子吼月刊》的杂文与诗，《佛教与佛学》的文艺随笔，《佛学月刊》的文艺圈，《罗汉菜》的故事浅说，《人间觉》的诗选，《四川佛教旬刊》的法苑艺林，《正信》的诗、随笔，《佛化旬刊》的艺林，《楞严特刊》的文艺，《佛学丛报》的文苑、小说，《佛化新青年》的诗、随感录等，都可以说是延续时间较长、发表作品较多的专门性文学栏目。

二、民国时期佛教报刊的分期

民国时期佛教报刊的产生、发展，可以说与近代佛教复兴运动是密不可分的。综观近代佛教史，大体上可以划分为四个时期：佛教复兴运动初期（1911 年—1919 年）；佛教复兴运动发展阶段（1920 年—1934 年）；佛教复兴运动高潮阶段（1935 年—1945 年）；佛教复兴运动潮落阶段（1946 年—1949 年）[1]。为了便于梳理民国时期佛教报刊发展的历史脉络以及分期特点，本文参照近代佛教史分期又将民国报

---

[1] 单侠. 民国时期佛教革新研究（1919—1949）——以革新派僧伽为主要研究对象 [D]. 西安：陕西师范大学，2012.

刊按创办时间划分为四个分期，各个阶段创办佛教报刊数量分别是 1911 年—1919 年 5 种、1920 年—1934 年 100 种、1935 年—1945 年 84 种、1946 年—1949 年 31 种。

（一）佛教报刊源起阶段（1911 年—1919 年）

1911 年以后，辛亥革命推翻最后一个封建王朝，建立民国，佛教复兴运动兴起，尤其是在上海，著名高僧、居士云集于此，于 1912 年成立"中华佛教总会"，成为近代佛教复兴运动的先导。随后，在上海又创立了众多佛教组织和团体，如中国第一所佛教大学——华严大学、中国最早的一家佛学机构——觉社、全国第一家佛教居士林——上海佛教居士林等①。这些居士、高僧及佛教组织，积极开创佛教文化事业，办刊立报、宣扬教理。

在这一时期，创办的佛教报刊有约有 5 种，其中在上海创办的就有 3 种，如 1912 年由狄楚青居士创办的《佛学丛报》和 1913 年中华佛教总会创办的《佛教月报》，以及 1918 年觉社创刊的《觉社丛书》，另外还有吴倩苎居士 1919 年在山东创立的女子佛教刊物《莲社汇刊》等。《佛学丛报》是近代中国最早的佛教刊物，由于刊发许多著名高僧学者的重要论著，因此学术性较强，并且专辟文苑、杂俎、小说等栏目，为现代佛教文学的发展提供了园地，此后其他佛教刊物纷纷效仿；《佛教月报》由太虚任主编，他以此为阵地，大力宣传佛教革新的思想和人间佛教思想，而《觉社丛书》（后更名《海潮音》）的创刊则主要体现民国时期佛教对世俗社会的重视，其本身就是佛教教义中"佛在人间"理念的物化体现和重要措施，体现了佛教在民国群众化、社会化的道路转向。但因经费或其他问题，除《觉社丛书》出版 5 期后改名为《海潮音》，一直延续至今外，其他刊物办刊时间大多较短。

（二）佛教报刊发展阶段（1920 年—1934 年）

1919 年的新文化运动直接促使佛教复兴运动的大发展。这一时期僧教育兴盛，其办学的初衷不再是保产而是关注僧伽本身的全面教育，各省寺院所兴办的

---

① 吴平.上海近代佛教的分期与特色［J］.佛学研究，2000（01）.109—117.

僧教育机构如雨后春笋般遍及沪、江、浙、闽、鄂、湘、川等省，景贤佛学社、支那内学院、楞严学院、武昌佛学院、安徽僧学校、四川省佛学院、闽南佛学院、法相大学、玉山佛学院、清凉学院、九华佛学院、柏林教理院等数十所佛教教育机构都是在这一时期成立并发展起来的。其次，新文化运动之后，中华佛教会在各地纷纷成立支会，同时，以世界佛教居士林、上海佛教净业社的成立为标志，各地也自发组织大量居士林团体，以及佛学社、佛学会等宣教或研究团体。相应地，佛教报刊亦发展迅速，近百种刊物在这一时期相继出版，大多以刊载非学术文章，或弘法布教，报导本地、全国佛教活动为主，其中也不乏登载佛学研究成果，具有较强的学术性。

（1）以刊载学术性文章为主

提到此类民国时期佛教报刊，当首推上海觉社创办的《海潮音》，在其刊行的漫长年代中，比较完整地反映了 20 世纪上半叶中国佛教的历史状况及其改革历程，是民国时期历时最长、影响最大、学术价值最高的佛教杂志；其次是南京内学院创办的《内学》和《内学杂刊》，所刊文章多为欧阳渐、吕澂、汤用彤、王恩洋、蒙文通等知名学者所撰，学术性极为突出。如欧阳渐的《龙树法相学》、汤用彤的《释迦时代之外道》等，代表了中国居士佛学研究的最高水平，对后世影响颇深；再有，是佛学书局创办的《东方文化》和《佛学出版界》，前者由唐大圆主编，刊物立意以"东化"代替西化，标榜东方文化特别是佛学在立命救心方面的特殊功用，以解当世西化日甚之弊，通论、选录、专件等栏目大量刊载学术研究方面的文章，而通讯之类的栏目则刊载小部分非学术研究文章。后者由余了翁编辑，对最近出版的佛学书籍分门别类，疏明各书的撰述要旨，并选摘节录其中的章节，使求书者得以按图索骥，大多文章可算作书评，学术性较强。

（2）以刊载非学术性文章为主

一般来说，此类刊物都会有很少数的几篇学术文章，主要是宣传佛教思想、佛教革新、佛教知识等，而更多的是非学术的内容，如新闻通讯、时评、诗词唱和、僧众信徒弘法事迹等。如《世界佛教居士林林刊》《佛学月刊》《威音》《佛学半月刊》《净业月刊》《弘法社刊》《佛光》《大佛学报》《新佛教》《人海灯》《法海波澜》《迦音社周刊》《新佛化旬刊》《佛心丛刊》《佛化世界》《佛音》《楞严特刊》《仁智林丛刊》《三觉丛刊》等。《新佛教》《佛音》等以宣传佛教革新为主要宗旨；《楞严特刊》《新佛化旬刊》则主要宣传佛教思想。在《佛学月刊》许多有名的佛教学者，如太虚、仁山、圆瑛等纷纷在此发表文章，呼吁佛教界的团结。

（3）以刊载弘法类文章为主

此类刊物主要针对普通信徒，劝人念佛、忌杀行善等刊载"弘法类"文章，或报导本地或全国佛教活动、消息、新闻为主的"发布类"内容。前者有《护生报》《佛化旬刊》《慈航画报》《佛学周刊》《佛光社社刊》《佛化周刊》《法雨月报》《佛学旬刊》《天津佛教居士林林刊》《息灾专刊》等，相较于学术性的刊物，此类刊物在当时社会上产生了较大影响，其中《慈航画报》是佛教报刊中不多见的画报性质刊物；《佛化周刊》刊登文章多以教化性的通俗内容为主，很多内容取自历代的佛教故事，或历代名僧事迹进行说教，从而化导俗世信众；《法雨月报》每期有相当篇幅用来进行"解经"，推广佛经的白话化，使之更好地为弘法化俗服务；《佛光社社刊》是一本专门宣扬净土法门的刊物。后者有《中国佛教会公报》（《中国佛教会月刊》《中国佛教会报》)、《西藏班禅驻京办公处月刊》、《浙江全省佛教会会刊》等。其中《中国佛教会公报》主要刊出总会及下属支分部活动的信息，还有协会相关的章程、公牍等；其他内容则不外乎该组织、机构、社团的相关情况发布，包括活动报告、人员安排、组织细则等，还会刊登一些与政府的公文来往，或刊发一些出版机构的印书目录等。

（三）佛教报刊多舛阶段（1935年—1945年）

这一时期既是佛教革新运动、佛教教育改革继续发展的时期，同时也是日本公然加快侵华脚步，国内陷入战争泥潭的时期。这一时期，全国的政治、经济、文化力量逐渐集中向大后方迁移，意识到日伪利用佛教进行侵略宣传的险恶用心，大后方的爱国僧侣对护国卫教工作，无论在精神上，或物质上，或在前线，或在后方，在"有钱出钱，有力出力"的号召下，表现出"救国不让人"的护国救人精神，并且积极创办佛教刊物，针对敌伪的荒谬宣传，弘扬正法，去除妄见，尽量发挥佛教的反侵略思想。同时，佛教徒还成立僧侣救护队，纷纷投入到抗日救亡运动中，在逆境之下做好弘法工作，通过各种方式继续开展佛教宣讲活动。在这一大背景下，大概有 80 余种新的佛教报刊创立，但也有一些佛教期刊被迫停刊，即使如《海潮音》及《佛教半月刊》等少数刊物艰苦维持，版面也几度缩水，几个月合刊的情况很多。因此，这个阶段发行的佛教刊物被刻上了极强的时代印记，几乎都体现了佛教入世、人间佛教和大无畏的精神，但就刊物本身的命运来说，又可谓多舛。

（1）抗战前期佛教报刊的兴盛

1935 年、1936 年是民国时期佛教刊物发行历史上的"大年"时期，共有 30 余种佛教报刊创立，如《宜昌佛教居士林林刊》《觉社年刊》《净土宗月刊》《佛教与佛学》《鄞县佛教会会刊》《敬佛月刊》《宏善汇报》《袈裟》《北平佛教会月刊》（此刊 1937 年以后即改名《微妙声》继续出版）、《三教月刊》（后改名《劝世文刊》）、《佛海灯》《莫干山莲社特刊》《观宗概况》《佛教图书馆报告》、《佛学书目》《汉藏教理院立案文件汇编》《人间觉》《时雨》《大生报》《无锡佛教净业社年刊》《佛教公论》《觉津杂志》《佛化新闻》《佛学丛刊》等，但多数在战争爆发之后就停刊。值得一提的是，民国时期唯一的佛教日刊《佛教日报》在此期间创立，创刊以后影响很大，"遍达国内、日本、欧美、南洋佛教同仁，莫不认为现代社会所需要"；1935 年，《海潮音》刊出"密宗问题专号"，责难密宗人士，引起很大反响，在这一背景下，为密宗辩护、呐喊的《密教讲习录》正式刊出；《佛教与佛学》明确打出"出世当知念佛，立世尤须爱国"的口号，是现代佛界所提倡的"爱国爱教"思想的先驱。同时，闽南佛学院学潮后，还有一份特殊的刊物创立，就是由挨打的学僧创办的《护院特刊》，通过这一刊物，我们从中不仅可以对当时的闽南佛学院学潮情况有所了解，而且还可以看出新时期的新学僧彰显出来的敢于做"狮子吼"的个性气质和入世精神，对了解民国时期年轻学僧的心理状态有很大帮助。

（2）抗战期间佛教报刊的呼声

1937年以后，日本侵华战争全面爆发，值此危难之秋，大后方创办了许多佛教报刊，如山西创办的《佛教季刊》，甘肃创办的《西北佛教周报》，广西创办的《狮子吼佛学月刊》和《狮子吼月刊》，四川创办的《渡舟月报》、《佛化新闻周刊》、《佛光季刊》、《狮吼龙啸》、《佛化评论》、《文教丛刊》、《陪都慈云寺僧侣救护队纪念刊》、《大雄》（四川）等，而这些刊物的创立发行大多与当时佛教救世思想以及发挥佛教的反侵略思想相关。《渡舟月报》创办于危难之秋，刊名"渡舟"二字得名于"在汪洋的大海中，普渡沉溺的人群"；《佛光季刊》则是一本同人刊物，"想以我们微弱的叫喊，引起多数人的急呼，使世界光明，众生得救"为其宣扬的办刊目的之一；《西北佛教周报》所以创办是"为唤醒西北全体佛教徒明了此意，群起参加救护工作，达到抗战必胜，建国必成之目的"；《狮子吼月刊》主要内容是着重用历史眼光，对全部教理，作有系统的整理，顺应时代潮流，重新建立一套新佛教的基本理论，同时，更针对敌伪的荒谬宣传，发挥佛教的反侵略思想，从佛教的立场，来巩固抗日民族战线，支持长期抗战；《大雄》（四川）将"国家正处于艰难的抗战期中，整个世界都被恶魔法西斯扰乱，如何施展佛教的救世精神，为国家出力，为世界除害"作为呼请全国佛教徒的办刊方针；《陪都慈云寺僧侣救护队纪念刊》主要刊发僧侣救护队的照片、档案、活动记录、队员名单等，是我国佛教界在抗战期间留下的光辉记录，也是僧侣救护队留下的第一手资料。

抗战前期，一些佛教刊物相继在抗战前线地区刊发，如上海创办的《上海纯善社特刊》、《罗汉菜》（1946年改为《南行》）、《觉有情》等，广州创办的《金刚半月刊》，北京发行的《同愿学报》《佛教同愿会特刊》。但大多命运不济，甚至仅仅出版1期就停刊。而厦门虎溪东林寺创办的《莲漏声》作为专门提供净土的刊物，办刊者表明不愿成为统治阶级工具的决心，对日伪控制下政权有意回避；浙江创刊的《人间佛教月刊》是最早打出"人间佛教"这四个字的佛教刊物，用以宣传佛教改革思想，促进佛教由传统向现代转变，走人间佛教道路。抗战后期，日本侵华战争使佛教革新运动中断不前，虽然佛教刊物的出版发行受到了极大影响，但仍有一些佛教报刊，在战火纷飞的年代创办并艰难地生存。1941年，专门宣传放生思想的《莲池会闻》，弘扬天台、净土两宗的《弘化月刊》创刊；期间还有闽南佛学院只勉强维持了1期的《闽南佛学院特刊》等；此外，作为"满洲国佛教总会会报"的《梵声》也创办于该年，对于了解和研究日伪控制下的东三省的佛教界状况很有意义。

（3）佛教报刊浓重的政治色彩

1935年以后，日本开始企图利用佛教界为侵华作舆论准备，加之侵华脚步的逼近，出现了诸多中日合办的佛教刊物，不可避免带有一些超越宗教界限的政治意图，甚至是日本侵华的宣传窗口，如1935年创刊的《日华佛教》、中日密教研究会刊出的《中日密教》等。其中《中日密教》以研究佛教密宗为名，笼络下野的军阀政客，宣传"中日亲善"，为日本侵华制造舆论；《东亚佛教青年呼声》更是一份在日本人操纵下的汉奸刊物，鼓吹"中日亲善，宗教盟邦"，实际上，是以宗教为工具，控制人心为目的；《大乘月刊》甚至歪曲日本侵略中国的事实，说七七事变是"日本能始终保存佛儒文化，且肩负复兴光大之责"引起的；《华北宗教年鉴》由当时在华的日本侵略者组织编纂，是当时统治中国的伪政府和日本人希望了解华北地区的宗教情况的调查集合，内容详细全面，对寺院的数目、教徒的数量、佛学院的开办情况都有详细的说明；还有《晨钟》，其创办者日华佛教会，是以"以联合中日佛教徒实现大乘救世精神，弘宣佛教，利益民众，促进中日亲善，东亚和平为宗旨"的汉奸组织。因此，实际上不折不扣的是"在日本人控制下的一个佛教刊物"，是日本军国主义者践踏中国佛教的"典型资料"。

（四）佛教报刊复苏阶段（1946年—1949年）

1946 年，抗战胜利后，短短四年就有 30 种左右佛教报刊创立，创办地区以上海以及新加坡、马来西亚和香港等地居多，而创刊时间则集中于 1947 年。

在上海创办的有《觉群周报》《觉讯月刊》《法海一滴：解除人类患苦之先声》《学僧天地》《法相学社刊》等，其中《觉群周报》是民国时期僧人论政的一个典型，而其所提倡的"问政而不干治"也成为当时僧人论政的一个显著标志，构成民国出版自由整体图景的一种独特的侧面观照；《觉讯月刊》每期的销量在三五千间，很受青年读者欢迎；《学僧天地》每期更多的是纪念文章、游记、学僧的作业和僧青年教育方面。在新加坡创办的有《星洲中国佛学》《佛教人间》《浩然月刊》，在香港创办的有《霭亭法师纪念特刊》，在马来西亚创办的有《菩提特刊》《觉世》等，多涉及人间佛教的理念和影响，表达新佛教运动的心声。

此外，灵岩书院创办的《灵岩学报》，主要反映当时儒释道三教合一的精神；大觉兴善寺的《世间解》是此年代佛学研究领域最精品的刊物，代表了当时佛学的最高水平；还有湖南溆浦佛教居士林创刊《觉迷》杂志，四川地区的《净宗月刊》《净宗随刊》，济南佛教宣讲社的《狮吼月刊》，江苏地区的《中流月刊》，广东地区的《圆音月刊》《慈航月刊》等一大批佛教报刊在此期间创办，为研究抗战以后各个地方佛教状况提供了重要的史料。

三、上海地区近代佛教报刊概述

近代中国最早的一份佛教刊物《佛学丛报》于 1912 年在上海创办，上海是近代佛教报刊的发源地。民国时期上海创办的佛教报刊最多，有 54 种 [①]，上海不

---

① 仅统计民国期刊及报纸，《中国佛教会公报》与改名后的《中国佛教会月刊》《中国佛教会会报》按一种刊统计，其他更名或改名刊分别统计。

仅在创办刊物数量上居于领先，另据现有资料[①]，还有至少 10 种报刊未收录，如《心声月刊》《世界佛教居士林林所开业纪念刊》《佛化结婚纪念特刊》《佛学丛论》《素食结婚汇刊》《班禅国师追悼会特刊》《世界佛教居士林林务报告》等。在众多的佛教报刊中，创刊最早的两份报刊分别是 1912 年在上海创刊的《佛学丛报》和 1913 年在上海创刊的《佛教月报》。而 1918 年，由上海觉社创办的《觉社丛书》，后在 1920 年改名为《海潮音》先后在杭州、北京、上海、泰县、汉口、武昌、重庆、南京、奉化等地继续编辑出版，是近代历时最久、影响最大、学术价值最高的佛教期刊。因此，这些佛教刊物的发行，为民国时期佛教文化的弘扬提供了广阔的园地，也是近代佛教复兴的重要标志之一[②]。

（一）上海地区近代佛教报刊的分期

上海近代佛教报刊的产生、发展，与近代佛教复兴运动，以及各宗派在上海同兴并存、佛门高僧和著名居士云集上海是密不可分的。综观上海近代佛教史，大体上可以划分为三个时期：佛教复兴运动时期（1911 年—1921 年）；佛教鼎盛时期（1922 年—1937 年）；佛教持续发展时期（1938 年—1949 年）[③]。对照上海近代佛教报刊的创办时间，其产生和发展历史基本上与上海近代佛教史的分期相一致。

（二）上海地区近代佛教报刊述略

综观上海近代佛教报刊，其中有日报、周刊、旬刊、半月刊，也有月刊、季刊和年刊，或特刊；有居士或佛教僧人个人创办，也有佛教会、佛教学院，以及寺院等佛教团体创办。下文将以创办机构之不同一一述之[④]。

---

① 黄夏年.民国佛教期刊文献集成·补编［M］.北京：中国书店，2008.

② 高振农.继往开来，大力弘扬佛教文化［EB/OL］.［2015-08-24］http://hk.plm.org.cn/qikan/zjfj/2001/2001.3/200103f09.html.

③ 吴平.上海近代佛教的分期与特色［J］.佛学研究，2000（01）.109—117.

④ 刊物具体信息大多来自于《民国佛教期刊文献集成》及《民国佛教期刊文献集成·补编》。

1. 个人创办

（1）居士

佛学丛报（中国最早的佛教刊物） 1912 年 10 月创刊，综合性月刊，创办人狄楚青[①]，编辑濮一乘，有正书局出版；版式为 16 开本；内容有图像、论说、学理、历史、专件、纪事、传记、文苑、问答、杂俎、小说等；1914 年 7 月起拟改为双月刊，共出 12 期。

佛教日报 1935 年 4 月创刊，每日四版（第四版是一般的社会消息，其他几版都是佛教消息），创办人兼编辑范古农[②]，社长太虚，上海佛教日报社出版；内容有新闻、社会消息、专件、评论、格言、人范、文苑等。1936 年 7 月起，登载有关中国佛教会问题讨论文章。1937 年 8 月 23 日起，因抗日战争兴起，改为四日合刊一张。同年 12 月 28 日停刊。

大生报 1936 年 6 月创办，月刊，创办人陈其昌，上海大生书药局编辑发行，观音救苦会会刊；内容主要是介绍观音、地藏菩萨的感应与慈悲的事迹等。从第 3 期以后，4、5 两期合刊，6、7、8 期合刊，之后不见再出版，何时停刊不详。

罗汉菜 1939 年 1 月创刊，原为不定期刊物，自第 3 期开始改为月刊，上海三乐农产社荣柏云主办；内容有封面故事、故事浅说、佛化浅说、至诚感应、德有金鉴、医学常识、卫生常识、心医疗病等；1945 年 5 月停刊，共出 50 期。

佛教特刊（《市民报》副刊） 1932 年 11 月创刊，创办人黄慧泉，编辑邓奠坤；内容多为劝人皈依佛教、戒杀放生、多行善事等，同时也登载中国佛教会及各地

---

① 狄楚青（1873 年—1941 年），初名葆贤、又名狄平子，别署平等阁主、慈石、楚卿、狄平、雅、高平子、六根清静人。

② 范古农（1881 年—1951 年），原名运枢，辛亥革命后转向佛学研究。1927 年去上海，任佛学书局总编辑，此后渐成为国内佛学界权威。

佛教会的活动情况与重要文件；1934 年 7 月 16 日停刊。

觉有情 1939 年 10 月 1 日创刊，原为半月刊，自 1948 年 1 月起，改为月刊。编辑兼发行人陈法香，上海大法轮书局出版。前期以杂文短论为多，主要反映因果报应思想。后期注重佛学专题讨论，尤以着重介绍国际佛教动态为其特色。1951 年 7 月起改为数期合刊，1953 年 2 月停刊，共出 246 期。

佛学汇刊 1923 年，上海居士胡嘉祁 ① 刊行；设经类、论说类、记载类、行范类、导俗类、诗歌类、真言类等栏目；共出 2 期。

此外，还有钱化佛居士 ② 1929 年主办的《化佛造像》等。

（2）佛教僧人

觉群周报 1946 年 7 月创刊，1947 年 8 月起，改为月刊，创办人及社长太虚，编辑部主任福善；版式 16 开本；该刊刊出当时南方各地区的佛教动态，以及太虚活动的消息；1947 年 12 月停刊，共出 57 期。

中国佛教季刊 1943 年秋季创刊，每期编辑中文一本，英文一本。主编克兰佩（锡兰佛教徒），顾问诸民宜、江亢虎、闻兰亭居士、丁福保居士，《中国佛教季刊》社 ③ 出版发行；主要内容有佛教教义探讨，佛教史迹介绍，中国佛教组织及其活动的消息报道等；第三期而止。

此外，由佛教僧人创办的刊物还有慈航法师创办的《慈航特刊》、椤竟法师主办的《心声月刊》、太虚法师主办的《佛教公论》、乐观法师出版的《奋迅集》等。

---

① 十九世纪二三十年代，佛经在上海的普及面依然不是很广。很多修行者为阅经藏四处寻找而不可得，鉴于此，一些有愿心的居士纷纷募刻经典使流布于丛林，胡嘉祁便是其中之一。

② 钱化佛（1884—1964），名苏汉，善绘佛像，代表作有《达摩渡江图》《八仙祝寿图》《纯阳酒醉岳阳楼图》《蟠档会图》《十八罗汉图》《降龙伏虎图》等，笔法精湛。

③ 克兰佩研究中国佛教多年，为联合世界教徒，提倡中国僧尼教育起见，在上海成立中国佛教季刊社，出版发行中英文合刊《中国佛教季刊》。

2. 佛教团体创办

（1）佛教会

佛教月报 1913 年 4 月创刊，月刊，总编太虚，经理清海，中华佛教总会[①]会刊，编辑部设在上海清凉寺；内容有论说、学理、要闻、史传、专件、艺林、丛录等；出至第 4 期停刊。

佛学月刊 1921 年创刊，月刊，编辑太虚、智府，中华佛教会创办，上海佛学月刊社出版发行，共出 4 期；内容为学理、论说、图画、史传、要闻、艺林、丛录等；发行面不广，1923 年停刊。

中国佛教会公报（后改名《中国佛教会月刊》、《中国佛教会报》） 1929 年 7 月在上海觉园创刊，月刊，仁山任主编。上海中国佛教会总办事处总发行，中国佛教会会刊；1—3 期称《中国佛教会公报》，4—6 期称《中国佛教会月刊》，自第 7 期起改名为《中国佛教会报》；栏目有图画、论文、批文、呈文、令文等；至 1934 年 5 月，共出 57 期，1936 年 1 月起，由钟康侯任编辑，至 11 月停刊，共出 11 期。

觉讯月刊 1947 年 1 月在上海创刊，月刊，发行人方子藩，执行编辑初为蔡惠明，后为丁鸿图，上海佛教青年会会刊；内容有青年修养、哲学、科学、宗教、传记、通讯、评论、文艺等，还介绍会务活动情况，后增辟青少年、法相学社社刊、医药卫生等栏目；1955 年 9 月停刊，共出 104 期。

素食特刊 1943 年，上海世界提供素食会主办；该刊设论说、讲话、文苑、通讯、杂载、会讯等栏目；仅出 1 期。

鸿嗷辑 1934 年，中国济生会创办，树德为其核心主题，多为劝善止恶之文，

---

① 1912 年 4 月 11 日成立于上海留云寺，又名中国佛教会、中华佛教协进会、佛教大同会。主要领导人有敬安、欧阳渐、谢元量等。提出了"保护寺产、振兴佛教"的口号，并得到南京临时政府的承认。

无甚学术价值，却可反映一时一地之风貌。

此类刊物还有中国佛教会上海市分会 1948 年创办的《中国佛教会上海市分会会务特刊》。

（2）居士林

世界佛教居士林林刊 1923 年 1 月在上海创刊，综合性刊物，初为季刊，曾改为不定期季刊，最后又恢复为季刊，先后由太虚、范古农、余了翁任主编，显荫、丁福保任编辑主任；体例包括论说、特载、图像、讲演、宗乘、专件、传记、志林、通讯、林务等；1937 年 4 月停刊，共出 43 期。

广长舌 1923 年，不定期，世界佛教居士林出版，苦行居士 ① 撰述；该刊宗旨"劝善未发心者，并非为已发心者说"，语言通俗易懂，影响力渐次增长；何时停刊待考。

此外还有世界佛教居士林 1933 年创办的《世界佛教居士林成绩报告书》（仅 1 期）、1925 年创办的《世界佛教居士林权募基金会特刊》（共 3 期），以及上海居士林 1926 年出版的《世界佛教居士林课程规约》。

（3）佛教研究团体

觉社 ② **丛书** 1918 年 10 月创刊，季刊，主编太虚，上海觉社出版，为觉社社刊；内容有宗论、释义、评议、小说、文辞、诗歌、答问、录事、雅言等；1919 年 10 月，出至第 5 期停刊，1920 年 1 月，改名为《海潮音》月刊，延续至今。

净业月刊 1926 年 5 月创刊，月刊，编辑顾显微，上海佛教净业社社刊；内

---

① 印光大师弟子。

② 1918 年夏，蒋雨岩、陈元白、黄葆苍（即大慈法师）等在普陀听太虚讲佛学之后，邀至上海组织研究及宣传佛学团体，以自觉觉他为义，名为觉社。各地社员各务其真修实证，或掩室专修，或誓期亲证，或参学于禅林，或深入于经藏，或和光同尘而宏摄受，或精勤尽瘁而事开建，或随顺逆缘而应施法，或出凡圣躔而绝迹销声，要之各个独立向上发展，以践行觉社社员规约之实而已矣。当时佛教界无一专属于佛教商榷学理、讨论问题之丛刊，为全国研究佛学、宣传佛法者在精神上团结，联合融会通贯之机关。

容有著述、论说、警策、专录、杂录等；1928 年 10 月停刊，共出 30 期。

心灯旬刊　1926 年 4 月创刊，旬刊，主编太虚，编辑悦安，中华佛化教育社社刊；1927 年 3 月停刊，共出 31 期。

南行　1946 年 9 月创刊，上海南行学社主办；辟有言论、科学、卫生、故事、医药、家训、剧本等栏目；1948 年 3 月停刊，共出 7 期。

佛化杂志　1921 年 2 月创刊，由上海佛化社出版；该刊宗旨是提倡佛教道德；仅出 1 期。

佛化周刊　1925 年创刊，每周一版，共四页，刊登文章多以教化性的通俗内容为主，间有一些介绍佛教的教义理论；该刊 1930 年仍在出版，之后情况待考。

上海纯善社特刊　1938 年，上海纯善社创办，仅出 1 期；内容有简章、论训、会员须知、戒律、附录、坛训等部分。

慈航　1929 年，月刊，上海报本堂发行；内容上分图画、时评、狮吼、论坛、艺林、杂俎等栏目；仅出 2 期。

东方文化　1926 年，东方文化集思社编，主编唐大圆；内容有通论、特载、遗录、专件、通讯等；至第 2 卷第 2 期后停刊。

宏化特刊　1922 年，歇浦学人主编，上海佛学推行社募印；该刊以刊登各地佛化消息为主，同时还刊出《修正管理寺庙条例》等重要文件；仅出 1 期。

此外，还有上海南行学社 1947 年创办的《法海一滴：解除人类患苦之先声》，上海来苏社 1943 年创办的《木铎声》（共 3 期），1948 年上海法相学社创办《法相学社刊》（共 5 期）。

（4）佛教学院

学僧天地　1948 年 1 月创刊，月刊，社长白圣，编辑顾问林子青，静安寺佛教学院创办；内容关于佛的教义、哲学、伦理、文艺、美术、医疗、天文、地理、语文、文字、音乐、传记、修行、思索等；仅出 6 期。

妙法轮　1943 年 1 月创刊，初为月刊，1944 年改为双月刊，常出合刊，主编震华，副主编宏慈，玉佛寺上海佛学院主办；内容涉及经论提要、佛史探寻、寺院沿革，乃至译述海外佛教著作等；1945 年 11 月停刊。

（5）佛学书局或杂志社

威音月刊 1930 年 1 月创刊，初为半月刊，自第 25 期改为月刊，主编顾净缘，编辑谢畏因，原由《威音杂志》社出版，自第 3 期改由《威音佛刊》社出版；原刊载文章以论著、宗乘、释经、密乘、译述、杂记、专著、演坛、新闻等九类分期出版；1937 年停刊，共出 78 期。

佛学半月刊 1930 年 10 月创刊，综合性期刊，先后由范古农、余了翁等人任总编，佛学半月刊社主编，上海佛学书局出版发行；版式开始形同 4 开报纸一张，至第 25 期，改为 16 开报纸书本式，增至 8 版，自 30 期起，又增至 16 版；内容旨在弘扬佛学，凡名家论述，只要不违理，尽量予以登载；1944 年 12 月 16 日停刊，共出 313 期。

佛学出版界 不定期刊物，余了翁任编辑，上海佛学书局出版。主要报导佛学书籍的出版情况，共出 2 编。第一编于 1932 年 7 月出版，介绍佛学书籍 38 种，分入门书、读通书、修持书、研究书等数类。第二编于 1933 年 8 月出版，介绍佛学书籍 37 种，分入门、研究、修持、杂集、善书等数类。

护生报 1932 年 6 月创刊，双周报，上海护生报社出版；该报为 8 开大报，每期 8 页，另附 4 页《观音专刊》，以宣传观音菩萨大慈大悲的思想为主；1936 年 9 月停办，共出 107 期。

慈航画报（上海） 1933 年 7 月在上海创刊，周刊，主编刘仁航，广东佛山慈航会馆出版，编辑部在上海；该刊不仅仅刊出佛教界的消息，对一些科技人文的介绍也屡屡得见；1935 年 10 月停刊。

佛教新闻报 1936 年 11 月创刊，三日刊，主编妙性，上海佛教新闻三日刊社出版发行；内容有佛教新闻、佛学论述、佛学讲坛、佛学问答、各地通讯等。该刊共出 22 期，于 1937 年 1 月停刊。

弘化月刊 1941年7月1日在上海创刊，月刊，发行人德森，编辑钟慧成，上海印光大师永久纪念会会刊；版式初为报纸32开本，至第13期起改为16开本16版；内容有印光大师遗教、论说、讲话、会讯等；1958年7月停刊，共出205期；1949年5月，上海解放后，《弘化月刊》改为弘化社出版，游有维任主编兼发行人。

佛教杂志 1942年，上海五教书局创刊，主编汪培龄；该刊所载均为佛教文章，有水平很高的学术文章，也有劝善戒杀的一般性文字；共7期。

香汛 1935年，上海香汛月刊社刊发；设有论著、研究、史实、佛传、史迹、故事、神话、习俗、纪实、香汛和特载等栏目。

钟声 1930年，月刊，上海佛学书局；该刊无栏目设置，所刊均为学理性文字；仅出1期。

此外，还有1935年创办的《新夜报》副刊《佛学研究》，1925年上海佛化旬刊编辑社发行的《佛化旬刊》。

（6）寺院创办

重兴清凉寺水陆法会特刊 1937年，上海清凉寺出版；仅出1期。

时雨 1936年，季刊，上海通讲寺创办；栏目有法海、丛谈、传铭、诗坛、鳞鸿、杂俎等；仅出版1期。

3.其他

超荐战地英灵水陆法会特刊 1938年出刊，为上海超荐战地英灵水陆法会编辑印行；内容不仅记录了法会的缘起、参与人、法会盛况等，还刊有数名名人题词；仅出1期。

班禅东来记 1925年，编辑者"招待班禅同人"，世界书局印行；仅出1期。该刊除比较详细报导九世班禅在浙江普陀山礼佛七日的经过，还刊出讯息工期相关重要文章和珍贵图片，是了解和研究近代普陀山地理变迁及佛教史不可多得的珍贵资料。

近代佛教报刊除在上海创办外，还有部分是从其他地区迁至上海出版发行的，如广东汕头佛教学会 1933 年创刊，1937 年迁至上海出版发行的《人海灯》[①]；江西佛光社 1927 年创办，第 4 期在上海出版的《佛光社社刊》。

四、结语

民国时期，中国社会一直在发生变化，民国报刊的发展也经历了辛亥革命、五四新文化运动、抗日战争等几个历史阶段。"江山不幸诗家幸"，动荡的社会导致这段时期学术兴盛、思潮碰撞、百家争鸣，而在乱世中不断发展、求索的民国报刊在其创刊、出版和发行过程中，因此也具有一些独特的时代特征，作为近代报刊之一的民国时期佛教报刊自然也不例外。由此，对民国时期佛教报刊的创办情况进行梳理，出版特征进行研究，可以让我们窥一斑而见全貌。另外，民国时期，佛教报刊经历了源起、发展、多舛，以及复苏四个分期阶段，纵观这些佛教期刊的分期及特征，无不与中国近代佛教史的发展相辅相成，佛教复兴运动的兴起与发展、佛教团体大量产生，以及民国时期僧教育的发展等密切相关。

---

① 1933 年在广东潮州创刊，1935 年迁至香港出版，1937 年迁至上海，主编芝峰，上海西竺寺出版发行。1937 年 8 月停刊，在上海共出 3 期。

第三章　民国时期物理学文献的整理与研究

1900 年，王季烈重编日本物理学家饭盛挺造编纂、藤田丰八翻译的《物理学》一书时，我国首次采用"物理学"一词作为 Physics 的汉语译名[①]。而此前我国一直用"格致学"作为 physics 的汉语译名。1903 年，清政府颁布"癸卯学制"，将物理等课程列入基础教育及师范教育的教学计划，物理学开始成为我国基础教育的重要组成部分[②]。1912 年京师大学堂更名为北京大学后，原来的格致科更名为理科，1913 年理科的物理学门开始招生，这是中国最早的物理专业本科，1918 年中国大学的首个物理学系在北京大学成立。1918 年胡刚复在南京高等师范学校创办物理实验室，这是我国最早的物理实验室。1928 年中国第一个物理研究所——"中央研究院"物理研究所成立，次年，北平研究院物理研究所成立。1932 年 8 月中国第一个物理学工作者的组织"中国物理学会"在北平清华大学成立，次年中国历史最悠久、影响面最广的物理类学术期刊《中国物理学报》创刊。

也可以说中国近代物理学的创建始于留学生归国。自首位留学海外的物理学博士李复几开始，梅贻琦、何育杰、张贻惠、叶企孙、饶毓泰、吴有训、严济慈、周培源等，

①　赵凯华.百年北大物理前五十年回溯［J］.物理，2013，42（09）：613—630.

②　陈诗中.抗战期间中国物理学家的工作及贡献（1937—1945）［D］.长沙：国防科学技术大学，2010.

他们几乎都受教于当时世界上最优秀的物理学家，并与之从事合作研究。归国后他们大都在大学和科研机构工作，使当时国内的物理学教育和科研水平获得了持续的提升，在此基础上催生了大量物理学著作、译著、教科书、论文和物理学相关文献。

民国时期的这些文献可谓是中国近代物理学的奠基之作，通过对它们的梳理，可以了解中国近代物理学从草创到快速发展的艰难历程，可以了解物理学家们在战火纷飞的岁月里进行艰苦卓绝的研究并取得卓绝的成绩的历史轨迹。

本章整理了民国时期物理学领域的著作、教材、书目、报刊文章、规章制度、标准、名词、年鉴等资料，以期为后续研究提供参考；综述了中华人民共和国成立后对民国时期物理学文献的整理情况和研究进展，以供相关工作和研究借鉴。

一、民国时期物理学文献出版发行情况概述

从现有资料来看，总体上，1949 年以后对民国时期物理学文献的统计和整理较少，书刊大多散见于各类目录中。1981 年商务印书馆出版《商务印书馆图书目录（1897—1949）》，其自然科学类目中收录包括教科书在内的物理学书籍133 种。1987 年中华书局出版《中华书局图书总目（1912—1949）》收录包括中学物理学课本、参考书、实验教程、设备标准和学术专著等类型在内的物理学书籍 40 种。1994 年书目文献出版社出版的《民国时期总书目（1911—1949）》中的自然科学·医药卫生类收录物理学文献 420 种[①]。这些著作中不乏经典之作，如：夏元瑮翻译爱因斯坦名著《相对论浅释》，是我国相对论方面的第一本译著，1922 年由商务印书馆出版。该译著曾是上世纪三四十年代中国 20 所大学相对论

---

① 戴念祖在其编写的《20 世纪上半叶中国物理学论文集粹》一书中曾指出：民国时期，力学、地球物理学等分支学科均属于物理学研究范畴，本文亦认同这一观点。故本章撰写时选择《民国时期总书目（1911—1949）：自然科学·医药卫生》中的力学类（44 种）、物理学（276 种）和地球物理学类（100 种）部分作为整理的基础数据——编者著。

课程教学用书①。1929 年倪尚达所著的《无线电学》是我国最早的无线电专著。1931 年，郑太朴依据德文版转译了牛顿于 1687 年用拉丁文写成的科学巨著《自然哲学之数学原理》。郑太朴的这一译著在当时直至 20 世纪末仍是国内唯一的中文全译本。1939 年，吴大猷应北大庆祝建校 40 周年之邀，撰写了英文专著《多原子分子的结构及振动光谱》，这是自 1928 年观察到拉曼效应以后，国际上第一部全面总结分析拉曼光谱学研究成果的经典专著，在国际学术界产生了重大影响。1948 年，田渠根据其在湖南大学教授相对论课程的讲义编著的《相对论》是第一部中国人写的相对论教科书。1948 年戴礼智编写了《磁性材料》，这是中国第一部有关磁性材料的专著。1950 年前后，黄昆和波恩合著了《晶格动力学》，这本书直到现在仍是该学科的基本理论著作和权威著作。

民国初期中小学的物理教材，大多按照日本教科书编译而成，最具影响的是由日本物理学家饭盛挺造编纂，藤田丰八翻译，我国物理学著作翻译家王季烈重编的《物理学》，该书的上、中、下册先后在 1900 和 1903 年由江南制造局出版，是中国第一部全面系统的真正可以称之为"物理学"的著作②，同时也是"物理学"这个名词第一次出现在中文科技译著中③。商务印书馆于 1913 年出版了王兼善编写的《民国新教科书·物理学》，是民国初期使用率较高的一本教材，至民国十年已再版了 17 次④。商务印书馆还在 1918 年出版了陈榥编撰的《实用教科书物理学》，这也是民国初期较为流行的一本中学物理教科书。

大学物理教科书方面，《力学课编》由英国马格那（P.Magina）所著，严文炳独自

---

①　白秀英.相对论在中国的传播（1917—1949）[D].西安：西北大学，2013.

②　咏梅.中国第一本《物理学》内容研究[J].内蒙古师范大学学报（自然科学汉文版），2006（04）：499—503.

③　萨本栋.萨本栋文集[M].厦门：厦门大学出版社，1995：5.

④　祁映宏，胡东升.民国初期中学物理教材及相关问题初步研究[J].中学物理教学参考，2009（12）：26—29.

翻译，于 1906 年出版，是 20 世纪初期由政府审定的第一本大学力学教材①。1914 年何育杰主编了北京大学物理学教科书，是我国首批自编的物理教材。1933 年商务印书馆出版了萨本栋的《普通物理学》（上、下册），是第一部用中文编写，且正式出版的大学物理教科书，被当时教育部颁定为高校教材，在国内流行了 20 年②。1941 年戴运轨编写了《大学普通物理学》。从上世纪 30 年代开始，自编教材逐渐得到广泛应用，这不仅改变了我国物理教育长期使用外文教材的局面，也为建立我国自己的教材系统奠定基础③。1946 年，萨本栋根据此前在麻省理工和斯坦福讲授交流电机的讲义素材整理写成的英文专著《交流电机基础》（*Fundamentals of Alternating Current Machines*）在美国出版，为美国许多大学选为教本，开创了中国人编写教材被国外采用之先河。

在相对论方面，1905 年相对论诞生，从根本上改变了世人对传统时空观的认识，在国际物理学界引起巨大轰动。民国时期我国对相对论的介绍和普及，以及大众对爱因斯坦及其相对论的关注，随着爱因斯坦的两次访华达到高潮。据胡大年在《爱因斯坦在中国》（1917—1949）一书附录的统计，自 1917—1949 我国出版的关于相对论和爱因斯坦的中文文献多达 193 种④，针对物理学的某一领域进行了如此集中的研究和著述，构成了民国时期物理学研究的一大特色。白秀英在其博士论文《相对论在中国的传播：1917—1949》中统计了 1917—1949 年有关报刊介绍爱因斯坦和相对论的文献有 135 篇。文末的"附录"收录了这 135 篇文献的篇名和所涉及的 14 本报刊的刊名目录。在所涉及的 14 本报刊中，《学艺》《改造》《中国少年》《东方杂志》虽然是综合性报刊或报刊副刊，这些报刊大多以专号、专刊的形式刊载大量有关相

---

① 高俊梅. 晚清译著《力学课编》研究［D］. 呼和浩特：内蒙古师范大学，2011.

② 王士平. 中国物理学会史［M］. 上海：上海交通大学出版社，2008：10.

③ 刘树勇，李艳平，王士平，等. 中国物理学史·近现代卷［M］. 南宁：广西教育出版社，2006：231—232.

④ 胡大年. 爱因斯坦在中国（1917—1949）［M］. 上海：上海世纪出版集团、上海科技教育出版社，2006：340.

对论的文章，对于相对论在我国的传播和普及起到了重要作用。

在期刊论文方面，1949 年以后针对物理学期刊论文的整理成果非常少。1993 年湖南教育出版社出版，戴念祖主编的《20 世纪上半叶中国物理学论文集粹》是比较权威的一本，也可以说是目前唯一的一部期刊论文成果集。据戴念祖的初步统计，上半世纪中国物理学工作者在国内外发表的科学论文和科学报告 1000 余篇，这些文章几乎全都以外文（英文、法文、德文）发表在欧美各国的学报和学术刊物上，少量发表在国内刊物上[①]。该书主体部分以人为篇，以科学家的出生年月为序，载译了其中发表在 1900—1950 年间的 105 位中国物理学家的代表性学术论文的中文译文 182 篇，且列出每位科学家的著作和论文目录，其中 1949 年之前出版的著作 68 种，发表的论文 942 篇。书末的"附录"刊出了 1900—1952 年间中国纯粹物理学和应用物理学领域的 168 位博士的博士学位论文篇名目录。

在物理学期刊方面，目前没有查找到较为集中的针对民国时期物理学期刊的整理成果，仅有的一些整理资料分散在有关近代科技期刊的的著作和论文中。2006 年，唐颖在其硕士论文《中国近代科技期刊与科技传播》中提出我国近代科技期刊的学科分类统计，其中物理学期刊有 7 种[②]，但并未给出这 7 中期刊的具体名称。2008 年，山东教育出版社出版姚远等编写的《中国近代科技期刊源流》，梳理了 1792 年至 1949 年中国出版的科技期刊，并将之分为文理综合性期刊、综合性自然科学期刊、基础科学期刊、农学期刊、医学期刊、工程技术期刊等六大类。但仅在其中的基础科学期刊类中收录 1936 年武汉大学物理研究社编辑出版的《物理》一种。究其原因，从西方物理学知识传入我国，直至上世纪 30 年代中国物理学会创办的《中国物理学报》才诞生了我国第一份物理类综合性期刊。可见，物理学刊物相比其他学科或领域出现较晚。民国初期

---

①　戴念祖. 20 世纪上半叶中国物理学论文集粹［M］. 长沙：湖南教育出版社，1993.

②　唐颖. 中国近代科技期刊与科技传播［D］. 上海：华东师范大学，2006.

的物理学文章多刊载于《学艺》《科学》《北京大学月刊》等文理合一的综合性刊物或《理化杂志》《国立西北大学校刊》《清华大学理科报告（甲种）》等大学创办的自然科学类、理工类以及数理化合一的期刊上。此外，由于物理学在民国时期是范畴较大的一个学科，也有不少物理学的文章刊载在当时的《观象丛报》《气象月刊》等与当时的物理学研究密切相关的一些学科的刊物上。由于在期刊方面目前尚未发现有专门针对民国时期物理学期刊的研究整理，因此，本节拟在参考姚远的《中国大学科技期刊史》、《中国高校科技期刊百年史》、《中国近代科技期刊源流》（1792—1949，上、中、下）、上海图书馆的《全国报刊索引》以及诸多论文的基础上，整理出民国时期以刊载物理学文献为主的专业期刊，或收录物理学文献较多的科技类期刊，见表2-3-1。主要包括：物理学专业期刊、综合性报刊的物理学专号/专刊、数理化合一期刊、自然科学类综合期刊和社团创办的报刊四个方面。

表 2-3-1[①]

大类	刊名	主办单位	起止年月	期刊介绍
物理学专业期刊	中国物理学报	中国物理学会	1933—至今	中国物理学会于1933年创办了该刊，到1950年共出版了7卷18期。创刊初期以英、法、德三国文字发表论文，附以中文摘要。是中国第一份物理学综合期刊。1953年更名为《物理学报》沿用至今。
	中国物理学会年会报告	中国物理学会	1932—1936	无

① 该表格根据姚远著《中共大学科技期刊史》《中国高校科技期刊百年史》《中国近代科技期刊源流》和上海图书馆"晚清与民国时期全文数据库"整理而来，期刊介绍部分的文字来自这些书和数据库中的介绍，编者适当做了补充和修改。表格收录范围以理工类期刊和综合类期刊中刊载过物理学专号（专刊）或对物理学的发展产重大影响的期刊为主——编者注。

（续表）

大类	刊　名	主办单位	起止年月	期刊介绍
	物理通讯	燕京大学	1935.1 创刊	仅出 1 期即停刊，其余不详。
	物理学讯	燕京大学	1940—1941	共出 10 期，其余不详。
	物理	武汉大学物理研究社	1936.3—不详	无
	中央研究院物理研究所集刊	"中央研究院"物理研究所	1930.3—不详	创刊于上海。该刊作为当时"中央研究院"物理研究所的物理学刊物，主要刊登物理研究所发表的研究论文及相关数据和实验经过。所载文章皆以英文刊出，反映出当时物理学研究所的科学研究水平。
	物理学研究所丛刊	国立北平研究院物理研究所	不详	无
	物理学报	西北物理学会	1945 年 1 月以前创刊	国立西北大学创办的刊物。
	电机工程	浙江大学电机工程学会	1933.1—1935.7	创刊于杭州，半年刊，第 3 卷第 2 期后并入《浙江大学工程季刊》。是我国高校创办的最早的一份电机工程期刊。
	国立同济大学电机工程学会年刊	国立同济大学	1945.3 创刊	不详。
	南开大学电工会刊	南开大学电工学会	1934 年创刊	不定期刊，约半年出 1 期，至 1937 年共出版 5 期。
	国立厦门大学机电工程学会会刊	国立厦门大学机电工程学会	1945 年创刊	属学会会刊。内容有机电工程方面的技术问题探讨，工厂实习体会，会闻等。
	机电通讯	国立厦门大学机电工程学会	1945 年 3 月—不详	创刊于厦门，机电工程刊物，以机电学科学术研究为中心，刊登该学会最新的研究成果。

（续表）

大类	刊　名	主办单位	起止年月	期刊介绍
	厦门大学四六机电通讯	国立厦门大学	1947 年 2 月创刊	无
	电气工业杂志	北京电气工业学校杂志部	1920 年 10—1922 年 5 月	共出 2 卷 16 期，专述电气科学之应用及简单理论，是电气专业刊物。
	电工通讯（浙大）	国立浙江大学电机工程学会	1947 年—1948 年	年刊。该刊注重交流电工相关技术、经验等，对于时人了解当时的电气发展状况提供了重要的信息渠道。是抗战胜利后中华人民共和国成立前的重要电气刊物，保留了大量这一特定时期的电气史资料。
	英大机电	国立英士大学机电工程学会	1948 年 — 不详	据 1948 年 1 月 10 日的《国立英士大学校刊》介绍《英大机电》内容多为教授之专著。且原拟于 1948 年元旦出版，但因赶印不及，推迟 10 天左右出版。
	电工通讯（湖南）	湖南省高等学堂电机工程学会	1941 年创刊	仅出 2 期即停刊，其余不详。
	力讯	国立武汉大学力讯社	1944 年 5 月创刊	创刊于四川乐山，发表国立武汉大学电力学方面的研究学术论文，并附留美考试试题。
	电世界	电世界出版社	1946 年 6 月	创刊于上海，月刊，电学专业期刊。
	电工	中国电机工程师学会	1930年6月—1948年10月	1930 年创刊于杭州，后迁往上海。讨论国内电力发展计划和建议，总结国内电力发展成就，发表国内专家学者科研成果，介绍国外机电业发展动向及最新科技成果，涉及发电、电话、广播等领域，同时附有大量照片和图表，刊内含有多篇英文作品。

（续表）

大类	刊　名	主办单位	起止年月	期刊介绍
综合性报刊的物理学专号/专刊	东方杂志·爱因斯坦号	商务印书馆	1922年12月	出版19卷24号，东方杂志自1920年开始报道相对论知识，是我国最早系统报道相对论的期刊。1922年推出爱因斯坦号，登载高鲁、周昌寿等人的13篇文章。
	少年中国·相对论号	少年中国学会	1922年2月	出版3卷7期，该刊是北京少年中国学会的机关刊物。1922年出了相对论专号，发表魏嗣銮等人的3篇文章。
	改造·相对论号	改造社	1921年4月	出版4卷8期，1921年该杂志首先推出相对论专号，刊登夏元瑮、徐志摩、王崇植的4篇有关相对论和爱因斯坦的文章。是第一份以专号形式集中传播相对论的中文期刊。
数理化合一期刊	清华大学理科报告（甲种）	国立清华大学	不详	该报告至1950年共出版5卷28期。
	国立武昌高等师范学校数理学会杂志	国立武昌高等师范学校数理学会	1918年5月—1921年	共出8期，半年刊，是武汉大学最早的期刊之一。
	数理化杂志（武昌）	国立武昌高等师范学校数理学会	1918年5月—1923年5月	半年刊，数理化专业刊物，已介绍国内外数学、物理学及化学研究的理论及成果为主，并报道新发明、新课题等。
	国立武汉大学理科季刊	武汉大学	1930年9月—1949	该刊承袭《国立武昌高等师范学校数理学会杂志》，李芳柏、吴南熏、郑亚余等有关相对论研究的评论和论文代表了这一时期国内相对论研究的重要阵地。
	理化	武昌商科大学	1925年3月创办	无

（续表）

大类	刊 名	主办单位	起止年月	期刊介绍
	数理杂志	北京高等师范学校数理学会	1918 年 1 月创刊	是民国早期以数学和物理学为主的期刊。
	数理化杂志（北京）	北京高等师范学校数理化研究会	1919	无
	数理化杂志（南京）	南京高等师范学校数理化研究会	1919 年创刊	半月刊，也称《数理化》。该刊介绍数理化在社会生活及战争中的运用，数理化的学习方法和原理论证，刊有该校历年数理化入学试题，数学研究会纪事，理化研究会纪事，刊登一些数理化知识、学习理论和方法。
	理化杂志	北京高等师范学校理化学会	1919 年创刊—	是我国高等学校最早将数学、物理学和化学合刊的基础科学杂志。刊载物理学文章涉及火焰发光原因、X 射线与结晶构造热力学、地球力学、相对论、电子论、电机等。
	理工学报	复旦大学理工学会	1928 年 6 月创刊	无
	理科学报（天津）	南开大学理科学会	1930 年 2 月创刊	无
	理科学报（东北）	东北大学	1930 年 12 月创办	无
	理科学会会刊	南开大学理科学会	1928 年创刊	《理科学会会刊》和《理科学报》是理科学会一脉相承的会刊，前后断续维持七八年，共出版了 12 期，是南开大学理工期刊中出版时间最长久者。
	厦大理工论丛	厦门大学	1943 年创刊	无

（续表）

大类	刊名	主办单位	起止年月	期刊介绍
	河南中山大学理科季刊	河南省立中山大学	1929年12月创刊	河南大学前身所办最早的自然科学期刊。内容包括数、理、化、生、地、工程等各个学科。
	理科年刊	广西大学理学院同学会	1936年6月创刊	无
	北洋理工季刊	国立北洋工学院	1933年3月—1937年6月	先后出版5卷近20期，该刊学术性较强，出版期数亦较多。主要刊载该校师生研究理工学科的论著与实习报告。内容包括：评论、数理化研究、矿冶、电厂建设、交通运输、土木建筑、水利建设、微生物研究、科学史等。
自然科学类综合期刊	西南联合大学校刊	西南联合大学	1938年7月—1938年8月	共出7期。
	西北联大校刊	西北联合大学出版组	1939年8月创刊	共出18期，该刊承袭创刊于1937年12月20日的《西安临大校刊》后随校名更改于1938年8月15日更名为《西北联大校刊》。
	国立西北大学校刊	国立西北大学出版组	1941年11月创刊	共出54期，该刊由原《西北联大校刊》更名而来，刊载大量物理学方面的研究文章，其中不乏在当时具有国际水平之作。还报道中国物理学会西北分会的活动。
	西北学术	西北大学	1943年11月创刊	该刊虽然只发行了4期，但内容丰富，学术性较强，其刊载的物理学论文代表的当时西北联大物理学系学术研究的标志性成果。
	自然科学季刊	国立北京大学自然科学季刊委员会	1929年10月—1935年9月	共出5卷约20期，北京大学自然科学季刊委员会在《北京大学月刊》停刊之后的1929年10月创办该刊。内容绝大部分是教师在数、理、化等各个自然科学领域的专题探索。

（续表）

大类	刊 名	主办单位	起止年月	期刊介绍
	自然科学	国立中山大学理科学院	1928 年 3 月创刊	季刊。自然科学专刊。具体登载自然科学领域的天文学、算学、物理学、化学、动植物学及地质、矿物学等领域的研究成果，另有调查报告、天文界消息、理科新著介绍。
	自然科学季刊	东北大学自然科学会	1930 年 12 月创办	仅见 1 期，现存于北京大学图书馆，其余不详。
	科学丛刊	国立青岛大学校出版委员会	1933 年 1 月创刊	无
	厦门大学自然科学丛刊	厦门大学理学院编辑委员会	1934 年创刊	无
	科学丛刊	中山大学出版委员会	1933 年 1 月创刊	无
	自然科学月报	西北大学自然科学月报社	1943 年 5 月创刊	无
	自然科学	西北大学理学院	1947 年春创刊	无
社团创办的报刊	学艺	中华学艺社（丙辰学社）	1917 年4 月出版创刊号，1937 年抗战爆发，暂时停刊，1947 年1月复刊，单号为人文社会科学，双号为自然科学，当年8月停刊	创刊于上海，该刊由丙辰学社刊于日本东京，是文理综合性质但偏重于科学的杂志。民国 12 年起学艺社编辑《学艺丛书》。先后出版《相对论之由来及其概念》《电子与量子》《轨迹问题》《实用无线电浅说》等物理学方面的科学书籍。
	科学	中国科学社主办，商务印书馆发行	1915 年 1 月	该刊由赴美留学生杨杏佛、胡明复、赵元任、任鸿隽等于 1914—1915 年间在美国共同发起组织的中国科学社编印，是一份纯粹科学期刊，在国内自然科学界颇有影响。

在物理学课程标准方面，壬子癸丑学制颁布前后，物理课程标准、教学大纲以及关于实验仪器设备的规定散见于教育部于 1912 年 12 月发布的《中学校令实施规则》、1913 年公布的《中学校课程标准》中。教育部于 1915 年在《教育公报》上发布了《中学及师范物理化学教授要目草案》，对物理授课内容进行大体的规定，以便规范教材的编写[①]。1922 年制定了《暂行中学物理课程标准》，并据此制定了《中学物理课程标准纲要》，这是中国教育史上第一个中学物理教学大纲。1923 年全国教育联合会新学制课程标准起草委员会刊布了《新学制课程标准纲要》，其中包括《高级中学第二组必修的物理学课程纲要》。而《初级中学自然课程纲要》和《高级中学公共必修的科学概论课程纲要》这两个公文中也分别对应着初中物理课程和高中理科生的物理课程[②]。1927 年南京国民政府成立后对中学课程标准进行了一系列修订。分别是民国教育部于 1929 年颁布的《初级中学自然科暂行课程标准（混合的）》《初级中学理化暂行课程标准（分科的，其三）》和《高级中学普通科物理暂行课程标准》；1932 年颁布的《初级中学物理课程标准》和《高级中学物理课程标准》；1936 年颁布的《初级中学物理课程标准》《高级中学物理课程标准》[③]。1937 年抗战开始后为了适应"抗战建国"的需要，国民政府教育部再次修订各科课程标准，于 1941 年颁布了《修正初级中学物理课程标准》和《修正高级中学物理课程标准》，抗战结束后，国民党政府在 1948 年颁布新的课程标准，即《修订初级中学理化课程标准》和《修订高级中学物理课程标准》[④]。

除了学术著作和期刊论文外，物理学名词审定工作始于 1908 年学部审定的

---

① 姚婷.民国时期中学物理课程研究（1912—1937）[D].长春：东北师范大学，2016：11—13.

② 姚婷.民国时期中学物理课程研究（1912—1937）[D].长春：东北师范大学，2016：18.

③ 姚婷.民国时期中学物理课程研究（1912—1937）[D].长春：东北师范大学，2016：25

④ 付荣兴，人民教育出版社物理编辑室.清末、民国时期的中学物理实验[N].中华读书报，2015-07-01（014）.

《物理学语汇》。该书收物理名词近千条，文中包括英、汉、日三种[①]。1920 年科学名词审查会对 1908 年审定出的《物理学语汇》进行了扩展，编制出《物理学名词（第一次审查本）》，包括英、德、法、日、中五种文字。1931 年教育部对"第一次审查本"进行修订，刊印《物理学名词（教育部增订本）》。1932 年，中华教育文化基金会印行了萨本栋的《物理学名词汇》。1934 年 1 月，教育部核定公布了中国物理学会编订的《物理学名词》。

在其他方面，《（生活）全国总书目》，平心编，上海生活书店，1935 年出版，是在生活书店《全国出版目录汇编》（1933）的基础上扩编而成，至 1936 年出版到第三版。它收录 1912 年至 1935 年全国各地的机关、团体和私人刊印的书籍约 2 万种，分十个大类[②]。其中"自然科学"类目下收录物理学书籍 308 种。该目录收录于 1989 年发行的《民国丛书》第 3 编。由周昌寿编著，商务印书馆出版的《译刊科学书籍考略》，收录明末至 1936 年间我国汉译科学著作 961 部。其中有物理学译作 56 种。1930 年，郑太朴编写的《物理学小史》是我国最早的一本物理学史方面的专著，该书不仅介绍了古代物理学至 19 世纪末物理学发展的大致概况，而且还对我国古代的物理知识与成就做了简要评述[③]。

二、民国时期物理学文献的整理

（一）影印及资料汇编

1. 单行本专著及译著的影印出版

书目文献出版社于 1994 年出版《民国时期总书目（1911—1949）：自然科

---

① 戴念祖 .20 世纪上半叶中国物理学论文集粹［M］.长沙：湖南教育出版社，1993：7.

② 廖子良 .《（生活）全国总书目》浅论［J］.高校图书馆工作，1982（04）：39-42+47.

③ 杨瑛 .郑太朴科学活动及其科学思想探究［D］.上海：东华大学，2011.

学·医药卫生》是迄今为止收录民国时期物理学书籍最为全面的一本工具书。本章将《民国时期总书目（1911—1949）：自然科学·医药卫生》中的力学类、物理学类共计 420 册书逐一在国家图书馆馆藏目录、上海图书馆馆藏目录和 CALIS联合目录中进行查找对比，整理出民国时期物理学著作在 1949 年以后被再版、重印及影印的共计有 66 种，详见表格 2-3-2。

表 2-3-2　民国时期物理学著作再版、重印及影印整理

书　名	译著者	编译	再出版项	再版形式
自然哲学之数学原理	牛顿著；郑太朴译	译著	1957 年，上海，商务印书馆	重印
理论力学纲要	（法）孟特尔（M. Paul Montel）著；严济慈，李晓舫译	译著	1951 年，上海，商务印书馆，6 版	再版
理论力学	范会国著	编著	1950 年，上海，龙门联合书局，2 版	再版
图解力学	怀特（J.T.Wight）著；吕谌译	译著	1950 年，上海，商务印书馆，6 版	再版
图解力学	（英）韦特著；吕谌译	译著	1970 年，台北，台湾商务印书馆，台 1 版	再版
理论静力学	（苏）尼轲雷（Е.Л.Николай）著；何志奇，陈毓晋译	译著	1951 年，北京，开明书店，3 版	再版
理论静力学	（苏）尼轲雷（Е.Л.Николай）著；何志奇，陈毓晋译	译著	1962 年，香港，大光出版社	重印
物理游戏	杨孝述编	编著	1950 年，上海，中国科学图书仪器公司，4 版	再版
实用力学	王济仁编	编著	1967 年，台北，台湾中华书局	重印
应用力学	唐英，王寿宝编著	编著	1951 年，上海，商务印书馆，14 版	再版
应用力学	唐英，王寿宝编著	编著	1954 年，上海，商务印书馆	再版

（续表）

书　名	译著者	编译	再出版项	再版形式
应用力学	石志清著	编著	1950 年，上海，商务印书馆	再版
应用力学	金一新编著	编著	1951 年，上海，龙门联合书局，3 版增订本	再版
（公开表演）理化幻术	（日）藤木源吾著；薛元氏译	译著	1954 年，上海，新亚书店 4 版	再版
理化大意	顾文卿编著	编著	1950 年，上海，商务印书馆，8 版	再版
有趣的理化问题	周建人编	译著	1950 年，上海，商务印书馆，订正本	再版
新式物理学教科书	庄俞编著	编著	2016 年，海豚出版社，其他题名为：《中国近现代教育资料汇编（1912—1926）》，第 236 册	影印
物理学原理及其应用	（美）郭察理著	译著	1952 年，上海，商务印书馆	再版
普通物理学	萨本栋著	编著	1952 年，上海，商务印书馆，19 版	再版
普通物理学	萨本栋著	编著	1952 年，上海，商务印书馆，10 版	再版
物理学概论	王特夫著	编著	2010，北京，朗润书店《民国籍粹》	影印
高等物理学（上、中、下册）	（德）卫斯特发尔（W.H.Westphal）著；周君适，姚启钧译	译著	1950 年，上海，商务印书馆，7 版	再版
高等物理学（上、中、下册）	（德）卫斯特发尔（W.H.Westphal）著；周君适，姚启钧译	译著	1951 年，上海，商务印书馆，8 版	再版
开明物理学讲义	沈乃启，夏承法编	编著	收入 2015 年出版《民国教育史料丛刊》，第 814 册	影印
达夫物理学（上、下册）	（美）达夫（A.W.Duff）著；郭元义译	译著	1950 年，上海，商务出版社出版，12 版	再版

（续表）

书　名	译著者	编译	再出版项	再版形式
达夫物理学（上、下册）	（美）达夫（A.W.Duff）撰；郭元义译	译著	1951年，上海，商务印书馆，13版	再版
达夫物理学（上、下册）	（美）达夫（A.W.Duff）著；郭元义译	译著	1951年，上海，商务印书馆，15版　修订本	再版
物理学	张开圻，柳大维编	编著	1951年，上海，商务印书馆，13版	再版
普通物理学（下）	严济慈编著	编著	1950年，上海，龙门联合书局，修订再版	再版
普通物理学（下）	严济慈编著	编著	1951年，上海，龙门联合书局，修订4版	再版
物理学史	（日）弓场重泰著；秦亚修译	译著	2017年，郑州，河南人民出版社，专题史丛书	影印
实验物理学小史	（美）C.T.Chase 著；杨肇嬚译	译著	1970年，台北，台湾商务印书馆，台1版	再版
中国物理学会第一次年会报告	中国物理学会编	编著	2015年，北京，国家图书馆出版社，《民国文献类编·科学技术》，第995册	影印
中国物理学会第二次年会报告	中国物理学会编	编著	2015年，北京，国家图书馆出版社，《民国文献类编·科学技术》，第995册	影印
中国物理学会第七次年会报告	中国物理学会编	编著	2015年，北京，国家图书馆出版社，《民国文献类编·科学技术》，第995册	影印
物理学问答	毛起鹓著	编著	2010年，北京，朗润书店	影印
物理学问题精解	王枚生编译	译著	1951年，上海，商务印书馆，14版	再版

（续表）

书　名	译著者	编译	再出版项	再版形式
物理学问题通解	缪超群编译	译著	1952 年，上海，新亚书店，4版；1953 年，上海，新亚书店，6 版	再版
勃台实用物理学题解	周颐年编	编著	1958 年，香港，中流出版社	再版
中等物理学问题详解	许雪樵编	编著	1951 年，上海，开明书店，8版	再版
中等物理学问题详解	许雪樵编	编著	1958 年，香港，中流出版社	再版
达夫大学物理问题精解（上、中、下卷）	樊恒铎编；张少墨，王象复校	编著	1950 年，上海，中华书局，3版	再版
物理难题详解	陈朔南编	编著	1950 年，上海，平津书店，3版	再版
物理世界的漫游	（德）盖尔（O.W.Gail）著；顾钧正译	译著	1950 年，上海，开明书店，12 版	再版
物理世界的漫游	（德）盖尔（O.W.Gail）著；顾钧正译	译著	1951 年，北京，开明书店，13 版	再版
物理世界的漫游	（德）盖尔（O.W.Gail）著；顾钧正译	译著	1954 年，北京，中国青年出版社，15 版	再版
物理世界的漫游	（德）盖尔（O.W.Gail）著；顾钧正译	译著	1965 年，上海，开明书店，16 版	再版
物理世界的漫游	顾钧正编译	译著	1965 年，北京，中国青年出版社，16 版	再版
物理世界的漫游	（德）盖尔（O.W.Gail）著；顾钧正译	译著	1981 年，北京，北京盲文出版社	重印
能的故事	吴健著	编著	1950 年，上海，文化生活出版社，3 版	再版

（续表）

书　名	译著者	编译	再出版项	再版形式
物理游戏	杨孝述编	编著	1950年，中国科学图书仪器公司，4版	再版
日常物理常识	朱彦頔编	编著	1951年，上海，中华书局	再版
物质之新观念	（英）达尔文（C.G.Darwin）著；杨肇燫译	译著	1971年，台北，台湾商务印书馆，台1版	再版
物质的本性（上、下册）	（英）白赖格（W.H.Bragg）著；黄人杰译	译著	1977年，台北，台湾商务印书馆	再版
物质概论	姚启钧编著	编著	1951年，上海，中华书局	再版
物质与量子	（德）茵菲尔（L.Infeld）著；何育杰译	译著	1975年，台北，台湾商务印书馆，台1版	再版
时空与原子	（美）考格斯（R.T.Cox）著；柳大维译	译著	1976年，台北，台湾商务印书馆，台1版	再版
能之不灭	（德）赫尔姆霍斯（H.Helmholthz）著；钟间译	译著	1971年，台北，台湾商务印书馆，台1版	再版
易与物质波量子力学	薛学潜著	编著	2013年，台中，文听阁图书有限公司，《民国时期经学丛书·第六辑》，第11册	影印
热力学原理（教本）	栢特维塞（G.Birtwistle）著；徐豫生译	译著	1951年，上海，商务印书馆，3版	再版
物理学的进化	（瑞士）爱因斯坦（A.Einstein），茵菲尔（L.Infeld）著；刘佛年译	译著	1951年，上海，商务印书馆	再版
X射线	胡珍元著	编著	1971年，台北，台湾商务印书馆，台1版	再版
X线	尹聘伊编著	编著	1953年，上海，商务印书馆	再版
光的世界	（英）布拉格（W.H.Bragg）著；陈岳生译	译著	1951年，上海，商务印书馆，4版	再版

（续表）

书　名	译著者	编译	再出版项	再版形式
紫外线	（日）山田幸五郎著；程思进译	译著	1950 年，上海，商务印书馆，3 版	再版
紫外线	（日）山田幸五郎著；程思进编译	译著	1968 年，台北，台湾商务印书馆，台 2 版	再版
电学与电磁	（美）I.C.S.Stall 著；裘维裕编译	译著	1951 年，上海，电工图书出版社，4 版	再版
交流电学	（美）I.C.S.Stall 著；裘维裕编译	译著	1952 年，上海，电工图书出版社，6 版	再版
交流电学	（美）I.C.Stall 著；裘维裕编译	译著	1954 年，上海，电工图书出版社	再版
电学大纲	殷懋德著	编著	1950 年，上海，商务印书馆，11 版	再版
磁及静电	（日）三枝彦雄著；周斌译	译著	1975 年，台北，台湾商务印书馆，台 1 版	再版
感应及真空放电	（日）三枝彦雄著；周斌译	译著	1979 年，台北，台湾商务印书馆，台 1 版	再版
感应及真空放电	（日）三枝彦雄著；周斌译	译著	1950 年，上海，商务印书馆，2 版	再版
绝对温度标	（英）恺尔文（L.Kelvin）著；朱恩隆译	译著	1951 年，上海，商务印书馆，2 版	再版
原子（上、下册）	（法）培兰（J.Perren）著；高铦译	译著	1973 年，台北，台湾商务印书馆，台 1 版	再版
原子趣话	（美）郝乐（B.Harrow）著；李泽彦译	译著	1951 年，上海，商务印书馆，4 版	再版
原子物理学概论	（日）三村刚昂，（日）助川已之七著；余潜修译	译著	1950 年，上海，商务印书馆，4 版	再版
原子物理学概论	（日）三村刚昂，（日）助川已之七著；余潜修译	译著	1951 年，上海，商务印书馆，5 版	再版

（续表）

书　名	译著者	编译	再出版项	再版形式
原子物理学概论	（日）三村刚昂，（日）助川已之七著；余潜修译	译著	1971 年，台北，台湾商务印书馆	再版
原子物理学概论	（日）菊池正士著；夏隆坚译	译著	1950 年，上海，商务印书馆	再版
原子能与宇宙及人生	（美）加谟（G.Gamow）著；陈忠节，舒重则译	译著	1950 年，上海，商务印书馆，4 版	再版
原子能与宇宙及人生	（美）加谟（G.Gamow）著；陈忠杰，舒重则译	译著	1951 年，上海，商务印书馆，5 版	再版
原子是怎样来的	梁明致编译	译著	1951 年，北京，中国书局	再版
原子与原子能浅释	（美）黑希特（S.Hecht）著；陈忠杰译	译著	1950 年，上海，商务印书馆	再版
原子能	（苏）伏洛格琴（Б.П.Боло-гдин著；毕黎译	译著	1950 年，上海，中华书局，2 版	再版
勃台实用物理学	（美）Black，（美）Davis 著；蒋宪淞译；龚昂云校订	译著	1958 年，香港，中流出版社	再版

从整理的情况来看，香港中流出版社在 1958 年再版了周颐年编的《勃台实用物理学题解》、许雪樵编的《中等物理学问题详解》和（美）Black、（美）Davis 著，蒋宪淞译，龚昂云校订的《勃台实用物理学》；大光明出版社于 1962 年重印了（苏）尼轲雷（Е.Л.Николай）著，何志奇、陈毓晋译的《理论静力学》。在台湾地区，台湾商务印书馆在上世纪 70 年代再版或重印了十余种民国时期的物理学书籍，大多收入由王云五主编的《人人文库》。而大陆对于民国时期的物理学书籍重印、再出版几乎全部集中在上世纪 50 年代初期。直到从 2010 年以后才开始有 7 种书在一些大型的民国丛书中得以影印。

此外，整理发现再版或重印两次以上的书几乎都是译著。这与当时物理学的发展大量引介日本及西方的各种著作有很大的关系。清末民初物理学知识在我国的传播和普及几乎都是依赖于译述西方物理学书籍，国内自编教材非常缺乏，直至上世纪三四十年代，各大学开设的物理学课程所用教科书和参考书也大多是外文书籍。

在国内学者独立撰写英文专著再版的方面，民国时期的物理学工作者大多都有留学海外经历，或参与国外物理学实验室的研究，有不少著作是物理学工作者在国内用英文撰写而成，或是在国外交流访学或做科学研究期间在国外撰写并出版。这些书籍并未收录在《民国时期总书目（1911—1949）》中，但有些却是非常优秀的著作。如：

《晶格动力学理论》（*Dynamical Theory of Crystal Lattices*）是黄昆于1945—1951在英国留学期间与爱丁堡大学的（德）M.玻恩教授合著的英文著作。受1951年黄昆学成归国的影响，玻恩对书稿进行了精细的修改和校对后，至1954年该书才由牛津大学出版社正式出版。自出版以来，该书一直是晶格动力学领域最权威的著作之一。1989年，北京大学出版社出版该书中文版，2004年，北京大学出版社重印了该书中文版，2011年北京大学出版社再次出版了该书。

《多原子分子的结构及振动光谱》（*Vibrational spectra and structure of polyatomic molecules*）是吴大猷为庆祝北大成立40周年而著的英文专著，出版于1939年。该书是自1928年观察到拉曼效应以后，国际上第一部全面总结分析拉曼光谱学研究成果的经典专著，在国际学术界产生了重大影响。2014年12月北京大学出版社出版了该书的重排本。

《交流电机基础》《*Fundamentals of alternating current machines*》是萨本栋根据在厦门大学讲授电机学所积累的材料及在斯坦福大学授课的新材料写成英文专著，最早于1946年在美国出版。为美国许多大学选为教本，开创中国人编写教材被国外采用之先河。商务印书馆1954年出版该书第6版。

2. 大型成套书籍的影印出版

《民国丛书》由上海书店从1989年开始出版发行，到1996年出齐五编，共收书 1126 种。主要收录了民国时期在我国境内出版的中文图书，分为十一个大类。晚清一直到民国初年，各级学校的物理学科目通常叫做"格致"或者"科学"，物理知识鲜少有直接用"物理"或"物理学"定名著书，大都散见于"格致"、"科学"、"科学技术"等文献中。该套丛书中的物理学文献主要集中于科学技术类中的科学及科学史类书籍中，共 4 种：刘咸主编《中国科学二十年》、徐守桢著《现代科学进化史》、张子高讲演《科学发达略史》、卢于道著《科学概论》。

《民国文献类编》由民国时期文献保护中心和中国社会科学院近代史研究所合作编写，2015 年由国家图书馆出版社出版，收录 1911—1949 年约 5000 种文献。分社会、政治、经济、教育、法律、军事、文化艺术、历史地理、科学技术、医药卫生等十卷。其中的科学技术卷第 995 册收录了中国物理学会第一次、第二次和第七次年会报告，包括中国物理学会概况、会议记录、年会报告和这三届年会论文的中英文提要。

《近代中国史料丛刊》由沈云龙主编，台湾文海出版社于 1966 年陆续出版，第三编第二十四辑收录了《格致新报》全册 16 册报刊。《格致新报》是 19 世纪末以介绍西方生物学、物理学、科技创新与发明为主的重要科普类报刊[①]。

在近几年出版的几部影印民国版文献的大型丛书中，如《民国集粹》中有零星物理学书籍的影印本，《民国文丛》《民国史料丛刊》《民国史料丛刊续编》均未见收录物理学相关文献。

3. 重要刊物的影印出版

由于民国时期物理学专业期刊较少，在 20 世纪 30 年代《中国物理学报》创刊之前，物理学相关论文大多发表在文理综合性期刊、自然科学类综合性期刊以及数理综合期刊上。在本章整理过程中也发现，总体上看，1949 年后对于民国时期科技类文献的影印或再版重印较少，涉及物理学方面的就更少了。令人

---

① 王伟.《格致新报》与戊戌启蒙［D］.济南：山东师范大学，2009.

欣喜的是 2017 年上海科学技术文献出版社以上海图书馆藏《科学》原刊本为底本，原刊影印了 1915—1960 年间出版的《科学》月刊 1–36 卷，全书共 90 册。1914—1915 年间，赴美留学生杨杏佛、胡明复、赵元任、任鸿隽等在美国共同发起组织中国科学社（中国第一个综合性科学团体），并编印《科学》（Science）杂志。该杂志从 1915 年起到 1950 年期间曾部分由商务印书馆出版发行，在国内自然科学界颇有影响，是中国近代科学发展史上持续时间最长、影响最大的综合性科学期刊。民国时期物理学论文亦大量发表在《科学》上。

4. 资料汇编

2001 年人民教育出版社出版了课程教材研究所编制的《20 世纪中国中小学课程标准·教学大纲汇编（物理卷）》。2016 年，海豚出版社出版《中国近现代教育资料汇编：1912—1926》第 236 册—第 244 册，"民国物理类"共收录中学物理教课书 22 册。

（二）目录索引

1. 综合性书目

1995 年，书目文献出版社出版《民国时期总书目（1911—1949）：自然科学·医药卫生》收录其中包括力学在内的物理学书籍 320 种，但是该书主要以北京图书馆、上海图书馆和重庆图书馆收藏的中文图书为基础，收录 1911 年至 1949 年 9 月在我国出版的中文图书。出版于民国时期的线装书和外文书籍并未收入此书。而民国时期，物理学工作者大多是留学海外，或参与国外物理学实验室的研究，论文几乎都用外文发表。也有不少著作是物理学工作者在国内用英文撰写而成，或是在国外交流访学或做科学研究期间在国外出版。这些民国时期的外文物理学文献都不在此书的收录之列。

1955 年，由新华书店总店编辑，中华书局出版的《全国总书目》（1949—1955），收录 1949 年 10 月 1 日至 1954 年年底，新华书店发行和经销的图书，仅选录部分私营书店图书。在该目录的"自然科学"类目下，发现收录了民国时期出版的物理学书籍 35 种。

2. 译著书目，收录自 1883 年至 1978 年中国翻译日文书籍约六千种，译自日文的物理学书籍 1896—1978 年共 74 种，其中 1949 年以前的物理学日文译著 34 种，见表 2-3-3。尽管该书被认为是有关方面著录较为完备的书目[1]，但实际上，在中外物理学交流方面研究较多的王冰先生曾指出，根据日本物理学教科书翻译或编译的中文书籍远不止该书中所列[2]。

2012 年商务印书馆出版《张菊生先生七十生日纪念论文集》中收录由周昌寿编著的《译刊科学书籍考略》，该书目收录明末至 1936 年间我国汉译科学著作 961 部，其中有物理学译作 56 种。

表 2-3-3　《中国译日本书综合目录》中的汉译日文物理学书籍[3]

序号	书　名	原著者	译　者	出版信息
1	物理学（3编12册）	（日）饭盛挺造著（日）藤田丰八译	王季烈重译	上海：江南制造局，1900
2	新编小物理学	木村骏吉编	樊炳清译	上海：教育世界出版所，1901
3	物理易解	陈榥著		东京：教科书译辑社，1902
4	物理学问答	富山房编	范迪吉等译	上海：会文学社，1903
5	时学及时刻学	河村重固著	范迪吉等译	上海：会文学社，1903
6	理化学阶梯	渥美锐太郎著	泰东同文局译	东京：泰东同文局，1905
7	物理学	赤沼满二郎讲授	金孝韩，路黎之译	湖北：湖北官书局，1905

① 周启富. 中日文化交流的硕果——《中国译日本书综合目录》《日本译中国书综合目录》评价［J］. 图书馆杂志，1986（01）：55-58.

② 王冰. 中外物理交流史［M］. 长沙：湖南教育出版社，2011：183.

③ 该表格根据谭汝谦主编《中国译日本书综合目录》整理而来，对其中个别书目的出版信息稍作补充——编者注。

（续表）

序号	书 名	原著者	译 者	出版信息
8	物理学教科书	渡边光次编	（日）西师意译	上海：山西大学译书院，1905
9	理化学教程	后藤牧太编	无	东京：东亚公司，1908
10	物理学讲义	田中三四郎著	史浩然译	上海：群益出版社，1912
11	中学物理教科书	水岛久太郎编	无	东京：教科书译辑社，1914
12	新撰物理教科书	田中本多编	丛琯珠译	上海：群益出版社，1917
13	最近物理学概观	下部四郎太著	郑贞文译	上海：商务印书馆，1922
14	爱因斯坦和相对性原理	石原纯著	周昌寿，郑贞文译	上海：商务印书馆，1924
15	小学教材理化篇	棚桥源太郎编著	孔庆莱译	上海：商务印书馆，1926
16	原子构造概论	竹内洁著	陆志鸿译	上海：商务印书馆，1926
17	物理学精义：中等教育物理学讲义	田丸早郎编著	周昌寿译	上海：商务印书馆，1929
18	现代物理学	佐藤充，庄司彦六著	夏承法译	上海：大江书局，1933
19	大气中之光电现象	国富信一著	沈懋德译	上海：商务印书馆，1935
20	大气压力	国富信一著	沈懋德，周恩济译	上海：商务印书馆，1935
21	物理学史	弓场重泰著	谭吉华译	上海：辛垦书店，1935
22	行列论	藤原松三郎著	萧君绛译	上海：商务印书馆，1936
23	物理学概论	石原纯著	周昌寿译	上海：商务印书馆，1936
24	紫外线	山田幸五郎著	程思进译	上海：商务印书馆，1936
25	极性与侧性	冈田要著	费鸿年译	上海：商务印书馆，1936
26	眼镜	山田幸五郎著	程思进译	上海：商务印书馆，1937
27	学生物理计算法	三省堂编	季成之译	南京：中日文化协会，1941
28	物理学学生实验教程	高田德佐编	郑贞文译	上海：商务印书馆（1945年前版）
29	核学	桑田义备著	余碧译	上海：商务印书馆（1945年前版）

（续表）

序号	书　名	原著者	译　者	出版信息
30	电的故事	石原纯著	陈寿龄译	上海：商务印书馆（1945年前版）
31	电流	三枝彦雄著	周斌译	上海：商务印书馆（1945年前版）
32	感应及真空放电	三枝彦雄著	周斌译	上海：商务印书馆（1945年前版）
33	磁及静电	三枝彦雄著	周斌译	上海：商务印书馆（1945年前版）
34	物理教科书	水岛久太郎编	陈榥译	东京：教科书译辑社（1945年前版）

3. 出版社书目

1987年中华书局出版《中华书局图书总目（1912—1949）》，其中教育大类收录中学物理学设备标准1种，中学物理参考书、课本及实验教程8种，自然科学大类收录物理学书籍31种。1981年商务印书馆出版《商务印书馆图书目录（1897—1949）》，收录包括教科书在内的物理学书籍133种。

（三）文集

①综合性文集

1993年，湖南教育出版社出版了戴念祖主编的《20世纪上半叶中国物理学论文集粹》。本书旨在收集中国物理学的先驱和创始人在本世纪前半叶为发展科学创作的有代表性的研究论文和主要著作，并介绍作者的生平和主要学术成就。书中所列论文内容涉及当时我国物理学研究的各个领域，如湍流理论、声学、光谱学、电学与磁学、X射线和放射性研究、相对论及宇宙论、天体物理、空间物理、地球物理等方面。由于当时的论文一般用英、法、德语发表，内容涉及物理学各个分支，因此请了多位专家学者进行翻译和校对，译文质量颇高。

是非常珍贵的物理学史资料和目前较权威的工具书^①。

上世纪 50 年代，中国科学院曾计划刊行《现代中国科学论著丛刊》，1951 年的重点学科是数学、物理、地质、生理、气象五门。其中《现代中国科学论著丛刊：物理部分》拟收录从五四时期到 1949 年 10 月中华人民共和国成立这段时期内中国的物理学工作者发表于海内外的重要学术论著^②，由叶企孙、饶毓泰担任物理组正副组长。据戴念祖的统计，当时已经收集到的文献大约 700 余篇^③。遗憾的是，由于随后社会政情的变化，他们的工作成果没有问世，全部资料也散失了。若此书能得以出版，对于后人系统的了解中国早期物理学家的重要贡献，了解中国近代物理学的发展脉络，将是怎样的一部鸿篇巨著！不得不说这是民国时期物理学文献整理的一个重大损失。

2008 年山东教育出版社出版《中国近代科技期刊源流 1792—1949》，在其"基础科学期刊"中仅列出了创办于 1936 年，只出版了 1 期的《物理》杂志。而 1933 年创刊于上海的《中国物理学报》（中国历史最悠久、影响面最广的物理类学术期刊）却未见提及。

②学者文集、文选

从上世纪 80 年代开始，一些著名的民国时期物理学家的成果开始集结出版，这些学者的文集、文选基本涵盖了当时物理学各个分支领域的研究成果。如：吴有训是我国近代物理学研究的开拓者和奠基人之一，于 1922 年赴芝加哥大学留学，跟随著名物理学家康普顿教授从事研究工作，为康普顿效应的确认作出了重大贡献。吴先生回国后在十分困难的条件下继续开展科学研究，在 1930 年到 1932 年短短两年

---

① 戴念祖.20 世纪上半叶中国物理学论文集粹［M］.长沙：湖南教育出版社，1993.

② 谢庚.关于中国科学院刊行现代中国科学论著丛刊的报道［J］.科学通报，1951（06）：580—583.

③ 同①.

的时间里，就发表了11篇论文[①]。萨本栋是我国著名物理学家、电机工程学家。他提出并矢方法解决电路的计算和分析问题，开拓了电机工程的一个新研究领域，先后发表20多篇论文[②]。周培源先生主要从事爱因斯坦广义相对论引力论和流体力学中的湍流理论的研究和教学，早在三四十年代即首次提出用求剪应力和三元速度关联函数满足动力学方程的方法建立起普通湍流理论，是我国理论物理和近代力学的奠基人之一[③]。这些文集记录了物理学家们海外求学或参与国外实验室研究过程中，为近代物理学的发展所做出的卓越贡献；记录了他们在上世纪前半叶国内极端困难的条件下开展前沿探索的潜心钻研；记录了他们呕心沥血、教书育人和严谨求实的治学之风，这些都是留给世人的宝贵精神财富。本章以戴念祖先生主编的《20世纪上半叶中国物理学论文集粹》一书中所列105位物理学家为调查对象，调查整理1949年以后关于民国时期我国物理学工作者文集的出版情况，详见表2-3-4。

表 2-3-4　民国时期物理学文集整理

题名	编著者	出版信息	内容说明
苟清泉论文选集	《苟清泉论文选集》编辑委员会编	科学出版社，1991	本书收录苟清泉教授关于原子与分子结构，相互作用势与原子团簇结构，电子与原子分子碰撞，固体物理，高压物理等方面的研究论文近50篇。
郭永怀文集	郭永怀著；中国力学学会，中国科学院力学研究所编	科学出版社，1982	本书汇集了郭永怀自1943年至1957年先后在国内外发表的24篇论文。内容包括：可压缩流体二维无旋亚声速和超声速混合型流动和上临界马赫数、光滑跨声速绕流及其稳定性、高超声速流的一些基本理论等方面的研究成果。

①　吴有训.吴有训论文选集［M］.北京：科学出版社，1997.

②　萨本栋.萨本栋文集［M］.厦门：厦门大学出版社，1995.

③　周培源.周培源科学论文集［M］.北京：中国科学技术出版社，1992.

（续表）

题名	编著者	出版信息	内容说明
胡敦复、胡明复、胡刚复文集	陆阳，胡杰主编	线装书局，2014	本书为胡敦复、胡明复、胡刚复三人生前著述，内容包括数学、物理方面的研究文章，以及一些关于中国教育的著述。其中相当一部分文章为首次公开，有很强的史料价值。
黄昆文集	黄昆著	北京大学出版社，2004	文集主体为三部分：科学论文、学术报告和科普报告、自述文章和治学的经验之谈；附录：黄昆年表、黄昆主要论著目录。
李荫远选集	李荫远著	中国科学院物理研究所，1989	本书刊载了李荫远主要论著题录，包括专著2部和物理学六个不同研究方向的论文30篇，本文集收录了其中的15篇论文全文。
李政道科学论文选	中国高等科学技术中心编	上海科学技术出版社，2007	本书选集了李政道教授论文105篇，涉及粒子物理、量子场论、核物理、天体物理、流体力学、统计物理、凝聚态物理等诸多领域，包括在相关领域发展上具有里程碑意义的论文。
彭桓武选集	彭桓武著；中国科学院物理研究所，北京应用物理和计算数学研究所编	中国科学技术出版社，1986	本书收集了彭桓武教授部分公开发表的论文全文22篇，论著题录15篇。从这些论文中，读者可以领略彭桓武教授的工作风格，学习他将深刻的理论观点应用来解决具体问题的本领。
钱临照文集	钱临照著；朱清时主编	安徽教育出版社，2001	本文集包括："物理学论文"、"专著、科学专论"、"科学史论著"、"回忆文章"、"杂文、书评、序"五个部分。
钱三强论文选集	钱三强著；周光召主编；《钱三强论文选集》编辑委员会	科学出版社，1993	本书收入钱三强教授从1937至1987年部分公开和尚未公开发表的科学论文46篇，同时收入两篇关于原子核三分裂与四分裂发现的两篇论文的中译文。
钱三强文选	钱三强著	浙江科学技术出版社，1994	本书收录钱三强书信、演讲词、代表性论著、序文、讲话报告和重要活动年表等。书后，附录收录钱三强主要科学论著著作目录，这些论著大部分都发表于1949年以前。

（续表）

题名	编著者	出版信息	内容说明
钱伟长科学论文选集	钱伟长著	福建教育出版社，1989	本书选取钱伟长重要论文84篇，包括钱伟长在上世纪30年代在清华大学研究院期间发表的三篇光谱分析论文，上世纪40年代在加拿大期间关于板壳内禀理论的工作成果。
钱伟长学术论文集（第一卷—第四卷）	钱伟长著	上海大学出版社，2012	本套书共分四卷，收录了钱伟长院士1937—2002年的科学论文110篇，较为系统地展现了作者在不同时期、不同阶段在应用数学、力学、物理学、中文信息学，特别是在弹性力学、变分原理、摄动方法等领域的重要成就。
钱伟长文集（上、下）	钱伟长著	上海大学出版社，2013	本书收录了钱伟长先生从1931年到2009年近80年间的重要文章和讲话稿，共计344篇。这些文章和讲话稿绝大部分都曾公开发表过或出版过。
钱学森文集1938—1956	钱学森著；王寿云编	科学出版社，1991	本书收集了钱学森同志在美国从事科学研究工作期间用英文完成的51篇科学论文。
钱学森手稿（1938—1955）	钱学森著；郑哲敏主编	山西教育出版社，2001	本书收入的手稿选自钱学森的1938—1955年在美国从事教学和科研活动时的大量原始资料，包括应用力学、喷气推进、工程控制论、物理力学、工程科学和其他。
钱学森文集：1938—1956海外学术文献（英文版）	钱学森著；李佩主编	上海交通大学出版社，2011	本书是钱学森于1938—1956年在美国学习和工作期间撰写、并发表在当时美国颇具影响的学术、技术类期刊和学报上的论文，共51篇。该书是在王寿云编的《钱学森文集1938—1956》（科学出版社，1991）基础上修订的。
钱学森文集：1938—1956海外学术文献（中文版）	钱学森著；李佩主编	上海交通大学出版社，2011	该书分为中、英文版，中文版是当时首次与读者见面。

（续表）

题名	编著者	出版信息	内容说明
钱学森文集 1-6 卷	钱学森著；李吉环，李明，涂元季编	国防工业出版社，2012	本书收录钱学森的中文文章、报告、讲话、谈话、答记者问等各种形式的文稿 377 篇，时间跨度从 1933 年到 2005 年，涵盖自然科学、系统科学的实践经验、工程技术等各个领域各个层次。是清晰展现钱学森系统思想行程发展的历史过程，全面体现钱学森科学思想体系和科学精神的综合性、多卷本钱学森著作集。本书收集到了钱学森 1935 年出国以前发表的未登记在册的中文文章，是对钱学森早年文章的重大发现。
萨本栋文集	萨本栋著；许乔蓁，林鸿禧编	厦门大学出版社，1995	本书收录萨本栋生前所编写的 8 部书籍（9 册）的作者序言和章节目录等；发表在国内外 7 种刊物上的 25 篇学术论文全文，担任厦大校长期间的函件、讲演等。
束星北学术论文选集	束星北著	海洋出版社，2007	本书是为纪念束星北先生诞辰 100 周年而作，收录束星北生前在理论物理、气象、海洋物理方面的论著 28 篇。
汪德昭文集	汪德昭著；侯自强主编	中国科学院声学研究所、中国仪器仪表学会、中国声学学会，1995	本书收录了汪德昭有代表性的研究论文、科普报告以及重要讲话、报告等。其中民国时期发表于国外的英文论文 18 篇，以及写于 1933 年的《光电池及其应用》科普手稿。
王淦昌和他的科学贡献	胡济民等编著	科学出版社，1987	本书是为庆贺王淦昌八十寿辰而作，收录的虽然不是王淦昌的科学论著，但文后附录刊载了王淦昌的著作目录 79 篇。
王淦昌论文选集	王淦昌著；《王淦昌论文选集》编辑委员会编	科学出版社，1987	本书收入王淦昌教授从 1931 年至 1986 年 6 月的部分公开和未公开发表的科学论文 42 篇。包括提出了验证中微子存在的实验方案的著名论文和报道在世界上首次发现反西格玛负超子的论文。

（续表）

题名	编著者	出版信息	内容说明
王淦昌全集 1-6	王淦昌著；王乃彦主编	河北教育出版社，2004	本书除收录王淦昌全部已发表的论著外，还收录了迄今为止搜集到的未曾发表的遗著、报告、讲话及书信等共 6 卷。第 1 卷为学术思想论文；第 2、3 卷为学术论文；第 4 卷为学术著作；第 5 卷为科普著作及文章；第 6 卷为致中央及部委领导的建议、讲演和谈话及书信等。
魏嗣銮先生科哲论文集	魏嗣銮著	台北，青城出版社，1980	本书系 1982 年魏嗣銮的朋友和学生收集了他在海外发表的论文后集结出版。其中包括载于《少年中国》第三卷第七期的《相对论》。
吴有训论文选集	吴有训著；郭奕玲等编	科学出版社，1997	本书收录了吴有训教授从 1924 年到 1949 年的科学论文 22 篇，论文摘要 9 篇。这些论文主要是吴有训先生早年研究康普顿效应和后来研究 X 射线散射以及其他一些课题的科学论文，较全面地反映了吴有训先生对近代物理学的发展所做出的历史贡献。
吴有训的科学贡献：吴有训科学论著、演讲、文稿、谈话集（英文版）	吴有训著；郭奕玲，沈慧君编	鹭江出版社1997，	本书分为上、下两编。上编收录吴有训先生用英文发表的科学论文的中译本，并适当做了说明。下编是吴有训先生对科学人才培养、科研规划和管理等方面所写的文章、报告和谈话。
吴有训文集（中文版）	吴有训著，郭奕玲，沈慧君编	江西科学技术出版社，2007	本书共分上、下两篇，上篇主要收录了吴有训发表的数十篇科学论文，全面反映了吴有训对中国乃至世界物理学的发展所做出的重要贡献。下篇主要收录了吴有训在科学人才、科学研究规划和管理等方面的文章、报告和讲话等。
谢希德文选	谢希德著	上海科学技术出版社，2001	本书从谢希德发表的大量学术论文中，精选了 10 篇。文集的科学篇刊载了谢希德科学论著目录，包括著作 4 部，综合性论文 12 篇，主要论文 101 篇。

（续表）

题名	编著者	出版信息	内容说明
严济慈科学论文集	严济慈著	科学出版社，1986	本书收集了严济慈在1927—1938年间的53篇论文，其中有17篇是论述石英在电场作用下的伸缩、光学性能的改变、空心和实心石英柱被扭曲起电和振荡现象的内容。从这些论文可以看出严先生对压电效应研究的独创性和精确性。
严济慈科技言论集	严济慈著	上海教育出版社，1990	本书收录了严济慈先前所著专著节录、发表在《科学》《大公报》等报刊上的学术评价和科学政论和严先生关于治学、科研方面的讲话、发言等。
严济慈文选	严济慈著	上海教育出版社，2000	本书收录了严济慈的科学论文、学术著作、科技论述等方面的文章和缅怀严济慈先生的文章。文集的学术著作部分刊载了严济慈学术专著目录13部。在科技论述部分收录严济慈发表在《科学》《大公报》等报刊上的学术评价和科学政论类文章36篇（学术论文未在此列）。
杨振宁论文选集附评论（1945—1980）	杨振宁著	弗里曼出版社，1983	本书收录论文75篇，其中1954年与米尔斯（Robert Mills）合作的规范场理论和1956年与李政道合作的宇称守恒问题讨论是如今公认的20世纪物理学里程碑。
杨振宁文集：传记 演讲 随笔（上、下、册）	杨振宁著；张奠宙编	华东师范大学出版社，1998	本书分上、下两册，收录杨振宁撰写的学术论著、回忆等124篇。文集的附录四刊出了杨振宁科学论文英文目录（1944—1980）。
叶企孙文存	叶铭汉、戴念祖，李艳平编	首都师范大学出版社，2013	本书汇集叶企孙先生学术论文、通信、日记、读书笔记以及为清华物理系编写的教材《初等物理实验》，并由编者编纂了其家谱。
叶企孙文存（增订本）	叶铭汉、戴念祖，李艳平编	科学出版社，2017	自《叶企孙文存》于2013年由首都师范大学出版的三年多来本书编者陆续接到叶企孙文论十二篇。本增订本较2013版《叶企孙文存》，增加十三篇文章外，其余未有改动。

（续表）

题名	编著者	出版信息	内容说明
余瑞璜科学论文选集	《余瑞璜科学论文选集》编委会编	吉林大学出版社，1996	本书集中了余瑞璜各个时期在 X 射线、金属物理和固体理论领域部分有代表性的论文 44 篇。
张文裕论文选集	张文裕著；《张文裕论文选集》编辑委员会编	科学出版社，1989	本书收录了张文裕教授 1931—1986 年公开和未公开发表的论文 49 篇，包含了他各个时期的研究工作成果。
赵忠尧论文选集	赵忠尧著；《赵忠尧论文选集》编辑委员会编	科学出版社，1992	本书汇集了家赵忠尧教授的论文 29 篇，书后附录有赵忠尧本人的回忆文章。
郑建宣合金相图论文选集	郑建宣著	广西科学技术出版社，1990	本书汇集了郑建宣在生前在国内外刊物发表的论文 50 篇。
周培源科学论文集	周培源著；黄永念，石光漪，黄超光编	中国科学技术出版社，1992	本论文集搜集了周培源在 1924—1992 年所发表的理论物理和流体力学方面的学术论文 48 篇。

（四）名人年谱、传记

老一辈物理学家的年谱、传记等是反映他们的学术成长历程的关键事件、重要节点、师承关系等各方面的重要资料，为深入研究科技人才成长规律，宣传优秀科技人物提供第一手资料和原始素材。1997 年徐文镐在《中国科技史料》发表了《吴有训年谱》，2007 年张志辉等人在《中国科技史杂志》发表了《钱临照先生年谱》，2010 年孙洪庆等在《广西民族大学学报（自然科学版）》发表《施汝为先生年谱》。这些年谱均以年为主线，介绍这些物理学家的生平并列举他们在不同的阶段发表在中外杂志上的论文和撰写的中英文专著。

2013 年葛能全著《魂牵心系原子梦·钱三强传》附录一是钱三强年表，以年为限，列举重要事件和节点的同时也列出了当年撰写的重要论著。附录二是钱三强主要论著目录。所列共计 47 篇。除了 1949 年以后撰写了五部专著和论文集外，其余 42 篇均是发表于 1949 年以前的英文论文。2016 年胡晓菁著《赤子丹心中华之光：王大衍传》文末附录二为王大衍主要论著目录，收录著作 12 部，均为 1949 年以后所著；收录期刊论文 91 篇，发表于 1949 年以前的论文 7 篇；收录会议论文 8 篇，均为中华人民共和国成立后撰写发表。2016 年由江西省政协文史资料研究委员会、高安县政协文史资料研究委员会编写，中国文史出版社出版了《回忆吴有训》。该书最后附吴有训主要论文目录，共收录 27 篇论文。2016 年孙汉城等编著《何泽慧传》由山西教育出版社出版。书末附何泽慧论著目录。收录论文 34 篇。其中发表于 1949 年以前的论文有 15 篇。

2014 至 2015 年，科学出版社出版了钱伟长任总主编的《20 世纪中国知名科学家学术成就概览》。该书以纪传文体记述中国 20 世纪在各学术专业领域取得突出成就的数千位华人自然科学和人文社会科学专家学者，展示他们的求学经历、学术成就、治学方略和价值观念，彰显他们为促进中国和世界科技发展、经济和社会进步所做出的贡献。其中民国时期物理学家及其著述的部分为《力学卷》（共三册）、《物理学卷》（共三册）和《地学卷·地球物理学分册》（共一册），真实记载中国物理学家人生轨迹、研究路径和学术成就，反映出中国物理学领域的百年发展脉络。

（五）专题史料

1992 年，湖南教育出版社出版《中国物理学会六十年》（1932—1992），记述了从 1932 至 1992 年历次年会的情况，学会大事记。此后中国物理学会于 2002、2012 年编写了《中国物理学会七十年》和《中国物理学会八十年》，其中都有记录中国物理学会前期简况（1932—1951）。

（六）年鉴和纪事

1983 年，戴念祖在《中国科技史料》上发表《中国物理学记事年表》（1900—1949）一文，梳理了中国近代物理学在草创初期、快速发展时期和抗战时期三个阶段的研究情况，罗列了各年重要的学术论著。文中提到 1949 年 7 月，中国物理学会理事会决定成立"中国物理工作者论文编目委员会"，钱伟长为召集人。经初步调查，在近半个世纪内共约730余篇物理学论文。其中，实验研究方面，1940年以前主要以原子物理为主，1940年以后以原子核物理为主。理论方面，1930年起逐年增加。1937年抗战爆发，各地高校和研究机构被迫转移至西部内地，图书、仪器和实验设备损失严重，抗战期间物理学发论文从实验研究转向理论研究。

（七）数字化和数据库建设

1. 光盘、缩微等数字化产品

1996年清华大学出版社制作了《物理学史料集粹》的音视频文件。2015年国家图书馆出版社出版了全国图书馆文献缩微复制中心及各成员馆共同编制完成的《全国公共图书馆缩微文献联合目录》，收录了自1985年中心成立以来至2013年6月底，各成员馆拍摄制作的各类文献。本章在撰写过程中，将《民国时期总书目（1911—1949）：自然科学・医药卫生》中的420种物理学书籍逐一与国家图书馆馆藏目录进行查询比对，整理出截止至2018年7月《民国时期总书目（1911—1949）》中已经拍摄制作的物理学书籍近250种。

2. 数据库建设

北京师范大学图书馆特色资源《北京师范大学图书馆解放前师范学校及中小学教科书全文库》含初高级中学物理课本93本、《民国图书全文库》含物理学书籍97本。

《中国物理学报》将1936年至中华人民共和国成立这段时期的文章全部数字化，并提供免费浏览和下载，为研究民国时期《中国物理学报》提供了极大的便利。

姚国昌等人在1995年发表在《图书情报工作》上的《新型的多功能一体化的中国物理学文献数据库系统》一文中指出中国科学院文献情报中心联合有关物理专业研究所共同研制开发的中国物理学文献数据库（Chinese Physics Database，简称CPD）在1994年推出使用，收集1987年以来我国学者发表在国内外的物理学文献[①]。可见，作为国内最早建成的物理专业文献数据库，并未收集民国时期的

---

① 姚国昌，朱献有，崔淑兰，等.新型的多功能一体化的中国物理学文献数据库系统［J］.图书情报工作，1995（04）：41—44.

物理学文献，不免遗憾。

　　总体上说，中华人民共和国成立后我国对于民国时期的物理学文献整理非常不足。第一，缺乏系统性整理。据《民国时期总书目（1911—1949）：自然科学·医药卫生》统计，民国时期出版物理学书籍 420 种。尽管这是目前最为全面的统计结果，但由于民国总书目编纂时以北京图书馆、上海图书馆和重庆图书馆的馆藏为基础来进行统计，而实际上大量的民国时期物理学著作散藏于全国各地的图书馆及民间收藏者手中。如且本章在撰写的过程中也检索到一些民国时期的物理学书籍没有收录在《民国时期总书目（1911—1949）》中。如：清末民初著名物理学著作翻译家王季烈编著的《共和国教科书·中学物理》、周昌寿编著的《现代初中教科书物理学》均未被收录在内。而《共和国教科书·中学物理》一书在高级中学中曾被普遍采用。第二，影印出版尚未开始。从本章对民国时期物理学书籍的影印情况统计来看，《民国时期总书目（1911—1949）》中所列 420 本书籍中只有 20 余本得到影印。本章所列民国时期物理学期刊中，《科学》杂志作为综合性刊物在 2017 年被原刊影印，《中国物理学报》被数字化，其余绝大部分期刊尚待整理。可以说对民国时期物理学方面文献的影印出版整理尚未真正开始。第三，缺乏专门性整理成果和数字化产品。本章经过调研发现目前尚无专门收集民国时期物理学文献的数据库。这方面的文献基本上都是分散于综合性书目、数据库或联合目录等各类检索工具中。这对研究民国时期物理学史的学者来说极为不便。

三、民国时期物理学文献的研究

（一）基本数据统计概况

　　为了全面获取民国时期物理学文献的研究成果信息，本章选取"民国"、

"近代"、"20 世纪初"、"20 世纪上半叶"依次和"物理学"、"格致"以及民国时期物理学研究的诸多分支学科所涉及到的关键词如"力学"、"相对论"、"光（谱）学"等分别组配，检索百度、国家图书馆馆藏目录、上海图书馆馆藏目录、CALIS 联合目录中没有找到直接以民国时期物理学文献为研究对象的著作，只在一些书籍的章节的论述中有涉及到民国时期物理学论著，均是从物理学史的角度研究民国时期大学物理教材。

咏梅教授所著《中日近代物理学交流史研究（1850—1922）》（中央民族大学出版社，2013 年）分四个阶段讲述了从 1850 年到 1922 年长达 72 年时间的中日物理学术交流的历史变化情况，就日本物理学对中国的影响作了详细的分析，包括留日学生和日本教习对中国物理学发展的贡献，以及日译科学名词和日译科学书籍对中国物理学名词翻译和审定的影响。书中还对清末民初日文科学书籍和教科书在中国学校的使用情况进行了考察，并列举了王季烈翻译的《物理学》及其他一些有影响力的日文书籍和教科书对中国物理教科书，包括大学物理教科书的影响。

骆炳贤主编的《中国物理学史大系·物理教育史》（湖南教育出版社，2001 年）对民国时期不同阶段国内高校普遍使用的三种普通物理学教科书进行了介绍，即民国初年的《特夫物理学》（后译作《达夫物理学》），1933 年萨本栋所著《普通物理学》和 1947 年严济慈所著《普通物理学》。书中还涉及民初高校物理学英语教学方式和教授自编讲义的情况，对萨本栋所著《普通物理学》一书作了很高评价，并将萨本栋、严济慈两位物理学家的《普通物理学》作了对比，以凸显民国大学物理教科书的发展脉络。

检索中国期刊网全文数据库和硕博士论文库、中国科技期刊数据库、万方学位论文库，并对检索结果进一步筛选后，得到论述民国时期物理学方面的文献共计 109 篇，其中，期刊、报纸和会议论文 83 篇，硕博士论文 26 篇。研究的论文主要集中在以下几个方面：

1.学术论文

（1）论文发表时间分布

对检索到的民国时期物理学文献研究论文的发表时间进行分析，见图2-3-1。从图中可以看出我国学者对民国时期物理学文献进行研究最早始于1979年，是戴念祖发表在《社会科学战线》上的《爱因斯坦在中国》，详细介绍了爱因斯坦两次路过中国的情况以及未能在中国讲学的原因，最后一部分讲述了相对论在中国的传播。戴念祖指出据不完全统计，从1917年下半年在中国报刊上出现有关相对论的文字到1923年上半年，我国的几个刊物上登载的有关爱因斯坦及其相对论的论著、译文、通讯、报告和文献等不下100篇文章，书籍（著作和译作）15种左右[①]。文章提到许崇清于1917年9月发表的一篇题为《再批判蔡孑民先生在信教自由会演说之订正文并质问蔡先生》第一次把狭义相对论介绍给国人。该文列举并介绍了此后发表的介绍相对论的部分文章和译著。

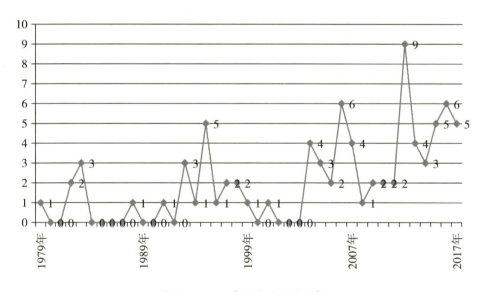

图 2-3-1 研究论文的时间分布

---

① 戴念祖.爱因斯坦在中国［J］.社会科学战线，1979（02）：74—85.

总体上，在 2003 年以前对于民国时期物理学文献的研究很少，未能引起相关研究人员的重视。图 2-3-1 中显示在 1995 年有 5 篇文章，是因为这一年吴水清在 1995—1996 年间在《物理实验》上连续发表了《中国物理学家（1900—1959）的贡献》（一至九），其中的《中国物理学家（1900—1959）的贡献》（一至五）是关于民国时期的物理学家及其论著的研究，《中国物理学家（1900—1959）的贡献》（六）刊载于 1996 年。由于该文刊载于《物理实验》的不同期数上，本文对这五篇论文做了分别统计。从 2003 年以后每年都有论文发表，呈现波动上升的趋势，至 2012 年达到一个研究成果的高潮。

（2）论文所载期刊分布

这 83 篇文章刊登于 36 种期刊上，涉及的期刊种类较为广泛。《物理》发表民国时期物理学文献研究的相关论文最多，为 14 篇，《中国科技史料》刊登 8 篇。其他期刊按载文数量由多至少依次是《西北大学学报（自然科学版）》《物理实验》《中国科技史杂志》《科学》《科学文化评论》《自然科学史研究》《编辑学报》《力学与实践》《中国科技期刊研究》《自然辩证法研究》。载文数量为 1 的期刊共 24 种，由此可见，尽管文章涉及的期刊种类较为广泛，但发文量高的期刊却比较集中，发文量大于 2 篇的期刊见表 2-3-5，共 12 种。

表 2-3-5　发文量大于 2 篇的期刊列表

期刊名称	载文数量
物理	14
中国科技史料	8
西北大学学报（自然科学版）	7
物理实验	6
中国科技史杂志	5
科学	4

（续表）

期刊名称	载文数量
科学文化评论	4
自然科学史研究	3
编辑学报	2
力学与实践	2
中国科技期刊研究	2
自然辩证法研究	2

（3）论文作者和来源机构分布

本次统计中发文量最多的作者是戴念祖，共有 8 篇文章。戴念祖可以说是我国较早开始收集整理民国时期物理学文献，并对其进行研究的学者，其研究大多是对于民国时期物理学家及其论著的整体脉络的梳理。如：其在 1991 年发表在《中国科技史料》第 12 卷第 4 期上的《本世纪以来中国物理学家的成就概述》一文，是其编写的《20 世纪上半叶中国物理学家学术论文集粹》一书中"引论"的部分内容，加上文献 220 余条发表的。该文以 1900—1952 年间物理学在中国的发展过程为主线，着重叙述了中国物理学家所取得的重要成就，研究成果以参考文献的形式列出，共计 220 条[①]。其次是白秀英、姚远为主要研究人员组成的作者群体共发表 8 篇，其研究多集中在关于相对论的专著、文章和期刊的研究上和对民国时期西北地区的物理学文献的研究上。

在论文来源机构的统计中发现，中科院的各个研究所共计发表 28 篇文章，其中自然科学史研究所自 1979 年开始累积发文 15 篇，是发文量最多的一家来源机构，高能物理研究所发文 6 篇。

---

① 戴念祖.本世纪以来中国物理学家的成就概述［J］.中国科技史料，1991（04）：57—72.

（4）研究对象分布

对民国时期各类物理学文献的研究统计见表2-3-6。其中针对物理学著作的研究22篇，针对物理学期刊的研究15篇，针对物理学家在不同时期发表在国内外各种杂志上的论文或出版的书籍的研究19篇。关于物理学名词的研究也是比较多的一项。民国时期，中国译自日本和欧美各国的物理学专著很多，其中很多译自国外著名物理学家的经典之作，也有很多译著作为当时中学或大学的物理学教科书使用。但是本次统计发现后人对于当时编译的教科书进行研究的只有一篇文章，即王延锋在2003年发表在《大学物理》上的《我国早期大学对物理教材的编译概况》。文中列出了二十几部民国时期比较经典了物理学译著。

表2-3-6　期刊论文研究对象分布列表

研究对象的种类		论文数量
著作	著作概貌	7
	专著	5
	译著	1
	教科书	7
	出版社书目	2
期刊	相对论专号	4
	中国物理学报	2
	专题期刊	1
	单一期刊	8
学者文献		19
物理学名词和度量衡		9
大学/研究所/社团的研究成果		8
专题文献		5
学会史料		4

2.学位论文

本次统计共得出硕博论文 26 篇，见图 2-3-2。这些硕博论文均是 2000 年以后完成的，其中博士论文 4 篇，硕士论文 22 篇。这些学位论文的作者来自 17 所高校，东北师范大学、首都师范大学和中国科技大学是针对民国时期文献的研究发表硕博论文较多的三家高校。

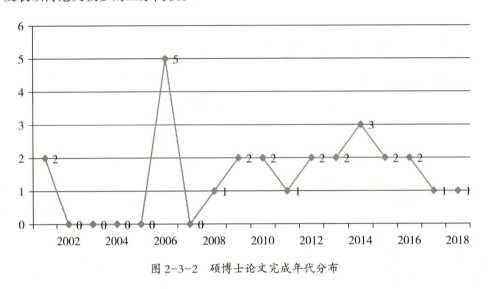

图 2-3-2　硕博士论文完成年代分布

从研究对象上看，硕博论文和期刊、会议论文大致一样，稍有不同，见表 2-3-7。

表 2-3-7　硕博论文研究对象分布列表

研究对象的种类		论文数量
著作	译著	1
	教科书	5
	出版社书目	1
期刊	期刊概貌	2
	期刊个案研究	1

（续表）

研究对象的种类	论文数量
学者文献	5
物理课程标准 / 大纲	3
大学 / 研究所 / 社团 / 特定时期的研究成果	4
专题文献	3
学会史料	1

（二）民国时期关于物理学文献研究主题概述

1. 期刊学术论文研究主题

从表 2-3-6 中对于期刊学术论文研究对象的统计数据来看，对民国时期物理学文献的研究分散于各个主题领域，以对当时的著作、期刊和某一学者的论著的研究居多，相对较为集中。

（1）书评和著作介绍

民国时期物理学著作的研究中较为集中的一个主题是对物理学著作进行介绍或评价。其中，针对黄昆于 1945—1951 年在英国留学期间与爱丁堡大学的 M. 玻恩（M.Born）教授合著的英文著作《晶格动力学理论》（*Dynamical Theory of Crystal Lattices*）的研究就有 3 篇，分别是：厚宇德撰写的《从〈晶格动力学理论〉的诞生看玻恩与黄昆的合作》载于 2017 年《自然科学史研究》，丁志强的《物理学经典著作〈晶格动力学理论〉评析》载于 2016 年《名作欣赏》，朱邦芬的《一本培养了几代物理学家的经典著作——评〈晶格动力学理论〉》载于 2006 年《物理》。此外还有针对当时出版的相对论方面专著的研究，如白秀英、姚远于 2013 年发表于《西北大学学报》（自然科学版）的《田渠与其主编的中国第一部〈相对论〉教科书》，战海、刘舒展于 2014 年发表在《兰台世界》上的《王季烈翻译〈物理学语汇〉对物理学传播的影响》一文分析了该著作对民国时期物理学的传播的影响和地位，咏梅在 2006 年发表于《内蒙古师范大学学报》（自然科学汉文版）上的《中国第一本〈物理学〉内容研究》，对这部著作的内容进行了全面的介绍和解析。

（2）对教科书的研究

本次统计发现民国时期物理学著作的研究中另一个较为集中的主题是对物理教科书的研究。最早是 2003 年王延锋在《大学物理》上发表了《我国早期大学对物理教材的编译概况》，对民国时期大学物理教材的编译情况进行了整理研究。2009 年祁映宏、胡东升在《中学物理教学参考》上发表了《民国初期中学物理教材及相关问题初步研究》一文。2012 年，分别有张宇发表在《科普研究》上的《1900—1949 商务印书馆自然科学教科书略考》，吴小鸥、石鸥发表在《高等教育研究》上的《民初欧美留学生与中国现代教科书的成型——基于商务印书馆1922 年新学制教科书的分析》和祁映宏、赵勇发表在《物理教师》上的《晚清至民国时期中学物理教材研究略述》。张林、特古斯在 2016 年撰写了《民国时期大学教科书的"中国化"（1931—1937）——以物理教科书为中心》刊登在《自然辩证法研究》上。2017 年有张林、乌力吉发表在《自然辩证法通讯》上的《科学社团与二十世纪三十年代大学物理教材的"中国化"》和王春燕、尹晓冬发表在《物理通报》上的《民国时期中学物理教科书中的原子物理学知识》。

（3）对期刊的研究和评价

对期刊的研究中包括对期刊专号的研究。这四篇文章均为白秀英或白秀英与姚远等人合著的论文，分别是 2010 年和 2011 年发表在《西北大学学报》（自然科学版）上的《〈学艺〉与量子论和相对论在中国的传播》和《〈少年中国·相对论号〉的科学传播与创造》，2012 年发表在《中国科技期刊研究》上的《〈改造·相对论号〉在中国传播相对论的科学意义》和发表在《编辑学报》上的《3 个"相对论专号"的编辑策略研究》。这四篇文章对民国时期的三个相对论专号进行了研究。《学艺》首次向中国读者介绍爱因斯坦光电效应，首次介绍普朗克的量子假说，最早引进引力透镜的概念和黑洞概念，最早介绍两个相对论性宇宙模型①。

　　对某一专门期刊的研究，以介绍该期刊的历史沿革和办刊特色为主。最早是在2003年，刘大乾发表在《物理》上的《〈物理学报〉创刊70周年（1933—2002年）大事记》和姚远、徐象平发表在《西北大学学报》（自然科学版）上的《〈西北学术〉的科技内容及其主旨》。2004年范岱年发表在《科学文化评论》上的《一个曾致力于人文与科学交融的学术团体及其刊物　中华学艺社和〈学艺〉杂志的兴衰》介绍了《学艺》创刊经过，发展历程和其刊载的很多物理学文章。2009年姚远发表在《西北大学学报》（自然科学版）上的《〈学艺〉及其科学传播实践》，提出《学艺》创刊号和第2期上对相对论概念的引入应该是相对论由中文期刊在中国的首次传播②。2014年郭金海发表在《自然科学史研究》上的《新文化运动时期的北京大学数理学会》一文③，列出《北京大学数理杂志》5期内容题名目录，共发表文章32篇，物理学领域的16篇，占50%，涉及原子构造、物质和运动、电磁学等16个物理学研究领域。2015年李英杰、白欣也发表了关于该杂志的文章《发抒心得，交换智识，增进研究数学物理之兴趣——略述〈北京大学数理杂志〉》载于《出版发行研究》上，研究了该刊在自然科学类论文的选材特色，提出该刊作为中国早期的物理学和数学方面的期刊，对物理学及数学的发展有着一定的促进作用④。2016年亢小玉、宋轶文、姚远在《编辑学报》上发表《早期科技期刊与人才培养——以〈数理杂志〉为例》，介绍该杂志的创办和发展历程。

①　白秀英，姚远，亢小玉.《学艺》与量子论和相对论在中国的传播［J］.西北大学学报（自然科学版），2010，40（06）：1124—1128.

②　姚远.《学艺》及其科学传播实践［J］.西北大学学报（自然科学版），2009，39（05）：899—905.

③　郭金海.新文化运动时期的北京大学数理学会［J］.自然科学史研究，2014，33（04）：494—508.

④　李英杰，白欣.发抒心得，交换智识，增进研究数学物理之兴趣——略述《北京大学数理杂志》［J］.出版发行研究，2015（01）：109—111.

在针对某一种期刊就某一主题领域的发文情况进行研究方面，主要有 2014 年刘俊丽、白欣发表在《中国科技期刊研究》上的《1933—1960 年〈中国物理学报〉发表力学类文章的统计分析》一文，对《中国物理学报》在 1933—1960 年间刊登的力学类文章进行了系统的研究和分析，通过对力学类文章数量、类型，作者留学情况、地区分布等方面的统计，进一步分析了 20 世纪上半叶中国力学发展状况[①]。2017 年徐悦蕾等发表于《首都师范大学学报》（自然科学版）上的《民国初期〈观象丛报〉中力学文章的科学史意义》分析了该刊所载天体力学、地球磁力学、气象观测学和大地测量学等方面的文章；发表于《科学》的《民国期刊中的力学类文章》统计了 1833—1949 年发表的力学类文章 553 篇，涉及期刊 101 种[②]。

（4）对于学者文献的研究

在针对民国时期物理学工作者论著的研究方面，自 1983 年以来共有 19 篇研究，见表 2-3-8。

表 2-3-8　对民国时期物理学工作者论著的研究

发表年	责任者	研究对象	研究内容
1983	戴念祖	学者文献概貌	
1983	王冰	陆学善	文末附录刊载陆学善论著列表。
1988	赵慧芝	任鸿隽	文中列举了任鸿隽在不同时期发表的论著，按年代列举。
1991	戴念祖	学者群体	本文是《20 世纪上半叶中国物理学家学术论文集粹》一书中"引论"的部分分容，加上文献 220 余条发表。
1993	戴念祖	李复几	

① 刘俊丽，白欣.1933—1966 年《中国物理学报》发表力学类文章的统计分析［J］.中国科技期刊研究，2014，25（03）：435—441.

② 徐悦蕾，白欣.民国期刊中的力学类文章［J］.科学，2017，69（06）：53-56+4.

（续表）

发表年	责任者	研究对象	研究内容
1997	徐文镐	吴有训	
1997	叶松庆	周培源	
2003	姚立澄	王淦昌	
2006	姚立澄	王淦昌	对王淦昌早年的科研活动做了一个细致的梳理，对王淦昌在抗战期间所做的工作也有较大篇幅的记述。列举了王淦昌不同时期发表在国内外期刊上的论著数篇。
2006	冯秀芳，戴世强	周培源	文中列举了周培源的几篇论文和书籍。
2007	欧七斤	李复几	
2007	张志辉	钱临照	文中罗列的钱临照发表于不同时期的论著。
2010	孙洪庆，王洛印，张逢	施汝为	文中按照年份罗列施汝为发表的文章和论著。
2012	王正行	王竹溪	文末附录 2 是王竹溪主要论著表。
2013	游海华	学者群体	
2015	张剑	饶毓泰	文中对 1931—1940 年北大物理系发表的论文进行了统计，当时发表论文 50 篇。大多发表在《中国物理学报》和《中国化学报》上。但未有题名目录列出。
2015	王广超	王季烈	
2015	白欣，丁玉琴	周昌寿	文中列举了周昌寿发表在《学艺》杂志上的部分文章。
2016	金新喜	周昌寿	

（5）对物理学名词、度量衡方面的研究

物理学名词在物理学教学以及科研工作汇总发挥着重要作用，在这一发面的研究，较早时候的有 1993 年张橙华发表在《中国科技史料》上的《中国第一部物理学标准词汇》，1998 年李国栋发表在《科学》上的《物理学名词的演变、审定和规范》等，见表 2-3-9。

表 2-3-9　关于民国时期物理学名词和度量衡方面的研究

发表年	责任者	题　　目	发表期刊
1993	张橙华	中国第一部物理学标准词汇	中国科技史料
1997	王冰	中国早期物理学名词的审订与统一	自然科学史研究
1998	李国栋	物理学名词的演变、审定和规范	科学
2006	付邦红	中国早期的名词翻译与科学传播——以折射名词的翻译与演变为个案	广西民族学院学报（自然科学版）
2007	咏梅、冯立昇	《物理学》与汉语物理名词术语——饭盛挺造《物理学》对我国近代物理教育的影响	物理
2013	刘寄星	汉语物理学名词统一编订的早期历史	物理
2013	戴念祖	三本物理名词书	物理
2004	温昌斌	民国时期关于国际权度单位中文名称的讨论	中国计量
2016	王琪	浅谈 1953 年版《物理学名词》的编纂特点	中国科技术语

2. 学位论文研究主题

从表 2-3-7 中对于硕博论文研究对象的统计数据来看，对民国时期物理学文献的研究分散于各个主题领域，以对当时的著作、期刊和某一学者的论著的研究居多，相对较为集中。

（1）对于教科书的研究

民国时期物理学著作的研究中较为集中的一个主题是对物理学教科书的研究，研究内容涉及中小学以及大学教科书的编订与统一、内容演变等。详见表 2-3-10。较早以民国时期物理学教科书为研究对象进行学位论文撰写研究的是张昌芳和纪九利。其中张昌芳于 2001 年撰写的硕士论文《近代物理学在中国的本土化探索》一文，以探索物理学在中国的本土化为主线，对物理学名词和教材的编订和统一进行了研究，并据《民国时期总书目（1911—1949）：自然科学版》统计出 1911—1949 年间，出版物理学书籍 319 种，其中物理教材 27 种。纪九利在 2001 年撰写的硕士论文《中国普通高中物理教材的历史演变及现实启示》中梳理了 1922—1949 年民国时期中学尤其是高中物理教材的编写出版情况，选取《实用物理学》《最新实用物理学》《新中国教科书·高级中学物理学》为例进行分析。2012 年周星星撰写《民国中学物理教科书内容演变研究（1912—1937）》的硕士论文，以学制改革为分割线对 1912—1922 年和 1923—1937 年两个时间段内的中学物理教科书的内容选择、内容组织和内容呈现三个方面进行分析，进而对 1912—1937 年这段时期中学物理教科书内容的总体演变特点进行了总结和分析。李晓楠在 2016 年撰写的硕士论文《清末民国中学物理教科书中实验部分的变迁研究》选取 6 套民国时期物理学教材为研究样本，在课程设置、教材编纂实用情况、实验数量、实验类型、实验内容、实验的作用等方面进行了分析。可以说是民国时期物理学的研究文献当中仅有的以物理学实验为研究主题的论文。2018 年张琳在其撰写的博士论文《民国时期大学物理教材的编译（1912—1949）》中提出，名词统一是编写教材的基础，名词不统一曾严重阻碍当时国内的物理学交流和物理学教材的正规化发展。因此作者首先以统一物理学名词入手，梳理了民国时期物理学名词的编订历史，重点研究《物理学名词汇》（萨本栋主编，京华印书局出版，1932 年）和《物理学名词》（国立编译馆编订，教育部核定，商务印书馆发行，1934 年）这两部著作。其次，文章以商务印书馆编写的"大学丛书"中的物理学教材和国民政府教育部于 1940-1949 年间主导编译的"部定大学用书"中的物理学教科书为主要研究内容，研究了这些物理学教材的编订始末和出版情况，并列举相关目录。此外文章还梳理了 1912-1949 年间，各所大学在自编物理学讲义基础上出版的"大学丛书"、中华书局出版的"大学用书"和正中书局出版的"大学用书"中的物理学教材以及科学社团编译的物理教材和著作。是民国时期物理学研究文献中，研究大学物理教材较为深入全面的一篇文章。

表 2-3-10　研究民国时期物理学著作的硕博士论文

论文题目	责任者	发表年	学位	毕业院校
近代物理学在中国的本土化探索	张昌芳	2001	硕士	首都师范大学
中国普通高中物理教材的历史演变及现实启示	纪九利	2001	硕士	西南师范大学
民国中学物理教科书内容演变研究（1912—1937）	周星星	2012	硕士	浙江师范大学
清末民国中学物理教科书中实验部分的变迁研究	李晓楠	2016	硕士	东北师范大学
民国时期大学物理教材的编译（1912—1949）	张琳	2018	博士	内蒙古师范大学

此外，乔秀云在 2006 年撰写的硕士论文《〈大学丛书〉译著研究初探》指出《高等物理学》是《大学丛书》译著中自然科学类的代表作，并将德国著名物理学家卫斯特发尔（W.H.Westphal）著，周君适、姚启钧译《高等物理学》作为其选取的 5 部《大学丛书》译著代表作之一进行了重点研究。并将之与萨本栋所著《普通物理学》在内容、特色和学术价值上进行了比较分析。文末列举了大学丛书目录和译著目录。依据乔秀云所列《大学丛书》译著目录统计，物理学译著有 9 种，见表 2-3-11。

表 2-3-11　《大学丛书》中的物理学译著

数量	名　称	著　者	译　者
1	理论物理学导论（第一编）	Hass	谢厚藩
2	高等物理学	Westphal	周君适、姚启钧
3	达夫物理学	Duff	郭元义
4	里理论力学纲要	Montal	严济慈、李晓舫
5	几何光学	Panl Drnde	清华大学物理系
6	热力学原理	Birtwistle	徐豫生
7	电学原理	Page and Adams	杨肇燫
8	电子	Millikan	钟间
9	原子物理学概论	（日）三村刚昂、助川已之七	于潜修

（2）对期刊的研究

对民国时期期刊的研究在硕博士论文中共有四篇，2006 年孙毅和唐颖分别撰写硕士论文从总体上研究中国近代科技期刊。其中孙毅在其题为《留学生与中国近代科学期刊的创办》的论文中介绍了《中国物理学报》《科学》《中国地球物理学报》等几个对民国时期物理学产生重大影响的期刊。唐颖在其撰写的《中国近代科技期刊与科技传播》指出我国近代科技期刊在学科分布上以综合性期刊和农业类、气象、地质、工程类期刊占据多数，物理学期刊未列其中。在撰写本章的前期调研中也发现近代物理学专门性期刊诞生较晚，直到 1949 年中华人民共和国成立所创办物理学专门期刊种类也只有寥寥数种。唐颖还从近代科技期刊发文内容的角度统计出电的发明和应用是近代科技期刊中一个重要的专题，并在附录部分列出"中国近代科技期刊总览表（1910—1949）"和"电的发明和应用文章统计表"。詹婷则以《东方杂志》为研究对象在 2017 年撰写的硕士论文《〈东方杂志〉的特刊研究》中研究了《东方杂志·爱因斯坦号》。

（3）对物理学标准研究

清末民国时期，物理课程标准的制定和教科书的编写主要受到当时政治、经济、文化背景、世界物理学发展的影响。研究这一时期影响物理课程标准内容和教科书的因素，不仅能够从课程史的角度充实我们的物理课程研究，而且能够为我们现实的课程改革提供必要的启示①。在这一方面的研究有 2010 年郭桂周撰写的硕士论文《清末民初中学物理课程标准研究》、2015 年曹烨撰写的硕士论文《影响清末民国时期高中物理课程因素的研究》和 2016 年姚婷撰写的硕士论文《民国时期中学物理课程研究（1912—1937）》。这三篇论文都是对中学物理课程标准的研究，尚未查到涉及大学物理课程标准的研究论文。

---

① 曹烨.影响清末民国时期高中物理课程因素的研究［D］.南京：南京师范大学，2015.

（4）对学者文献的研究

在对民国时期物理学文献进行研究的硕博士论文中，另一个比较集中的方面是针对学者论文、著作的研究。2009 年胡海山撰写硕士论文《实验物理学思想在中国的奠基——吴有训的科学成就及其科学思想研究》对我国近代物理学史的开创者和奠基人之一吴有训先生及其实验物理学思想进行了深入研究。文末附吴有训年谱，以年为线，列出了吴先生发表在国内外的重要学术论文题目及吴先生在中国物理学年会上宣读的论文题目。2011 年，杨瑛撰写硕士论文《郑太朴科学活动及其科学思想探究》，对郑太朴在物理学方面的译著《自然哲学之数学原理》《最近原子论大要》和专著《物理学小史》《百科小业书第一百十六种近代物理学一瞥》《近代物理学》等进行了考论，并提出郑太朴在物理学方面最大的成就是完成了对英国著名物理学家牛顿的力学经典巨著《自然哲学之数学原理》的翻译，《物理学小史》是我国最早的一本物理学史专著[1]。2014 年，罗程辉撰写硕士论文《中国近代物理的开创者胡刚复》指出胡刚复在《科学》月刊中发表的《电位定名解》一文中将近代刚引入我国时译名不统一"（Electrical）Potencial"一词应译成"电位"并给出十分中肯有力的理由。并指出 1923 年普朗克在南京东南大学作《热力学第二定律及熵的概念》讲学时，胡刚复担任翻译，他创造性地将Entropy 翻译为熵[2]。在这一年丁玉琴和王笑梅分别撰写硕士论文《近代物理学家、教育家周昌寿》和《周昌寿科学活动与科学精神探究》研究近代物理学家周昌寿的科学贡献。王笑梅在文中提出周昌寿一生共翻译和编著了 15 本物理以及科学方面的书籍（但未列出书名目录），并在《学艺》等科学杂志上发表了大量有关量子论和相对论的论文或译文。并以其代表作《相对律之由来及其概念》和《相对性原理概观》为依托详细介绍周昌寿率先向中国引进相对论的科学活动始末。

[1] 杨瑛.郑太朴科学活动及其科学思想探究［D］.上海：东华大学，2011.

[2] 罗程辉.中国近代物理的开创者胡刚复［D］.杭州：浙江大学，2014.

丁玉琴的重点研究了周昌寿编著的《复兴初级中学教科书：物理学》《复兴初级中学教科书：物理学实验》以及周昌寿编译的相对论著作和科普著作。在文末以附录形式列举了周昌寿所著小学教科书 2 种，中学教科书 10 种，教法书（以相对论和科普方面的书籍为主）12 部和所发表的文章 31 篇。

（5）在物理学专题文献研究方面

关于专题文献方面的研究是三篇博士论文。分别是 2006 年张逢撰写的《二十世纪中国原子分子物理学的建立和发展》、2010 年孙洪庆撰写的《现代磁学在中国的建立与发展（1900—1985）》和 2013 年白秀英撰写的《相对论在中国的传播（1917—1949）》。三篇论文分别从民国时期原子与分子物理学、磁学和相对论三个物理学领域进行了深入的研究。张逢在文章中以附录的形式列出北平研究院原子与分子物理发文统计。孙洪庆梳理了 20 世纪上半叶我国的磁学研究人员取得的科研成果、发表的各类论著、译著等，重点介绍了叶企孙和施汝为的科研工作和论著，也列举了蔡柏龄在 1936—1949 年发表的论文 15 篇（论文题录）。白秀英调查统计了 1949 年前介绍爱因斯坦狭义相对论、广义相对论、宇宙学的相关原始期刊文献 135 篇，译著、专著、工具书、教科书、传记等 22 部，并以附录的形式在文末列出。

其他方面，陈诗中在 2010 年撰写的《抗战期间中国物理学家的工作及贡献（1937—1945）》提出抗战爆发，中国的物理学事业遭受重创。但当时的物理学家在极端恶劣的条件下仍坚持教学和科研，取得卓越成绩，并统计出在在 1937—1945 年间，西南联大的物理学家在各类学术刊物上共发表论文 108 篇，其中发表在国内刊物上 50 篇，发表在国外刊物上 58 篇。

四、结语

民国时期的物理学文献资料主要集中在图书和报刊上，更多的是翻译欧美各国的经典物理学著作，在学习西方物理学基础上，在国内进行了相关知识的传播和物理学的教育，作为知识载体的物理学书籍对继承物理学知识、传播物理学思想，构建物理学体系起到了重要作用。

第四章　民国时期儿童教育文献的整理与研究

　　根据现代的教育理念界定，儿童教育即是以零至十二岁的儿童为对象，为了促进其体、智、德、美诸方面顺利成长发展而施行的教育和培育等实践活动。儿童教育与"学前教育""幼稚教育""幼儿教育"以及"早期教育"等在概念界定上存在重叠，儿童教育文献指的是与这一年龄段"人的教育"相关的各类文献的总和。从学段层面观察包含初等教育、学前教育、婴幼儿教育。此外，从民国时期儿童教育权威研究机构中华儿童教育社"为纯粹学术研究机构，以研究小学教育、幼稚教育、家庭教育，注重实际问题，供给具体教材为宗旨"的表述来看[①]，还包含家庭教育这部分的内容。另外，经查证，民国乡村教育主要是指农村的基础教育，因此本报告也将其看作民国时期儿童教育的范畴。

　　中国的现代儿童教育源于清末，到民国时期进入探索、发展阶段。由于五四运动时期开创的多元文化环境，同时应当时社会的现实需要，加之国际、国内教育改革浪潮的推动，中国本土化的现代儿童教育体系也在逐渐确立。民国时期的一流教育家、文学家、艺术家、出版家等，怀抱着为民族下一代谋福祉的愿景，大专家乐于做"小儿科"，他们无一不是专心致志地高品味、高质量地做"小儿科"的事业，包括小学课本及参考资料的编撰、幼稚园读本、幼稚园教法用书，以及

---

① 张文超.中华儿童教育社研究（1929—1937）[D].保定：河北大学，2011.

儿童文学各种文体的编写和小朋友最喜欢的图画书的制作，都努力做到了当时的最高水平，甚至是与欧美发达国家接轨的国际水平。

因此，在五四新文化运动与新教育的合力作用下，上个世纪二三十年代我国的儿童教育事业及与之密切相关的教科书出版、学前教育编著与文论、童书出版、儿童文化艺术等都相当出色，被誉为日本"图画书之父"的松居直先生在《我的图画书论》一书中就写到："中国儿童书的出版在20年代就达到了相当高的国际水平，然而30年代以后却由于我国的侵略战争蒙受了毁灭性的打击，发展受到阻碍。"①

这些主要以当时商务印书馆、中华书局、世界书局、儿童书局为代表的重量级儿童书籍出版社精心策划组编及印制出版的文献集中体现了民国时期思想与实践"大师"们包括陶行知、陈鹤琴、沈百英、雷震清、郑振铎、丰子恺、王云五等我国杰出的幼儿教育家、儿童文学家、儿童艺术家、出版家的智慧创造和思维成果。

民国时期儿童教育文献从类型上主要可以分为图书、报刊、影视作品、政策法令文件、日记、讲演稿、论文集、试卷、纪念刊、写真等。从内容和用途上可分为学校教育相关文献、儿童文学及影视作品、儿童教育学术著作及文论、档案史料等。

一、民国时期儿童教育文献概述

（一）民国时期参与儿童教育文献的出版机构及其代表性出版物

1. 民营出版机构及其出版物

由于儿童教育内涵丰富，外延广泛，因此本文中凡与本概念搭界的出版物均在儿童教育文献范围内。民国时期参与儿童教育文献出版，且对学前教育思想传播做出较大贡献的主要出版社如表2-4-1所列。表中以斜体标示的出版社是其中的主力军。

---

① 王泉根. 做一个堂堂正正的中国人［N］. 中华读书报，2012-04-25（020）.

表 2-4-1　民国时期儿童教育类图书参与出版机构一览表

第一梯队	第二梯队	第一梯队	第二梯队
所在地	出版社名称	所在地	出版社名称
上海	商务印书馆	上海	新月书店
	儿童书局		华通书局
	中华书局		申报馆
	泰东图书局		联合书店
	大华书局		新国民图书社
	民智书局		现代书局
	神州国光社		光明书局
	黎明书局		长城书局
	世界书局		青年协会书局
	新中国书局		女子书店
	大东书局		新垦书店
	开明书店		耕耘出版社
	正中书局（上海分局）	天津	百城书局
重庆	正中书局（重庆分局）	南京	南京书店
			正中书局
		贵阳	交通书局
		桂林	天下书店

　　中华书局是民国教科书的主要出版商之一。建社初期，曾出版"中华教科书""新制教科书""新编教科书""中华女子教科书""新式教科书"等。二三十年代，中华书局又先后编写出版"新教材教科书""新教育教科书""新课程标准适用教科书""新小学教科书""修正课程标准使用教科书"等多套课本。除教科书之外，中华书局还出版了大量的儿童读物，如 1917—1932 年间出版 100 种根据中国古代历史、民间故事传说改编的《小小说》。1922—1934 年间出版"儿童文学"丛书 70 种，大多为中外民间故事、外国童话。1931—1934 年间，中华书

局出版"小学生"丛书，近 50 种，供小中低年级儿童阅读。1931 年起出版"我的书"丛书，120 种，包括童话、故事、诗歌、游记等。1936—1937 年间，出版《小朋友文库》，共 450 种，其中半数为儿童文学读物，并包括知识、美术、音乐、工艺劳作类等。1947—1948 年间，出版《中华文库小学第一集》，根据"小学各科副课本"、《小朋友文库》等丛书、套书重新组合，达数百种。

商务印书馆是晚清民国期间最大的教科书出版商，1904 年即出版"最新教科书"，中华民国成立后，又出版"共和国教科书"系列课本，影响力巨大。随民国时期形势的变化，商务印书馆又先后出版了"实用教科书""新法教科书""新学制教科书""新时代教科书""复兴教科书"等多套系列教科书。而且其出版的教科书涉及幼稚园到小学、中学、大学、职业学校、师范学校、补习学校等各级各类学校用书，覆盖面之广在当时是极为少见的①。同样，除教科书这一主要的出版领域外，商务印书馆在民国期间也曾出版大量优秀的儿童出版物。1921 年出版"儿童文学"丛书 18 种，包括儿童故事、奇人故事，均系根据传统故事改编；1924 年出版《少年百科全书》20 种，王云五主编。1933—1937 年间出版《小学生文库》，规模较大，共 500 种，综合性，品种齐全；王云五主编，叶圣陶、孙毓修、周建人等名家参加撰稿。1934—1935 年间出版《幼童文库》，共 200 种，以小学低年级为对象，与小学生文库相衔接。1947 年出版《新小学生文库第一集》，基本上根据《小学生文库》修订重印 200 种。

北新书局 1930—1934 年间出版"小朋友"丛书 30 多种，包含故事、神话、寓言、常识、珠算、游戏等。世界书局 1931—1937 年间出版《世界少年文库》，近 50 种，系儿童文学译丛，包括《安徒生童话集》等。中国儿童图书出版公司 1948 年出版《世界童话文库》，10 集，包括各国民间童话。儿童书局于 30 年代

---

① 王正瀚．商务印书馆、中华书局与教科书掌故［J］．检察风云，2014（15）：78—80．

出版"儿童科学"丛书，共 101 种[1]。

2. 儿童教育文献专业研究机构及其出版物

1929 年成立的中华儿童教育社是民国时期关于儿童教育的权威研究机构，其丰富多彩的教育实践活动和儿童教育理念是民国时期儿童教育事业领域的一颗明珠。它的前身为 1926 年成立的幼稚教育研究会，主要创办人是陈鹤琴和张宗麟，其出版物为《幼稚教育》。随着 1929 年 7 月 12 日中华儿童教育社正式成立，该杂志从第三期起更名为《儿童教育》（月刊），同为该社主要出版物的还有《儿童教育》丛书，包括《儿童初期教育》和《初期行为课程》两种。该社所办的各种儿童教育方面的会议、展览、会议研究成果等均通过《儿童教育》等社办系列刊物陆续出版，成为当时广大教育工作者及家长们的参考指导资料。中华儿童教育社每年举办一次年会，并出版年刊。《健康教育》是该社所办的第一期年刊。由上海大东书局 1933 年印发。全刊分为论著、报告、资料、儿童健康社记录案、展览会纪要、附录等几部分。

《儿童教育》和"儿童教育"丛书是陈鹤琴主持下的中华儿童教育社最重要的出版物和交流渠道。《幼稚教育》更名为《儿童教育》后，范围扩大到小学教育，不仅发表全国知名儿童教育专家的观点、论述，还向研究者提供具体教材供讨论之用。该刊成为全国教育学者和师范院校师生必修的课外读物，更由于作为新教育国际联盟中国支部机关刊物，经常刊登反映国际儿童教育研究最新成果的特点而广受欢迎，是三四十年代最富影响力的教育学术刊物之一。"儿童教育"丛书由知名教育家郑晓沧主编，选取国内外儿童教育名著进行编译、介绍，共计十余种，出版了《儿童初期教育》《儿童课程》《儿童文学》等。1936 年该社由商务印书馆发行关于儿童艺术教育和儿童心理学的研究著作《儿童绘画心理之研究》。1934 年 11 月，出版董任坚编译的《零到九：学算的第一步》，此书是关于如何对孩子进行数学教育的。关于教师教育和儿童文学教育方面的书籍有《前进的教育》

---

[1] 刘志伟.发现民国童书重拾民族传统［N］.中国出版传媒商报，2014-5-27（39）.

（（美）史密斯著；董任坚译，1935 年出版）及《神仙故事与儿童心理》（黄翼著，1936 年出版）。

中华儿童教育社还经常邀请国际国内教育界著名学者为社员举办演讲，并常常制作刊物专号进行发行或将这些演讲词编辑翻译后刊登在《儿童教育》上。

（二）儿童教育文献范围

1. 教材

也即属于学校教育所使用的儿童教育文献。包括小学及学前教育所使用的教科书、各种参考资料、教学大纲、习题集等。

2. 读物

儿童读物，即童书，包含以儿童为阅读对象的图书与报刊。儿童读物在儿童教育上的重要性不言而喻，民国时期龚宝善曾在《儿童读物论坛：儿童读物在教育上的价值》一文中阐述了"坏的读物固足增加儿童的困恼，但好的读物对于儿童是非常需要，而且可以担负起教育的使命，引导儿童走上正当的途径。其最显著的价值，约有以下几点：满足精神的活动；启发社会的情绪；建设优美的品行；养成自助的学习；调剂现实的生活"①。

需要提一下的是连环画这种形式的文献，也即通常被称作的"小人书"，因其出版定位主要面向的是少年儿童，其通俗直观的内容、深入浅出的道理一直是孩子们天然的启蒙教育读本，因此也是儿童读物的一种。

民国时期的儿童读物，既有各书局、出版社以及个人自发的编著，同时政府鼓励学校教师参与，并对儿童读物的类型做了一定的规定，如《中央法规——教育部奖励中心学校及国民学校教员编著儿童读物办法》，要求既要有儿童常识读物，又要有文艺读物，同时规定了读物材料的来源等。既有规定教材又有教材补充读物，包括儿童启蒙读物，儿童文学读物（《儿童文学丛书》），儿童科普读物

---

① 张红艳. 民国时期儿童读物的编著问题研究 [J]. 办公室业务，2017（15）：184—185.

（《儿童理科丛书》），儿童教辅读物（王云五主编的《中学国文补充读本》），儿童期刊以及工具书（如王云五专门为儿童缩编的《王云五小辞典》）等。

民国时期儿童读物类型大致上分为图书、期刊和报纸三类：

（1）民国时期儿童读物发行图书类别方面，既有单行本图书，又有丛书。如商务印书馆出版了大量符合儿童心理、能够吸引儿童阅读兴趣以及培养儿童自学能力的儿童丛书，除前文提到的几种之外，比较有代表性的还有《童话丛书》《儿童文学丛书》《少年史地丛书》《儿童世界丛刊》等。其他如大东书局的《学生文艺丛刊》、中华书局的《儿童文学丛书》《学生文学丛书》，开明书店的《世界少年儿童文学丛刊》等。这些大型的儿童丛书可以说是 20 世纪 30 年代童书建设的丰富遗存，也是儿童文学存在的重要载体[①]。

（2）儿童期刊是儿童读物的又一主要类别。民国时期儿童刊物的出版景象堪称繁荣。各出版社所办刊物最多时达到二百种左右。民国时期比较有代表性的儿童刊物主要有《儿童世界》《小朋友》《儿童画报》《儿童文学》《少年良友》《小宝宝》《儿童教育画》，最有影响力的为商务印书馆所办的《儿童世界》和中华书局所办《小朋友》，此外还有《新儿童》《儿童福利》《新儿童杂志》《儿童半月刊》《北宁儿童》《时代儿童》《镇海儿童》《儿童故事月刊》《儿童知识》《中级儿童杂志》《中国儿童》《儿童世界》《中国急救战区儿童联合委员会工作报告》《中国童子军半月刊》《童军导报》《难童教养》《中华童子界》《中国童子军总会公报》《孩子们》《保师附小校刊》《贵师附小校刊》《江苏省立第三师范附属小学校月刊》《小学教育》《战时小学教育》《小战士》《小学与社会》等。这些民国时期的儿童期刊资源在中国国家图书馆网站均提供在线阅读和截屏下载获取利用服务[②]。

---

① 胡丽娜.儿童文学的返观与重构——基于当下民国童书开发的思考［J］.中国出版，2013（11）：24—26.

② 裴洁.开放获取环境中的民国时期儿童历史文献资源——以图书期刊报纸绘画文献资源为例［J］.科技创业家，2013（02）：255—256.

（3）民国时期的儿童报纸也不少，如《大公报·家庭儿童周刊》，北京《晨报副刊》创办《童报》，《时事新报·学灯》副刊辟栏儿童教育版块。其他还有：《京报》的《儿童》周刊，《晨报副镌》的《儿童世界》，《世界日报》的《儿童》，《民国日报》的《儿童》周刊，《申报》的《儿童周刊》等。从20年代开始，全国主要报纸几乎都开辟了与儿童有关的副刊，除上所述，还有《大晚报》《正言报》《立报》，南京的《中央日报》，汉口的《武汉日报》和各省的《民国日报》等。

3. 专著及刊物文论

儿童教育理论与实践的专著及刊物文论。包含儿童心理学、学前教育、初等教育、家庭教育。

（1）民国时期儿童教育类专著

民国时期出版的儿童教育思想编著数量较多，仅学前教育类编著就有465种[1]，在此仅选取各分域部分著作书目列表展示。表2-4-2为民国时期儿童教育思想专著选目。

表2-4-2 民国时期儿童教育论著选目

儿童教育分域	题　名	责任者
儿童心理学	《实用儿童心理学讲义》	朱光，杨保恒著
	《儿童心理学纲要》	艾华编
	《儿童心理学》	（德）高五柏著；陈大齐译
	《儿童心理之研究》	陈鹤琴著
	《儿童心理与兴味》	葛承训著
	《儿童心理问题指导》	全国儿童年实施委员会儿童问题咨询处编
	《幼儿心理学》	V.Haglitt 著；宋桂煌译

---

[1] 朱季康.民国学前教育思想编著、期刊文论的计量与分析［J］.学前教育研究，2012（04）：57—63.

（续表）

儿童教育分域	题　名	责任者
学前教育	《幼儿教育论文集》	陈鹤琴，陶行知等著
	《儿童教育原理》	（英）罗素著；谢曼译
	《初期儿童教育》	（美）Pickett，Boren 著；董任坚译
	《孩童的心理教养法》	（美）华生著；惠迪人译
	《现代儿童教养研究》	刘百川，萧世杰编著
	《儿童应有的教育》	曾绣香著
初等教育	《初等教育概论》	吴研因，吴增芥合编
	《基本教育》	吴研因，叶岛著
	《初等教育》	俞子夷主编
	《普通教育》	杜佐周，姜琦著
	《前进的教育》	（美）E.R.Smith 著；董任坚译
	《初等教育》	张伸编
	《初等教育》	吴增芥著
家庭教育	《家庭教育》	陈鹤琴著
	《家庭教育》	范铨，汪静庐著
	《家庭教育与学校》	熊焘高著
	《家庭教育之理论与实际》	黄觉民编
	《家庭教育与儿童》	徐松石著
	《儿童和母亲》	裘祝三等著
	《父母学》	（美）A.H.Arlitt 著；张官廉译

参考资料来源：北京图书馆编《民国时期总书目（1911—1949）：教育·体育》。

（2）儿童教育刊物文论

民国时期发表的学前教育思想文论体量庞大，仅学前教育这部分就达到两千余篇。这些探讨儿童教育问题的文章除了主要刊登在专业的儿童教育刊物如陈鹤琴主办的《儿童教育》、郑振铎主办的《儿童世界》等之外，还大量刊登在《教育杂志》《教育世界》《中华教育界》《学部官报》《北约学报》《教育研究》《教育季刊》《教育月刊》《生活教育》《活教育》等综合性教育刊物上。此外，其他综合性报刊也经常登载此类文章，如《东方杂志》《申报》《时务报》《国闻周报》《中西教会报》等。还有妇女期刊也是儿童教育思想文论的重要阵地，如《福建妇女》《新女性》《妇女杂志》《现代妇女》《职业妇女》《甘肃妇女》《江西妇女》《妇女与儿童》等。

4. 政策法令文件

与儿童教育相关的政策及法令，如家庭教育方面有《家庭教育重要法令》（教育部社会教育司编），初等教育方面有《小学教育法令大全》（沈彭年编）、《修正小学规程》（教育部编）、《初等教育法令汇编》（庐山暑期训练团编）、《高等小学校令施行细则》（洪宪元年京师学务局编）。

5. 档案资料

幼稚园、小学校史、儿童福利机构、儿童活动中各种工作数据、会议记录等均属此类。

6. 影视作品

在新文化运动中，随着人们对于儿童的"发现"与当时社会的客观现实，儿童教育问题成为当时国产电影表现的重要主题。1923年明星影片公司拍摄《孤儿救祖记》后，《苦儿弱女》（1924）、《好哥哥》（1925）、《弟弟》（1924）、《小朋友》（1925）等一系列社会问题片相继推出。在这些影片中，儿童问题无一例外被强调要提到议事日程上，声声呼吁引起社会重视。一些有教育作用的儿童片直接进入学校的课程安排。如南京市中山门简易小学等四所小学在课间组织孩子们观看《飞鸟之家》《肥皂》《牙齿之保护》《血液之循环》等教育电影，并在播放间隙由老师进行简要说明和引导。民国时期儿童教育电影中的优秀作品《小天使》被称为"中国第一版崭新的教育片""最有力的一部儿童教育片"。

1936 年上映的《迷途的羔羊》具有很深的政治意识，可视作电影人立足"儿童教育"领域提出的重要时代命题。

配合儿童教育电影的播放，还有相应的儿童电影教育读物，向儿童普及电影常识。比较有代表性的读物有：徐应昶编著的《活动影戏》（"小学生文库" 1934 年版），沈西苓、凌鹤编著的《电影浅说》（1936 年版）。

二、民国时期儿童教育文献整理

（一）影印

（1）单种文献重版或影印

目前查到的单种单册民国时期儿童教育文献影印整理信息较少。如：

1989 年岳麓书社出版周作人所著《儿童文学小论》。

2014 年长江少年儿童出版社分上、下册影印出版陈鹤琴的《儿童心理之研究》。

海豚出版社分别在 2013 年和 2017 出版丰子恺等著《儿童漫画》和《儿童相》。

（2）汇编影印

2007 年，全国图书馆文献缩微复制中心出版发行汇编影印丛书《中国文献珍本丛书》中的《民国画报汇编》，其中第九—十辑《港粤卷　儿童乐园》、第十五辑《北京卷　生生画报　儿童科学画报》及第十一—第二十五辑《上海卷　儿童画报》均包含了儿童方面的画报。

2011 年黄山书社出版中国国家图书馆编《辛亥革命典藏连环画》（套装全 3 册）》，包括《国父的幼年》《十次革命》《辛亥革命》，此为纪念辛亥革命 100 周年，缅怀革命先辈，发扬革命精神，国家图书馆特自馆藏珍品中遴选出辛亥革命系列连环画进行合集影印。

海豚出版社用力甚多，大有民国童书代言者的意味。秉持连接文化断裂、钩沉百年文学的理念，海豚出版社近年来推出了一系列民国童书。

2011 年开始陆续推出了《幼童文库》。

2012 年 2 月，海豚出版社由台湾商务印书馆授权出版徐应昶主编的幼童文库出版七十七周年纪念版《幼童文库》（专著）。精装版从 200 种书中精选 30 种，进行合订，按照人物故事和动物故事，分为上、下册。

2012 年 3 月，海豚出版社出版《幼稚园教育丛书》影印版。《幼稚园教育丛书》是我国最早的一套幼儿教育理论专著。包含《幼稚园教材研究》《幼稚园的管理》《幼稚园的卫生教育》《幼稚园的自然》《幼稚园的演变史》等。编著者沈百英、张宗麟、陈济芸、雷震清、梁士杰、葛承训和宗亮寰等，均为近百年来我国优秀教育家。他们阐释的"儿童本位论"等学说，对于我们今天的幼儿教育工作，仍然有极大的启发性和借鉴意义。

2012 年 4 月，海豚出版社出版《百年钩沉——民国儿童教育大系》，包括《儿童文学读本》（8 册，由商务印书馆在上个世纪 20 年代出版，作者来自于一代出版名家张元济创办的尚公学校以及江苏第一师范小学，其中包括沈百英、吴研因等教育名家）。还包括《儿童智识丛书》（4 册）、《幼稚生工作簿》（3 册）、《幼稚园的社会》、《幼稚园工作一百六十组》（4 册）、《手影术》等内容。这些图书几乎囊括了民国期间幼稚园教育的三个重要方面：一是幼稚园读本，包括课堂内外的课本、读物及教辅读物（故事、童话、寓言、儿歌、基础常识知识、课外练习等）；二是幼稚园教育理论；三是幼稚园教法用书，包括各科目教案、相关教具和实践操作应用等。

2012 年 11 月，海豚出版社对 20 世纪上半叶著名出版家、教育家王云五、陈鹤琴、沈百英等人组织出版的经典儿童读物进行搜集、整理和筛选，精选出《儿童教育理论》《儿童智识》《生活课本》《学前课本》《中国第一套经典原创儿童绘本》《儿童课外读物》六套经典丛书，构成"百年经典——儿童知识宝鉴"系列儿童读物，共四十三本。同月，海豚又出钩沉百年文学的后续之作《百年经典·海豚儿童文学集成》^①，内容来源主要为民国时期的儿童文学丛书:《小朋友文库》《儿童文学丛书》《儿童世界丛刊》《儿童文学读本》《我的书》等。其中《小朋友文库》是吴研因、叶圣陶、黎锦晖、吴翰云、王人路等人编辑的大型儿童百科全书，以扩大小学生的知识视野和训练技能为编辑旨趣，目标读者为小学各年级的学生，分为初级、中级、高级三种，共计 450 册。《百年经典·海豚儿童文学集成》汇集了童话、儿歌、故事、小说、诗歌、谜语、笑话等多种儿童文学体裁，囊括了叶圣陶、黎锦晖、赵景源、吕伯攸、吴翰云、沈百英、徐应昶、吴研因、王人路、董纯才等儿童文学作家、编辑、翻译家的重要作品，其中很多都是现有儿童文学研究关注不多、不甚深入甚至尚未触及的，如陈醉云、吴克勤、向牟等。这些丰富且重要文献的出版，对于丰富民国时期儿童文学的历史面貌有积极意义。

2013 年，海豚出版社出版《中国儿童文学经典怀旧系列》，收录了中国现代文学史（1919—1949）上具有重大影响的儿童文学作品。收入本丛书的作家和作品代表了中国现代儿童文学的实绩，当中大多数作家还是成人文学领域的文豪、大师。所选择的版本为民国原版或其他好的插图版本。

2014 年 4 月，海豚出版社出版《儿童世界丛刊》全套四册，此丛书系当年商务印书馆在《儿童世界》的基础上精选杂志优秀作品，印行的一套图文并茂的儿童读物。内容涵盖神话、故事、小说、童话、书信、寓言、日记、小常识等。此次汇编再版情况为:《儿童世界丛刊:列地狐历险记》收录《列地狐历险记》《猎猩猩记》、《儿童世界丛刊:童子军智囊》为《童子军智囊》与《童子军智囊中册》合集、《儿童世界丛刊:我们的寓言》收录《我们的寓言》《我们的书信》《我们的日记》、《儿童世界丛刊:希腊神话》收录《希腊神话》《秋山红叶》

---

① 胡丽娜.儿童文学的返观与重构——基于当下民国童书开发的思考［J］.中国出版，2013（11）：24—26.

《童话第四集》。

2015 年，海豚出版社又出版《幼童文库合集》共十五卷。

此外，还有民国时期儿童老日记。（北京）华文出版社 2012 年出版吴珮瑛著《民国乡村小学生的日记》，收录了 20 世纪 30 年代初期 5 位普通乡村小学生的日记。这些日记最大的特点是用儿童的语言记述儿童真实的生活。虽然每篇日记的篇幅不多，却极其真实，充满趣味，无一丝一毫的造作。这些日记中既有儿童的天真烂漫、农村的田园风光、学校与家庭生活的其乐融融，也有对贫苦农家生活的描述，以及对民族危机和动荡时局的亲身感受。

2016 年，福建教育出版社出版《民国万象》丛书，内收录民国时期儿童游戏调查研究报告《民国乡土儿童游戏》。

（二）资料汇编

（1）专门性的儿童教育文献汇编

1992 年，少年儿童出版社选择《小朋友》杂志从 1922 年到 1992 年刊登过的优秀作品，重新集纳在一起出版发行，题目书名为《长长的列车——〈小朋友〉七十年》。

1996 年，少年儿童出版社出版《文学大师和儿童文学丛书》，包含《郑振铎和儿童文学》《黎锦晖和儿童文学》《叶圣陶和儿童文学》《鲁迅和儿童文学》《郭沫若和儿童文学》《茅盾和儿童文学》等。

2013 年全国图书馆文献缩微复制中心汇编影印出版《民国少儿教育文献汇编》（全 20 册），编辑有 20 余种民国时期少年儿童教育文献。

同年，海豚出版社出版了吴士农编《民国小学生获奖创作集》（1—5 集），此书是民国时期中华书局出版的《创作集》系列汇编而成，收录了《小朋友》杂志中小学生原创的小说、故事、诗歌、童话、寓言、剧本、笑话、谜语等各种体裁的作秀作品，内容短小有趣，积极向上；语句通俗流畅，情节曲折生动，适合小学生阅读欣赏。

2013 年，"国家图书馆藏珍贵文献出版工程"由天津教育出版社出版《民国儿童画报选编》（国家图书馆少年儿童馆编），分为寓言故事、历史传说、儿童趣事、儿童歌谣、彩色童话、自然常识、手工手绘、行为习惯、智力游戏、游戏活动等分册。

2014 年 7 月，海豚出版社整理出版《听爷爷讲故事：民国儿童启蒙读本》（套装共 8 册）系列图书。收录了民国期间的儿歌、童话、神话等内容。本套书采取分级阅读的形式，难度由浅入深，包括儿歌、谜语、故事、小短剧等，图文并茂，适合幼儿园和小学的孩子阅读。

2017 年，北京联合出版公司出版《儿童国学晨诵·午读·暮省系列》，以经典民国课本为范本，精心遴选了适合当下涉及品性德行、自然生活、童谣故事等方面的内容。

同年，中国国际广播出版社（北京）出版冉之选编的《当故事来敲门：民国儿童故事集》，本书从民国时期流行的儿童故事中精选出数十篇生动有趣且寓意深刻的故事，涵盖童话、神话、寓言、传说等。

2018 年 7 月，中央编译出版社出版《百年学前教育文库》，主编熊伟、黄彦震。该丛书共八辑 65 册，收录了清末以来近百年间在中国出版的有关学前教育的著述、译著以及应用类著作 204 种，涉及学前教育基本理论、学前教育课程论、学前教育教学法、特殊儿童教育、儿童心理、儿童语言、学前教师教育、社会教育（家庭教育）、学前教育管理等诸多学科，多角度、多层次地展现了中国近百年学前教育领域整体学术演绎的综合面貌，是目前（截至 2018 年 7 月）首部学前教育专业大型综合文献丛书。也是当前学前教育界研究近现代专业学术的珍稀历史文献资源总库。

儿童教育文集方面主要有：

《张宗麟幼儿教育论集》，张宗麟著，张沪编，湖南教育出版社，1985 年 8 月出版。

《陈鹤琴教育文集》（上），陈鹤琴著，北京出版社，1983 年 12 月出版。

《陈鹤琴教育文集》（下），陈鹤琴著，北京出版社，1985 年 12 月出版。

《陈鹤琴全集》，陈鹤琴著，江苏教育出版社，2008 年 8 月出版。

《中国学前教育史资料选》，中国学前教育史编写组编，人民教育出版社，1989 年 6 月出版。

《陈鹤琴与现代中国教育》，黄书光著，上海教育出版社，1998 年 4 月出版。

（2）综合性的教育文献汇编

以下所列综合性教育文献资料汇编中或多或少包含或收录了儿童教育部分。

1988—1992 年间，四川教育出版社出版胡晓风、龚思雪主编的《生活教育研究资料丛书》。其中《为中国教育寻觅曙光》（陶行知著，李定开编）记录了晓庄的活动和有关人士的反映，是研究陶行知生活教育（包含儿童时期教育）的珍贵资料；《生活教育十讲》（叶上雄主编）全面论述了生活教育的含意实质、理论体系、形成发展以及陶行知在生活中实施全面发展教育、整体育人的论述和实践经验；《陶行知佚文集》（陶行知著）收有作者的论著、诗歌及题词、书信等作品；《南京儿童自动学校十年努力记》（胡同炳著）内容主要是反映以南京儿童自动学校为代表的民国南京小学校史。

《不得不看的世界经典漫画》由四川少年儿童出版社 2003 年出版，其中包含《子恺漫画》及《三毛》等民国时期漫画作品集。

《（民国）教育部文牍政令汇编》由全国图书馆文献缩微复制中心 2004 年出版，共 6 册。

《中国近代教育史料汇编·民国卷》由全国图书馆文献缩微复制中心 2006 年出版，共 16 册。

《中国近代教育史资料汇编》由上海教育出版社 2007 年出版。

《民国教育统计资料汇编》（王燕来选编）由国家图书馆出版社 2010 年出版，共 30 册。

《民国教育统计资料续编》（王燕来，谷韶军辑）由国家图书馆出版社 2012

年出版，共 25 册。

《民国乡村教育文史资料汇编》由全国图书馆文献缩微复制中心 2013 年影印出版，共 11 册。

《民国时期出版史料汇编》（吴永贵编）由国家图书馆出版社 2013 年出版，其中所收王人路的《儿童读物的研究》（中华书局 1928 年版），对当时的儿童读物进行了全方位的研究[①]。

《民国教育史料丛刊》（李景文，马小泉主编），大象出版社 2014 年出版。内含民国时期质量较高的中小学教材（教科书、教学法、课程标准）。

2014 年由福建教育出版社出版的李文海主编《民国时期社会调查丛编（二编）文教事业卷 4》汇编了民国时期儿童年龄、心理、课外读物、阅读兴趣等多个方面的研究资料，内容丰富，具有重要的学术参考价值。

《民国乡村教育文献丛刊》（杜成宪主编），由国家图书馆出版社 2014 年 12 月出版，共 28 册，本书收录了民国时期有关乡村教育的文献 79 余种，分为五部分。一为乡村教育理论；二为乡村教材；三为乡村教师；四为乡村办学；五为乡村教育研究。这些文献的出版时间从 1923 年到 1948 年，从各个方面反映了民国时期的乡村教育状况。

《中国近现代教育资料汇编》（1900—1911），海豚出版社 2015 年出版，全140 册。2016 年该社又出《中国近现代教育资料汇编》（1912—1926）全 300 册，2017 出版《中国近现代教育资料汇编》（1927—1935），内有很多小学教科书及儿童教育相关资料。

2017 年，国家图书馆出版社影印出版《民国乡村教育文献丛刊续编》。

（三）目录整理

1968 年，台湾"中央图书馆"编《中华民国儿童图书总目》，书末附"书

---

① 李红霞.民国时期《幼童文库》的编辑出版研究［D］.武汉：华中师范大学，2017.

名索引"。

商务印书馆 1981 年版《商务印书馆图书目录（1897—1949）》及中华书局 2012 年版《中华书局百年总书目（1912—2011）》，将儿童读物进行了分类整理，分条列出。

1985 年，上海图书馆编《上海图书馆馆藏中文报纸副刊目录（1898—1949》，内有民国时期儿童教育方面的部分资料。

1991 年 6 月，四川少年儿童出版社出版韦苇等撰写的《儿童文学辞典》，附录中有中国儿童文学大事记（1900—1986），外国儿童文学大事记（公元前 6 世纪—2986 年），儿童文学理论书籍及资料集目录索引（1923—1988）。

书目文献出版社 1986—1997 年陆续出版北京图书馆编《民国时期总书目（1911—1949）》全套，其中《民国时期总书目（1911—1949）：教育　体育》分册及《民国时期总书目（1911—1949）：中小学教材》分册包含大部分本报告所指儿童教育文献目录。后者收录文献以人民教育出版社图书馆馆藏为主，另根据查重情况补充北京图书馆、北京师范大学图书馆、上海辞书出版社图书馆的部分馆藏，共包括清末民国时期 4700 余种主要教材，其中包括 1940 年代后期革命根据地的课本①。

2002 年，北京师范大学出版社出版《师范学校及中小学教科书书目》（清末至 1949 年），全书 2616 个条目，收录北京师范大学图书馆馆藏清末民国时期中小学教材若干种。

2010 年，上海辞书出版社出版王有朋主编《中国近代中小学教科书总目》，"是迄今为止收录教科书数量最多的馆藏联合目录"。全书 9149 个条目，收录文献为 17 个收藏单位的馆藏老教材。

2013 年 12 月国家图书馆出版社出版王志庚主编的《民国时期连环图画总目》，对国家图书馆馆藏民国连环画进行全面整理，收录民国时期的连环图画，

---

① 唐燕明.略谈百年中小学教科书的收藏与清点［N］.中华读书报，2012–07–18（014）.

共计 13895 种，其中国家图书馆收藏的文献目录 8291 种，来自文献附录和其他馆藏文献目录 5604 种①。

（四）数据库

目前尚未查询到民国时期儿童教育方面的专门数据库。这些文献被收录在已建成的一些教育专题数据库和综合性数据库以及某些专题数据库中。

（1）教育类数据库

主要有上海师范大学图书馆自建数据库《民国教育期刊全文数据库》。其中可查询到大量儿童教育类文章。包括本馆所藏民国教育期刊与非教育期刊所登载的儿童教育文论。北京师范大学图书馆自建"北京师范大学图书馆解放前师范学校及中小学教科书全文库"，内含小学教科书若干种，此库现仅供本校师生使用。人民教育出版社自建《中国百年中小学教科书全文图像库》，收录清末至 2000 年间国内出版的教科书 53000 余册，其中民国时期中小学教科书 8100 余册（其中解放区 453 册）。

（2）综合类数据库

如上海图书馆《晚清期刊全文数据库》和《民国时期期刊全文数据库》，该库收录《儿童世界》《小朋友》《好朋友》《儿童世界画报》等若干种民国时期儿童刊物以及教育类刊物。《大学数字图书馆国际合作计划（China Academic Digital Associative Library，CADAL）》项目数据库包含民国时期文献子库。从此渠道可获得若干民国时期儿童教育文献线索或内容。

（3）专题数据库

目前查到有两个相关资源。其一为忆库民国时期儿童画。忆库是由南京大学人文类专业学子在南京联合创办的，其民国文化方面研究涉及民国时期儿童画资

---

① 民国时期连环图画总目［EB/OL］.https：//baike.baidu.com/item/ 民国时期连环图画总目 /16234192，2016–12–12/2018–8–5.

源，包括水彩画、蜡笔画和黑白画①。其二为方正艺术图片库，包含有大量民国时期儿童图画图片、儿童图书封面图片等图片资料。

（五）缩微制品

全国图书馆文献缩微复制中心从80年代开始陆续出版发行了一批民国时期儿童教育文献缩微复制品。通过检索国家图书馆馆藏目录，得到若干符合条件的文献目录，下表为部分文献目录摘录：

表2-4-3　全国图书馆文献缩微中心出版民国时期儿童教育文献缩微品目录摘录

年　份	责任者	文献名称	主题词及属性
1987	胡叔巽编辑	《儿童晨报》	连环画—社会生活
1988	叶圣陶编	《开明少年》	儿童文学
1988	潘予且编	《少年周报》	少儿读物
1989	陈征帆编	《现代父母》	儿童教育
1989	儿童杂志社编	《中级儿童杂志》	儿童读物
1989	马客谈编	《儿童福利》	民国时期儿童福利
1989	陈鹤琴编	《儿童知识》	儿童读物
1989	不详	《中国儿童时报》	儿童文学—知识普及—新闻
1989	何公超编	《儿童日报》	儿童文学—教育—社会生活
1991	王成发等著	《儿童福利工作人员会议特刊》	会议资料—演讲集
1991	何公超编	《小国民》	儿童读物
1992	少年中国学会编辑	《会务报告》	少年儿童组织
1992	广西省政府社会处编辑	《广西省儿童福利研讨会专刊》	儿童福利

---

① 裴洁.开放获取环境中的民国时期儿童历史文献资源——以图书、期刊、报纸、绘画文献资源为例［J］.科技创业家，2013（02）：255—256.

（续表）

年　份	责任者	文献名称	主题词及属性
1992	不详	《儿童日报》	政治—新闻—社会生活
1992	言心哲主编	《儿童与社会》（1948）	儿童教育和儿童福利
1993	洁灵主编	《儿童半月刊》	儿童启蒙教育刊物
1993	海盐编	《儿童画报》	儿童读物
1994	广东省社会处育幼院编辑	《广东省社会处育幼院院刊》（1946）	幼儿教育—幼儿园—广东
1994	国立中央大学师范学院附属小学，首都国民教育实验区编辑	《国民教育》	初等教育
1994	中国儿童报社编辑	《中国儿童》	反映民国时期中国儿童生活的资料
1994	郑振铎编	《儿童世界》	儿童文学
1994	儿童杂志社编辑	《儿童杂志》	文学—儿童
1994	集美初等教育界编辑委员会编	《初等教育界》	儿童教育
1994	上海市第二届夏令儿童健康营编	《上海市第二届夏令儿童健康营营务旬刊》	初等教育—上海—课外活动
1995	俞子夷主编	正中儿童	儿童读物
1995	徐应昶主编	《儿童世界》	儿童文学
1995	儿童科学杂志社编辑	《儿童科学杂志》	儿童科学杂志社
1995	胡叔异主编	《高级儿童杂志》	儿童读物
1995	南宁实小儿童良友社编辑	《儿童良友》	教育—小学—教材—参考书—儿童读物
1995	中国科学化运动协会北平分会儿童科学画报编辑部编辑	《儿童科学画报》	儿童读物—科普知识—画报
1996	唐现之主编	《儿童教养》	教育—儿童福利

（续表）

年　份	责任者	文献名称	主题词及属性
1997	集美初等教育界编辑委员会编辑	《集美初等教育界》（1930—1935）	初等教育—儿童教育
1999	晓庄实验乡村师范学校编辑	《儿童教育》（1928—1937）	儿童教育期刊
2001	河北省教育厅第三科编	《河北省会儿童节扩大庆祝会报告》	儿童—节日—史料—河北
2003	香山慈幼院编	《香山慈幼院儿童习礼，劳动，治家法》	孤儿院—北京—民国—资料
2007	国立浙江大学文理学院教育学系编	《第一儿童节纪念刊》	儿童—节日
2007	刘梦兰编著	《儿童图书馆概况》	小学—学校图书馆
2007	广东新会城仁寿路景堂图书馆编	《儿童阅读指导：纪念儿童年》	图书馆—儿童阅览室—广东
2008	陈品琼编辑	《儿童用书目录》	商务印书馆—出版发行目录
2008	上海新中国书局编	《儿童图书》第一集，目录	儿童读物—出版发行目录
2008	国立北京师范大学附属小学校儿童图书馆编	《国立北京师范大学附属小学校儿童图书馆的概况》	小学—学校图书馆
2008	北平市立第一普通图书馆编	《北平市立第一普通图书馆儿童节纪念册》	市级图书馆—北京
2009	不详	《儿童读物目录》	儿童读物—推荐书目
2009	计志中（等）主编；上海新中国书局编	《儿童图书第一集目录及样本》	儿童读物—出版发行目录
2009	陈鹤琴，钟昭华编	《南京鼓楼幼稚园儿童生活写真》	幼儿园—南京
2009	顾道敏主编	《江苏省立苏州图书馆儿童图书目录》	儿童读物—图书馆目录—省级图书馆

（续表）

年　份	责任者	文献名称	主题词及属性
2009	吴谨心编辑	《广州特别市立第三小学校儿童图书馆六周年纪念特刊》	小学—学校图书馆
2009	南京市立图书馆编	《南京市立图书馆儿童书目》	儿童读物—图书馆目录
2010	南京市立救济院编	《南京市立救济院儿童节特刊》	社会救济—纪念文集
2010	胡祖荫主编	《民国廿六年儿童年鉴》	1937—年鉴
2010	董焜藩，董广英拟	《创建中国儿童健康实验站计划大纲初稿》	儿童—健康—卫生工作
2010	江西省儿童年实施委员会编	《江西省儿童年实施委员会报告》	少年儿童运动—江西
2010	钱弗公（等）编	《中国儿童年实施法》	少年儿童运动
2010	浙江吴兴县私立绉业小学购献中华儿童机特刊编辑部编	《中华儿童机特刊》	校外活动—小学—资料—湖州
2010	国立北平师范大学附属第一小学编	《儿童节纪念册》	小学—北京
2010	上海儿童保育会编	《上海儿童保育会一览》	儿童保育事业
2010	中华儿童教育社编	《中华儿童教育社社员录》	人名录—学前教育
2010	上海市小学教师联合进修会编辑	《儿童创作成绩展览会特刊》	学习成绩—小学
2010	中国急救战区儿童联合委员会编	《一年来之急救儿童工作》	儿童—社会救济—工作
2010	桂林儿童教养院编	《振济委员会桂林儿童教养院周年纪念特刊》	儿童保育事业—资料—桂林
2010	中华平民教育促进会编	《农村幼童会开会纪要》	儿童教育—学前儿童
2010	上海儿童福利促进会编	《上海市社会福利机关要览》	社会福利事业—概况
2010	中国急救战区儿童联合委员会贵州分会编	《一年会务汇报》	儿童—社会救济—工作

（续表）

年　份	责任者	文献名称	主题词及属性
2010	中国急救战区儿童联合委员会贵州分会编	《最近三个月之会务》	儿童—社会救济—联合会—贵州
2011	航空委员会防空总监部民防处编	《儿童防空讲演》	民国儿童读物
2012	洪式闾著	《破坏农村经济与减低儿童智能的寄生虫》（民国二十二年十一月在国立北京大学讲演）	寄生虫—影响—儿童—智力
2014	儿童教育社编	《儿童教育社概况》	学前教育—教育组织机构—概况
2014	国立北平师范大学附属第一小学编	《儿童节纪念册》	小学—北京
2014	国立北平师大附属第一小学儿童图书馆编	《国立北平师大附属第一小学儿童图书馆概况》第一期	小学—学校图书馆—概况
2015	上海救济难民儿童教养院刊物编辑委员会编辑	《上海救济难民儿童教养院丛刊》——九	难民—儿童保育事业—上海
2015	社会部北碚儿童福利实验区统计室编	《社会部北碚儿童福利实验区统计报表》——第二号	儿童福利—实验区—统计表—北碚区
2015	山东省政府教育厅编	《山东省会区民国三十年儿童节专刊》	儿童—节日—山东—1941—纪念文集
2016	杨彬如编	《儿童自治施行实况》	小学生—自我管理—上海
2016	河南省儿童年实施委员会编	《河南省儿童年实施委员会报告》	少年儿童运动—工作报告—河南
2016	善后救济总署冀热平津分署编	《善后救济总署冀热平津分署一年来之儿童福利工作》	儿童福利—工作—华北地区

三、民国时期儿童教育文献研究

（一）研究著作

根据查询检索得到的结果，对民国时期儿童教育文献的研究著作主要有2010年上海少年儿童出版社出版的《上海少年儿童报刊简史》（简平著），本书详细梳理和勾勒了130多年间上海少年儿童报刊的发展历程。提供了从1875年中国第一本少儿刊物在上海创办的历史线索，也论述了各个历史时期在全国具有重要影响力的少儿报刊及其创办者的个案，还介绍和分析了21世纪上海乃至全国少儿报刊的繁荣局面与存在的问题。全书史料丰富、脉络清晰、叙述简洁，是一部研究我国少儿报刊和儿童文学的重要专著。

2011年福建人民出版社出版吴永贵著《民国出版史》，内有一节介绍了民国时期儿童读物的整体情况。

北京师范大学出版社2011年出版张心科所著《清末民国儿童文学教育发展史论》，该书厘清了清末民国时期儿童文学教育发展的脉络，阐述了儿童文学课程和教学的特征，总结了其内在演变规律，并对目前的儿童文学教育提出了很好的建设性方案。

2012年11月海豚出版社又出版该作者的另一部著作——《民国儿童文学教育文论辑笺》，收录了民国时期著名教育家、学者关于语文教育、儿童文学教育的论文，均由张心科编选、点评。

2013年，上海少年儿童出版社出版彭斯远所著《〈小朋友〉90年》，作者以充满感情的笔触，为《小朋友》杂志立传，从它的历史沿革出发进行了细心的梳理，可为以后研究中国儿童杂志的发展提供重要史料。

2015年，太原希望出版社出版王泉根著《民国儿童文学文论辑评》，该书分上、下两册，编选的是20世纪初叶至中华人民共和国成立以前四十余年间中国现代儿童文学史上具有一定文献价值与参考价值的各种代表性理论批评文字。本书不是简单的资料汇编，而是按照中国现代儿童文学理论批评史的纲要评选的专门性书籍。全书按文论的不同内容性质分为七个专辑：（1）儿童文学理论建设；（2）儿童文学问题论争；（3）儿童文学的教育推广；（4）中国儿童文学发展史论；（5）儿童文学文体研究；（6）作家作品与书刊评论；（7）外国儿童文学评介。对所选每篇文章编著者均写了简要的"砚边小记"。

2016年，张梅所著《晚清五四时期儿童读物上的图像叙事》由中国社会科学出版社出版，本书从晚清五四以来的蒙学读物、儿童书籍、刊物、报纸、近代教科书等刊物中抽取典型文本，考察图像叙事如何在晚清儿童读物中兴起，并改变了儿童文学的呈现方式和阅读方式，同时也考察了图像中的"童年"如何深刻影响着成人社会对"童年"的普遍假设等问题。

（二）研究论文

通过检索"中国知网"的中国学术期刊网络出版总库、优秀硕博士学位论文全文数据库、维普期刊库、万方期刊库，以篇名"民国"AND 主题词"儿童"为检索词进行查检，同时再以篇名"儿童"AND 主题词"民国"为检索式进行查检，在两次的检索结果合并去重的基础上，通过筛选题目和摘要，获得46篇符合"民国时期儿童教育文献"主题的相关学术论文。其中研究生学位论文11篇，期刊论文33篇，报纸论文2篇。内容主要集中在儿童教育文献的出版、儿童教育教材研究、儿童刊物研究、儿童教育文献内容构成元素及外部装帧研究、文献获取、译介作品等方面。

1.民国时期儿童教育文献出版方面

贾鸿雁《民国教育丛书出版述略》一文论述了民国时期高等教育丛书、少年儿童丛书、普及教育丛书、时事教育丛书四大类教育丛书的出版情况及其社会教育作用。其中提到少年儿童丛书在不同年代呈现出不一样的情况，并在文中对此列专门问题进行阐述。蒋海燕《儿童出版领域的"民国热"问题思考》对当前少儿出版领域"民国热"的状况、出版内容以及存在的问题展开思考，分别从出版现状、民国书受欢迎原因、加大民国版儿童图书的建设力度三方面进行阐述。戴元枝、张心科《儿童出版领域的"民国潮"透视》一文从少儿出版领域出现的"民国热"现象出发，论述了少儿出版领域存在的问题。作者建议，民国时期儿童专题图书的出版要有所选择，出版范围要有所扩大，教学理论研究应当给予重视，出版设计印制和出版内容也要有所创新。胡丽娜《儿童文学的返观与重构——基于当下民国童书开发的思考》一文基于当下民国童书的开发，指出民国教科书与儿童丛书的再度出版将带来儿童文学的新发现，民国教科书的出版为儿童文学的新发现提供了独特的载体，各种民国时期儿童丛书的出版直接还原了儿童文学的历史面貌。我们要开发民国时期儿童文学的丰富遗存，并重构新发现之后的儿童文学。冯敏在《五四时期儿童读物的出版》一文中简述了儿童刊物的发展，对五四时期儿童读物的出版进行了一个详细的梳理，并指出五四时期儿童读物出版繁荣的原因是儿童观念的松动、西学的影响及出版业的发展。李红霞的学位论文《民国时期〈幼童文库〉的编辑出版研究》以民国时期儿童文学与儿童读物出版发展的脉络为背景，研究《幼童文库》的编辑思想和出版运作，并在此基础上探讨《幼童文库》编辑出版的成功经验及启示。李雅《民国时期商务印书馆儿童读物的出版与阅读》一文选取商务印书馆这个出版实体，介绍了民国时期儿童读物的出版情况，进而分析了民国时期儿童阅读的具体情况。刘佳佳《民国初期儿童科普读物编译出版中的选择性顺应——以商务印书馆〈常识谈话〉为中心的考量》一文以民国初期商务印书馆推出的我国首套儿童科普读物《常识谈话》为例，从文体顺应、民族文化顺应、语言和装帧设计顺应等方面归纳了编译者和出版者的编译、出版策略，简要评述了该套丛书对当下儿童科普读物编译、出版的启示意义。张红艳《民国时期儿童读物的编著问题研究》一文从儿童读物的编著社会背景、编著类别再现了当时的编著出版情况，同时指出儿童本位化、参考读者意见、内容与形态兼重等编著理念，时至今日仍有启发意义。王林《商务印书馆与中国近代儿童读物》一文总结梳理了商务印书馆从 1906 年以来出版的中国近代儿童读物，包括定期发行的儿童刊物《儿童世界》《儿童教育画》、孙毓修所编《童话》丛书、少年丛书、翻译作品以及《教育杂志》登载的包天笑译写的儿童教育长篇小说《馨儿就学记》《理想之模范小说》《孤雏感遇记》等。

刘兰《商务印书馆馆办期刊研究》一文主要通过对商务期刊的调查研究，从期刊史与出版史相结合的角度，对商务印书馆 20 世纪初创办的期刊进行梳理，了解其创刊、发展的过程，并对商务印书馆如何创办这样一个大规模的期刊群以及他们如何应时而变进行了研究，给当前出版社办期刊提供了一些可借鉴的历史经验。其中包括儿童刊物相关资料的梳理和分析。古滕客《民国童书里的中国智慧》一文指出民国童书作为"民国出版热"中一个非常活跃的文化板块，在于里面充满了中国式智慧。提倡孩子们回到他们自己的社会里去，并突出做人的观念强调伦理道德教育和正面价值观。文章列举了民国具有代表性的童书及其价值分析。刘志伟《发现民国童书重拾民族传统》一文指出童书出版市场中民国时期老童书的开发成功经验告诉我们低幼童书领域的出版核心竞争力来源于品牌以及品牌所代表的权威儿童教育理念。史一丰《民国时期儿童读物出版研究》主要从四方面对民国时期儿童读物的出版问题展开论述，分别是：民国时期儿童文艺期刊出版的社会背景、民国时期儿童读物出版综述、民国时期儿童读物出版的种类与出版机构、民国时期各阶段儿童读物出版的特点。

江苏省博士后基金项目"百年中国教育投资绩效研究"阶段性成果——学者朱季康所撰《民国学前教育思想编著、期刊文论的计量与分析》一文对民国时期学前教育思想编著与期刊文论进行计量分析，观察到该时期的学前教育思想有着相当的群众基础与传播规模，并形成了四个明显的发展阶段。外引类相关编著与期刊文论虽是民国近代学前教育思想内容的重要组成部分，但主体还是本土类编著，其外引国别的差异与当时社会政治教育环境紧密联系。

2. 民国时期儿童教育教材的研究

关于初等教育及以下之儿童教育方面教材的研究参见本发展报告有关教材部分。因民国老教材研究目前大部分涉及小学及以下，本部分可能会与已刊登的教材研究内容大面积重合，故本文略去此部分。以下是部分关于儿童教材的研究论文。

王云志发表在《中国文物报》上的《民国时期儿童启蒙教材〈改良绘图幼学故事琼林〉》一文指出《改良绘图幼学故事琼林》的前身为古代蒙学读本《幼学故事琼林》，在明代程登吉原作《幼学须知》的基础上增补后成书。该书共四卷，采用西昌程允升原本，雾阁邹圣脉增补注释，石韫玉重校，由鸿文书局发行，图文并茂，颇具收藏价值。徐若楠的硕士论文《民国（1927—1937）小学语文教材儿童化的呈现及其意义》以民国教育的发展与定型期1927—1937年间的小学语文教科书所呈现出的儿童化特色作为研究对象，通过对民国具有代表性的《开明国语课本》《新学制国语教科书》《新生活国语教科书》《世界书局国语读本》等老课本进行分析、评介，试图从中得到关于小学语文教材建设的有益启示。严碧芳的《民国时期儿童教育教材研究综述》一文是对民国时期儿童教育教材文献资料进行的整理与综述。

3. 民国时期儿童刊物的研究

陈莹学位论文《民国时期〈儿童世界〉和〈小朋友〉的办刊特色研究》对民国时期两份具有代表性的儿童刊物《儿童世界》和《小朋友》从刊物办刊背景、办刊宗旨、办刊团队和主要内容几个方面探讨办刊特色并进行比较，认为儿童文学主阵地《儿童世界》和拼音前锋《小朋友》的区别主要在于办刊思路、刊物内容侧重点、宣传推广方式、设计风格四方面的不同。周博文《中国现代儿童文学进程中的〈儿童世界〉杂志》一文对《儿童世界》杂志产生的背景、编辑理念及其对中国儿童文学的贡献做了比较全面的梳理与论述。该作者的另一篇论文《〈儿童世界〉与现代时期儿童的文学创作》对郑振铎担任主编时期，《儿童世界》儿童创作的形成原因、方法的兴起以及作品本身的艺术特征做了详细的梳理与分析。李林静的学位论文《〈儿童世界〉杂志探析（1922—1941）年》首次专门探讨《儿童世界》杂志，将之置于民国时期中国社会大变革的历史背景中，考察其创刊背景、发展历程、作者群、读者群以及刊物特色，并揭示该杂志与民国时期儿童观、儿童文学和儿童教育的密切联系。刘月的学位论文《民国时期儿童期刊的教育特色研究——以〈儿童世界〉为例》以 1922 年创刊的《儿童世界》杂志作为研究对象，细致梳理了期刊的发展简史、创刊背景和教育特色。金燕玉《民国时期的儿童文学报刊》中对民国时期的儿童文学报刊进行了整体的梳理，将儿童报刊的发展历史分为三个阶段：19 世纪末到五四运动时期，儿童报刊的启蒙时期；21 世纪 20 年代初到 30 年代中期，新文化运动中的发展时期；抗战时期到中华人民共和国成立前，战火中继续时期。傅宁在《中国近代儿童报刊的历史考察》一文中对中国儿童报刊产生的背景、源流与发展演变过程进行探讨，从中国近代第一份儿童报刊《小孩月报》直到 1949 年的《中国儿童》终刊，将整个近代儿童报刊分步和发展轨迹纳入研究视野，鉴察其史实，解读其文字，寻觅其规律。张蓓在《民国时期儿童副刊透视出的教育精神》中对民国时期儿童副刊的发展脉络进行了简单的梳理，并指出民国时期儿童副刊的教育精神：培养民族认同感，关注儿童的生活与感受，注重技能和科学精神的培育。武志勇在《'五四'与〈儿童世界〉——论郑振铎主编的〈儿童世界〉对儿童文学的贡献》中重点论述了《儿童世界》在中国儿童文学史上的贡献。该作者在另一篇论文《论郑振铎主编的〈儿童世界〉的编辑特色》中，主要论述了郑振铎主编《儿童世界》杂志时期的编辑特色，如注重文学的编辑方针、高超的多元化的编辑技巧等。彭璐的《许敦谷〈儿童世界〉封面、插图设计（1922—1923）》一文，主要分析了许敦谷为该杂志所绘制的封面、插图及其艺术价值。张梅的《郑振铎主编〈儿童世界〉期间的绘者考辨》一文，指出郑振铎主编时期，《儿童世界》杂志的美术设计者并不是郑振铎，而是商务印书馆专门的美术工作者。浅野法子《二十世纪初期日中儿童杂志研究——以〈赤鸟〉和〈儿童世界〉为例》，以日本的《赤鸟》和中国的《儿童世界》杂志为例进行对比研究，认为当时中日两国儿童杂志的创刊与发展，与两国成人文学的发展、外国思想的影响、创刊人和编辑对过去的儿童教育与儿童书籍充满危机感有关。吴芳芳的学位论文《〈小朋友〉1922—1937》，针对民国时期儿童杂志《小朋友》，研究了其从 1922 年到 1937 年的办刊宗旨、读者定位、编辑特点、装帧设计。

4.民国时期儿童教育文献内容构成元素及外部装帧研究

（1）内容构成元素研究

关于民国时期儿童教育文献内容构成元素的研究论文主要是针对儿童读物中的插图进行研究。

牛金金学位论文《民国以来儿童读物插画艺术风格变迁研究》通过研究从民国至 21 世纪儿童读物插画艺术风格的形成原因、类别、特点、发展及变迁史，总结出中国儿童读物插画艺术风格的形成原因及发生转变的四个主要因素。张梅《从晚清到五四儿童期刊上的图像叙事》一文指出图像在儿童文学中和文字共同承担叙事和意义建构。中国儿童文学在最初萌动时就与图像勾连在一起。从晚清到五四，儿童期刊中图像由叙事的点缀到直接参与叙事的演变体现出儿童文学发生期的复杂性。周丹丹《民国时期儿童刊物插图中"家庭"场景的描绘形式》以描绘家庭场景的插图为研究对象，通过分析场景题材的来源、描绘形式和风格来看民国时期儿童刊物装帧设计的发展。

（2）儿童读物的装帧研究

卢厚杰《民国时期儿童读物装帧设计的思想与实践》概括总结了民国时期儿童读物装帧设计发展的背景、原则、内涵及实践中的具体个案，并对其现实意义进行了分析。该作者的另一篇文章《民国时期儿童读物装帧设计研究》则从民国时期儿童读物的装帧设计出发，阐述了民国时期儿童读物的装帧设计背景，分析了民国时期儿童读物装帧设计的原则，并进一步说明了民国时期儿童读物装帧设计的内涵，最后从封面设计风格、插图设计和开本、字体及色彩等设计元素几个方面探讨了民国时期儿童读物的装帧设计实践。

5. 民国时期儿童教育翻译作品的研究

张逸芝《传教士的儿童文学译介与近代城市儿童教育——以〈女英雄〉为中心》一文以来华传教士贝厚德 1929 年译介的儿童小说《女英雄》为个案，考察早期传教士以儿童文学为手段进行教育的实践及其影响。

6. 民国时期儿童教育文献的获取

裴洁《开放获取环境中的民国时期儿童历史文献资源——以图书、期刊、报纸、绘画文献资源为例》一文主要从开放获取儿童图书资源、儿童期刊资源、儿童报纸资源和儿童绘画资源几个方面，对开放获取环境中的民国时期儿童历史文献资源进行了阐述。

7. 特殊形式民国时期儿童教育文献的研究

主要涉及歌谣、校歌以及电影文献方面的研究。

吴小玮《民国童子军歌谣中的儿童教育》一文论述了民国初年，英国人贝登堡所创的儿童组织 Boy Scout 传入中国并被译作"童子军"。童子军曾在民国中小学里盛极一时，并被国民政府法定成为初中必修课程。分析民国童子军歌谣的内容可以发现，童子军训练以游戏、活动、服务为主要方式，儿童在知识化、趣味化的户外活动中强健身体，增广见闻，塑造品格，进而自营生活，服务社会，逐渐长成为合格的公民。时至今日，童子军作为儿童组织乃至一种儿童教育方式，仍有可供借鉴之处。李海凤学位论文《民国时期小学校歌研究》通过分析民国时期著名小学校歌的发展、内容、形式、思想、影响，系统地分析流传久远的优秀小学校歌的特征，分析了民国时期小学教育把校歌作为对学生的日常教育的方式，是如何结合学校实际，创作一批情操高尚、符合儿童心理特点的优秀校歌的。本文倡导扩大校歌的使用频率和范围，把当代中国优秀思想融入校歌之中，使校歌成为感召孩子成长的心灵之源，为实现中华民族伟大复兴提供精神动力。陈莹《20 世纪 30 年代的民国儿童电影教育探析》一文，探讨上世纪 30 年代以儿童为传播对象的电影教育活动的开展，提到在当时有许多以儿童教育主题的社会问题涌现，并说明其意义及影响力。同时思考儿童电影教育在媒介素养教育与"儿童/儿童教育"论域两方面带来的启示。

8. 综合类刊物中民国时期儿童文献的研究

王继霞《民国时期回族儿童教育思想与实践》一文提到回族刊物《回文白话报》《月华》《回民言论》《突崛》《成师校刊》等民国报刊刊发儿童教育方面的文论及开辟教育专栏探讨儿童教育问题，或刊登儿童稿件，提供了对民国时期儿童教育研究的拓展资料。

9. 通过文献观察其他问题

刘珍珍《中国近代儿童观的嬗变——以 1870 年至 1930 年间的文献资料为例》，主要以李圭、康有为、周作人、鲁迅等近代学者的著作为依据，从儿童性别观、儿童地位观两个角度探讨了中国近代儿童观的嬗变，并简要分析产生变化的原因。朱季康《民国国人对国外幼教思想与政治因素关联的认知——基于民国时期出版物的观察》一文通过对民国时期出版物中登载的基于世界各国政府对幼教事业的重视及相应政策措施和实践的文论和译介的分析和观察，来了解其时国人于幼教思想的认知。

10. 民国时期儿童教育著作的研究

王欣荣、金燕玉《郑振铎〈儿童文学的教授法〉考评》主要分析考察了郑振铎先生所作《儿童文学的教授法》一文在其儿童文学活动中的历史地位和文献价值，指出此文是儿童文学活动的发轫之作，体现了作者彼时已经形成正确的儿童文学观点，对儿童文学的特点有了透彻的了解。

四、结语

通过本文的查询与梳理，民国时期儿童教育文献的整理与研究概况总体情况如下：

民国时期儿童教育文献的影印整理以成套成系列的汇编影印为主，内容主要集中在儿童画报、连环画、儿童读物、幼稚园教育理论、小学生日记及儿童游戏等几个方面，单种文献影印数量极少；汇编整理成果包括专门性资料汇编和综合性教育资料汇编（内含大量儿童教育文献）。民国时期儿童教育文献的目录整理数量偏少，本文查询到的专题及综合性目录尚不过十种，主要集中在童书、儿童文学理论、小学教材及连环图画等方面。在数字化整理方面，民国时期儿童教育文献数据库建设滞后，目前尚未见到民国时期儿童教育方面的专题数据库，仅见儿童作品数据库（忆库——民国时期儿童画子库）。因此该类文献的数据库查询主要还需依靠已建成的一些教育类数据库及大型综合类数据库；在缩微形式的数字化文献制作方面，全国图书馆文献缩微复制中心在上世纪80年代陆续出版发行了一批儿童教育文献缩微复制品，如本文表2-4-3中所摘录，而在国家图书馆公共目录检索系统中查询到其他未列部分。

文献研究方面，对民国时期儿童教育文献进行研究的专门著作较少，内容主要集中在儿童报刊、儿童读物、儿童文学等几个主题上。儿童文献研究的学术论文内容主要集中在儿童教育文献的出版、儿童教育教材研究、儿童刊物研究、儿童教育文献内容构成元素及外部装帧研究、文献获取、译介作品等方面。

第五章　民国时期女性教育文献整理与研究

晚清民国社会巨变之中，妇女解放、女性教育改革问题得到有识之士的普遍关注。五四新文化领袖普遍热切关注女性问题，陈独秀、李大钊、胡适、鲁迅、周作人等都有大量文章论及女性问题，产生了重大社会影响。教育改革是社会变革的基础，女性教育之于妇女问题有同样的意义，除了以上所列著名新文化干将倡导女子教育外，其他各界亦颇关心女性教育："窃学校为文明之母，女教尤强富之基。中国数千年来女学不兴，致二万万之髻首缠足者伦，不知执业，不克营生，养成一种柔脆无能之弱质，以故生计日蹙，种族不强。"① "以女教为国民教育之基础。基础不固，教育前途不知伊于胡底"② 类似言论在民国各类文献中俯拾皆是，可见，振兴女教是民国社会改革人士自上而下的共识。因此，民国时期产生了丰富的女性教育文献，既是民国教育文献的重要组成部分，也是民国社会、历史尤其是妇女史研究的重要文献来源。

中华人民共和国成立后对民国时期女性教育文献的整理研究与民国妇女研究的进程基本一致，大体分为三个阶段，第一个阶段是中华人民共和国成立至"文革"前，此阶段主要集中在中共领导的革命史研究上，较值得注意的是1961年出版的舒新城的《中国近代教育史资料》列《女子教育》一节，收集整理了近代女子教

---

① 孙彩霞.柏文蔚文集［M］.合肥：黄山书社，2011.
② 周秋光.中国近代慈善事业研究（下）［M］.天津：天津古籍出版社，2013：12.

育史的基本资料；第二阶段即"文革"期间，则基本停滞；第三阶段即改革开放至今，随着妇女史研究的逐步推进，民国时期女性教育文献的整理和研究也进入了繁荣时期。

一、民国时期女性教育文献留存概况

1928年出版的陈东原的《妇女生活史》是性别史名著，涉及民国时期女性教育，如五四以后女性"教育上的解放与缺点"；同年，舒新城发表《近代中国女子教育思想变迁史》，从贤妻良母教育、女国民教育、男女平等教育等方面阐述近代女子教育思想的变迁；1936年出版的程谪凡《中国现代女子教育史》，该书为研究近代中国女子教育的第一部专著；同年，梁瓯第、梁瓯霓的《近代中国女子教育》出版。1939年舒新城《近代中国留学史》特意论及中国女子留学教育。

除了以上名作，以"妇女教育""女性教育""女子教育""女学""女国民""新女性"为主要检索词，辅以"教育史""性别史""历史研究（国民教育）"等相关检索词，在主要检索系统和数据库中，利用计算机检索和人工筛选的方法，尽量搜集相关文献，以期总体把握民国时期女性教育文献的留存概况。

（一）民国时期女性教育报刊文献

在全国报刊索引数据库中选择民国时期期刊全文数据库（1911—1949），检索式：（ALL："女教"）AND（PD：[1911 TO 1949]），得到196个检索结果，检出结果明显不符合文献存在实际。

为尽可能搜全，采取了"以'女教'为关键词，全字段，模糊"检索，得到1602条结果，再经人工筛选，排除无关项，如教会女性、女教友、女传教士等；再如女性作为教育主体，但教育对象并非女性的文献，例如《乡村妇女教养儿童的方法》主要讲儿童教育法，与女性教育关系不大；此外亦有大量关于女教师的新闻报道。除以上三种，其余多为与民国时期女性教育切实相关之文献，择其要者制表

2-5-1 如下，以略窥之：

表 2-5-1　民国时期女性教育相关报刊文献

题　名	刊　名	作者	年份
敦励女教：（题词）	妇女杂志（上海）	赵尚达	1915
振兴女教论	中华妇女界	潘悦琨	1915
时事：县闻：元川创设妇女教练所	质声	曾	1928
国民政府内政部严禁蓄婢：颁发办法十一条，广设贫女教养院	慈幼月刊		1930
调查：长沙市实业调查（再续）：（三）湖南省区救济院妇女教养所	实业杂志	默秋	1931
女教昌明：（题词）	弘道二十周纪念刊	刘湛恩	1932
妇女消息：杜月笙提倡女教	玲珑		1933
教育消息：南京八年来女教进展概况	教育周刊		1934
我之女子教育观：目标与男子教育并无歧异但求机会普遍，改革学制实推进女教最敏速有效之方法	江苏教育（苏州1932）	俞庆崇	1934
妇孺救济事业：南京市救济院之内幕：南京市救济院妇女教养所工艺生活一斑：（1）刺绣：（照片）	良友		1934
妇孺救济事业：南京市救济院之内幕：南京市救济院妇女教养所工艺生活一斑：（2）捧纱：（照片）	良友		1934
消息：国内：鲁省以贤妻良母为女教方针	妇女月报		1935
"三八"国际妇女劳动节"新女性"参加女教馆开幕典礼："新女性"在广州：（照片）	联华画报		1935
"三八"国际妇女劳动节"新女性"参加女教馆开幕典礼："新女性"在上海开映之拥挤：（照片）	联华画报		1935
发扬女教：（题词）	德风	于凤桐	1938
女教维新，止于至善：（题词）	德风	宋子元	1938
新疆女教师与妇女教育	新西北	邱毓英	1944
三年来贵阳市妇女教养所工作之检讨与展望	贵阳市政	陈智鸾	1944
大同世界女教心法	道德专刊		1948

以上如《妇女消息：杜月笙提倡女教》《我之女子教育观：目标与男子教育并无歧异但求机会普遍，改革学制实推进女教最敏速有效之方法》等，较为全面地反映了民国时期社会各界对女性教育相关问题的关注和女性教育思潮变迁情况。

（二）民国时期女性教育图书文献

利用前述检索词在 Cadal、孔夫子旧书网、百度学术、google 学术等检索女性教育相关图书文献，得到大量民国时期女性教育相关图书，按内容相关性人工筛选后，将主要著作制表 2-5-2 如下：

表 2-5-2　民国时期主要女性教育图书简表

书　　名	作　　者	出版社	出版年
女子性教育	振麟	上海艺流书店	1912
民国适用女子家政教科书	周铭训	新学会社	1919
女子国文教科书	戴克敦等	上海商务印书馆	1917
中华女子国文教科书	沈颐，范源廉，杨喆	中华书局	1920
中华基督教妇女节制会要览	中华基督教	中华基督教妇女节制协会	1924
女学丛书之一《胎教》	宋嘉钊等	上海中华书局	1926
女子与家庭丛书：家庭与衣服	刘翼天，戴洁民	正中书局	1939
新撰句解高等女子新尺牍	广益书局	广益书局	1923
言文对照女子新尺牍	世界书局编辑所	上海世界书局	1927
家庭的常识	中华基督教会广东协会妇女部	中华基督教会广东协会妇女部	1932
徐州女子中学　实验小学（校刊）	不详	不详	1929
最新应用女子尺牍教科书	上海会文堂书局	上海会文堂书局	1912
民国乐谱（江边洗衣的姑娘）——华阳女中音乐教材	曾叔度	新华印刷所	1948
女子算术教科书	（日）小林盈，（日）稻垣作太郎；黄邦柱译	韦益书社	1920

（续表）

书　　名	作　　者	出版社	出版年
家务	不详	不详	1915
中国妇女美谈	卢寿箋	中华书局	1917
上海妇女补习学校章程	上海妇女教育馆	上海妇女教育馆	1940
订正女子修身教科书	戴克敦，沈颐	商务印书馆	1918
中国童子军总会审定：中国童子军训练初级课程（附女童军教材）	施安甫，陈海光，赵仲平编著	广东童教出版社印行	1948
女子教育之问题及现状	姜琦等	上海商务印书馆	1925
江苏省立第二女子师范学校校友会会刊——十周年纪念号	江苏省立第二女子师范学校校友会	无锡锡成印刷有限公司	1922
道中女子中小学一九三七年年刊	不详	不详	1937
民国五年江苏省教育会月报	不详	不详	1917
手抄妇女家训	不详	不详	不详
醒闺编	廖免骄	云南鑫文书庄	1946
女子修身教科书	王德昌，毛广勇等	中华书局	1912
怎样教导子女	（捷）雷特纳著；唐现之译	家杂志社	1947
订正女子国文教科书	沈颐，戴克敦	商务印书馆	1913
标准女子图画教科书	不详	不详	1939
女子处世教育	民尉	上海新生书局印行	1946
女子修身教科书	上海商务印书馆	上海商务印书馆	1913
新女子职业教育	段碧江	上海中华书局	1923
言文对照女子新尺牍	世界书局编辑所	世界书局	1927
言文对照女子新尺牍（上、下两卷）	世界书局编辑所	世界书局	1946
最新女子初等小学修身教科书	何琪	上海会文学社	1913
中华女子家事教科书	不详	上海中华书局	1912

（续表）

书　　名	作　　者	出版社	出版年
女子新教育学	（日）久保良英，（日）青木诚四郎	中等学校教科书株式会社	1942
言文对照女子新尺牍	世界书局编辑所	世界书局	1942
乱世女豪	亮月叶著	上海广学会	1932
国立中央民众教育馆进修丛书《现代妇女》	傅学文	北京商务印书馆	1946
中国女子教育史	Margaret Burton	New York：Fleming H Revell	1911
民国适用女子家政教科书	周铭训	新学会社	1912
高等女子新尺牍	不详	上海广益书局	1917
民国劝善歌本《养育劝孝歌》《劝善儿女歌》《教子歌》《训女歌》	不详	西安义兴堂书庄出版	1931
最新女子初等小学修身教科书	何琪	上海会文学社	1914
安徽省立第一女子师范学校初级中学国文读本之三	不详	不详	1924
女子高等小学校用《女子新国文》	樊炳清，沈颐等	商务印书馆	1914
女子初等小学算术教授书	不详	中华书局	1916
家务	不详	中华书局	1915
妇女训练课本	阎锡山	山西民训联席会	不详
女子尺牍指南	不详	上海扫叶山房	不详
中华女子尺牍	不详	中华书局	1914
训女宝箴	吕咸熙	上海山海关路瑞霭里新民印刷公司	1929
女子新读本	杨千里	文明书局	1915
言文对照女子新尺牍	广文书局	世界书局	1925
最新女学国文成绩	雷君彦	扫叶山房发行	1917
绘图女四书白话解	沈朱坤；李文铨绘图	上海会文堂新记书局	1918

大部分为论述妇女问题、社会问题、教育问题时涉及女性教育，亦有不少专门针对女性教育的综论性专著和女性教育读本及学校用教科书，大致分为以下几类：

1. 女性教育读本和教科书

民国改革女性教育浪潮中，各地都出现了大量供女性使用的女性教育实用读本，举要如下：

《妇女基础读本》，俞庆棠编著，世界书局出版，该书除了本国政治体制、卫生、经济基本知识等国民常识，亦有专门针对女性的章节，如《妇女与法律》《妇女与婚姻》等，还有《儿童教养》《托儿所》等，表明民国时期亦如其他时期，养儿育女被视为女性的天职。

《乡村妇女基础读本》，俞庆棠编著，世界书局出版，则在国民常识之外，加入了大量乡村家庭生活所需的技能教育，颇为实用，而在此类读物中，教导女性如何养育子女依然是女性教育的重要内容。

《成年妇女教育》，徐为裳编，俞庆棠校，中华书局出版，中华文库民众教育第一集，面向成年妇女，内容构成与以上两种大同小异。

还有地方性女性教育读本，如江西省妇女生活改进会妇女教育设计委员会所编《妇女常识教材》，除了公民须知和家庭对法律相关事务的注意事项，仍是家政、育儿、卫生等传统认为该由女性负责的内容。

此外，教科书亦是民国时期女性教育文献的重要组成部分，各大出版社出版了多种各类学校用女性专用教科书，主要集中在传统上认为女子尤需受教的修身、家政和育儿方面，从小学便有《女子家政教科书》《女子修身教科书》；也有专门的胎教书、性教育书，如1940年中华书局出版的女学丛书之一《胎教》，1912年上海艺流书店的《女子性教育》等。

2. 女性教育史著作

在晚清民国时期女性教育的近现代大变革中，教育学、社会学、历史学学者也都纷纷就女性教育的历史和现状及未来撰述专著，进行现实和理论探讨，进行深层次思考，举要如下：

《中国现代女子教育史》，程谪凡著，中华书局 1936 年印行。第一章介绍中国过去的女子地位，回顾民国以前中国女子教育、展望民国时期女子教育前景；第二章为民国女子教育萌芽时期，介绍了变法维新与女子教育、相夫教子的女子教育观、家庭教育中的女子教育、教会及国人私办的女子教育；第三章为民国女子教育建立时期，分两性双轨制的女子教育之建立、女子师范学堂和女子小学堂概况；第四、五章为民国女子教育发展时期，第四章介绍了良妻贤母主义与反良妻贤母主义之论争、民国成立与两性双轨制的崩溃、五四运动与男女同学及不分性别的单轨制之确立及母性主义的抬头；第五章介绍民国女子初等教育、中学教育、高等教育、师范教育、职业教育；第六章检视了民国女子教育现况，探究中国女子教育落后的原因和民国时期女子教育的矛盾性及民国时期女性教育动向之确立。

《近代中国女子教育》，梁瓯第、梁瓯霓编著，正中书局 1936 年 12 月出版。第一章梳理中国女子教育思想之渊源；第二章将近代中国女子教育分为几个主要阶段，从清末女子贤母良妻谈到新贤母良妻主义，介绍了女子教育萌芽期的主要事件和思潮及新旧潮流冲突下的多轨制度；第三章介绍民国以来女子教育的嬗变：新贤母良妻思想的扩大及各级女子教育概况；第四章讲述国民党的女子教育，涉及妇女解放运动与贤母良妻、党治下女子教育的数字统计、教育与装饰品；第五章介绍女校，包括草创时代、修正时代、订正时代的课程史及各女校的重要科目；第六章从现实入手剖析民国时期女校兴盛的社会环境、女生年龄分布问题；第七章从中国女子教育的思想系统、教育路线与现阶段的趋势及女子全人教育这一新动向入手，讨论了新教育与新女性的关系。

《欧美女子教育史》，欧阳祖经著，商务印书馆 1930 年 4 月出版。从古代之女子教育谈到近代德国、法国、英国、美国等欧美强国的女子教育，并辟专章介绍西方女子教育家，论述女子问题及女子运动、女子职业与教育问题。

3. 综合性论著

除以上女性教育实用读物和对女性教育史的梳理，亦有学者和教育工作者针对女性教育现实问题，或结合女性教育史作理论探讨，或结合工作实际对女性教育现状做出细致描述和思考。举要如下：

《近代中国女子教育的理论与实际》，贺稚晨著。集中讨论女子教育与女子解放问题。从回顾中国女子地位入手，将近代中国女子教育的发展分为几个历史阶段：萌芽时期、建设时期、发展时期、男女高等教育平等时期。分别论述了每个时期的时代背景与女性教育思潮、家庭教育中的女子教育、教会及国人私办的女子教育、初等教育、中等教育、师范教育、高等教育、留学教育、职业教育等各个时期的普遍和典型问题。在梳理女性教育历史后，对女性教育理论进行了检视、批判，就社会对于女性的认知错误、对女性职业的定义不明等理论疏漏进行了批判，更针对当时女性教育中存在的突出问题如消费化、商品化、都市化、模型化、模仿化，进行了现实批判，在此基础上提出了今后女性教育应走之路：实施女子本位的教育和自然发展的教育。

《妇女教育与妇女解放》，天裔著，新人书店出版。主要从妇女教育、妇女解放、妇女运动的今日等方面论述妇女教育、妇女解放等社会问题。

《女子教育之问题及现状》，姜琦等编著，上海商务印书馆 1925 年出版。论及女子教育问题概况、男女同学问题、女子职业教育的必要性，以及美国和意大利的女子高等教育，及女校与家庭联络法。

《抗战教育史料——华南社教在南平三年缩影》，李君明，华南学院社教推广所妇女服务部，1946 年出版。涉及义务教育、康乐教育、母教工作、儿童福利事业、平民妇女福利事业、个案工作与家庭访问等。

亦有相关学位论文，如武汉大学 1939 年哲学教育学系学生李匡武的《中国近代妇女教育之检讨》。

二、民国时期女性教育文献整理概况

（一）目录

民国时期女性教育文献虽大量存世，但或因文献分布较为零散，完备的集成型目录尚付阙如。较有代表性的几种民国文献目录中亦无女性教育专题，如北京图书馆编的《民国时期总书目（1911—1949）》未设女性教育专题，只能在某些类目下查到相关文献，如中小学教材下的修身门类收入女子修身教科书，其他目录情况相似。

（二）资料汇编

专门的大型民国时期女性教育文献资料汇编尚未见到，但亦有多种资料汇编收录民国时期女性教育文献，举要如下：

《中国古代女教文献集成》，江庆柏主编，北京燕山出版社 2014 年 11 月出版。收录中国古代及民国时期的女性教育文献 150 余种，以影印方式出版，每种图书均有提要介绍。

《中国妇女教育资料选编》，安树芬、耿淑珍编，中国妇女出版社 1995 年 9 月出版。为迎接第四次世界妇女大会在北京召开，中国妇女管理干部学院和中国人才研究会妇女工作委员会联合编写了妇女问题系列丛书，该书即其中之一。选早期共产党领袖如李达、毛泽东、康克清、邓颖超、向警予、蔡和森、蔡畅等在民国时期发表的妇女教育方面的文章，如李达的《女子解放论》《平民女学是到新社会的第一步》等。

《中国教育大系——历代教育制度考》，顾明远主编，湖北教育出版社 2015 年 8 月出版。对我国自先秦以来的教育制度进行了考证和论述，全面系统地介绍了我国教育制度的变革面貌。在民国部分收入杜黄、沈寿、沈贞淑等女教育家，以及重视女性教育开办女学的教育家。

《近代修身教育文献丛编》，翟奎凤、王强主编，凤凰出版社 2014 年 10 月出

版。本套书共分为 33 册，为晚清民国时期修身教育文献汇编，共收录有关文献
80 种，大体皆为当时的教科书，涵盖蒙学、初小、高小、中学等各个教育阶段，
也包括师范教育、女子教育等专门教育中的有关教材。

《中国近代教育史教学参考资料》，陈学恂主编，人民教育出版社 1986——
1987 年出版。收录了关于民国时期女校的回忆文章和当时的学校章程等史料。《民
国时期社会调查丛编（一编）文教事业卷》有多篇涉及女教员与女学生的状况，
如陈东原的《女教职员的研究》、陈大齐的《北京高小女生道德意识之调查》等。

1983—1993 年华东师范大学出版社出版朱有瓛主编的《中国近代学制史料》
一至四辑和 1990—1995 年上海教育出版社出版陈元晖、陈学恂主编的《中国近
代教育史资料汇编》也辑录了大量女子教育史料。

此外，《民国教育史料丛刊》《抗战大后方教育文献》《民国教育统计资料
汇编》《民国教育统计资料续编》《民国教育公报汇编》《中国近代教育史料汇编》
《（民国）教育部文牍政令汇编》《民国教育公报汇编》《民国职业教育概览》《民
国乡村教育文史资料汇编》《民国少儿教育文献汇编》《民国时期高等教育史料
汇编》《中国教育大系》等教育资料汇编及《中国近现代女性期刊汇编》《中国
近现代女性学术丛刊》等大型女性文献集成中都大量收录了女性教育相关文献。

三、民国时期女性教育文献研究概况

民国时期女性教育文献的整理工作虽有待加强，但研究却并不冷寂，近年尤
其繁荣，有大量研究论著涉及，其中包括文学、史学、教育学、社会学等诸多学
科门类。

（一）以教育主体和教育内容为中心的研究

1. 施教者和受教者

第一类是著名人物的女子教育思想。

主要为著名教育家，如蔡元培、胡适、陶行知、李大钊、陈东原、晏阳初、张伯苓、马寅初、戴季陶等的女性教育思想和实践研究。如黄江燕《张伯苓中学教育思想研究》，张伯苓为南开女中创办人，为中国女子教育推广作了重要贡献；李蓉、杜学元的《浅论晏阳初农村女子教育思想》以晏阳初平民教育思想体系中的农村女性教育思想和实践为切入点，认为其平民教育思想，特别是其中涉及的女子教育思想具有突破性意义，对现代农村女子教育发展仍有启示作用；戴建兵等的《齐国樑与中国北方师范教育》介绍我国女子师范教育的奠基人齐国樑等；《新发现郑志虔郑在常墓志及其价值》一文，通过对新发现的郑志虔、郑在常父子墓志的解读，进一步了解了郑在常的生平、家世及其办学理念、办学原因的研究，也为研究民国杭州地区乃至浙江省的女子教育和商业教育提供了重要史料①。此类论著极为丰富。此外，也有部分论著注意到了不以教育闻名的民国名人的女性教育思想，如孙中山、蒋介石、张学良等的教育思想研究，亦涉及女性教育思想、言论，如王岚等的《张学良的现代教育观》，张议学的《从新生活运动看蒋介石的社会教育思想》等。

第二类是关于女教育家和著名女性人物受教情况的研究。

此类研究以个案研究居多，如关于吕碧城、陈衡哲、吴贻芳、杨荫榆、姚倚云、张默君、江学珠、王会悟、陈以益、谢静仁，曾宝荪、余宝笙等；也有群体研究。在著名教育家和女性名人之外，将普通女校长、女教师也纳入研究视野，如台湾"中研院"胡晓真的《杏坛与文坛——清末民初女性在传统与现代抉择情境下的教育与文学志业》"通过报刊杂志资料，探索 20 世纪初期，受过传统教育的女性在跨越清末民初之际，如何站在教育者的岗位，尝试结合妇女教育与新的创作型态及发表模式。……这个现象指向女性书写与表达模式在 20 世纪初发生

---

① 宫云维，秦婧茹.新发现郑志虔郑在常墓志及其价值［J］.浙江档案，2015（01）：52—54.

的转变，也关涉学校国文训练所创下的新教育典范。"① 再如浙江师范大学陈晨硕士论文的《民国时期大学女教师群体研究》，李金荣载于 2016 年当代教育评论的《民国乡村女教师的生存困境与时代特征》等。

这些女教育家大多关注女性教育，在女性教育领域做出了杰出贡献，对她们的研究带动了对民国时期女性教育文献的深度挖掘，同时，这些女教育家并非全部专注女校、女子教育，也有涉足普通教育或儿童教育等其他教育领域的，如娜仁花的《赛春阿儿童教育思想研究》摘取了蒙古族女教育家赛春阿的《女子教育》思想的部分内容，佐证了妇女（母亲）在儿童教育中的重要地位和作用，此类研究也在挖掘女性教育文献的同时开掘利用了更多相关文献。

此外，这些研究中的女教育家既是女性教育的施教者，也曾是女性教育的受教主体，除了她们的教育思想和实践，她们成长过程中的受教情况也得到了研究者的细致挖掘。而其他民国著名女性也大多受到了良好的教育，对她们所受教育情况的研究，具体而微地折射了民国时期变革中女性教育思潮在各个阶层、地域的状况，以及教育与社会发展的深层次关系。这些论著以女作家研究为主，如冰心、丁玲等，也有关于女科学家、艺术家的研究。除了名人，此类研究亦关注普通受教群体，如民国时期女学生也是性别史研究热点之一。

2. 教育内容：女子教科书

女子教科书自古有之，民国时期建立新式学校和学制，但由于女校的大量存在和时人性别观念的驳杂，女子教科书在民国时期大量编制出版，其中反映的思想倾向是研究民国时期女性观、教育观等问题的重要文献。近年随着民国教材热的兴起，民国时期女子教科书也被重新出版，如 2017 年 4 月山东人民出版社出版了民国老课本中的《商务女子国文教科书》。相关研究论著也颇多，如 2014 年

---

① 胡晓真.杏坛与文坛——清末民初女性在传统与现代抉择情境下的教育与文学志业［J］.近代中国妇女史研究，2007（15）：35—75.

湖南师范大学博士学位论文刘景超《清末民初女子教科书文化传承与创新之研究》及其专著《清末民初女子教科书文化特性》；期刊学术论文有吴小鸥、李想《赋权女性：晚清民国女子教科书的启蒙诉求》，刘景超、刘丽群《清末民初女子教科书的德才观传承》，刘景超、刘毕燕《清末民初女子教科书家政化倾向的现代性特点》；硕士论文亦有多篇，如2013年上海师范大学硕士论文吴孝恒的《民国初期小学女子修身教育（1912—1916）——以中华书局〈女子修身教科书〉为例》，2014年宁波大学硕士论文孙盼盼的《民初女子教科书的文化语境研究——以1914年〈中华女子高等小学国文教科书〉为例》，2014年上海师范大学硕士论文顾炜的《清末初等小学堂女子国文教科书价值取向研究：以〈最新女子初等小学国文教科书〉为例》等。

3. 教育机构：女校研究

民国时期女校的整体研究：如闫广芬《中国女子学校教育的发展：认识、视野、使命》，认为"中国女子学校产生、发展、消亡、复兴的历史突出地反映了人们对'女子要不要受教育'以及'女子受怎样的教育'这两大焦点问题的探究与实践。人们对女子学校教育的认识不断加深、完整的过程，凸显出妇女观念从外在的、强调功利的工具性取向转变为内在的、张扬女性主体性的价值性取向，标志着人们正从一个封闭的单向思维模式及中与西、传统与现代二元对立的视域向开放的、多元化、理性化的方向发展。伴随着这一发展变化，女子教育发展的使命更加明确。"① 徐宁著《江南女校与江南社会1850—1937年》"以社会控制为主要研究视角，以近代江南女校生存拓展的历史脉络为基本线索，深入分析江南女校如何在时代契机下获得自身发展，如何通过相应的社会控制手段来规范和引导了以女学生为主的相关人群的思想行为，从而对江南社会的日常生活、伦理道

---

① 闫广芬. 中国女子学校教育的发展：认识、视野、使命 [J]. 教育研究，2006（11）：73—79.

德、经济生产、政治活动等产生影响。"①

　　民国时期女校个案书写：大量论著围绕北京女高师、金陵女校等民国著名女校，如前述何玲华《新教育·新女性：北京女高师研究（1919—1924）》等，这类研究已相当细致，除了针对这些名校的研究，也有某一科系及其与相关学科的研究出现，如2015年中央音乐学院硕士论文祁斌斌的《中国音乐教育史上的一颗晨星：北京女子高等师范学校音乐系研究》等。也有地方性女校受到研究者关注，如万琼华的专著《近代女子教育思潮与女性主体身份建构——以周南女校（1905—1938）为中心的考察》，期刊论文如马藜、石潇纯的《湖南近代女子教育的范例——艺芳女校》，2014年江西师范大学硕士论文赵士进的《江西省立赣县女子师范学校研究（1924—1935）》，2015年上海师范大学硕士论文阚静的《民国时期上海女校音乐特色教育研究——以中西女校和圣玛利亚女校为例》。其中广东真光书院也颇受研究者关注，如2005年北京大学硕士论文黄若西的《从真光书院早期发展史看教会女校对中国社会的影响》，2006年暨南大学硕士论文孟育东的《真光书院与广东近代女子教育（1872—1937）》。地方性职业女校也颇受关注，如朱跃的《郑辟疆与江苏省立女子蚕业学校》等。

　　4.特定社群的女性教育思想与实践

　　民国时期中国社会各种思潮风起云涌，党派并立，国外势力活跃，教育界尤其是女性教育界也呈现了丰富的差异性。对这些特定社群的女性教育思想与实践的研究也是民国时期女性教育文献研究中的重镇。

　　第一类是中共领导下的女性教育，包括早期中共领导人的女性教育思想，及其指导下的妇女运动，也包括解放区的女性教育实践。此类研究与党史研究、妇女运动史研究密不可分，故十分成熟，亦热度不退，不断有新史料、新方法和新理论被引入此类研究，成果丰富。如《中国共产党领导的女性教育主流化运动研

---

① 徐宁.江南女校与江南社会1850—1937年［M］.上海：上海人民出版社，2015：11.

究 1921—1956》一书是在作者在博士论文基础上修改而成的。全书以时间为顺序，梳理了在中国共产党领导下的中国女性教育主流化运动的背景、发生和发展过程，是一本关于女性教育历史发展研究专业性著作①。

第二类是教会与中国近现代女性教育。基督教会在中国近现代女性教育的兴起和确立中居功至伟，是民国时期女性教育的一个突出特征，故关于教会与中国近现代女性教育的研究也是热点之一。此类研究也已相当深入，除了史料挖掘描述式的浅层次研究，也有了较深入的关于教会对女性教育思潮及女性教育发展趋势深刻影响的研究。如吴泉成《美国在华教会与近代中国女子教育》介绍"美国传教士在近代中国进行传教活动的同时创办教会女校，将西方的女子学校教育引入中国，不仅给中国女性提供了受教育的机会，促进了中国近代女子教育的发展，而且还推动了近代中国女性留学海外，对近代中国女性思想解放亦有重要影响。"② 还有岳爱武、何亚群《中国近代教会大学女子高等教育的缘起及其特征》，孙石月《教会女校毕业生留美原因探析》等。再如王晓慧、胡金平《清末民初大批美国女传教士执教中国女学的原因探析》认为教会在中国大办女学的深层次原因"一方面是基于美国女传教士的性别认同而欲通过兴女学以拯救中国女性；另一方面则是基于呼应其内心的宗教信仰和其女英雄主义的情感。而在这背后所透露出的深层原因则是因为其时美国国内女性的受教育情况与其求职之间的不匹配所造成的困境使然。因此，从对自身的职业诉求和自我认同的角度考虑，美国女传教士愿意来华从事中国女子教育并长期力行之"③。除了整体研究，亦有区域性研究，如邹丹丹、刘平的《从地方史志资料谈近代中国东北教会女子教育》，

---

① 徐爱新. 中国共产党领导的女性教育主流化运动研究 1921—1956［M］. 北京：中国妇女出版社，2014：5.

② 吴泉成. 美国在华教会与近代中国女子教育［J］. 高教学刊，2016（24）：248—250.

③ 王晓慧，胡金平. 清末民初大批美国女传教士执教中国女学的原因探析［J］. 现代大学教育，2011（06）：59—65.

2011 年暨南大学硕士论文程强强的《那夏理与清末民初广东女学的发展》。此外，教会女性教育中不同门类的问题也已被研究者注意到，如 2017 年浙江工业大学硕士论文王晓婷的《中国近代教会学校与女子工艺教育研究——以花边业为例》从看似细枝末节的问题花边业切入，揭示教会在近代女子教育尤其是工艺教育中所起的作用。

（二）以历史发展为中心的研究：民国时期女性教育史

此类研究以专著为主，通过梳理民国各个时期女性教育的各方面问题，包括思潮、论证、实践、影响等的变迁，描述女子教育在民国的发展历史，总结其中的规律，给当代女子教育的发展以启迪。前文介绍的女性教育研究方面的主要专著多有此类研究，如前文提到的卢燕贞《中国近代女子教育史》，乔素玲《教育与女性：近代中国女子教育与知识女性觉醒（1840—1921）》，黄新宪《中国近现代女子教育》等均属此类。亦有博士论文对此问题开展深入研究，如 2012 年南京师范大学博士论文王晓慧的《近代中国女子教育议题论争研究：国家政权建设的视角》，后改为《近代中国女子教育论争史研究（1895—1949）》，2015 年 6 月在中国社会科学出版社出版，该书对近代中国女子教育议题论争及其变迁开展研究。以近代中国女子"是否应该接受教育""应该接受何种教育"以及"如何接受教育"为主要议题，在此基础上，研究近代中国的国家政权建设与女子教育议题论争的关系，从而将女子教育的小历史与国家转型的大历史勾连起来。

（三）以地域为中心的研究：民国时期女性教育的区域性

区域研究的兴起往往是某一研究论题繁荣的标志，民国时期女性教育研究亦不例外。目前，关于民国时期女性教育的区域性研究已经涉及北京、上海、浙江、湖南、江苏、福建、潮汕、徽州、山西、云南、陕西、天津、甘肃、新疆、梅州、武汉、山东、贵州等众多地区。如吴民祥编著的专著《浙江近代女子教育史》，2007 年山东大学硕士论文胡云霞的《民国时期山东女子教育研究（1912 年—1937年）》，2016 年西北师范大学硕士论文李东东的《民国时期（1912—1949）西北边疆女子教育发展研究》。

此类区域性研究中以民国时期民族地区女子教育的研究尤有特色，如青海回族女性教育、云南女性教育，湘西南、土家族、客家女性教育，如钟晋兰《梅州的客家民俗与女子教育》介绍了梅州客家女子教育在民国之前的落后状况，及民国时期迅速发展之后，出现了梁浣春等为梅州教育事业作出重大贡献的女教育家。

（四）综合研究

需要说明的是以上研究类型并非判然有界，而是互有交叉，历史研究中有区域研究，区域研究中也有历史研究，而教育主体和教育内容是所有类型研究的核心内容。除了大致可归入以上几类的研究之外，更有大量综合研究论著。

以报刊为中心的各类女性教育问题研究：如刘莉《不同性别话语体系下回族女子教育宗旨的论争——以民国回族报刊为中心》；报刊个案研究，如秦方《晚清女学的视觉呈现——以天津画报为中心的考察》，再如娜仁格日勒《〈青旗〉所见近代蒙古民族女子教育》一文"通过对《青旗》报上所提倡的女性启蒙教育思想内容的介绍和分析，揭示随着近代化在蒙古族中影响的开始，民族民主人士认识到女性素质的提高对于整个民族未来的重要意义。"[①]此类个案研究尤以《妇女杂志》为多，如2013年西南大学硕士论文刘丽的《〈妇女杂志〉中的女子教育思想研究》等。

民国时期女性教育与其他问题的综合研究：如艾晶的《民国初年女性的教育问题与女性性犯罪探析》，再如文化艺术出版社2007年6月出版的王翠艳所著《女子高等教育与中国现代女性文学的发生》是研究中国现代女性文学的专著，对中国第一批接受高等教育的女大学生在中国新女性文学中的成就作了阐述。

跨文化比较研究：此类研究有李琳琳的《返于自然与超越历史——卢梭与梁启超"贤妻良母"女子教育目的观之比较》、金香花的《中韩女性教育比较

---

① 娜仁格日勒.《青旗》所见近代蒙古民族女子教育［J］.内蒙古师范大学学报（教育科学版），2012，25（09）：26—29.

研究》等。

（五）其他相关研究

除了以上以民国时期女性教育为主要研究对象的核心研究以外，还有研究各类问题时涉及到民国时期女性教育的其他相关研究也很丰富。

1. 女性教育的通代研究涉及民国时期女性教育

此类研究是教育史和教育制度研究的热点问题之一，论著如安树芬主编，蔡锋、杨毅竹执行主编的《中国女性高等教育的历史与现状研究》，该书"运用文献研究和现代调查统计定性、定量相结合的方法，对我国女性高等教育自清末产生以来的历史与现状客观公允地做了研究，对女性高等教育的体制、形式、内容、规模、思想观念等方面的发展变化进行了考察和探讨。第一部分兴起篇（1904—1949）主要探讨了民国时期女性高等教育的发展情况，包括女性留学教育、女性高等教育的创立、发展、制度的确立与演变、规模与发展、内容及变化以及学制及其变化。"[①] 再如徐芳《自由教育与女性自主意识的唤起——从女性教育史看女性审美意识形态的变迁》，王郡兰《我国女子高等教育的历史沿革与发展对策研究》等。

2. 民国教育整体研究里涉及女子教育

女性教育作为民国教育的重要组成部分，民国教育相关研究中多有涉及。如陈学军《我国近代中学组织结构演变研究——基于组织制度理论的考察》一文，在性别结构方面重点考察了近代中学男女共校这种组织形式的产生与发展；孙佳瑾《全国教育会联合会第五次年会及其影响》对民国时期在山西召开的"全国教育联合会第五次年会"的研究涉及此次年会对女子教育改革的研讨，认为此次年会极大程度上促进了对女子教育的重视；易菲《民国早期职业类工艺与设计教育状况之研究》"通过从课程设置以实践为主、教学与生产相结合、注重女子教育

---

① 安树芬.中国女性高等教育的历史与现状研究［M］.北京：高等教育出版社，2002：10.

几个方面的介绍，对民国早期职业院校中的工艺与设计教育情况进行了探讨。"①
韩健《民国佛山精武会的学校教育理念及其实践活动》介绍佛山精武会将体育观
念、女子教育理念传播到佛山民众的心中，有力地促进了佛山的近代化。

3. 其他论题涉及民国时期女性教育

女性问题中涉及民国时期女性教育：如杨联芬《"娜拉"走后：弃儿创伤与解
放的误区》一文提出"'贤母良妻主义'在清末民初曾有力地推动了中国女子教
育合法化，但在五四新文化运动中遭到否定，'娜拉出走'成为五四以后女性主
体确立的神话。'贤母良妻主义'在新文化运动中被放逐以后，'弃儿'成为女性
解放过程中一个普遍的现象；弃儿创伤，则以隐性的书写，成为某种现代'寓言'，
昭示了中国女性'解放'思路中的父权无意识。"②桂涛《"花瓶"：20世纪30年
代职业女性的形象及其语境》通过民国职业女性被视为"花瓶"这一现象，提
出其背后原因是女职员行为"浪漫"，而这又是现代女子教育制度和社会氛围
塑造出来的。现代女子教育制度被认为是盲目模仿西方的装饰教育，只教会女
子一些装饰技术，为社会培养"花瓶"，以此反思了民国时期女性教育中这一
突出问题。另如谭琳、姜秀花主编的《性别平等与文化构建》一书也有多篇探
讨民国时期女性问题的文章涉及女性教育文献的利用。

民国社会问题研究涉及女子教育：如郑永福、吕美颐主编《近代中国妇女与
社会》主要研究方向为中国近代思想文化史、中国近代妇女史，民国时期女性教
育是主要关注点之一。张洪林主编《民主与权力　近代以来广东地方法制经验》
论及近代以来广东女性的权利，包括民国时期女性受教育权等问题。再如刘菊香
《新桂系时期广西妇女发展问题研究》，韩玲梅《民智：阎锡山村治思想主题析

---

① 易菲. 民国早期职业类工艺与设计教育状况之研究［J］. 设计艺术研究，2012，2（01）：
98—102.

② 杨联芬. "娜拉"走后：弃儿创伤与解放的误区［J］. 华东师范大学学报（哲学社会科学
版），2016，48（05）：21—27.

论》，苏全有、李伊波《北洋政府时期竞存观念刍议》，林星《东南沿海城市教育现代化及其特点的历史回顾——以福建省福州市为例》，刘娜《英租威海卫法律文化解读——基于女性保护的视角》，何黎萍《试论近代中国妇女争取职业及职业平等权的斗争历程》，唐文权《"五四"精神：中国教育现代化的巨大动力》等均以民国时期女性教育为研究切入点之一。

四、结语

综上所述，关于民国时期女性教育的研究在民国时期即有专著出版，但中华人民共和国成立至改革开放时期则较为沉寂，80 年代来以来重新勃兴，研究领域和范围不断扩大，涉及学科众多，研究视角和方法都不断有所创新，研究论著相当丰富，呈日趋繁荣之势。但相形之下，文献整理方面的目录编制、资料汇编及重新出版方面则较为薄弱，虽然目前民国文献数字化事业蓬勃发展，研究者获取相关文献也较为便利，但缺乏系统的整理过的文献分类集成和总书目，亦为相关研究工作造成了一些不便。

附：民国时期女性教育研究主要论著索引

1. 蔡锋. 民国时期高校女教师队伍的建设与发展［J］. 中华女子学院学报，2003（05）：16—21.

2. 河村昌子. 民国时期的女子教育状况与巴金的《寒夜》［J］. 中国现代文学研究丛刊，2002（02）：180—190.

3. 吴小鸥，李想. 赋权女性：晚清民国女子教科书的启蒙诉求［J］. 华东师范大学学报（教育科学版），2014，32（01）：103—110.

4. 王秀霞. 民国时期的女子职业教育思想［J］. 理论学刊，2005（09）：

106—107.

5. 赵长征 . 民国初创与女子教育［J］. 民国档案，1992（01）：75—81.

6. 马文华 . 民国时期的新疆女子教育［J］. 喀什师范学院学报（哲学社会科学版），1992（03）：70—73.

7. 艾晶 . 民国初年女性的教育问题与女性性犯罪探析［J］. 甘肃社会科学，2010（01）：227—231.

8. 杨菁 . 民国浙江的女学教育［J］. 浙江万里学院学报，2005（01）：47—51.

9. 李春英 . 论民国初期女子教育的嬗变特点及对当代女性教育的启示［J］. 教育与职业，2011（20）：187—188.

10. 张玲 . 民国早期女子职业教育的发展［J］. 北华大学学报（社会科学版），2009，10（03）：107—110.

11. 潘秀慧，杨菁 . 从弘道女中看民国浙江的女子教育［J］. 浙江档案，2003（02）：38—39.

12. 赵贝贝 . 民国初期女子教育发展状况探析［J］. 山东女子学院学报，2011（02）：60—63.

13. 姚瑶，章梅芳，刘兵 . 民国时期高校女子家政教育与烹饪技术的科学化改造［J］. 科学教育与博物馆，2016，2（03）：191—197.

14. 许环环 . 民国时期教会女子大学人才培养模式探析［J］. 龙岩学院学报，2007（05）：116—119.

15. 项建英 . 民国时期大学女教师群体形成及其特征［J］. 高教探索，2017（09）：107—112.

16. 林海波 . 民国时期女子教育学制的发展变化［J］. 安徽文学（下半月），2008（01）：131.

17. 许环环 . 试述民国时期女子留学教育模式［J］. 教育教学论坛，2013（15）：180—182.

18. 董卓然. 民国初期的女子教育［J］. 新疆地方志, 2011（01）: 59—62.

19. 胡若雪, 邵晓枫. 民国初期成人女子教育研究［J］. 职教论坛, 2012（22）: 92—96.

20. 李春英, 李春雨. 民国初期女子教育发展动因探析［J］. 时代教育（教育教学版）, 2009（06）: 44—45.

21. 李卓颖. 民国女子职业教育体系的形成及评析［J］. 职业技术教育, 2011, 32（19）: 78—80.

22. 李东东. 民国时期甘肃回族女子教育研究［J］. 开封教育学院学报, 2015, 35（10）: 15—16.

23. 姚玉香. 关于民国时期女性教育的分析［J］. 中国教育学刊, 2012（S1）: 25—26.

24. 朱敏. 民国时期女子教育对现今女子教育的影响分析［J］. 科教文汇（上旬刊）, 2013（02）:13.

25. 王盈, 王小丁. 民国初期女子职业教育发展的原因探究［J］. 牡丹江大学学报, 2017, 26（04）: 177—179.

26. 胡若雪, 邵晓枫. 民国中期成人女子职业教育研究［J］. 当代继续教育, 2013, 31（03）: 19—22.

27. 侯秋霞, 何尚武. 清末民国梅州女子学校教育的历史文化观照［J］. 龙岩学院学报, 2015, 33（01）: 6—13.

28. 苏慕瑜. 民国时期回族女子教育的发展特点与历史贡献［J］. 西北民族研究, 2017（03）: 197—204.

29. 邢微. 浅析民国前期女子教育发展动因［J］. 学理论, 2011（02）: 179—180.

30. 姚海琴. 清末民国前期山西的女子职业教育［J］. 成功（教育）, 2008（11）: 250.

31. 张丽. 民国潮汕女子教育述论［J］. 汕头大学学报（人文社会科学版），2016，32（01）：33—40.

32. 潘俊. 民国时期的镇江女子职业教育［J］. 江苏教育研究：职教，2017（04）：32—35.

33. 谈悠. 有限的平等——民国时期女子教育情况略论［J］. 考试周刊，2017（72）：34.

34. 张丽. 性别、社会与教育：清末民国的潮汕女子兴学［J］. 中华女子学院学报，2016，28（02）：34—41.

35. 荆晓芬，于耀洲. 民国初期黑龙江省女子教育简述（1912—1931）［J］. 学理论，2016（01）：134—135.

36. 郭瑞鹏. 浅析民国时期新疆蒙古族女子教育［J］. 西部蒙古论坛，2016（03）：10—14.

37. 吕澄靖. 从民国女学生装看女性教育与社会进步［J］. 明日风尚，2016（6）.

38. 倪月如. 民国时期女子教会大学的本土化演进与意义［J］. 教育教学论坛，2017（16）：97—99.

39. 柳江峰. 民国时期陕西的女子职业教育［J］. 中国民族博览，2016（10）：87—88.

40. 裴依菲. 民国江西女子职业教育的兴起与特点［J］. 财讯，2016（10）：64.

41. 徐夏，王利方. 旧事重提——民国初期女子教育问题刍议［J］. 名作欣赏，2016（35）：73—75.

42. 严元元. 从《中华女子国文教科书》看民国初期女子教育［J］. 时代教育，2015（23）：276—277.

43. 郑淑敏. 民国女教师冯沅君的教学特点探析［J］. 金田，2015（08）：229

44. 庞媛媛. 在华教会女子大学与民国时期的女性高等教育［J］. 哈尔滨学院

学报，2014，35（09）：114—117.

　　45. 张耀杰. 民国时代的女子教育［J］. 教师博览：原创版，2014（09）：39—41.

　　46. 许环环. 民国时期女子高等师范教育模式述评［J］. 大学教育，2013（09）：24—26.

　　47. 谢芝，杨军昌. 清末民国贵州教坛女杰与女子学校教育［J］. 教育文化论坛，2015，7（05）.

　　48. 张丽. 民国女子平民教育研究［J］. 遵义师范学院学报，2014，16（01）：12—17.

　　49. 陶建明. 民国海门女教育家凌海霞的传奇人生［J］. 钟山风雨，2015（06）：39—42.

　　50. 张萍. 民国时期广州西关女子教育的研究［J］. 集美大学学报（教育科学版），2014，15（01）：73—77.

　　51. 王晓鑫. 民国前期民间社团对女子教育的推动［J］. 柳州师专学报，2011，26（05）：116—120.

　　52. 梁金玲. 略论民国初期女子教育的局限性［J］. 学园，2014（15）：184—185.

　　53. 曲明慧. 浅析民国前期的女子教育［J］. 学理论，2011（15）：125—126.

　　54. 张晓龙. 民国初年山西女子教育刍议［J］. 成都纺织高等专科学校学报，2012，29（01）：50—56.

　　55. 韩玉婷. 清末民国女子家事教育探析［J］. 婚姻·家庭·性别研究，2015（00）：182—188.

　　56. 胡晓真. 杏坛与文坛—清末民初女性在传统与现代抉择情境下的教育与文学志业［J］. 近代中国妇女史研究，2007（15）：35—75.

　　57. 闫广芬. 中国女子学校教育的发展：认识、视野、使命［J］. 教育研究，2006（11）：73—79.

58. 易菲 . 民国早期职业类工艺与设计教育状况之研究［J］. 设计艺术研究，2012，2（01）：98—102.

59. 杨联芬 ."娜拉" 走后：弃儿创伤与解放的误区［J］. 华东师范大学学报（哲学社会科学版），2016，48（05）：21—27.

60. 吴泉成 . 美国在华教会与近代中国女子教育［J］. 高教学刊，2016（24）：248—250.

61. 宫云维，秦婧茹 . 新发现郑志虔郑在常墓志及其价值［J］. 浙江档案，2015（01）：52—54.

62. 王晓慧，胡金平 . 清末民初大批美国女传教士执教中国女学的原因探析［J］. 现代大学教育，2011（06）：59—65.

63. 娜仁格日勒 .《青旗》所见近代蒙古民族女子教育［J］. 内蒙古师范大学学报（教育科学版），2012，25（09）：26—29.

64. 杨洁 . 民国时期上海女子教育口述研究［M］. 西安：陕西师范大学出版总社有限公司，2014.

65. 孙彩霞 . 柏文蔚文集［M］. 合肥：黄山书社，2011.

66. 周秋光 . 中国近代慈善事业研究下［M］. 天津：天津古籍出版社，2013.

67. 徐宁 . 江南女校与江南社会 1850—1937 年［M］. 上海：上海人民出版社，2015.

68. 徐爱新 . 中国共产党领导的女性教育主流化运动研究 1921—1956［M］. 北京：中国妇女出版社，2014.

69. 安树芬 . 中国女性高等教育的历史与现状研究［M］. 北京：高等教育出版社，2002.

70. 蔡俊秋 . 民国时期的我国女子留学教育探析［D］. 南京：南京师范大学，2010.

71. 李静体 . 民国时期的女子职业教育研究［D］. 保定：河北大学，2009.

72. 刘映珏.民国时期福建女子教育的研究［D］.福州：福建师范大学,1999.

73. 肖璐.民国时期金陵女子大学的舞蹈教育研究［D］.南京：南京艺术学院,2016.

74. 张仕玮.民国时期安徽"女子学校"的教育研究［D］.芜湖：安徽师范大学,2014.

75. 王秀霞.民国时期的女子职业教育［D］.济南：山东师范大学,2004.

76. 李春雨.民国初期女子教育研究［D］.长春：东北师范大学,2006.

77. 曲明慧.论清末与民国前期女子学校教育的发展及影响［D］.哈尔滨：哈尔滨师范大学,2012.

78. 李宁宁.民国时期女子社会教育发展历程研究［D］.西安：陕西师范大学,2008.

79. 闫萌.民国时期的陕西女子教育（1912—1937）［D］.银川：宁夏大学,2013.

80. 张偲颖.民国时期女子教育问题研究［D］.武汉：华中师范大学,2013.

81. 陈莎.民国时期福州女子职业教育研究［D］.福州：福建师范大学,2015.

82. 周庆红.民国时期甘肃女子学校教育研究（1912—1945）［D］.兰州：西北师范大学,2013.

83. 杨洁.民国时期上海女子教育研究［D］.上海：华东师范大学,2000.

84. 赵翊岑.民国时期女子美术教育探析［D］.沈阳：沈阳师范大学,2017.

85. 陈晨.民国时期大学女教师群体研究［D］.金华：浙江师范大学,2015.

86. 李东东.民国时期（1912—1949）西北边疆女子教育发展研究［D］.兰州：西北师范大学,2016.

87. 肖璐.民国时期金陵女子大学的舞蹈教育研究［D］.南京：南京艺术学院,2016.

88. 蔺志娟.民国时期新疆女性学校教育研究［D］.乌鲁木齐：新疆大学,

2016.

89. 刘宏哲. 民国前期山西女子学校教育研究（1912—1937）［D］. 临汾：山西师范大学，2016.

90. 任晓玲. 民国初期女子国文教科书女性形象研究［D］. 上海：上海师范大学，2016.

91. 吴孝恒. 民国初期小学女子修身教育（1912—1916）［D］. 上海：上海师范大学，2013.

92. 阚静. 民国时期上海女校音乐特色教育研究［D］. 上海：上海师范大学，2015.

93. 王琳. 民国初年女教员的家庭与职业空间［D］. 北京：中国人民大学，2008.

94. 王丽霞. 民国初期（1912—1927）女子教育发展与女子教育思想研究［D］. 河北大学，2008.

95. 查玮. 国文教育与知识启蒙——民国初期两套女子国文教科书之分析［D］. 合肥：中国科学技术大学，2013.

96. 蔡俊秋. 民国时期的我国女子留学教育探析［D］. 南京：南京师范大学，2010.

97. 刘映珏. 民国时期福建女子教育的研究［D］. 福州：福建师范大学，1999.

98. 李金荣. 民国乡村女教师的生存困境与时代特征［C］// 徐继存，潘洪建. 当代教育评论 2016 第 3 辑. 镇江：江苏大学出版社，2016.

第六章　民国时期美术学文献整理与研究

自20世纪初五四新文化运动开始，中国美术研究受到西方艺术研究方法的影响，在美术创作和美术理论研究方面都取得了显著成果。这些成果以各种文献载体的形式得以传承和保留，中华人民共和国成立后很多艺术家和学者对民国时期出版的美术学文献都给予了重视和研究。对民国时期美术学文献整理和研究的全面考察，有助于对本学科的学术研究提供文献指引、资料挖掘与揭示以及参考帮助，对相关领域的学者和文献的收藏整理利用来说有着至关重要的作用。

一、民国时期美术学文献概述

目前为止，还没有机构或学者开展对民国时期美术学文献的全面整理，较为完整和较大规模的目录成果尚未发现，因此民国时期出版的美术学文献的种别类目和总量规模至今尚无一致的定论。对民国时期美术学文献的揭示和挖掘，现可借鉴迄今为止最大规模的收录和整理民国时期图书以及以图书形式出版的包括期刊、报纸等各种文献载体的《民国时期总书目（1911—1949）：文化科学·艺术》，美术学文献在艺术学科大类下的多个子类都有分布，经逐个比对统计，美术类文献共1200种。此外，其他一些综合性目录也收录有美术类文献。《商务印书馆图书目录：1897—1949》主要是整合民国时间跨度内商务印书馆所出版的图书，按学科体系分类，收录了美术学图书 497 种，包括美术理论 38 种、美术史学 88 种、美术教育 35 种、画学 78 种、书法 32 种、雕塑 25 种、工艺美术 48 种、摄影 15 种、丛书 68 种，排除艺术总论、美学、园艺、音乐、娱乐等其他艺术分支学科文献。《中华书局图书总目（1912—1949）》的目次按学科分类排序，艺术大类紧随文学之后，艺术门类分布更为科学清晰，其中绘画 106 种，中国书法 50 种，雕刻、摄影、工艺美术 216 种。除了以上的综合性学科目录的整理统计，鲜少可见的专门收录美术学图书的目录仅有温肇桐编著的《美术理论书目：1912—1949》，限于对美术理论的专题著作进行集中收集，记录图书 246 种。

此外，还有一些大型的影印及再版的丛书或文丛汇编，对民国时期出版的美术学著作也进行了重要文献的选编和呈现，对民国时期美术学文献收藏和研究以及学科专业的研究利用和深入挖掘都有着重要的史料文献作用。如《民国丛书》《民国籍粹》《民国文献类编（876-907）：文化艺术》《民国文丛》《海派书画文献汇编》《复旦百年经典文库》《民国教育史料丛刊》《申报丛书》《民国西学要籍汉译文献·文学艺术》《鲁迅全集》《近代专题文献目录丛刊》《民国展览史料汇编》《金石书画人物传记资料丛刊》《抗日战争史料丛编》《历代画谱类编》《民国时期文献资料海外拾遗》《丰子恺全集》等，以及新鲜出炉的《上海文献汇编》（艺术卷，2017 年出版）等综合学科的收录或艺术专题的收录。

民国时期美术学期刊的出版是近代美术文献活动的一项重要内容。对民国美术学期刊的整理较为全面的是许志浩的《1911—1949 中国美术期刊过眼录》（以下简称《过眼录》），美术期刊统计有 365 种，其中绘画期刊 197 种。此外，郑利权的硕士论文《民国绘画期刊研究》在许志浩的整理成果基础上对民国绘画文献进一步梳理和研究，对绘画期刊的生态分布、历史分期、办刊模式及绘画期刊与传播模媒介机构之间的关系等都进行了深入的统计分析，从文献学角度对绘画研究提供了更为开阔的空间。刘瑞宽的博士论文《中国美术的现代化——美术期刊与美展活动的分析（1911—1937）》，选取民国时期主要美术社团主办的期刊与举行的美术展览，探讨中国美术的现代化进程。刘辰的《晚清民国时期艺术教育期刊志：1900—1949》集中汇总了民国时期艺术教育期刊，其中美术教育期刊达124种。张馥玫的硕士论文《20世纪初上海商业美术环境研究——以上海的"画报"为例》一文中对多种画报的美术信息进行了深入研究，如《良友》、《时代》、《大众》画报等。

此外，其他文献载体形式对民国时期美术学文献的整理也取得了一些成果，如论文集、报刊美术文献的汇编等。如颜娟英在2006年编著的《上海美术风云：1872—1949申报艺术资料条目索引》，何怀硕在1991年由艺术家出版社出版的《近代中国美术论集：艺海钩沉》，张光福在1982年由云南人民出版社的《鲁迅美术论集》等。

民国时期美术学文献研究范围广泛，成果颇多，这里对重要论著和代表性文章篇目作简要陈述，以呈现民国时期美术学文献概貌，便于我们全面了解民国时期美术学文献的出版情况，是整理和研究民国时期美术学文献的源头和基础。

（一）美术理论研究

20世纪上半叶，西方现代思潮的东渐，一批学子留学归国后兴办美术教育，促使美术理论的研究一度活跃。康有为《万木草堂藏画目》（1917）、吕澂《美术革命》（1918）、陈独秀《美术革命》（1918）中都提出对中国传统文人画进行"美术革命"主张[①]。1919年前后，蔡元培提倡以美育代宗教，演说著文，主张中西文化融合，采西洋所长。鲁迅发表过多篇关于美术的文章，提出艺术为人生、拿来主义等观点，对于版画创作及有关方面都产生过较大影响。徐悲鸿《中国画改良论》（1920）提出"守、改、增、融"的改革主张，认为应该用西方的写实主

---

① 郎绍君，水中天．二十世纪中国美术文选［M］．上海：上海书画出版社，1999：12．

义来改良中国画。高剑父《我的现代画〈新国画〉观》和高奇峰《画学不是一件死物》都主张中外古今的折衷①。林风眠《东西艺术家之前途》（1926）主张调和中西艺术。金城《学画讲义》（1921）认为画无新旧，应"守古人门径"。同光《国画漫谈》、倪贻德《新的国画》（1928）、胡佩衡《中国山水画写生问题》（1921）、贺天健《我对中国画之主张》（1931）以及傅抱石《民国以来国画之史的观察》（1937）等都先后对中国画的发展发表文章，阐述了各自的见解。

此外，一些美术学理论研究者在翻译外来美术理论或美学著作的基础上又投入到美术理论的研究中，产生了大量的专著或论述成果。陈师曾《文人画之价值》（1921）对文人画的界定和价值作了精辟论述，是近代文人画研究的奠基之作。刘海粟《中国绘画上的六法论》（1931）及《国画苑》（1935）在对谢赫六法论的研究中应用了西画批评的概念。傅抱石《中国国民性与艺术思潮》（1935）以及《中国绘画思想之进展》（1940）等著作，考察了中国画特别是山水画的发展规律以及画家创作时的精神状态。邓以蛰《画理探微》和《六法通论》写于20世纪三四十年代之交，以史论结合的方法对中国画研究自成体系，提出中国画的发展分期和中国画"生动与神合而生境界"的美学结构。宗白华《中国画法所表现的空间意义》（1935）及《中国艺术境界之诞生》（1949）等论文从直观的方法揭示了中国绘画美学的特征。此外，吕徵《美术概论》（1923）与《晚近美学思潮》（1924）、林文静《何谓艺术》（1931）、朱光潜《文艺心理学》、伍蠡甫《再论中国绘画的意境》（1944）以及钱钟书《谈艺录》（1947）等在当时美术界都产生了一定的影响②。此外，还有一些著述，是对书法、工艺、雕塑及建筑等门类的专题研究。如黄宾虹《古印概论》（1930）、沙孟海《印学概论》、胡小石《中国书学史绪论》（1943）、商承祚《说篆》（1943）、权柏华《古瓷考略》（1930）、邹朱崖《刺

---

① 黄宾虹.黄宾虹文集·书画编.［M］.上海：上海书画出版社，1999：128.

② 刘淑贤.我国近代美术文献发展述论［J］.图书馆论坛，2003（04）：9—11.

绣源流述略》(1930)、莫天一《塑述》(1930)、张充仁《雕刻的必要因素》(1941)、朱培钧《雕刻泛论》(1944)、姜丹书《中国建筑进化谈》(1929)、张俊《建筑艺术》(1941)等。

总体来说,20世纪上半叶美术理论研究的学术专著较少,大部分都是发表在报刊上的文章。这一时期,曾有许多美术期刊创办,从1911年至1949年间全国美术期刊、特刊、增刊等累计近四百种。

(二)中国美术史研究

1. 丛书汇编类

1911年黄宾虹、邓实收集编纂《美术丛书》,福州国光社出版,书中囊括了我国历代的画论画法、画史、书法、书史等文献资料以及瓷铜玉石、雕刻摹印和少量词曲、传记、杂记等,至1928年四集编竣(1947年增版),收入著作有285种。这是20世纪初第一次用"美术"字样出版如此浩大之丛书,开创了20世纪系统整理古代美术文献之先河。余绍宋编《书画书录解题》十二卷(1932),著录书画论著860种,画学文献570种,有解题者300余种,收录及整理了自东汉至20世纪30年代有关书画文献史迹,开创了中国现代学者所著书画文献专门目录及解题书籍之先河。1926年,余绍宋还出版了《画法要录》排印本7卷。1936年由上海中华书局出版其仿宋印本18卷,二编12卷,共30卷。此书"是为中国画学开忠实考据之始"。1937年,于安澜编《画论丛刊》,中华书局出版,辑录了画法画理之作五十多篇,对美术界产生了较大影响。1943年,世界书局出版了沈子函的《历代论画名著汇编》,收录了自顾恺之到清代论画著作共75家,按朝代和时间先后编排。此外,马克明的《论画辑要》、赵诒深的《艺海一勺》、朱剑芒的《艺术名著丛刊》《丛书集成初编》等古代书画史论著作,对整理我国书画理论、保存美术文献、贡献巨大理论提供了重要的读本。

2. 单本论著

1925年出版了潘天寿《中国绘画史》,随后陆续出版了郑昶《中国画学全史》（1929）、傅抱石《中国绘画变迁史纲》（1931）、滕固《唐宋绘画史》（1933）、陈师曾《中国绘画史》（1934）、秦仲文《中国绘画学史》（1934）、俞剑华《中国绘画史》（1937）等多部史著。此外，中国美术考古发端于20世纪20年代后期，因此对于古代考古史料的发现和研究有突破性进展。在美术考古研究中，吴金鼎对于陶器的研究，容庚、郭沫若、徐中舒、唐兰对青铜器及其铭文、图案、金石及古文字的研究，陈万里对敦煌石窟艺术的研究，瞿中溶、关百益对汉画像石的研究，梁思成对古代建筑的研究，都具有一定的开拓意义，产生了一些著作，如岑家梧《中国艺术考古学之进展》（1941）和冯贯一《中国艺术史名论》（1940）。

（三）外国美术研究

中国学者对外国美术的研究，是从翻译和介绍开始的。学子纷纷出国留学，引进西方美术教育、美术创作的同时，也引进了西方美术史和美术理论著述，这些美术家、美术史论研究者还有作家和人文学者们的文章多数发表在美术报刊上。这些美术报刊如上海出版的《中华美术报》、《美术》、《艺术界》、《美育杂志》、《亚波罗》、《艺苑朝花》、《上海艺术旬刊》（后改为《艺术》）、《美术杂志》，杭州的《中央画报》、《艺风》，南京的《中国美术学会季刊》等。二三十年代出版的代表性著作有：丰子恺《西洋美术史》、《西洋美术史纲》、《西画论丛》（1937），陈之佛《西洋美术概论》（1934）、《西洋绘画史话》（1940），李金发《意大利艺术概要》、《十九世纪法国三大雕刻家》，李鸿梁《西洋最新的画派》，汪亚尘《国画与洋画》，岑家梧《史前艺术史》（1937）、《图腾艺术史》（1938）等。当时一批翻译过来的著作也产生了较大影响，如板垣鹰穗《近代美术史潮论》（鲁迅译）、顿拉克《阿波罗美术史》（李朴园译）、丹纳《艺术哲学》（傅雷译）、阿美其里斯《美术考古一世纪》（郭沫若译）、里德《今日之艺术》（施蛰存译）等。

除以上三大美术学研究的主要方向外，还有一些美术学文献类型，如美术类工具书、美术家学者年谱、美术展览史料档案文献、法规章程等。如有正书局编辑出版的《名画目录》（1919）、傅抱石编著的《中国美术年表》（1937）、蒋孝游等编撰的《中国美术年鉴》（1948）、吴恒勤编绘制、汪亚尘校订的《绘画辞典》（1936），以及法规章程档案如《全国美术展览会举行办法》（1937）、《大学院美术展览会组织大纲》（1928）、《大学院美术展览会征集出品简章》（1928）、《为供给艺术教育上重要之参考资料起见应请各地当局速在各大都市中建立美术馆之基础案》（1928）、《北京美术学校学则（选录）》（1918）、《艺术专科学校及大学艺术科系招收新生暂定办法》（1937）、《教育部美术教育委员会章程》（1940）、《战时各级学校举行文艺美术作品劳军运动办法》（1941）、《联大鲁艺的教育目的和原则》（1948）等。另外，重要报纸文献有很多美术展览会的举办通知和宣传，如《申报》（1872，上海）、《时报》（1904，上海）、《大公报》（1902，天津）、《京话日报》（1904，北京）都有很多关于美术家、美术作品的介绍及宣传以及美术展览的宣传介绍。

由于历史原因，1949 年后我们对民国时期美术学著作的统计和整理较少，从可借鉴和依托的工具如综合性书目和专题目录的稀少数量可见，仅有的统计多数都是将美术学放在艺术大类共同再现和反映，将美术学科分离出来基本依赖专业的鉴别和提取，经对《民国时期总书目（1911—1949）：文化科学·艺术》的统计，美术学著作（1201 种）占艺术总类文献（2825 种）近 43%。可见，民国时期美术学的发展成果在当时艺术研究成果当中是一个重要组成部分，占了举足轻重的位置。

从出版者角度看，这些著作多半是美术研究会、各地艺术馆、美术专科学校以及作者个人自行出版。其余著作由出版社出版，其中文明书局出版数量最多，其次为有正书局、开明书店、商务印书馆、世界书局、中华书局、神州国光社、良友图书印刷公司及其他出版社。丰子恺是当时美术学研究领域最高产作者，其专著和译著总数达到 40 余部。其他高产作者还有刘海粟、蔡元培、郭沫若、姜丹书、滕固、傅抱石、潘天寿、林风眠、温肇桐、俞寄凡、倪贻德、黄茅等。

二、民国时期美术学文献的整理

为了全面获取对民国时期美术学文献进行整理的成果，笔者采用相关检索词的任意组配，确保检索结果的查全率和扩展性。检索词采用时代限定词"近代""民国""清末民初""晚清""20世纪初期"依次与学科限定词"艺术""美术""绘画""画学""国画""书法""书学""雕塑""工艺美术""摄影""考古""建筑"，以及整理成果名词"目录""索引""书目""总目""全目""篇目""汇录""汇编""摘编""选编""丛书""文献""资料""史料""论文""参考资料"的三项条件限定，对国家图书馆馆藏、上海图书馆馆藏、中国高等教育文献保障系统（CALIS）联合目录公共检索系统、孔夫子旧书网和国内各大美术学院网站以及上海师范大学图书馆近代文献中心馆藏进行扫描式检索后，选取对美术学文献本身进行整理的专著和论文成果，经过甄别筛选，得到图书著作220余种，期刊23种，期刊论文55篇。按照文献整理的类别，有影印出版物、书目、索引、年鉴、论丛汇编、数据库和缩微胶卷等形式。

（一）书目

1. 综合性书目

（1）联合目录

北京图书馆，即国家图书馆前身，先后编制了中华人民共和国成立前的期刊联合目录和图书总书目，并由书目文献出版社（现国家图书馆出版社）出版发行。其中，1981年出版的《1833—1949全国中文期刊联合目录》（增订本）收录了全国50所图书馆在1957年底以前所藏1949年之前国内外出版的中文期刊近2万种。因条目按刊名首字笔画编排，经手动遴选统计，与美术学研究相关期刊达到近400

种。其补编本——《1833—1949全国中文期刊联合目录》（补充本），由国家图书馆、上海图书馆编著，中央民族大学出版社2000年出版。补收清末至民国时期期刊16400余种，其中包括：珍贵革命刊物，国民党党、政、军刊物，抗日战争时期敌伪刊物，中小学教育刊物，儿童刊物，文艺刊物等。其中《增订本》经遴选统计，《补充本》可作为查阅补充，此为国内迄今为止规模最大、范围最广、收录最全的期刊联合目录①。

　　《民国时期总书目（1911—1949）：文化科学·艺术》收录民国时期艺术总论及各艺术门类研究著作2825种，包括艺术理论、世界各国艺术概况、绘画、书法、篆刻、雕塑、摄影艺术、工艺美术、音乐、舞蹈、戏剧艺术、电影艺术12类共2825种，其中美术范畴著作1201种，占艺术类著作收录的近43%。此外，《民国时期总书目（1911—1949）》综合性图书分册包括丛书、百科全书、类书、辞典、论文集、杂著、年鉴、年刊、图书目录、文摘、索引11类，美术学著作散见于各类，不应忽略，对美术学文献的悉数整理和学科研究的导引也起到非常必要的作用。如收录有历代美术著作的民国翻印版如《董华亭书画录》《读画录》《古画品录》《古今画鉴》《古今印史》《古刻丛钞》《广川画跋》《翰墨志》《画跋》《画论》《画梅题记》《画品》《画史》《画说》《画禅》《金石存》《金石古文》《金石录补》《金石录补续跋》《金石要例》《历代名画记》《六如画谱》《墨法集要》《日本金石年表》《书画史》《书谱》《书史》《书法雅言》等。此外，因《民国时期总书目（1911—1949）》是基于北京图书馆、上海图书馆和重庆图书馆三馆的馆藏编制而成，因此收录内容不可避免存在缺漏。

　　（2）丛书目录

　　上海图书馆于1979年编撰出版的《中国近代现代丛书目录》及1982年的《中

---

　　①　国家图书馆，上海图书馆.（1833—1949）全国中文期刊联合目录（补充本）[M].中央民族大学出版社，2000（1）.

国近代现代丛书目录索引》，收录中国 1902—1949 年出版的丛书 5549 部，图书 30940 种，有详细的总目和子目索引，其中民国时期出版的丛书有 274 种，图书 976 种，最有影响力和耳熟能详的如《万有文库》系列、《民国小丛书》系列等。

（3）出版社书目

除以上综合性的联合目录外，出版社作为当时发行图书的主体，其所出版的图书目录也可以作为当时美术学文献的代表。现有的出版社目录仅有两大出版社目录《商务印书馆图书目录（1897—1949）》和《中华书局图书总目（1912—1949）》。

其中，《商务印书馆图书目录（1897—1949）》由北京商务印书馆 1981 年出版，收录民国时期美术学著作 497 种，另附有丛书目录中美术学丛书 85 种，因丛书目录按照丛书名的学科主题分类编排，有些大套丛书也出版了或多或少的美术学单行本著作，连同艺术类丛书一起汇总如下表 2-6-1。

表 2-6-1 《商务印书馆图书目录（1897-1949）》丛书目录美术学著作分布

丛书大类	所属丛书名	丛书分类	题　　名	责任者
总类	万有文库第一二集简编	大学丛书	美学原论 Croce：Aesthetics	傅东华译
			造园学概论	陈植著
			中国绘画史	潘天寿著
	尚志学会丛书	哲学	美之研究 Bergson：Laughter	张闻天译
	共学社丛书	艺术	艺术论 Leo Tolstoy：What is Art？	耿济之译
	中法文化丛书		西洋绘画史话	陈之佛，陈影梅编
			中国当代画集 Les（Euvres Recentes · de Chen Shu-jen）	陈树人近作
	孔德研究所丛刊		石鼓文研究（二册）	郭沫若著
	汉译世界名著	艺术	艺术的起源E.Crosse：The Beginnings of Art	蔡慕晖译

（续表）

丛书大类	所属丛书名	丛书分类	题　名	责任者
	百科小丛书	艺术	艺术之本质	范寿康著
			现代美学思潮	吕澄著
			中国美术小史	滕固著
			史前艺术史	岑家梧著
			图腾艺术史	岑家梧著
			西洋美术史	吕澄编
			观赏树木	陈植著
			花坛	夏诒彬著
			造型美术 *Theodor Volbehr：Formative Arts*	钱稻孙译
			西画概要	吴梦非著
			西洋画派解说	倪贻德著
			中国书学浅说	诸宗元著
			书法心理	虞愚著
			中国画学浅说	诸宗元著
			色彩学	吕澄著
			摄影术	曹元宇著
	东方文库（82 种 100 册）	文学艺术语学及考古学	美与人生（一册）	
			艺术谈概（一册）	
			近代西洋绘画（二册）	
	东方文库续编		国画面面观	戴午昌等编
			东方艺术与西方艺术	向达等著
国学	国学基本丛书	艺术	陶说	（清）朱琰述
			天工开物	（明）宋应星撰
			语石（二册）	叶昌炽撰
			寰字访碑录	（清）孙星衍；邢澍撰

（续表）

丛书大类	所属丛书名	丛书分类	题　名	责任者
			珊瑚纲（三册）	（明）汪珂玉撰
			书法正传	（清）冯武编
			艺舟双楫	（清）包世臣著
			图绘宝鉴	（清）夏文彦撰
	国学基本丛书简编（50 种 120 册）	应用技术	天工开物（一册）	（明）宋应星撰
			陶说（一册）	（清）宋琰撰
		美术	书法正传（一册）	（清）冯武编
			图绘实鉴（一册）	（元）夏文彦撰；附（明）韩昂撰续编
	国学小丛书	艺术	中国美术史	（日）大村西崖著；陈彬和译
			金石学	朱剑心著
			中国文字与书法	陈彬和著
			古画征	黄宾虹著
			中国雕板源流考	孙毓修著
社会科学	师范丛书		美学概论	范寿康编
			艺术教育学	雷家骏编
	师范小丛书		小学工用艺术科教学法	何明斋著
			小学美术教育	俞寄凡著
			小学写字教学法	朱智贤著
			小学形象艺术科教学法	宗亮寰著
			艺术教育论	（日）小林澄见，（日）大多和显著；唐开斌译
	国民教育文库		小学美术科教材和教法	温肇桐编著
			创造的儿童绘画指导研究	温肇桐编著
			国民教师应有的美术基础知识	温肇桐编著

（续表）

丛书大类	所属丛书名	丛书分类	题　　名	责任者
语文学	中华儿童教育社丛书		儿童绘画心理之研究 *Eng: The Psychology of Children's Drawings*	龚启昌译
			俄国图画故事全集	Valary Carrick 著；董任坚编译
	小学教师丛书		小学美术科教材和教法	温肇桐编
	手工丛书		石膏工	李颂尧编
			剪纸图说	施咏湘编
			麦杆辫图说	汪祖源编
语文学	国立中央研究院历史语言研究所专刊		金文编（五册）	容庚撰
			金文续编（二册）	容庚撰
			異文丛刻甲编	丁文江编
			金文世族谱（二册）	吴其昌著
	国立中央研究院历史语言研究所单刊		金石书目录	容媛辑
自然科学	自然科学小丛书	艺术	照相化学（二册）	（日）铃木庸生著；高铦译
应用技术	工学小丛书	艺术	红外线摄影 *Rawling: Infra Red Photography*	佘小宋译
			照相乳胶	佘小宋编
			实用珂罗版制法 *T.A.Wilson: The Practice of Collotype*	佘小宋译
			透视学	魏元信编
艺术	新艺术丛刊		蓬蓬雕刻集	王济远，张澄江辑
			米勒素描集	王济远选辑

（续表）

丛书大类	所属丛书名	丛书分类	题 名	责任者
	艺术研究丛书		西洋画研究	倪贻德著
			人物画任务	陈抱一著
			静物画研究	陈抱一著
	青年艺术丛刊		中国美术发达史	刘思训著
	上海美术专科学校丛书		圆明园欧式宫殿残迹	滕固辑
			现代绘画论 *T.W. Earp: The Modern Movement in Painting*	刘海粟译
	国立北平图书馆金石丛编		吴愙斋尺牍（七册）	吴大澄撰
史地	中国文化史丛书		中国陶瓷史	吴仁敬，辛安潮著
			中国绘画史（二册）	俞剑华著
	史地小丛书	艺术	秦汉美术史	朱杰勤著
		考古	中国青铜器时代考	（日）梅原末治著；胡厚宣译

《中华书局图书总目（1912—1949）》由北京中华书局1987年出版，按学科主题依次排序为十九个大类，其中艺术类图书共出版369种，美术学就有321种，可见，对于中华书局来说，出版的艺术著作中，美术学占了绝大部分。其中，很多稀见的画册、图卷的珂罗版，字帖、碑帖的金属版、珂罗版等都是非常珍贵的出版目录。另外，刘海粟、徐悲鸿、丰子恺等美术界名家出版了很多的理论著作和画册画集。

2. 美术学专题目录

上海书画出版社于1992年出版了许志浩编著的《1911—1949中国美术期刊过眼录》（以下简称过眼录）。《过眼录》是许志浩在长期的美术期刊和非美术专业报刊上有关美术专业资料的访查探索研究所书写的上万张卡片以及积累的无数史料的基础上整理编撰而成，为研究近现代美术史提供了非常珍贵的原始资料①，该书是 1949 年以来中国大陆地区出版的民国时期美术学期刊目录中价值最高的，也是迄今为止唯一的一部该领域期刊目录整理著作，之后的很多的研究和整理成果都是在该书的基础上的延续和探索。全书共收录全国各地以及海外出版的中文美术期刊、特刊、增刊、附刊、丛刊等近四百种，介绍中国画、书法篆刻、油画、雕塑、壁画、版画、宣传画、漫画、工艺美术、陶瓷艺术等专业美术期刊，按期刊的出版年月先后编排次序。并附有 1909 年至 1949 年全国报纸美术副刊目录，收录了附有美术副刊的报纸 141 种。因旧报纸比旧期刊更难以保存，大多早已绝版，仅存的散藏于各地图书馆，这份民国时期美术报纸文献的收集整理可谓是难能可贵、功不可没。现今为止，未发现其他的民国时期美术学报纸的整理著作。以下两表分别是《过眼录》按年份收录期刊情况（表 2-6-2）以及各报纸美术副刊情况（表 2-6-3）。

表 2-6-2　《过眼录》收录美术期刊情况

年　份	种数	期　刊
1911—1917	4	滑稽画报、真相画报、艺术丛编、美人世界
1918	5	明星画报、上海画报、中华美术报、上海泼克、美术
1920	3	滑稽（1920 年 1 月创刊）、美育（季刊）、绘学杂志
1921	4	新新滑稽画报、美专月刊、晨光、世界
1922	3	支那美术、美术世界、神州吉光集
1923	7	佛光集（月刊）、美术、艺术（周刊）、南美杂志、笑画（月刊）、艺术半月刊、滑稽（1923 年 10 月创刊）
1924	2	造形美术、艺林（旬刊）
1925	5	翰墨缘（半月刊）、中华女子美术专门学校章程（特刊）、联益之友、金石画报（三日刊）、鼎脔

---

① 许志浩.中国美术期刊过眼录（1911—1949）［M］.上海：上海书画出版社，1992：5.

（续表）

年 份	种数	期 刊
1926	8	美术画报、文艺旬报、蜀江金石周报、艺术界（周刊）、艺观、新艺术、艺专、鼎脔同人书画展览会纪念刊（特刊）
1927	6	国画特刊、上海艺术大学章程（特刊）、艺术特刊、苏州艺术、画室、湖社月刊
1928	8	美育杂志、艺林旬刊、上海漫画、立达学园美术院西画系第二届绘画展览会特刊、非非画报、武昌美术专门学校校刊、墨花、亚波罗（Apollo）
1929	19	国粹月刊、荒原（月刊）、艺苑朝花、蔚报、葱领、美展、中央画报、教育部全国美术展览会特辑号、美周、苏州美专己巳级毕业特刊、艺术馆特刊、故宫月刊、艺苑、故宫周报、杭州艺术专科学校周刊、歌笛湖、画风（月刊）、西湖一八艺社展览会特刊、无锡美术专门学校第四届毕业纪念刊
1930	12	中国美术号（特刊）、艺林（月刊）、艺潮、观海艺刊、艺浪、美艺（杂志）、讨逆画报、蜜蜂、白鹅艺术半月刊、艺友（半月刊）、墨印（季刊）、墨海潮（美术月刊）
1931	11	艺术丛刊、亚丹娜、艺术旬刊、艺甄、一八艺社1931年习作展览会画刊、苏沪名人书画纨扇大会画报（特刊）、河北博物院画刊、厦门美术学校特刊、美术丛刊、煤坑、墨海
1932	12	中华国画杂志、艺术与教育月刊、慰劳画报、中国时事漫画、艺术之路、艺觳、青春（艺术月刊）、文艺茶话、画学月刊、艺术旬刊、太阳在东方、娑罗画刊（折扇号）
1933	16	娑罗花馆开幕特刊、艺术、艺风（月刊）、神车、独立美术、辅仁美术月刊、北美、现代中国木刻选（特辑）、文社、木版画、上海、西湖博物馆馆刊、苏州美术专科学校一览（特刊）、墨林（月刊）、青青（半月刊）、武昌艺术专科学校校刊
1934	25	国立杭州艺术专科学校一览（特刊）、诗歌漫画（月刊）、时代漫画、新上海漫画（月刊）、美术杂志、美术专科旬刊、美术生活（月刊）、西京金石书画集、东方漫画、天津漫画、万象、娑罗画社画刊、电影漫画集、长虹社画刊、中国女子书画展览会特刊、金石书画（旬刊）、漫画·生活、雍和宫导观所刊物（特刊）、北平艺术专科学校校刊、木刻纪程、艺星（双月刊）、文艺画报、国画月刊、旁观者、现代版画

（续表）

年　份	种数	期　　刊
1935	20	正论（苏州正社书画会展览特刊）、今代漫画选、群众漫画、小品文和漫画、唯美、漫画漫话、电影·漫画、现象漫画、新兴美术、中国漫画、回澜木刻、艺轮、汉口市美术展览会纪念特刊、独立漫画、大众漫画、新时代漫画（月刊）、美术、美术电影、漫画和生活、美术特辑
1936	21	中国美术会季刊、漫画、国画、新美术、铁马版画、现代美术、中华美术协会成立会特刊、漫画界、京华美术学院年刊、生活漫画、木刻界、故宫旬刊、上海漫画、沪光旬刊、北平故宫博物院年刊、滑稽画报（半月刊）、艺术论坛月刊、万象、漫画世界、漫画半月刊、东方漫画
1937	18	艺风、绿蕖（月刊）、艺术界、美术杂志、泼克·PUCK、青年艺术、漫画之友（半月刊）、民间图画展览会特刊、吴中文献展览会特刊、牛头漫画、广东美术特刊、前线画报、美术、战时画报、救亡漫画、抗战画报、非常时漫画、抗敌漫画
1938	15	抗敌画报、抗战画刊、抗战版画、抗战漫画（半月刊）、战时艺术、滑稽世界、漫画战线、战时画刊、黎明（旬刊）、西洋美术杂志、抗敌画展特刊、滑稽漫画、动员画报（国庆纪念特刊）、红醪、漫画（半月刊）
1939	23	战画、木刻导报、全国抗战版画（丛刊）、战斗美术、漫画与木刻、艺术文献（附刊）、工作与学习·漫画与木刻、战地真容（半月刊）、兴亚书报、敌后方木刻、漫木旬刊、抗战艺术、美术界、艺术与生活、战地画刊、刀尖、大众画报、星火、国光艺刊、战时木刻半月刊、木刻丛集、木刻阵地、刀与笔
1940	25	树范木刻、木刻画报、抗建画刊、美术与音乐（月刊）、中国画刊、西风漫画、抗建通俗画刊、漫画木刻月选、战时木刻画报、歌与画（半月刊）、电影漫画、耕耘、木刻集、大众画报、铁风画刊、画阵、半月漫画、战时后方画刊、中华全国美术会会刊、北京漫画、画萃、木艺（双月刊）、工合画刊、诗歌与木刻（半月刊）、现实版画
1941	16	战地真容（旬刊）、版画集（双月刊）、木合、一月漫画、木刻通讯、建军画报、漫画木刻丛刊、新美术（月刊）、漫画（月刊）、技与艺（半年刊）、晋察冀美术、木刻艺术、刀笔集、上海艺术月刊、丁光燮画展特刊、草书月刊

（续表）

年　份	种数	期　刊
1942	6	木刻运动（旬刊）、胜利版画、晋察冀画报、全国木刻展览会纪念特刊、中国漫画（月刊）、中国木刻（月刊）
1943	3	书学、西洋美术选集、南国艺讯
1944	6	美术专号、中华漫画、大江木刻、陶瓷半月刊、新艺、半月漫画
1945	9	美术家（月刊）、漫画与木刻、国粹画刊、卿云画刊、胜利木刻集、版画文化、狂澜画刊、青白画刊、自由画报
1946	11	上海美术专科学校概况、时代版画、艺林月刊、立风艺专校刊、艺术家（月刊）、漫画周报、艺风（月刊）、美术家（不定期刊）、沈阳博物馆专刊、雍华图文杂志、漫画漫话（增刊）
1947	13	南国艺讯（半月刊）、艺术论坛、国立艺术专科学校第二十年校庆特刊、艺友、新木刻（周刊）、艺苑、建国漫画旬刊、漫画新军、丹青（双月刊）、时代风、美、艺风（半月刊）、南金
1948	11	综艺、艺专生活、琴斋书画印合集、万象十日刊、美术季刊、新艺苑、新艺术、敦煌艺展特辑、笑画、美术汇报、这是一个漫画时代（月刊）
1949	4	市艺、艺舟、时代艺术、木刻（双月刊）

表 2-6-3　《过眼录》附录中文报纸美术副刊目录（1909–1949）[1]（按报纸首发的时间先后排序）

序号	美术副刊名	来源报纸题名	发行时间
1	民呼日报图画	民呼日报	1909.3——1909.10.7
2	民立画报	民立报	1911.2.2——1911.3.30
3	天铎画报（日刊）	天铎报	1912.5.15——1912.10.12（1–150 期）
4	之江日报画报（日刊）	之江日报	1913.9.10——1914.8.14
5	大共和画报	大共和日报	1914.6.21——1915.6.19

---

[1]　许志浩.中国美术期刊过眼录（1911—1949）［M］.上海：上海书画出版社，1992：204.

（续表）

序号	美术副刊名	来源报纸题名	发行时间
6	泼克（周刊）	时事新报	1919.1.5——1919.9.19
7	神州画报（日刊）	神州日报	1919.8.18——1919.9.30
8	美术周刊（周刊）	时报	1919.8.26——1919.10.28
9	图画时报（周刊）	时报	1920.6.9——1924.2.4（用原名《图画周刊》） 1924.2.17——1935.10.13（改用现名《图画时报》）
10	图画周刊（周刊）	京报	1924.12.27——1925.1.25（1—5 期）
11	图画周刊（周刊）	盛京时报	1926.4.5——1926.8.23（1—21 期）
12	美术（月刊）	国民公报	1926.5——1927.2.13（1—13 期）
13	赤光（周刊）	民视日报	1926.10.27——1926.11.24（1—5 期）
14	日曜画报（周刊）	新晨报	1928.8.1——1930.9.21（1—109 期）
15	图画周刊（周刊）	京报	1929.3.17——1936.6.14
16	艺术（周刊）	今天新报	1929.6.11——1929.7.25（1—8 期）
17	中央画刊（周刊）	中央日报	1929.8.4——1931.10.22（1—116 期）
18	艺术周刊（周刊）	民国日报	1931.3——1931.6（1—13 期）
19	星期漫画（周刊）	时代日报	1932.7.3——1932.8.27（1—9 期）
20	晨报漫画（半月刊）	晨报	1932.10.14——1934.3.19（1—38 期）
21	社会星期漫画（周刊）	社会日报	1933.6.4——1933.10.1（1—19 期）
22	金石书画（半月刊）	东南日报	1934.1.15——1937.8.15（1—87 期）
23	每周漫画（周刊）	世界日报	1934.5——1935.3.21（1—45 期）
24	美术（半月刊）	中华日报	1934.8.25——1934.11.10（1—5 期）
25	新上海画报（周刊）	新上海报	1934.9.1——1934.10.13（1—6 期）
26	每周画刊（周刊）	东方快报（北平）	1935.7.7——1936.8.30（1—59 期）
27	每日漫画（日刊）	世界晨报	1935.8.11——1935.10.18（1—68 期）
28	艺术副刊（周刊）	中央日报	1935.9.1——1935.12.29（1—18 期）

（续表）

序号	美术副刊名	来源报纸题名	发行时间
29	图画专刊（二日刊）	上海新报	1935.9.6——1935.9.30（1—30 期）
30	一周漫画（周刊）	朝报	1935.11.14——1935.12.25（原名《图画周刊》） 1936.1.8——1937.3.14（改用《一周漫画》）
31	美术周刊（周刊）	新晚报	1935.11.17——1936.1.19（1—9 期）
32	漫画俱乐部（周刊）	小晨报	1935.11.17——1935.12.30（1—7 期）
33	木刻专页	山西党讯	1935 年秋出版
34	明晶艺术旬刊（旬刊）	苏州日报	1936.1.13——1936.3.23（1—7 期）
35	美术周刊（周刊）	星夜报	1936.2.9（新 1 期）
36	民间漫画（二日刊）	小民报	1936.4.1——1936.4.17（1—9 期）
37	美术周刊（周刊）	大美晚报	1936.5.17——1936.10.7
38	卡吞（周刊）	华报	1936.6.1——1936.9.7（1—15 期）
39	艺术周刊（周刊）	东方快报	1936.6——1936.8.29（1—12 期）
40	十日漫画版（旬刊）	小民报	1936.9.5——1937.5.20（1 卷 1—5 卷 2 期）
41	人生漫画（周刊）	华报	1936.9.14——1936.10.22（1—5 期）
42	新艺术（周刊）	时事新报	1936.10.1——1937.2.4（1—18 期）
43	生活木刻（旬刊）	光华时报	1936——1937（1—11 期）
44	木刻研究		1936 年出版
45	上海市博物馆周刊（周刊）	民报	1937.1.9——1937.8.7
46	每周漫画版（周刊）	新新新闻	1937.4.4——1942.12.27
47	公教画报（月、半月刊）	公教报	1937.8.1——1941.4.1
48	漫画周刊（周刊）	华美晚报	1937.8.1——1937.8.8（1—2 期）
49	锡报漫画（周刊）	锡报（无锡）	1937.8.2（1 期）
50	救亡漫画（五日刊）	救亡日报（上海）	1937.9.20——1937.11.10（1—11 期）
51	当代木刻（半月刊）	庸报	1937 年出版
52	救亡画刊（周刊）	救亡日报（广州）	1938.1.15——1938.8.20（1—32 期）
53	每周漫画（周刊）	社会日报	1938.3.30——1938.7.27（1—18 期）

（续表）

序号	美术副刊名	来源报纸题名	发行时间
54	每周漫画（周刊）	大美报	1938.4.26（总第 1 期附刊于原来的《大美晚报晨刊》，后改名为《大美报》）1938.5.3——1938.6.28（《大美报》）（总第 2-10 期）
55	书画舫（周刊）	锡报（上海）	1938.9.27——1938.12.25（1-11 期）
56	（趣园）书画专辑（半月刊）	上海报	1938.10.21——1939.2.28（1-6 期）
57	木刻周刊（周刊）	市民日报（广州）	1938 年出版（1-12 期）
58	版画（十日刊）	前线日报	1939.2.16——1939.3.16（1-4 期）
59	艺薮（半月刊）	奋报	1939.4.16——1939.4.28（原名《艺林》）（1-2 期）1939.5.21——1939.6.15（改用《艺薮》）（3-4 期）
60	卡通（周刊）	正报	1939.4.6——1939.5.19（1-7 期）
61	每日画刊（日刊）	社会日报	1939.4.10——1939.4.12（1-2 期）
62	虎坛（月刊）	奋报	1939.4.13——1939.9.19（1-6 期）
63	敌后方木刻（周刊）	新华日报	1939.7.1——1939.7.28（1-4 期）
64	漫木旬刊（旬刊）	救亡日报（桂林）	1939.7.5——1940.4.5（1-25 期）
65	战时美术（双周刊）	扫荡报	1939.7.24——1939.8.24（1-3 期）
66	诗与木刻（周刊）	开明日报（衡阳）	1939.7（1 期）
67	活叶画报（三日刊）	神州日报	1939.10.1——1939.10.27（1-9 期）
68	中华画刊（周刊）	中华日报	1939.11.1——1940.12.22
69	每周漫画（周刊）	中华日报	1939.11.6——1940.12.22
70	抗战木刻（周刊）	开明日报（湖南）	1939.11.30（1 期）
71	星画（周刊）	前线日报	1940.5.12——1946.2.24
72	战时木刻（半月刊）	柳州日报	1940.9.6——1941.3.16（1-12 期）
73	木刻（双周刊）	大众报	1941.1.12——1941.5.7（1-8 期）
74	漫画（周刊）	新申报	1941.8.15——1941.12.22
75	半月木刻（半月刊）	新蜀报	1941.10.15——1943.5.19（1-37 期）

（续表）

序号	美术副刊名	来源报纸题名	发行时间
76	漫画（周刊）	京报（南京）	1942.1.5——1942.3.31
77	木刻运动（旬刊）	福建日报	1942.2——1942.12.27（1-33 期）
78	木刻阵线（月刊）	新华日报（重庆）	1942.2.11——1942.9.5（1-7 期）
79	美育（周刊）	中华日报	1942.3.18——1942.6.17（1-13 期）
80	半月版画	中央日报	1942.9.1——1945.8.16（1-66 期）
81	漫画半月刊	新康报	1942.10.25——1943.2.1（1-7 期）
82	十日漫画（旬刊）	新申报夜报	1942.11.2（1 期）
83	拂晓画报（不定期刊）	拂晓报	1942 年春
84	木刻研究（周刊）	国民公报	1943.3.25——1943.6.17（1-11 期）
85	十日画刊（旬刊）	华北新闻	1943.6.10——1943.9.12（1-10 期）
86	图画半月刊	东南日报	1944.2.5——1944.8.15（原为图画旬刊） 1944.9.1——1945.10.1（改为图画半月刊）
87	大江木刻（不定期刊）	大江报	1944.4.1（1 期）
88	木刻	天津华北新报	1944.9.14——1944.12.30
89	漫画（旬刊）	华北日报（北京）	1944.10.7——1944.12.30
90	漫画	天津华北新报	1944.10.24——1944.11.18
91	美术（周刊）	华北新报	1944.10.30——1945.2.10
92	新艺圃（半月刊）	大公报（上海）	1945.1.9——1945.8.31（1-14 期） 美术节特刊（1945.2.25）
93	艺术	新申报	1945.4.9——1945.7.16
94	星期漫画（周刊）	商务日报	1945.5——1945.9.23（1-17 期）
95	漫画月刊（月刊）	天文台	1945.8.11——1945.12.15（1-5 期）
96	画刊	天津民国日报	1945.12.2——1947.11.19（1-102 期）
97	每周画刊（周刊）	中央日报（南京）	1946.1.1——1948.11.17（1-149 期）
98	画刊（周刊）	中国新报（南昌）	1946.1.23——1946.12.29（1-55 期）
99	民主美术（半月刊）	民主报	1946.2.21——1946.4.5（1-4 期）
100	星期画刊（周刊）	新民报晚刊	1946.3.10——1946.3.31

（续表）

序号	美术副刊名	来源报纸题名	发行时间
101	漫画一周	中央日报	1946.6.3——1946.6.12（原名漫画半周） 1946.9.19——1946.12.12（改用漫画一周）
102	工人艺术（周刊）	天津工人	1946.7.1——1946.8.5 第1期刊名为《大家画》
103	画刊（半周刊）	文汇报	1946.7.3——1946.9.14（原名半周画刊） 1946.9.19——1946.10.3（简用现名）
104	每周漫画（周刊）	铁报	1946.7.21——1947.1.12
105	大众画刊（周刊）	大众夜报	1946.8.1——1946.8.7（1—2期）
106	武汉画刊（旬刊）	武汉日报	1946.8.17——1947.10.25（1—44期）
107	画廊（周刊）	商报	1946.10.21——1946.12.30（1—11期）
108	图画周刊	东南日报（上海）	1946.11.27——1947.2.9（1—13期）
109	七日画刊（周刊）	正言报	1946.12.1——1947.2.23
111	艺术（周刊）	苏州明报	1946.12.16——1947.4.7（1—17期）
110	艺术	浙江日报	1946.12.19——1947.2.6（1—6期）
112	漫画漫话（不定期刊）	万人周报（香港）	1946.12（1期）
113	星岛画报	星岛日报（香港）	1947.1.1——1947.10.26
114	书画艺苑（周刊）	浙江商报	1947.1.1——1947.2.12（1—6期）
115	艺术周刊	益世报	1947.1.3——1948.11.5（1—88期）
116	漫画两周刊	华侨日报（香港）	1947.2.20——1948.12.30（原名《漫画周刊》） 1949.1.11——1949.1.26（改用《漫画双周刊》）
117	漫画（周刊）	《星岛日报》（香港）	1947.3.30——1947.11.9（原名《漫画之窗》） 1947.11.23——1947.12.12（改用《漫画》）
118	周末画刊（周刊）	中央日报（长沙）	1947.4——1947.6.28（1—13期）
119	美术界（双周刊）	星岛日报（香港）	1947.4.7——1949.12.18（1—17期）
120	新木刻（周刊）	时代日报	1947.5.5——1948.8
121	新木刻（周刊）	时代日报	1947.5.5——1948.5.29（1—52期）

（续表）

序号	美术副刊名	来源报纸题名	发行时间
122	星期漫画（周刊）	北平日报	1947.8.3——1947.9.14（1—7期）
123	万象（周刊）	新中国日报（成都）	1947.8.29——1949.5.17
124	画刊（半月刊）	中国儿童时报	1947.9.21——1949.4.16（1—30期）
125	星岛艺苑（双周刊）	星岛日报（香港）	1947.9.17——1947.10.15（原名《艺苑》） 1947.11.16——1949.11.28（改用《星岛艺苑》）
126	漫画与木刻	星岛日报（香港）	1947.12.19——1948.8.1（1—24期）
127	版图（双周刊）	大公报	1948.1.9——1948.11.26（1—23期）
128	艺术（双周刊）	华侨日报（香港）	1948.3.24——1949.1.20（1—24期）
129	周末画刊（周刊）	南京晚报	1948.4.24——1948.9.18
130	自由画（周刊）	中国儿童时报	1948.5.1——1948.6.1
131	圆社文艺（半月刊）	华侨日报	1948.7.9——1948.10.19（原名《圆社月刊》） 1948.11.3——1949.1.25（改用《圆社文艺》）
132	木艺（周刊）	越报	1948.7.29——1948.8.18（1—4期）
133	半周画刊	华侨日报	1948.8.24——1949.1.25（1—42期）
134	美术圈（周刊）	楚声报（汉口）	1948.9.1——1948.11.28（1—11期）
135	造型（周刊）	新民晚报	1948.9.17——1949.5.20（1—36期）
136	美术双周刊	文汇报（香港）	1948.10.8——1949.2.15（原名《漫画双周刊》） 1949.3.11——1949.4.22（改用《美术双周刊》）
137	图画新闻（周刊）	海宁民报	1948.11.28（1期）
138	漫画（双周刊）	星岛日报（香港）	1948.12.2——1949.3.24（1—9期）
139	画刊（二日刊）	曼谷公报（泰国曼谷）	1948.12.26——1949.2.24
140	漫画（三日刊）	中央日报（南京）	1949.1.1——1949.1.27 增刊：1949.1.12
141	新美术（周刊）	新民报（北平）	1949.10.11——1949.11.29（1—8期）

此外，温肇桐编著的《美术理论书目：1912—1949》由上海人民美术出版社1965 年出版，限于对美术理论的专题著作进行集中收集，记录图书 246 种，尤其对民国时期艺术理论、中国美术史、西方美术史、外国译著、各艺术形式方法理论等有较为深入全面的挖掘，是专门整理成果的典型代表成果。

《国家图书馆藏抗战文艺期刊图录》由广西师范大学出版社 2016 年出版，杨静编撰。选录 1931—1945 年抗战时期创办或复刊、并多是对抗战发挥过积极的鼓舞和激励作用的 289 种文艺期刊，藉此展现一些珍稀文献的面貌。所选期刊按照行政区域划分类别排序，以图录形式编排，辅之以相应的期刊信息简介，每种期刊选取 1–3 帧图片，以封面、版权页或目录页为主，真实直观的再现期刊原貌，旨在重点再现这些珍贵的抗战文艺文献，既是珍贵的抗战史料，又是几近于第一手的文艺研究文献参考工具[①]，其中有较为重要的抗战时期的美术期刊如《文艺战线》《文艺先锋》《光明》《七月》《抗战艺术》《弹花文艺》《刀与笔》《艺风》《艺潮》《艺浪》《作品》等等，其迄今为止唯一的一部以抗战时期为时间跨度的期刊图录。

（二）图书的影印再版

1. 丛书影印

（1）综合性丛书影印

国家图书馆出版社 2015 年出版了《民国文献类编》（1000 册，精装），是启动于 2011 年的"民国时期文献保护计划"的重要出版成果。为国家图书馆出版社《民国文献资料丛编》系列图书之一。挑选各馆所藏的未刊珍稀文献，分政治、经济、法律、军事、文化艺术等十类，按类编排。美术学文献收录于文化艺术卷（876–907 册），艺术类分布在 895–907 册，其中美术学文献 120 种，影印出版了民国时期美术与摄影方面的文献，包括美术作品、摄影作品的展览特刊、作品集等，其中收录的稀见文献有《国立艺术院艺术运动社第一届展览会特刊》（国

---

① 杨静.国家图书馆藏抗战文艺期刊图录［M］.广西师范大学出版社，2016（2）.

立艺术院艺术运动社编，1929，上海）、《美展特刊》（教育部全国美术展览会主编，1929）、《教育部第二次全国美术展览会展品补充目录》（国立美术陈列馆编，1937，南京）、《汉口市美术展览大会纪念特刊》（汉口市美术展览会筹备委员会编，1935，汉口）、《腾冲美术展览会宣言》（腾冲美术展览会编，1936，云南）、《第二回兴亚美术展览会要纲》（（伪）新民会中央总会编，1940，北平）、《唐亮西洋画展览》（欧美清华同学会编，1934，北平）、《抗战与艺术宣传》（国立艺术专科学校抗敌宣传工作团，1938）、《战时美术论丛》（广西省立艺术馆美术部编，1940，桂林）、《秋林黄叶》（莽苍社编辑部，1928，北平）、《现代西画图案雕刻集》（教育部第二次全国美术展览会管理委员会编，1937，上海）、《抗敌画展特刊》（重庆市江巴各界五月抗敌宣传大会编，1938，重庆）《中国现代名画汇刊》（中国画会编译部、1935，上海）、《现代中国木刻选》（现代杂志社编，1933，上海）、《抗敌木刻集》（抗敌画报社编，1939，上海）等等。

《民国丛书》由上海书店 1989 年出版发行，丛书包括第一编至第五编，共收书 1126 种，主要收录了中华民国时期在我国境内出版的中文图书。还酌情选收了同时期国外出版的中文图书。本书在编写上既着眼于现代化建设的需要，又达到了保存资料，抢救文献的目的，容纳了各家各派之并存，既突出了重点，又力求了系统完整，既重点选收了具有代表性，权威性的著作，又适当纳入了某些具有开创性的读物，学术观点上做到了兼收并蓄，多学并存，它以详实的资料为读者纵向梳理了民国时期各学科的学术进展[①]。本丛书共分十一大类：一、哲学，宗教类；二、社会科学纵论类；三、政治，法律，军事类；四、经济类；五、文化，教育，体育类；六、语言，文字类；七、文学类；八、美术，艺术类；九、历史，地理类；十、科学技术类；十一、综合类。在《民国丛书》五编中都收录有美术学文献，择取后汇总如下表 2-6-4。

---

① 武垧干等 . 民国丛书［M］. 上海书店，1996：2.

表 2-6-4 《民国丛书》影印出版美术学著作目录

丛编号	题　名	责任者	卷册号	中图分类
第一编	近代中国艺术发展史	李树化	01065	J12
第一编	艺术三家言	朱应鹏	01065	J12
第一编	中国艺术论丛	滕固	01065	J12
第一编	艺术三家言	傅彦长	01065	J12
第一编	近代中国艺术发展史	李朴园	01065	J12
第一编	中国美术史	郑昶	01067	J12
第一编	中国美术小史	滕固	01067	J12
第一编	秦汉美术史	朱杰勤	01067	J12
第一编	中国美术史	胡蛮	01067	J12
第一编	中国美术年表	傅抱石	01067	J12
第一编	国画研究	俞剑华	01068	J22
第一编	中国画学全史	郑昶	01068	J22
第一编	谈艺录	伍蠡甫	01068	J12
第一编	谈艺录	钱钟书	01068	J12
第二编	唯物史观艺术论——朴列汉诺夫及其艺术理论	胡秋原	02064	J01
第二编	生活的艺术	林语堂	02065	J02
第二编	艺术与生活	周作人	02065	J02
第二编	中国艺术史各论	冯贯一	02066	J12
第二编	中国艺术论集	岑家梧	02066	J12
第二编	中国艺术史概论	李朴园	02066	J12
第二编	东洋美术史	史岩	02067	J13
第二编	西洋美术史	丰子恺	02067	J15
第二编	书学概论	陈康	02068	J29
第二编	书学史	祝嘉	02068	J29
第三编	现代艺术评论集	世界书局	03058	J11
第三编	新艺术全集	新艺术社	03058	J11

（续表）

丛编号	题　名	责任者	卷册号	中图分类
第四编	谈艺录	伍蠡甫	04058	I06
第四编	谈艺录	钱钟书	04058	I06
第四编	艺术修养基础	丰子恺	04061	J0
第四编	艺术之民族性与国际性	叶秋原	04061	J0
第四编	新艺术论	蔡仪	04061	J0
第四编	艺术丛论	林风眠	04061	J0
第四编	中国绘画史	俞剑华	04062	J20
第五编	中国名画观摩记	施翀鹏	05058	J20
第五编	中国绘画理论	傅抱石	05058	J20
第五编	中国画论体系及其批评	李长之	05058	J20
第五编	历史艺术论	姜蕴刚	05059	K0
第五编	骨董琐记	邓之诚	05084	K87
第五编	骨董续记	邓之诚	05084	K87
第五编	积微居小学金石论丛	杨树达	05085	K97
第五编	金石学	朱剑心	05086	K87
第五编	中国金石学	陆和九	05086	K87

　　《民国文丛》是由北京朗润书店有限公司 2011 年出版的大型影印丛书，共有914 册，3000 余种各学科大类丛书，经甄别筛选，美术学著作影印近 70 种，稀见文献如《艺术简论》（（日）青野季吉著；陈望道译，1928）、《科学的艺术概论》（萨空了，香港春风出版社，1948）、《现代欧洲的艺术》（（匈）马查著；雪峰译，1946）、《西洋画研究》（倪贻德著，长沙商务印书馆，1938）、《中国现代木刻史》（唐英伟著，1944）、《西画概要》（吴梦非著，商务印书馆，1930）、《静物画研究》（陈抱一著，长沙商务印书馆，1938）、《人物画研究》（陈抱一著，长沙商务印书馆，1938）、《木刻初步》（刘铁华著（原题铁华），中华书局，1947）、《漫画艺术讲话》（黄

茅著，重庆商务印书馆，1943）等。

由台湾商务印书馆出版的大型影印文集《人人文库》，出版时间1966年—1974年间，前后出版1500多种。人人文库内容包罗万有，中外社会科学，文，史，哲，科技等类别，美术文献也散见于其中，经查选统计，共计120余种。其中罕见的珍本有《西洋美术史》（吕澂）、《中国美术东渐散论》（李钦贤）、《中国美术史》（大村西崖著；陈彬和译）、《中国画学浅说》（诸宗元著）、《篆刻入门》（孔云白）、《史前艺术史》（岑家梧）、《视觉生活》（楚戈）等。

（2）专题丛书影印

除了大型综合性丛书的影印出版外，还有一些以专题为选取范围的丛书也对民国时期美术学文献进行了收录和出版，其中不乏重要文献的选编和呈现，对民国时期美术学文献收藏和研究以及学科专业的研究利用和深入挖掘都有着重要的史料文献作用。如《复旦百年经典文库》《民国教育史料丛刊》《申报丛书》《民国西学要籍汉译文献·文学艺术》《近代专题文献目录丛刊》《民国展览史料汇编》《金石书画人物传记资料丛刊》《抗日战争史料丛编》《历代画谱类编》《民国时期文献资料海外拾遗》《鲁迅全集》《丰子恺全集》等。其中《民国展览史料汇编》由南京凤凰出版社2014年出版，王强主编，共31册，收录的展览史料绝大多数为美术展览目录、宣传资料等，共129个条目，如各大艺术、美术展览会展品目录、展览会特刊、特辑、展览会记、展览会影片集等，是非常珍贵的美术文献影印再现成果。其中影印的鲜见珍本如《刘海粟游欧作品展览会》影印自民国二十一年本，《参加芝加哥博览会专号》影印自民国二十一年八月本、《今日画报增刊·敦煌艺展特辑》影印自民国三十七年八月本，《敦煌艺展目录》影印自民国三十七年本等。

2. 地区性收录文献的汇编影印

天津古籍出版社陆续在2012—2017年出版了《上海文献汇编》经济卷、文化卷、史地卷、建筑卷、电影卷、艺术卷，其中《上海文献汇编·艺术卷》于

2017 年最新面世，16 开精装，全 35 册。本书选编了一九一二年到一九四九年上海地区出版的具有研究意义和史料价值的艺术类文献资料。所收文献均为中文出版物。包含的艺术种类十分丰富，内容涉及了艺术理论、艺术教育、中外戏剧、美术、摄影、音乐等众多艺术领域。重点收录了反映各种艺术形态的专题性的"史志""史略""概览""纪念刊"类的著作。内容涉及到美术学范围的艺术理论、书法、绘画、篆刻、雕塑、摄影、音乐、舞蹈、工艺美术以及近现代艺术教育等。《上海文献汇编·艺术卷》是一部全面记述近现代上海艺术状况、艺术建设以及艺术成就的大型史料文献，是展现近现代城市艺术风貌与特征的重要资料①。

3. 单行本著作的影印再版

为了全面系统了解美术类书籍影印及再版的情况，选定《民国时期总书目（1911—1949）：文化科学·艺术》（文化艺术卷）所列出的作者和书名为参照对象，在 CALIS 联合目录公共检索系统中逐一检索，筛选出影印和再出版图书近200 余种，其中被影印次数最多的著作是郑昶编著的《中国画学全史》，包括香港中华书局在内的各地出版社对其多达 19 个版本的影印；陈师曾著述的《中国绘画史》有近 16 个版本的影印；郑昶编著的《中国美术史》，截止 2018 年共有包括香港中华书局出版社在内的 11 个出版社对其进行了影印出版，此外俞剑华所著《中国绘画史》6 次被不同出版社影印，潘天寿的《中国绘画史》（分别有三编、四编两个版本）、丰子恺的《西洋画派十二讲》、李朴园《中国艺术史概论》、《近代美术史潮论（以"民族底色彩"为主的）》（（日）板垣鹰穗著；鲁迅译）等著作也多次的被影印出版。

---

① 上海文献汇编编委会．上海文献汇编艺术卷［M］．天津：天津古籍出版社，2017：8.

表 2-6-5　目前美术学单本著作影印的目录

题　名	著　者	出版社	出版时间	备　注
艺术学纲要	（日）黑田鹏信著；俞寄凡译	南京：江苏美术出版社	2010	
现代艺术十二讲	（日）上田敏著；丰子恺译	长沙：湖南文艺出版社	2004	
艺术简论	（日）青野季吉著；陈望道译	北京：朗润书店	2010	文艺理论小丛书
艺术简论	（日）青野季吉著；陈望道译	北京：北京瀚文典藏文化有限公司	2013	民国籍粹
艺术哲学 ABC	徐蔚南著	北京：朗润书店	2010	
艺术哲学 ABC	徐蔚南著	北京：知识产权出版社	2017	民国 ABC 丛书·第一辑
艺术社会学	（前苏联）弗理契著；刘呐鸥译	上海：上海社会科学院出版社	2017	
艺术社会学	（苏）弗理契著；刘呐鸥（原题：天行）译	北京：朗润书店	2010	马克思主义文艺论丛（1）
艺术社会学	（苏）弗理契著；刘呐鸥（原题：天行）译	北京：北京瀚文典藏文化有限公司	2013	民国籍粹
从社会学见地来看艺术	（法）居友（J.M.Guyau）著；王任叔译	北京：朗润书店	2010	
人类底艺术：培良论文集	向培良著	北京：朗润书店	2010	
艺术修养基础	丰子恺著	上海：上海书店	1992	
艺术修养基础	丰子恺著	长沙：湖南文艺出版社	2000	
艺术修养基础	丰子恺著	长沙：岳麓书社	2010	
新艺术论	蔡仪著	上海：群益出版社	1950	
新艺术论	蔡仪著	上海：新文艺出版社	1951	

（续表）

题　名	著　者	出版社	出版时间	备　注
新艺术论	蔡仪著	上海：上海书店	1992	
科学的艺术概论	萨空了著	北京：朗润书店	2010	
革命与艺术	柯仲平著	北京：朗润书店	2010	
艺术之民族性与国际性	叶秋原著	上海：上海书店	1992	民国丛书
艺术之起源	（德）格罗塞（E.Grosse）著；陈易译	上海：上海社会科学院出版社	2017	
艺术的起源	（德）格罗塞（E.Grosse）著；蔡慕晖译	北京：商务印书馆	1984；2009；2011；2017	
艺术的真实（沫若译文集之六）	（德）马克思著；郭沫若译	上海：群益出版社	1950	
美术丛书（1-20册）	黄宾虹，邓实编	南京：江苏古籍出版社	1986	
美术丛书（1-20册）	黄宾虹，邓实编	上海：上海书店出版社	2014	
美术丛书（1-20册）	黄宾虹，邓实编	杭州：浙江人民美术出版社	2013；2018	
艺术家及其他	徐蔚南著	北京：北京瀚文典藏文化有限公司	2013	民国籍粹
艺术思潮	华林著	北京：朗润书店	2010	
艺术文集	华林著	北京：朗润书店	2010	
艺术漫谈	倪贻德著	北京：朗润书店	2010	
艺术漫谈	丰子恺著	长沙：岳麓书社	2010	
艺术论	（俄）普列汉诺夫；鲁迅译	北京：人民文学出版社	1957	

（续表）

题 名	著 者	出版社	出版时间	备 注
艺术之社会的基础:外二篇	（苏）卢那卡尔斯基著；雪峰译	北京：朗润书店	2010	
艺术论	（苏）卢那卡尔斯基著；鲁迅译	北京：北京瀚文典藏文化有限公司	2013	
艺术论集	李朴园著	北京：朗润书店	2010	
艺术论集	李朴园著	北京：知识产权出版社	2015	
艺术与科学	曾仲鸣著	北京：朗润书店	2010	
艺术与社会	徐朗西著	北京：朗润书店	2010	
艺术趣味	丰子恺著	郑州：大象出版社	2009	
艺术趣味	丰子恺著	长沙：湖南文艺出版社	2002	
艺术趣味	丰子恺著	北京：海豚出版社	2015	
艺术丛话	丰子恺著	长沙：岳麓书社	2010	
艺术与人生	丰子恺著	长沙：湖南文艺出版社	2002	
艺术丛论	林风眠著	上海：上海书店	1992	民国丛书
艺术丛论	林风眠著	太原：山西人民出版社	2015	
论现代资产阶级艺术	（俄）凯缅诺夫著；柏园，水夫合译；葆荃编	上海：时代出版社	1950	
艺术教育设施法	（美）巴力著；俞寄凡译	郑州：大象出版社	2015	《民国教育史料丛刊·高等教育》，第883册
艺术教育 ABC	丰子恺著	郑州：大象出版社	2015	《民国教育史料丛刊·高等教育》，第883册
艺术教育	丰子恺译著	北京：海豚出版社	2015	
造形美术	（德）福尔倍著；钱稻孙译	北京：朗润书店	2010	

（续表）

题　名	著　者	出版社	出版时间	备　注
美术论	（法）罗丹讲；吉塞尔记；曾觉之译	北京：朗润书店	2010	
鲁迅论美术	张望编	北京：人民美术出版社	1956；1982	
透视学	姜丹书著	北京：中华书局	1955	
简易透视画法	朱铣，徐刚编	开明书店	1950	
简易透视画法	朱铣，徐刚编	台北：台湾开明书店	1978	
透视术便览	（英）华伦（W.G.Warren）著；陈岳生译	上海：商务印书馆	1951	
实用色彩学	李慰慈编著	上海：商务印书馆	1956	
色彩学	史岩编	上海：中华书局	1951	
色彩学纲要	吕澂著	北京：朗润书店	2010	
色彩学纲要	吕澂著	太原：山西人民出版社	2015	近代名家散佚学术著作丛刊·美学与文艺理论
色彩学研究	温肇桐编著	北京：商务印书馆	1955	
色彩学研究	温肇桐编著	上海：商务印书馆	1954；1957	
艺用解剖学三十八讲	姜丹书编著	上海：上海人民美术出版社	1958	
艺用人体解剖学	陈之佛编	北京：朗润书店	2010	
艺术解剖学	李景凯编译	上海：兴华书局	1951；1953	
艺术解剖学	李景凯编译	汉口：兴华书局	1951	
人体美之研究	俞寄凡编	上海：上海科学技术文献出版社	2012	申报丛书（18）
一九三五年的世界艺术	林风眠编著	北京：朗润书店	2010	

（续表）

题　名	著　者	出版社	出版时间	备　注
现代欧洲的艺术	（匈）马查著；雪峰译	北京：朗润书店	2010	《民国文丛》（555）也影印收录了该书（北京朗润书店有限公司 2011）
美术史参考书	姜丹书编	北京：海豚出版社	2016	《中国近现代教育资料汇编（1912—1926）：民国师范类》，第 176 册
西洋美术史	吕澂著	北京：朗润书店	2010	
西洋美术史	吕澂著	台北：台湾商务印书馆	1976	
西洋美术史	吕澂著	台北：台湾商务印书馆股份有限公司	1971；1977	
西洋美术史	吕澂著	台北：大陆书店	1984	
西洋美术史	丰子恺编	上海：上海古籍出版社	1999；2004	《民国丛书·第二编》也选印了该书
美术的表现与背景	（日）坂垣鹰穗著；萧石君译	上海：上海社会科学院出版社	2017	由《民国西学要籍汉译文献·文学艺术：第二辑（8）》选印
西洋艺术史话	（日）木村庄八著；钱君匋译	北京：北京瀚文典藏文化有限公司	2013	
西洋艺术史话	（日）木村庄八著；钱君匋译	上海：上海社会科学院出版社	2017	
西洋美术概论	陈之佛编	北京：朗润书店	2010	
东洋美术史·上卷	史岩著	上海：上海书店	1990	亦被《民国丛书》选印
西方美术东渐史	（日）关卫著；熊得山译	上海：上海书店出版社	2002；2007	亦被《民国文丛》选印

（续表）

题　名	著　者	出版社	出版时间	备　注
西方美术东渐史	（日）关卫著；熊得山译	北京：朗润书店	2010	
西方美术东渐史	（日）关卫著；熊得山译	郑州：河南人民出版社	2016	
阿波罗艺术史	（法）赖那克著；李朴园译	上海：上海书店出版社	2004	
阿波罗艺术史	（法）赖那克著；李朴园译	上海：上海社会科学院出版社	2017	《民国西学要籍汉译文献·文学艺术：第二辑》（7）
阿波罗艺术史	（法）赖那克著；李朴园译	北京：中国财政经济出版社	2016	《艺术的历程》丛书
阿波罗艺术史	（法）赖那克著；李朴园译	郑州：河南人民出版社	2016	"民国专题史"丛书
西洋古代美术史	钱君匋著	北京：朗润书店	2010	
西洋美术史	钱君匋著	台北：广文书局有限公司	1980	
近代艺术	倪贻德编著	北京：朗润书店	2010	亦由《民国文丛》（860）选印
近代美术史潮论（以"民族底色彩"为主的）	（日）板垣鹰穗著；鲁迅译	上海：北新书局	1952	
近代美术史潮论（以"民族底色彩"为主的）	（日）板垣鹰穗著；鲁迅译	人民美术出版社	1957	
近代美术史潮论（以"民族底色彩"为主的）	（日）板垣鹰穗著；鲁迅译	北京：人民文学出版社	1957；1973	

（续表）

题　名	著　者	出版社	出版时间	备　注
近代美术史潮论（以"民族底色彩"为主的）	（日）板垣鹰穗著；鲁迅译	北京：中国摄影出版社	2001	
现代欧洲艺术思潮	吴景嵩著	北京：朗润书店	2010	
西洋近代美术史	钱君匋著	北京：朗润书店	2010	由《青年知识文库·第三辑》第5种选印
明代版画书籍展览会目录	北京中法汉学研究所编	南京：凤凰出版社	2014	分别由《近代专题文献目录汇刊》（37）及《民国展览史料汇编》（14）选印
刘海粟游欧作品展览会	上海市政府编	南京：凤凰出版社	2014	由《民国展览史料汇编》（12）选印
艺术教育重要法令	教育部社会教育司编	郑州：大象出版社	2015	由《民国教育史料丛刊·教育学　教育职能》（85）选印
艺术教育重要法令	教育部社会教育司编	北京：国家图书馆出版社	2015	由《民国时期音乐文献汇编》，第16册选印
中国美术年表	傅抱石著	香港：太平书局	1963	
中国美术年表	傅抱石著	香港：中华书局香港分局	1973	
美术与美术教育	温肇桐著	北京：朗润书店	2010	
艺术与新生活运动	林风眠著	北京：朗润书店	2010	新生活丛书
抗战与艺术宣传	国立艺术专科学校抗敌宣传工作团编	北京：国家图书馆出版社	2015	由《抗日战争史料丛编·第二辑》（43）选印

（续表）

题 名	著 者	出版社	出版时间	备 注
抗战与艺术	老舍等执笔	北京：国家图书馆出版社	2015	由《抗日战争史料丛编·第二辑》（43）选印
中国美术小史	滕固著	北京：知识产权出版社有限责任公司	2018	民国小史丛书
中国美术小史	滕固著	长春：吉林出版集团有限责任公司	2010；2015（第2版）	民国学术丛刊·艺术史 美学编
中国美术史	（日）大村西崖；陈彬和译	台北：台湾商务	1965	
中国美术史	（日）大村西崖；陈彬和译	杭州：浙江人民美术出版社	2014	艺文志
中国美术史	（日）大村西崖；陈彬和译	台北：台北商务印书馆股份有限公司	1984	《人人文库》（264-265）
中国艺术史概论	李朴园著	长春：时代文艺出版社	2009	中国艺术丛书
中国艺术史概论	李朴园著	长沙：湖南大学出版社	2014	中国文化艺术名著丛书
中国艺术史概论	李朴园著	武汉：崇文书局	2015	崇文馆·第二辑
中国艺术史概论	李朴园著	上海：上海三联书店	2014	民国沪上初版书
中国现代艺术史	李朴园等著	北京：朗润书店	2010	
中国美术的演变	王钧初著	北京：朗润书店	2010	
中国美术的演变	王钧初著	太原：山西人民出版社	2014	近代名家散佚学术著作丛刊·美学与文艺理论
中国美术史	郑昶编	长春：吉林人民出版社	2013	中国学术文化名著文库
中国美术史	郑昶编	长春：吉林出版集团股份有限公司	2016	中国学术名著丛书

（续表）

题　名	著　者	出版社	出版时间	备　注
中国美术史	郑昶编	北京：团结出版社	2005	民国珍本丛刊·第一辑
中国美术史	郑昶编	南京：江苏文艺出版社	2008	北斗丛书
中国美术史	郑昶编	长沙：岳麓书社	2010	民国学术文化名著
中国美术史	郑昶编	长沙：湖南大学出版社	2013	中国文化艺术名著丛书
中国美术史	郑昶编	北京：中国和平出版社	2014	民国大师文库（001）
中国美术史	郑昶编	北京：中国文史出版社	2016	民国名家史学典藏文库
中国美术史	郑昶编	上海：上海古籍出版社	2015	百年经典学术丛刊
中国美术史	郑昶编	香港：中华书局·上海书店	1989	中华文史精刊
中国美术史	郑昶编	南京：江苏文艺出版	2008	
秦汉美术史	朱杰勤著	上海：商务印书馆	1957	
中国美术发达史	刘思训著	上海：商务印书馆	1950（第4版）	
苏俄艺术总论：文学、戏剧、电映、绘画、雕刻、建筑、音乐	（美）弗理曼等著；克己译	北京：朗润书店	2010	
苏俄艺术总论：文学、戏剧、电映、绘画、雕刻、建筑、音乐	（美）弗理曼等著；克己译	上海：国际书局		民国籍粹
苏联艺术的发展	刘汝醴译述	上海：时代出版社	1950	
意大利及其艺术概要	李金发著	北京：朗润书店	2010	

（续表）

题　名	著　者	出版社	出版时间	备　注
十九世纪法兰西的美术	刘海粟著	北京：朗润书店	2010	
佛教美术史印度篇（初稿）	戴蕃豫著	北京：朗润书店	2010	
佛教美术史印度篇（初稿）	戴蕃豫著	郑州：河南人民出版社	2016	"民国专题史"丛书
少年美术故事	丰子恺著	台北：龙图腾文化有限公司	2012	龙少年文库系列．YS021
儿童绘画之心理	黄翼著	北京：朗润书店	2010	
儿童绘画之心理	黄翼著	郑州：大象出版社	2015	《民国教育史料丛刊·教育心理》（225）
儿童绘画心理之研究	Helga Eng 著；龚启昌译述	郑州：大象出版社	2015	《民国教育史料丛刊·教育心理》（225）
西洋画概论	倪贻德著	北京：朗润书店	2010	
西画论丛	倪贻德著	北京：朗润书店	2010	
西洋画研究	倪贻德著	香港：商务印书馆	1959	
西洋画研究	倪贻德著	北京：朗润书店	2010	
绘画的理论与实际	史岩著	北京：朗润书店	2010	
西洋名画巡礼	丰子恺著	长沙：湖南文艺出版社	2002	丰子恺艺术读物
古画微	黄宾虹著	北京：中华书局	2015	国民阅读经典
古画微	黄宾虹著	杭州：浙江人民美术出版社	2013	
清画传辑佚三种（附索引）	洪业辑校	上海：上海古籍出版社	1990	
清画传辑佚三种（附索引）	洪业辑校	台北：成文出版公司	1966	

（续表）

题　名	著　者	出版社	出版时间	备　注
清画传辑佚三种（附索引）	洪业辑校	台北：明文书局	1985	《清代传记丛刊·艺林类》（14–17）
艺林名著丛刊	朱剑芒编	北京：中国书店	1983	
国画研究	俞剑华	桂林：广西师范大学出版社	2005	俞剑华作品系列
历代论画名著汇编	沈子丞编	北京：文物出版社	1982	
历代论画名著汇编	沈子丞编	台北：世界书局	1974	中国学术名著·第七辑
历代论画名著汇编	沈子丞编	台北：世界书局	2009	中国文化经典·艺术丛编
中国画论体系及其批评	李长之著	北京：北京出版社	2017	大家小书
中国画论体系及其批评	李长之著	北京：中国国际广播出版社	2017	大家人文讲堂·李长之系列
西洋绘画史话	陈之佛，陈影梅编	香港：上海书局	1976	
近代西洋绘画	俞寄凡译述	北京：朗润书店	2010	
西洋画派十二讲	丰子恺著	北京：东方出版社	2007	民国学术经典
西洋画派十二讲	丰子恺著	长沙：岳麓书社	2010	民国学术文化名著·第一辑
西洋画派十二讲	丰子恺著	长沙：湖南文艺出版社	2002	丰子恺艺术读物
中国绘画史（共三编）	潘天寿（原题：潘天授）编	北京：中国书店	1988	
中国绘画史（共三编）	潘天寿（原题：潘天授）编	北京：团结出版社	2006	民国珍本丛刊
中国绘画史（共三编）	潘天寿（原题：潘天授）编	北京：团结出版社	2011	中国文库·第五辑·艺术类

（续表）

题　名	著　者	出版社	出版时间	备　注
中国绘画史（共四编）	潘天寿编	上海：上海人民美术出版社	1983	
中国绘画史（共四编）	潘天寿编	北京：中国文史出版社	2015	民国名家史学典藏文库
中国绘画史（共四编）	潘天寿编	北京：东方出版社	2012	民国大学丛书
中国绘画史（共三编）	潘天寿（原题：潘天授）	郑州：河南人民出版社	2017	专题史丛书
国画 ABC	朱应鹏著	上海：上海书店	1990	
中国画学全史	郑昶编著	长沙：岳麓书社	2010	民国学术文化名著·第三辑
中国画学全史	郑昶编著	长沙：湖南大学出版社	2014	中国文化艺术名著丛书
中国画学全史	郑昶编著	上海：上海科学技术文献出版社	2015	民国首版学术经典丛书·第二辑
中国画学全史	郑昶编著	北京：中国书籍出版社	2016	中国近现代文化思想学术文丛·第一辑
中国画学全史	郑昶编著	香港：中华书局·上海书店	1989	中华文史精刊（根据中华书局 1931 年版复印）
中国画学全史	郑昶编著	北京：朗润书店	2010	影印自上海中华书局 1929
中国画学全史	郑昶编著	上海：上海三联书店	2014	民国沪上初版书（复制版），据 1929 年发行影印
中国画学全史	郑昶编著	郑州：河南人民出版社	2016	"民国专题史"丛书

（续表）

题　名	著　者	出版社	出版时间	备　注
中国画学全史	郑午昌著	长春：吉林出版集团有限责任公司	2016	中国学术名著丛书
中国画学全史	郑午昌著	长春：吉林人民出版社	2013	中国学术文化名著文库
中国画学全史	郑午昌著	沈阳：辽宁美术出版社	2018	民国美术史论研究学术文库
中国画学全史	郑午昌著	上海：上海书画出版社	1985	
中国画学全史	郑午昌著	北京：东方出版社	2008	民国学术经典·中国史系列
中国画学全史	郑午昌著	北京：中国社会科学出版社	2009	民国学术经典丛书
中国画学全史	郑午昌著	南京：江苏文艺出版社	2008	北斗丛书
中国画学全史	郑午昌著	长春：时代文艺出版社	2009	
中国画学全史	郑午昌著	北京：北京联合出版公司	2015	民国大师文库·第六辑
中国画学全史	郑午昌著	上海：上海书画出版社	2017	朵云文库·学术经典：第二辑
中国绘画变迁史纲	傅抱石编著	南京：江苏文艺出版社	2007	北斗丛书
中国绘画变迁史纲	傅抱石编著	郑州：河南人民出版社	2016	"民国专题史"丛书
中国绘画史	陈师曾讲述；苏吉亨编校	长春：吉林人民出版社	2013	中国学术文化名著文库
中国绘画史	陈师曾讲述；苏吉亨编校	北京：北京联合出版公司	2016	铁葫芦·艺术馆
中国绘画史	陈师曾讲述；苏吉亨编校	长沙：岳麓书社	2010	民国学术文化名著·第三辑

（续表）

题　名	著　者	出版社	出版时间	备　注
中国绘画史	陈师曾讲述；苏吉亨编校	杭州：浙江古籍出版社	2012	博库丛刊
中国绘画史	陈师曾讲述；苏吉亨编校	杭州：浙江人民美术出版社	2013	
中国绘画史	陈师曾讲述；苏吉亨编校	北京：中华书局	2014	中国文化丛书·经典随行
中国绘画史	陈师曾讲述；苏吉亨编校	长沙：湖南大学出版社	2014	中国文化艺术名著丛书
中国绘画史	陈师曾讲述；苏吉亨编校	北京：中国和平出版社	2014	《民国大师文库》（011）
中国绘画史	陈师曾讲述；苏吉亨编校	武汉：崇文书局	2015	崇文馆·第一辑
中国绘画史	陈师曾讲述；苏吉亨编校	北京：中华书局	2015	国民阅读经典
中国绘画史	陈师曾讲述；苏吉亨编校	北京：中华书局	2016	跟大师学国学
中国绘画史	陈师曾讲述；苏吉亨编校	长春：吉林出版集团股份有限公司	2016	中国学术名著丛书
中国绘画史	陈师曾讲述；苏吉亨编校	北京：民主与建设出版社	2018	
中国绘画史	陈师曾讲述；苏吉亨编校	北京：中华书局	2010	跟大师学国学·第三辑
中国绘画史	陈师曾讲述；苏吉亨编校	南昌：江西教育出版社	2018	大家学术文库
中国绘画史	陈师曾讲述；苏吉亨编校	北京：商务印书馆国际有限公司	2015	民国大师经典作品集
中国绘画学史	秦仲文著	北京：朗润书店	2010	

（续表）

题 名	著 者	出版社	出版时间	备 注
中国绘画史	俞剑华著	上海：上海书店	1984；1992	《中国文化史丛书》（1）据商务印书馆1937年版影印
中国绘画史	俞剑华著	南京：东南大学出版社	2009	
中国绘画史	俞剑华著	北京：商务印书馆	1998	中国文化史丛书
中国绘画史	俞剑华著	上海：商务印书馆	1954	
中国绘画史	俞剑华著	北京：商务印书馆	1958	
中国绘画史	俞剑华著	北京：朗润书店	2010	
中国绘画史	俞剑华著	台北：台湾商务印书馆股份有限公司	1999	《中国文化史丛书》（40）
中国绘画史	（日）中村不折、小鹿青云著；郭虚中译	杭州：浙江人民美术出版社	2013	
唐宋绘画史	滕固著	北京：中国古典艺术出版社	1958	
唐宋绘画史	滕固著	北京：人民美术出版社	1958	
唐宋绘画史	滕固著	长春：吉林出版集团有限责任公司	2010；2015	民国学术丛刊·艺术史 美学编（与滕固《中国美术小史》合印）
英国绘画	（英）牛顿（Newton, Eric）著；傅雷译述	上海：上海书画出版社	2017	傅雷谈艺系列（悦读精赏本）（还包括《世界美术名作二十讲》《艺术哲学》《罗丹艺术论》等共四种）
英国绘画	（英）牛顿（Newton, Eric）著；傅雷译述	上海：上海科学技术文献出版社	2017	傅雷译艺术名著（与《罗丹艺术论》合印）

（续表）

题　名	著　者	出版社	出版时间	备　注
英国绘画	（英）牛顿（Newton，Eric）著；傅雷译述	合肥：安徽文艺出版社	1998	《傅雷译文集》（十五卷32种译著）
英国绘画	（英）牛顿（Newton，Eric）著；傅雷译述	沈阳：辽宁教育出版社	2002	《傅雷全集》（全二十册）
法兰西近代画史	（日）板垣鹰穗著；许幸之（1904.4—1991.12学名许达）译	北京：朗润书店	2010	
西画概要	吴梦非著	北京：朗润书店	2010	新中学文库；百科小丛书
西画概要	吴梦非著	北京：北京瀚文典藏文化有限公司	2013	民国籍粹
绘画入门	许敦谷，陈影梅编著	北京：朗润书店	2010	
绘画入门	许敦谷，陈影梅编著	台湾：开明书店	1974	
静物画研究	陈抱一著	北京：朗润书店	2010	艺术研究丛书
人物画研究	陈抱一著	中国图书发行公司	1951	
人物画研究	陈抱一著	北京：朗润书店	2010	艺术研究丛书
中国绘画理论	傅抱石撰辑	天津：天津人民出版社	2017	
中国绘画理论	傅抱石撰辑	南京：江苏教育出版社	2005	国学书库；书画论丛
中国绘画理论	傅抱石撰辑	南京：江苏教育出版社	2011	中国文库·艺术类
国画六法新论	沈叔羊著	北京：朗润书店	2010	
（足本）芥子园画谱全集	上海国学整理社	上海：上海书店	1982	
马骀画宝（又名：自习画谱大全）	马骀绘著	北京：荣宝斋出版社	2016	《历代画谱类编：石》（3）
马骀画宝（又名：自习画谱大全）	马骀绘著	上海：上海书店	1981；2010	
素描画述要	黄觉寺编	上海：商务印书馆	1955；1957	1935年12月初版

（续表）

题　名	著　者	出版社	出版时间	备　注
水彩画之新研究	倪贻德著	上海：商务印书馆	1950	
艺术版画作法	史岩编著	上海：中华书局	1950；1951	
木刻创作法	白危编译	上海：上海书店	1985	鲁迅作序跋的著作选辑
木刻初步	刘铁华（原题：铁华）著	北京：朗润书店	2010	《中华文库·初中》，第1集，影印自中华书局1947
木刻的技法	傅抱石编著	上海：商务印书馆	1950	美术丛书
木刻的技法	傅抱石编著	北京：朗润书店	2010	影印自商务印书馆1940
鲁迅与木刻	陈烟桥著	上海：开明书店	1950	
给初学木刻者	野夫，阿杨，克萍著	杭州：中国美术学院出版社	2017	纪念版
漫画艺术讲话	黄茅著	北京：朗润书店	2010	影印自商务印书馆1947上海初版
漫画艺术讲话	黄茅著	台北：台湾商务印书馆股份有限公司	1973	《人人文库》（412）
漫画的描法	丰子恺著	长沙：湖南文艺出版社	2001	丰子恺艺术读物，根据1948年12月桂林开明书店的第五版出版
奎宁君奇遇记	叶浅予等作			《民国时期文献资料海外拾遗》，第186册（该大套书共710种，967册）
晋唐五代宋元明清名家书画集	教育部第二次全国美术展览会管理委员会编著	北京：商务印书馆	1956	

（三）报刊的汇编影印

1.综合性影印

《民国书画金石报刊集成》是由上海书画出版社编撰影印，2015年出版。分为北平卷（15册）、上海卷（10册）及其他地区卷（3册）共28册。其中，上海卷包含《艺术丛编》（共24期）、《神州吉光集》（共8期）、《金石画报》（第一号—第十三号）、《鼎脔》（第一号—第六十一号）、《艺观》（首号—第四号：第一期—第六期）、《国粹月刊》（创刊号—第二期）、《蔚报》（创刊号—第三十二期）、《中国美术号》（第一号—第二号）、《观海艺刊》（第一期）、《蜜蜂》（第一期—第十四期）、《墨海潮》（第一期—第三期）、《国光艺刊》（创始集—第二集）、《草书月刊》（第一期—第六期）；北平卷包含《湖社月刊》（第一册—第一百册）、《艺林旬刊》（第一期—第七十二期）、《艺林月刊》（第一期—第一百十八期）、《故宫》（第一期—第三十一期）、《故宫周刊》（总索引合订第一册—第二十一册：第一期—第五百一十期）、《故宫旬刊》（第一期—第三十二期）；其他地区卷包括《艺彀》（第一期）、《文社月刊》（第一期—第四期）、《金石书画》（合订第一册—第三册：第一期—第八十七期）、《书学》（第一期—第五期）。

《民国画报汇编》由全国图书馆文献缩微复制中心2007年影印出版，共五卷。分别是综合卷（18册）、北京卷、上海卷（100册）、港粤卷（14册）、天津卷（40册）。综合卷影印了《通俗画报》《大亚画报》《中央画报》《蜀镜画报》《新嘉坡画报》《时事画报月刊》《湘珂画报》《哈尔滨五日画报》《金石书画》《战斗画报》《建国画报》《战时后方画刊》《铁风画刊》《联合画报》《田家画报》《自由画报》《努力画报》《人生画报》《晋察冀画报》《今日》《华北画报》《画报业务》。北京卷包括《三六九画报》《世界画报》《一四七画报》《沙漠画报》《启蒙画报》《时事画报》《浅说日日新闻画报》《北京醒世画报》《民言画报》《北晨画报》《北京画报》《北晨画刊》《生生画报》《儿童科学画报》。上海卷包括了《飞影阁画报》《戊申全年画报》《大共和画报》《儿童画报》《上海画报》《良友》《太平洋画报》《中国摄影学会画报》《时代画报》《中华图画杂志》《金刚画报》《图画晨报》《国际现象画报》《小孩月报》《妇人画报》《申报图画特刊》《时报号外画报》《图画月刊》《联华画报》《航空画报》《第六届全运会画刊》《滑稽画报》《竞乐画报》《战事画报》《世界猎奇画报》《战时画报》《青年知识画报》《大美画报》《摩登》《新中华画报》《文汇半月画刊》。港粤卷包括《银光》《珠江星期画报》《非非画报》《天趣画报》《香花画报》《海珠星期画报》《汕头画报》《少年画报》《东方画报》《儿童乐园》《东亚联盟画报》《新广东画报》《建军画报》《健与美》。天津卷包括《天津画报》《常识画报》《天津华北画报》《银幕舞台画报》《公安画报》《天津商报画周刊》《中华画报》《风月画报》《新天津画报》《游艺画刊》《银线画报丛书》《天津民国日报画刊》《星期六画报》《星期五画报》《扶风画报》。

《民国漫画期刊集粹》由北京全国图书馆文献缩微复制中心 2004 年影印出版，10 册。主要影印了《北京漫画》《上海漫画》《天津漫画》《中华漫画》《电影漫画》《滑稽漫画》《漫画界》《万象》等，从多个方面反映民风、民俗、政治、时事、地貌、风情的漫画，都是具有极高的欣赏价值和收藏价值，是一部非常珍贵的漫画集锦，是漫画界一部不可多得的收藏品。

《海派书画文献汇编》由上海辞书出版社出版，集辑了上海图书馆馆藏的近代期刊中关于海派书画的文献资料，并进行分类处理，是对海派文献资料的首次整理。本书以上海为范围的区域性专题书画资料汇编的丛书，主要选编晚清至民国时期出版的各类中文期刊上刊登的有关上海历史绘画、书法、篆刻和人物的资料文献。以现代上海行政区为框架，将历史上曾隶属其下的江苏、浙江地区也包括在内。同时包括非上述范围内的中外人士研究和讨论上海书画、篆刻艺术和活动的文献。第一辑中的资料主要以民国 16 种期刊资料为主:《湖社月刊》《艺林旬刊（月刊）》《绘学杂志》《造型美术》《国画月刊》《国画》《蜜蜂画报》《艺术界周刊》《艺术旬刊》《联益之友》《新中华》《上海画报》《北洋画报》《美展》《中国美术会季刊》等中选取。本书分综合理论、人物、团体机构、展览会、出版物、润例、诗词、消息等八大部分，短文的作者有黄宾虹、贺天健、施翀鹏等大家。

《老上海艺术画报》由天津古籍出版社 2016 年出版，黄显功主编，36 册精装，选取《美术生活》《人生画报》《中国摄影学会画报》《摄影画报》四种民国时期上海重要的艺术画报作为再版对象，将这四种民国时期美术学期刊完整呈现，对于研究当时的社会、经济、艺术、生活都有相当重要的史料和艺术价值。

由天津市档案馆主编，天津古籍出版社 2011 年出版的《北京老画报》选取了以北京为出版发行地域的近 30 余种画报进行汇总介绍，并深入研究，是珍贵的民国时期美术学文献的再现，也是整理和研究民国时期美术学文献的优秀成果代表。图文并茂地介绍了清末至民国时期北京地区最典型的各种画报的创刊日期、终刊时间、出版者、编辑人、纸质、装帧等，作者对其办刊宗旨、风格、特色等做了初步研究，是一部研究中国出版史、中国新闻史的基础工具书，生动展现了我国近代的思想文化史和中国近现代史。

2. 单种影印

《艺术丛编》（影印本），邹安编著，上海书店出版，由上海圣仓明智大学主办发行，1916 年 5 月创刊，双月刊，邹安主编，1920 年 6 月停刊。内容有罗振玉、王国维、邹安等辑的《殷墟书契后编》《殷文存》《周金文存》《明器图录》等，收录大量金石文献的图片资料。

《民国漫画·上海泼克》由济南齐鲁书社 2016 年影印出版，收录《上海泼克》各期内容，"该刊物以发布漫画作品为主，每期约刊漫画 40 幅，穿插刊载王钝根、严独鹤等人的政论、时评、杂文，引人入胜，美不胜收"[1]。

---

① 吴浩然.民国漫画·上海泼克［M］.济南：齐鲁书社，2016：18.

《湖社月刊》由天津古籍出版社 2005 年汇编再版，共三册，"本刊创办于 1927 年 11 月，初为半月刊，后改为月刊，1936 年 3 月出刊一百期后停刊。本刊宗旨：'提倡艺术、阐扬国光'。除刊登古今名人书画外，旁及历代金石文器，时贤诗词，论说等，是综合性的图文并茂的文化艺术杂志。"

（四）专题资料汇编

《中国近现代艺术教育法规汇编》由上海教育出版社 2011 年出版，专门针对艺术教育颁发的法规文件全文录用，对民国时期初中高等艺术教育法规文件进行了汇集和再现，其中美术教育法规条例有详细的涉及，如《北京美术学校学则》《大学院美术展览会组织大纲》《全国美术展览会举行办法》等，对于美术教育的文献整理和研究来说也是一个重要部分。

（五）论集文选

民国时期美术学论集文选较多，较为代表性的如《中国近现代美育论文选：1840—1949》、《近代中国美术论集：艺海钩沉》、《艺术理论基本文献·中国近现代卷》、《二十世纪中国美术文选》、《民国美术思潮论集》、《致美与经世：民国时期武汉地方报章所见美术文辑》、百年中国美术经典文库、诸家中国美术史著选汇、《文人画与南北宗论文汇编》、《中国佛教美术论著引得》、《中国近代摄影艺术美学文选》、《近现代金石书画家润例》等。

（六）美术名家文集

民国时期美术学无论是艺术创作还是美术研究的名家名人非常多，他们在各种场合和历史背景下发表了很多著名的且具有极其珍贵的史料价值的论述和文章，解放后得到重视和归纳，以文集、论集的形式得以出版再现。如《刘海粟艺术文选》《刘海粟中国画近作选》等；《滕固艺术文集》《徐悲鸿文集》《徐悲鸿讲艺术》《万青力美术文集》《李济文集》《傅抱石美术文集》《童书业美术论集》《陈师曾画论》《陈师曾讲绘画史》《丰子恺与开明书店：中国 20 世纪初的大众艺术》《现代名家画论精要》共选录了陈师曾、徐悲鸿等 22 位现代著名画家的理论，其中大量画论论述了 20 世纪中国美术的现代化问题。在每个画家的理论基础上，作者还从美学思想的视角精要地概述与评点了画家的美术理论。此外，还有《鲁迅全集》（第 15 卷　艺术论　近代美术史潮论）、傅雷著《世界美术名作二十讲》手稿（傅敏整理）、《丰子恺美术讲堂：艺术欣赏与人生的四十堂课》、《傅抱石谈艺录》（伍霖生记录整理）、《倪贻德美术论集》、《刘海粟艺术随笔》、《徐悲鸿谈艺术》、《万青力美术文集》等。

（七）索引

对于民国时期美术学文献资料专门出版的索引成果非常少，前面提到的综合性目录或专题目录一般都附有针对本书的著作索引，独立出版的索引目前仅发现《上海美术风云：1872—1949 申报艺术资料条目索引》这一种，是由台北"中央研究院"历史语言研究所的颜娟英学者编著，针对《申报》办报起止年限范围内所刊载的艺术评论、新闻、史料、文摘等作了详细的条目展示，是较为有针对性的专业艺术资料索引，对于学者研究《申报》的艺术原始资料和美术文本有很大的引领和启示作用。其中共收录艺术条目近 1200 余条，对于刊期、作者、题目、概要都有全面的指引和揭示，其中美术类报道文本近于 800 余条，多集中于美术评论、美术作品、美术展览的宣传与报道、名家评论及各类美术新闻的报道等方面，因《申报》在当时所出版的报纸中所代表的地位和价值的重要性，使得这些美术资料条目也显得尤为珍贵，对于美术研究是非常可贵的一手资料。

（八）史料、年鉴、纪事、档案

《晚清民国时期艺术教育期刊志：1900—1949》由刘晨纂述，中国社会科学出版社出版。作为一部专业期刊志，该志包含述、记、志、图、表、录、索引等，以志为主体，将从专业文献学和艺术教育史角度，填补这一专业领域史料系统梳理的空白，追溯中国近现代艺术教育史发萌、兴起的过程，重现艺术与艺术教育的历史语境，成为构建艺术教育史的重要文献依据，并为了解艺术教育历史演变的机制和动能提供新鲜的视野，为艺术教育史的深入研究提供实证源的线索，显示较高的史料价值和学理价值。此外，还有其他的全国范围或地方性美术史志资料也是民国时期美术学文献有力的汇总和再现，也是美术文献的整理和研究必不可少的成果之一，如《上海文化艺术志》、《上海美术志》、《文艺理论教材史料汇编》、《中国新文艺大系（1937—1949）：理论史料集》、《延安文艺档案》（大套书）、《延安美术》等。

（九）缩微与数据库建设

1.缩微胶片

很多著作在各类丛书汇编和单行本影印再版过程中都未查到有再版问世，很多在国家图书馆的馆藏目录中查到缩微胶片形式的保存与再现，是对文献整理和传承可喜可贺的贡献，意义重大。在检索过程中，笔者发现《民国时期总书目（1911—1949）》中一定数量的美术著作在CALIS全国公共联合目录系统还未有书目数据共享，这种情况基本上有两种原因造成，一方面是全国各公共馆及高校馆还未完成民国文献的全面深入挖掘和整理，造成一定数量的著作散落或遗失，编目加工的工作还在进行之中；另一个原因是极小部分的著作在漫长的馆藏迁移中已经遗失或破损，在国家图书馆、上海图书馆及CALIS系统中都未见踪迹，这一小部分的民国文献给我们的文献整理和研究工作造成了一定的损失，对于文献的传承保护和利用的损失也是毋庸置疑的。近年来，民国文献的整理保存、挖掘和利用已经获得了国家和政府的极大重视，以国图为中心的民国文献整理与保护中心成立后陆续开展了民国文献普查的计划并全国范围内实施，相信这方面工作将做的越来越好，对于各领域各学科文献的研究都将是功不可没的，使命重大，任重道远，离不开每一位文献信息工作者的共同努力和心血。

大量的没有任何形式的影印的民国珍本著作在国家图书馆都绝大部分的完成了缩微胶片的制作，这对民国文献的保护、整理、传承、利用与研究都是功不可没的巨大贡献，因为数字化对于民国文献的保护尚存在争议和不足，具有两面性，可能会大规模的损伤这批珍贵的散落于全国各主要公共馆、大学馆以及各地小型图书馆的馆藏之中的文献，国家图书馆在民国文献保护计划的实施开展及成立全国图书馆文献缩微复制中心过程中起到了中流砥柱和圆心汇集的核心作用，90%的著作都查到了缩微胶片，这无论对于文献研究学者或美术领域研究学者来说都是非常必要的获取资源渠道和途径。

2. 数字化

民国文献的保护和利用得到越来越多机构的重视，除了 CADAL 的数字化项目外，很多图书馆也对自身收藏的特色民国资源数字化，建立特色数据库，这些库也收藏了一定数量的美术学书刊。南京师范大学的《民国文献资源库》内容涉及社会、政治、经济、文学、历史、教育、艺术、生物学等各类。

三、民国时期美术学文献的研究

解放后，民国时期美术学文献的资源得到挖掘和研究，很多专家学者给予了极大的重视和关注，在当时文献成果的基础之上，进行了美术学、文献学研究，使得民国时期美术学文献的价值得以再现和又一次的提升，也是美术专业科研的深入和延续。学者们分别对著作、当时的美术报刊以及名家论集进行了深入研究。

（一）美术学著作的研究

1. 名家名著的导读、校注、译读

大量的美术研究的名家名著得到现代学者的重新解读和评介，一些著作甚至还由多个学者导读脚注出版了多个版本，不妨用表格形式呈现这些研究成果。如表 2-6-6：

表 2-6-6　名家名著校注译读目录

原著题名	原著责任者	导读脚注责任者	出版信息	新著简介
中国绘画史	潘天寿	潘公凯导读	上海书画出版社，2016	
中国绘画史	潘天寿	辉俱含导读	辽宁美术出版社，2018	作者辉俱含在潘先生原作的基础上，对每一篇、每一章节进行了全新的评述和阐释，对晦涩的词汇、语句进行了注解和说明，并首次为原书配上了彩色图片。在全书最后，作者从整体上对潘先生的学术理论思想进行了全面的评析和论述。
潘天寿论画笔录	潘天寿	叶尚青记录整理	浙江人民美术出版社，2013	本书共收集潘先生的论画资料十一篇（本次再版增加一篇），内容包括：关于中国画的构图、书法学习及国画布局、古画收藏和保管、创作琐谈、关于基础教学、国画创新、任伯年的绘画艺术等。
潘天寿谈艺录	潘天寿	潘公凯编	浙江人民美术出版社，1985	
中国画学全史	郑午昌	陈佩秋导读	上海古籍出版社，2001	清晰梳理了导读目录，比较权威的导读版本。
中国绘画变迁史纲	傅抱石	武红丽导读	辽宁美术出版社，2018	
中国绘画变迁史纲	傅抱石	承名世导读	上海古籍出版社，1998	
中国绘画变迁史纲·中国的人物画和山水画	傅抱石	万新华导读	上海书画出版社，2017	对原著有深入的评论和阐述，如"这部著作在建构古代绘画现实主义传统的新知识体系，在传播过程中发生了持续的影响力，改变了人们对古代绘画历史、知识和经典的理解，也影响着人们的绘画史阅读方式。"

（续表）

原著题名	原著责任者	导读脚注责任者	出版信息	新著简介
中国绘画史	陈师曾	谷赟导读	辽宁美术出版社，2018	对该著作有着较为深入和独到的见解，被民国美术史论研究学术文库所收录。
中国绘画史	陈师曾	徐书城点校	中国人民大学出版社，2007	
中国绘画史·文人画之价值	陈师曾	陈池瑜导读	上海书画出版社，2017	陈师曾 1922 年赴济南主讲《中国美术小史》，后由其门人俞剑华、苏吉亨整理出版，改书名为《中国绘画史》。全书提纲挈领介绍了三代以下至明清两代的绘画艺术历史，梳理历代画史脉络、技法沿革、题材变迁以及重要的画派画家，是最早借鉴日本著述方法的画史著作。
《大师的国学课》第四辑（21）：中国绘画史	陈师曾，诸宗元		江西教育出版社，2014	以陈师曾先生的《中国绘画史》为底本，同时编入了诸宗元先生的《中国画学浅说》。全书梳理历代画史脉络、技法沿革、题材变迁以及重要的画派、画家等。
书法指南	俞剑华	周积寅导读	上海人民美术出版社，2017	本书是由中国美术史论泰斗、知名书画家俞剑华写就的这种入门小书，却是难得。后世学者评价这本《书法指南》：这是一本道、理、法俱全的，真正意义上的"指南"。第一编总论；第二编用具；第三碑贴；第四编运笔；第五编点画；第六编结体；第七编书体。并由著名美术史论家周积寅先生撰文导读，配上大量经典书法图片。是一本优秀的书法入门和欣赏读物。

（续表）

原著题名	原著责任者	导读脚注责任者	出版信息	新著简介
俞剑华美术史论集		周积寅，耿剑主编	东南大学出版社，2009	本书精选31篇文章，深刻论述了20世纪中国美术史论中的许多问题，特别是中国画问题，如《国画通论》《中国绘画之起源与动向》《国画不进步之原因》《国画研究》《中国山水画之写生》等。
沈子丞书画集	沈子丞	江州编	北京人民美术出版社，1997	
中国美术小史	滕固	李程导读	辽宁美术出版社，2018	是对滕固先生的《中国美术小史》和其他重要学术文章的重新导读。作者李程在原作的基础上，对每一篇、每一章节进行了全新的评述和阐释，对晦涩的词汇、语句进行了注解和说明，并首次为原书配上了彩色图片。在全书最后，作者从整体上对滕固先生的学术理论思想进行了全面的评析和论述。
中国美术小史·唐宋绘画史	滕固	王洪伟导读	上海书画出版社，2016	本书收录了《中国美术小史》和《唐宋绘画史》美术之作，另收录滕固先生四篇德语学术论文，即《墨戏》《论南宗在中国山水画中的意义》《文艺批评家苏东坡》《唐宋画论》。
中国美术小史·唐宋绘画史	滕固	沈宁编	吉林出版集团有限责任公司，2010	
西洋美术史	丰子恺	丰一吟导读	上海古籍出版社，1999	对原著进行权威校注
丰子恺古诗新画	丰子恺绘	史良昭，丁如明解读	上海古籍出版社，2002	

（续表）

原著题名	原著责任者	导读脚注责任者	出版信息	新著简介
丰子恺护生画集选	丰子恺编绘	葛兆光选评	北京中华书局，1999	
丰子恺讲西洋建筑	丰子恺著	墨明编	湖南大学出版社，2010	
丰子恺精品画集	丰子恺绘	丰一吟编	上海古籍出版社，2002	
丰子恺论艺术	丰子恺著	丰华瞻，戚志蓉编	复旦大学出版社，1985	
丰子恺漫画古诗词	丰子恺绘	李晓润评注	上海社会科学院出版社，2017	本书以古诗的年代为序，辑录精选150多幅丰先生的古典诗词漫画，并对丰先生画过的这些古诗词进行了简要评注，使读者在欣赏丰子恺先生画作的同时，能够了解其背后完整的古典诗词样貌。
丰子恺真率人生论美学文萃	丰子恺著	余连祥，郑玉明，李梅选鉴	中国文联出版社，2018	丰子恺是中国20世纪审美教育园地中最为辛勤的耕耘者。他是中国审美教育的启蒙者之一。丰子恺在审美教育的启蒙读物中，不失时机地介绍美学知识，阐述其美学观点。本书收录了丰子恺的41篇文章，让大众对丰子恺的美学思想作一番更深入地接触。
漫画的描法：子恺漫画选	丰子恺	丰陈宝校订	湖南文艺出版社，2001	
呐喊：新编绘图注本	鲁迅著；丰子恺绘	孙立川注	香港天地图书有限公司，2004	
西洋画派十二讲	丰子恺著	丰陈宝校订	湖南文艺出版社，2002	

（续表）

原著题名	原著责任者	导读脚注责任者	出版信息	新著简介
西洋名画巡礼	丰子恺著	丰陈宝，杨子耘校订	湖南文艺出版社，2002	
艺术趣味	丰子恺著	丰陈宝校订	湖南文艺出版社，2002	
艺术与人生	丰子恺著	丰陈宝校订	湖南文艺出版社，2002	
编年注疏黄宾虹谈艺书信集	黄宾虹原著	王中秀编注	北京人民美术出版社，2016	本书鉴于黄宾虹书简现有状况及其书信不同分类引出的现代艺术史的问题，精选了黄宾虹给近60位收信人的402通函札，构成一部别开生面的"艺术问题编年"。
宾虹题画诗集	黄宾虹撰	赵志钧辑注	杭州中国美术学院出版社，2009	
古画微	黄宾虹著	薛永年导读	上海书画出版社，2017	
虹庐画谈	黄宾虹著	王中秀导读	上海书画出版社，2007	
黄宾虹画语录	黄宾虹著	王伯敏编	上海人民美术出版社，1978	
黄宾虹金石篆印丛编	黄宾虹著	赵志钧编	北京人民美术出版社，1999	
黄宾虹论艺	黄宾虹原著	王中秀选编	上海书画出版社，2012	
黄宾虹美术文集	黄宾虹著	赵志钧辑	北京人民美术出版社，1994	

（续表）

原著题名	原著责任者	导读脚注责任者	出版信息	新著简介
蔡仪美学文选	蔡仪著	杜书瀛编	河南文艺出版社，2009	
倪贻德美术论集	倪贻德著	林文霞编	浙江美术学院出版社，1993	
艺术叛徒	刘海粟著	周积寅，李芹选编	江苏文艺出版社，2006	
刘海粟艺术随笔	刘海粟著	沈虎编选	上海文艺出版社，2001	
刘海粟艺术文选	刘海粟著	朱金楼，袁志煌编	上海人民美术出版社，1987	
古诗今画	刘海粟绘	王从仁，汤本选注	上海少年儿童出版社，1984	
存天阁谈艺录	刘海粟著	沈祖安整理	北京中国青年出版社，2007	

由以上表格不难看出，丰子恺、潘天寿、刘海粟、陈师曾等人的著作较为集中的被导读和校注出版，得到很多专业学者的研究和点评。

2. 美术著作的深入研究

除以上针对一些权威的民国时期美术学名家论著整理点校出版外，还有一些面向美术著作的深入研究，采用文献研究或美术专业研究的视角，进行深度探讨，有的是针对某一类美术著作文献的研究，也有针对某一专门著作进行深入阐述。

（1）综合性研究

有些研究成果以同研究领域的专业美术文献为研究对象，涉及大范围的民国时期美术学论著或期刊，我们归纳为综合性研究。

这类型的成果有陈池瑜的《民国时期工艺美术和设计艺术的写作成就和特点》（2011）一文，对很多民国时期美术学文献进行了深入探讨，文中论及的民国时期著作与文章如下：

蔡元培《在中国第一国立美术学校开学式之演说》（1918）；

鲁迅《拟播布美术之意见书》（1913）；

著名油画家和艺术教育家颜文樑《艺术教育今后之趋向》及《从生产教育推想到实用美术之必要——告本校实用美术科同学辞》；

美术史家与艺术教育家姜丹书著文《美术与工商业》（1939）及《美术与衣的工业》（1941）等；

陈之佛编写《图案讲义》（1917）以及《图案》第一、二集（1929），及1930年到1937年先后出版的《图案法ABC》《图案教材》《中学图案教材》《图案构成法》《表号图案》，以及《西洋美术史概论》《艺用人体解剖学》等，从1929年到1949年之间，在《东方杂志》《艺术旬刊》《中国美术会季刊》《美术杂志》《文艺先锋》等刊物上，发表有关中国与外国之工艺美术和图案研究的文章30余篇，如《现代表现派之美术工艺》（《东方杂志》2卷18号，1929年）、《现代法兰西的美术工艺》（《艺术旬刊》创刊号，1932年）、《古代墨西哥及秘鲁艺术》（《东方杂志》28卷12期，1931年）、《中国历代陶瓷器图案概况》（《中山文化教育馆季刊》2卷3期，1935年）、《美术与工艺》（《中国美术会季刊》1卷2期，1936年）、《工艺美术问题》（《文艺先锋》11卷5期，1947年）等；

雷圭元《工艺美术技法讲话》（1936）及《新图案学》（1947）；

冯贯一《中国艺术史各论》（1941）及《中国瓷器史论丛》（1957）；

傅抱石《中国绘画变迁史纲》《中国古代山水画史的研究》《中国古代绘画之

研究》《中国篆刻史略》《民国以来国画之史的考察》等论著，此外他对工艺美术史也十分关注，发表的有关工艺美术史一文《日本工艺美术之几点报告》，1943 年，傅抱石还写作了《中国之工艺》，此文被收入《傅抱石美术文集》（1986），他早在30 年代还编写过《基本图案学》《基本工艺图案法》两书；

徐蔚南《中国美术工艺》（1940），曾编二本小册子即《顾绣考》《上海棉布》；

李朴园主编《阿波罗》杂志，出版《中国艺术史概论》，翻译雷那赫的《阿波罗艺术史》及李朴园等人著《中国现代艺术史》（1936）。

倪进 2008 年的《晚清民国书画经典文献编撰评析》一文，除了对晚清的几种举足轻重的书画文献进行分析以外，还侧重评析了余绍宋的《书画书录解题》（1932，国立北平图书馆），对该书从编撰体系到著述特点进行深入分析，并阐述了该书的学术价值和观念革新的意义地位。

朱赛虹 2011 年发表的《故宫博物院出版事业的首度辉煌——民国时期出版综论》一文，在对故宫博物院出版成果全面考察的基础上，结合文献史料，系统论述了民国时期故宫出版物的品类、内容特色及编排风格，揭示了这一时期出版的特点，分析了我国古代地域出版优势、近代出版技术发展等背景因素。统计全文，涉列故宫博物院民国时期出版物近 150 余种，其中涉及绘画、书法、碑刻、作品目录等各门类著作与期刊近百种，无论对于文献学还是美术学来说都具有重要的史料和学术意义。较为著名的文献如《故宫书画集》1-47 期（1930—1936）、《故宫》1-44 期（1929—1936）、《故宫周刊》1-510 期（1929—1936）、《故宫名扇集》1-10 期（1932）、《法书大观》（1948）、《唐褚遂良临兰亭帖》（1938）、《宋拓岳麓寺碑》（1933）、《历代帝后像》1-4 期（1929—1931）、《清代帝后像》1-4 期（1929—1931）、《历朝画幅集册》（1932）、《故宫名画竹集》第 1、2 集（宋至清）（1933）等。

崔广晓 2007 年的《广州美术学院图书馆馆藏美术文献及其特色》一文立足广州美术学院图书馆馆藏美术文献，重点对民国时期的美术期刊、美术专业珍贵出版物做了详细论述，分析其利用价值，揭示其更为广泛和发展的参考价值。与众不同之处在于其岭南名家名作的地域特点。如民国年间叶恭绰影印本《清代学者遗像传》、沈珊若《近代画家概论》《中国佛教艺术与印度艺术所受西洋之影响》以及多种诸如《艺林旬刊》《国画月刊》《美术生活》等美术期刊的各期介绍等。

学者罗仕明在《美术教育研究》期刊上发表了《民国时期的中国美术史类教材编写状况研究》的文章，该文以民国时期的中国美术史类教材编写为主题，对民国时期中国美术史类教材编写的背景、主要成果进行了梳理，并简要分析了该时期中国美术史著作的基本特征。

肖亦然学者 2014 年所著的《民国时期美术文献整理与保护研究现状》一文，对民国文献、民国时期美术学文献学术论文进行统计与梳理的基础上，分析其在发表时间、专题研究领域的特点，并进一步对民国时期美术学文献的整理与保护现状进行调查和研究。

高阳、王敏虹所撰写的《谈民国时期西洋美术史的翻译与写作》发表在 2008 年的《美术大观》期刊上，论述民国初年，在西方近代学术浪潮的冲击下，国人开始翻译和编写西洋美术史著作，目的是借鉴西方近代美术史学的理论与方法，以解决中国传统艺术史写作中的诸多问题，摆脱保守和僵化的困境。文中提及多部西洋美术史译著，具有较高的文献研究价值。

学者段汉武对民国时期中国绘画史著述文献有较多的研究成果，其中发表在 2005 年《美术观察》上的《论民国时期中国绘画史著述中的画论研究》一文以及发表于《南京艺术学院学报美术与设计版》的《民国时期我国绘画史著研究方法与编撰体例刍议》一文，对民国时期我国的绘画史著作和论述都做了较为系统和全面的阐述和梳理。

（2）专门著作的研究

除以上综合性文献的研究探讨以外，还有大部分的研究成果是针对某一种专门著作进行深入探讨，从美术专业的角度进行深度研究。此类型的研究成果如下：

褚庆立的硕士论文《郑午昌〈中国画学全史〉》（南京艺术学院，2009），以郑午昌的《中国画学全史》为研究课题，对作者生平、撰写背景、体例、研究方法及后人对其评价等进行全面的分析和整体的研究。对其在画学史叙述中所呈现出的史学叙述模式进行探究与学理论证 ①。

虞文文的硕士论文《郑午昌及其《中国美术史》》（中国美术学院，2017），以郑午昌为窗口，观察民国时期美术史写作的几种面目。梳理郑午昌生平，观照他在绘画创作、美术理论、出版、教学及结社的多面活动，探讨民国时期美术史写作者在身份与知识结构上的共性。对这部书的内容与体例进行详细分析，通过还原这部书的写作状况，展示出民国时期美术史学的一个真实侧面。

学者毛建波在 2008 著述了《余绍宋：画学及书画实践研究》一书，对余绍宋在各个不同时期的画学理论著作，如《画法要录》《中国画擘源流之概观》《国画的气韵问题》都一一分别加以评析。尤其对他的画学名著《书画书录解题》之缘起、成就和流衍均详加评析。此外，书中又对余绍宋的书画作品，如：山水、纪实山水、书法以及松、竹、梅等均分类详加评述 ②。

郭淑敏 2017 年的《民国〈美术年鉴〉的编辑特色书评》一文，以民国时期唯一一部、也是中国第一部美术年鉴入手，从该年鉴的编辑缘起、编辑团队、编辑理念、编辑内容、编辑方法等几个方面，分析该年鉴的编辑特点，及其对当代美术年鉴的参考价值。

邓刘敏 2017 年的《民初〈壬子·癸丑学制〉下的学校美术教育初探》一文，分析《壬子·癸丑学制》与清末《癸卯学制》下的学校美术课程设置、教学内容、教学目标等方面的异同，以及对这一历史时期学校美术教育实践成果的考察，以期对当今学校美术教育的开展提供历史经验 ③。

孙茂华、李超德 2016 年发表在《学术界》的《20 世纪初中国美术学现代性

① 褚庆力.郑午昌《中国画学全史》研究［D］.南京：南京艺术学院，2009.
② 毛建波，余绍宋：画学及书画实践研究［M］.杭州：中国美术学院出版社，2008：20.
③ 邓刘敏.民初《壬子·癸丑学制》下的学校美术教育初探［J］.艺术科技，2017，30（08）：398.

标志作品——读"新国民书"的〈美术史〉》是对姜丹书的《美术史》的多维视角追溯与考察，梳理清末、民初时期的社会背景、学术思潮、美术史学自身发展历程以及姜丹书所持的新国民观等诸多因素以及它们之间的相互关联，揭示出姜丹书《美术史》的撰述使得 20 世纪中国美术史学的研究转向现代性。

余子安的《亭亭寒柯——余绍宋传》一书是浙江人民出版社 2006 年出版的，有一节专门提到了余绍宋主编的《金石书画》，对此刊的发起、创刊、发行、宗旨、内容、流传等基本情况作了较细致的介绍，为本文研究《金石书画》提供了难得的资料。

（二）美术学期刊的研究

对民国时期美术学期刊的研究规模广泛，从质量到数量上都蔚为壮观。研究成果体现为各种文献类型，基本上分为著作、期刊学术论文和学位论文三种形式。

1. 研究著作

以表格形式表述这些研究著作更为直观，同样有以民国时期美术学期刊总体为研究范围进行论述评析，也有针对具体某一种期刊进行研究的成果。表 2-6-7 为综合性期刊研究著作，表 2-6-8 为专门期刊研究著作。

表 2-6-7　民国艺术期刊的综合性研究著作目录

著作题名	作　者	出版情况	涉及期刊说明
中国美术的现代化：美术期刊与美展活动的分析（1911—1937）	刘瑞宽	三联书店，2008	回顾 1911 至 1937 年间，北京、上海、广州出现的美术社团，以及他们创办期刊、筹划展览的美术活动，探讨 20 世纪画家群体。涉及 8 种重要美术期刊如《湖社》《艺林》《绘学杂志》《造形美术》《亚波罗》《艺术旬刊》《艺术界周刊》等，并附录有 7 个美术展览会目录。
风情民国老期刊	朱海明	苏州大学出版社，2012	描述彩印的美术期刊有 10 余种，如《新民丛报》《小说月报》《妇女杂志》《半月》等文化刊物中的美术内容。

（续表）

著作题名	作　者	出版情况	涉及期刊说明
民国时期艺术教育期刊与艺术教育发展	刘晨	团结出版社，2010	对民国时期艺术教育期刊做了综合的研究述评，包括民国时期艺术教育期刊发展，对民国时期美术教育文献的研究来说具有专题学术和文献参考价值。美术教育期刊达 30 种，并明确提供美术类、音乐类、戏剧类的教育期刊名录。如《美育》《绘画杂志》《南国》《艺林》《艺术丛编》《中华美术报》《美专月刊》《南美杂志》等。
图说民国期刊	李勇军	上海远东出版社，2010	涉及各专业的民国期刊，其中美术期刊 8 种，如《漫画生活》《艺风》《学艺》《东方杂志》《文艺画报》等。
杂志民国	周为筠	金城出版社，2009	重点介绍 8 种民国杂志，其中有《良友》画报、《东方杂志》等。
中国近代期刊装帧艺术概览	边靖	北京图书馆出版社，2007	收近代期刊 130 多种，图版 500 多幅，其中不乏美术期刊的图文介绍，侧重装帧研究。
传统与变革：中国近代美术史事考论	李伟铭	商务印书馆，2015	梳理 20 世纪前期中国美术发展过程中的重要人物、事件及其在美术史发展中的地位。也讨论了国粹派以及《东方杂志》《天荒》《国画月刊》等期刊的影响等。
延安时期的抗战宣传画	路光前	陕西人民美术出版社，2016	该书依抗日战争时期延安的报纸刊物（主要以中共中央机关报《新中华报》《解放日报》《新华日报》为主，参以《新华日报华北版》《新华日报太行版》《抗敌报》《晋察冀日报》《抗战日报》《晋绥日报》及多种刊物）为底，收录延安时期的抗日宣传画（主要是木刻画）400 余幅，大体以时间为经，以事件为纬，分 40 个小专题，较为系统地从文化艺术角度反映了延安时期中国共产党领导下的全民抗日成就及精神风貌。

（续表）

著作题名	作　者	出版情况	涉及期刊说明
上海美术史札记	黄可	上海人民美术出版社，2000年	有专门研究美术期刊的章节，如"关于中国最早的画报""中国第一本美术专业性杂志《美术》""二十年代和三十年代的两本《美育》杂志""孤岛时期的上海《美术界》""上海早期儿童报刊中的儿童美术""上海的美术期刊"。
演进与运动：中国美术的现代化1875—1976	郑工	广西美术出版社，2002	论及《美术》《中华美术报》《湖社月刊》《国粹月刊》《蜜蜂》《国画月刊》等重要的绘画期刊，并对1918年—1937年间绘画期刊的出版情况进行统计，绘成趋势图。
美术信息学	罗一平	中山大学出版社，2002	在第六章"媒介功能与媒介策略"中有"中国绘画期刊发展简介"一段，对中国绘画期刊的发展情况作了简要的介绍，所提到的绘画期刊有《真相画报》《美术》《绘学杂志》《艺林月刊》《湖社月刊》《画学月刊》《国画月刊》等。另外在一些画家传记中，也有一些有关绘画期刊的资料。
中国老画报：上海老画报	周利成编著；天津市档案馆编	天津古籍出版社，2011	本书内容包括：中国近代著名画报《点石斋画报》，中国现代摄影第一画刊《图画时报》，民国画报热始于《上海画报》，唯美主义的《时代》画报等。

表 2-6-8　专门某种期刊的研究著作

时风与艺风：《艺风》月刊（1933.1—1937.3）研究	石晶	吉林大学出版社，2013	以 20 世纪 30 年代艺风社创办的《艺风》月刊（1933.1—1937.3）为研究对象的专门著作。通过一份刊物的研究，昭示源于中国本土艺术家自发性、独创性的革新需要，呈现了 20 世纪 30 年代中国美术界的历史进程①。
良友忆旧——一家画报与一个时代	马国亮	生活·读书·新知三联书店，2002	此书是对民国绘画期刊《良友画报》的回忆录，用人物和故事串起来的历史，叙述朴实，把他所亲历的《良友》创办始末以及与些相关的人物故实，写出了一部独特的"《良友》画报史"，具有较强的资料性，有着不可替代的史料参考价值②。

2. 期刊学术论文

学者专家们论述发表了大量的对民国时期美术学期刊的研究论文，经统计，至 2018 年 6 月，达到近百篇，分别有对民国时期美术学期刊的整体性研究，也有对具体的某一种期刊进行研究的论文成果。以下两表揭示了对民国时期美术学期刊研究的论文情况。

表 2-6-9　整体性研究民国时期美术学期刊的论文成果

论文题名	作　者	发表情况	研究期刊的范围
从民国时期美术期刊办刊特点看士阶层的转变	徐健，类维顺	《东北师大学报》（哲学社会科学版），201603	涉及到《艺文杂志》《亚波罗》《启蒙画报》《美术》《美术世界》《独立漫画》《真真画报》等近 15 种美术期刊。

① 石晶.时风与艺风：《艺风》月刊(1933.1—1937.3)研究［M］.长春：吉林大学出版社，2013：8.

② 马国亮.良友忆旧——一家画报与一个时代［M］.上海：生活·读书·新知三联书店，2002：10.

（续表）

论文题名	作　者	发表情况	研究期刊的范围
开放获取环境中的民国时期儿童历史文献资源——以图书、期刊、报纸、绘画文献资源为例	裴洁	《科技创业家》，201301	论及《新儿童》《新儿童杂志》《儿童半月刊》《时代儿童》《儿童故事月刊》《儿童知识》《中级儿童杂志》《中国儿童》《儿童世界》《童军导报》《难童教养》《孩子们》等近20种儿童美术刊物。
民国时期美术刊物中的字体设计	李婷	《数位时尚（新视觉艺术）》，200904	对《亚波罗》、《美育》、《上海漫画》、《艺风》、《白鹅画展》、《独立漫画》、《漫画界》、《万象》、《时代漫画》、《东方杂志》"中国美术号"、《绘学杂志》、《中国美术会季刊》的字体设计进行探讨，图文并茂。
期刊媒介与民国书法——民国书法的传播媒介学考察	郑利权	《书法赏评》，200902	民国书法期刊全面的回顾和考察，并有统计和分析，涉及《兴亚书报》《草书月刊》《书学》《墨印》《金石画报》《鼎脔》《龙渊印社月刊》及其他美术综合性期刊发表的书法文章等。
摄影在传播时代——从民国期刊看摄影的发展	陈学圣	《美术馆》，201004	论及摄影期刊如《天鹏》、《中华摄影杂志》、《柯达杂志》、《良友八周年纪念刊》（又称为《美术摄影专集》）及其他综合性美术期刊如《良友》《时代漫画》的摄影专辑。
民国时期儿童刊物插图中"家庭"场景的描绘形式	周丹丹	《美苑》，200606	论及《儿童世界》《小朋友》《儿童杂志》《儿童故事月刊》《新儿童杂志》《上海儿童》《小主人》《新儿童》《新儿童世界》《时代儿童》等近十多种儿童美术刊物。
故宫早期刊物的特色及其历史意义	朱赛虹	《故宫博物院院刊》，200909	深入研究《故宫周刊》《故宫旬刊》《故宫月刊》《故宫书画集》《故宫博物院年刊》等。
我国美术期刊发展概况	刘淑贤	《图书馆论坛》，199603	该文对我国美术期刊的产生、发展的基本情况进行了介绍，并对美术期刊的特点及发展趋势进行了研究。
故宫早期期刊与中国古代书画的大众传播	卢培钊	《出版广角》，201003	以《故宫周刊》为代表的期刊出版，实现了传统书画艺术珍品由私密性、神秘性向大众化、流行化的转变。

（续表）

论文题名	作　者	发表情况	研究期刊的范围
中国近现代美术期刊的历史贡献及研究价值	卢培钊	《中国编辑》，201005	中国近现代美术期刊是美术史研究的重要文献资料，涉及《滑稽画报》《真相画报》《中华美术报》《美术》《美育》《绘画杂志》《艺浪》《亚丹娜》《亚波罗》《艺术旬刊》《艺风》《湖社月刊》《故宫周刊》等等。
美术期刊与中国近代美术史学的发展	乔志强	《美术研究》，200805	中国近代数百种美术期刊登载美术家创作和研究的成果，在理论和实践层面都有力地推进了中国近代美术的改革与发展。
20世纪上半叶湖北美术期刊回眸	张昕	《湖北美术学院学报》，200005	属地区性美术期刊研究，该文对《艺术旬刊》《艺甄》《武汉画刊》等民国时期湖北地区的主要绘画期刊进行了介绍。
论中国近代美术期刊在中外艺术设计交流中的媒介作用	陈安云	《设计艺术（山东工艺美术学院学报）》，201104	揭示近代美术期刊在中外艺术设计交流中的媒介作用，如介绍了《申报》《亚波罗》《艺苑朝花》《中央画报》《青年艺术》《艺术界》等10余种著名美术期刊上发表的重要文章来阐述中外艺术设计交流中非常主要的媒介价值。
论中国近代美术期刊与中外艺术设计交流	陈安云	《郑州轻工业学院学报（社会科学版）》，201108	其本身设计的形式感和画面感代表了现代设计的方向，于无形中促进了中国现代报刊的美学现代化，涉及《文艺旬刊》《美展》《国画月刊》《美术》《美术生活》等近10种近代代表性美术期刊。

表 2-6-10　个案研究，即某种专门的美术期刊的研究论文成果

论文题名	作　者	发表情况	研究对象期刊
《良友》画报对民国美术展览的传播	赵昊	《美术》，201405	以《良友》画报对美术展览的传播为考察中心，通过美展梳理，研究《良友》对中国现代美术发展的影响。

（续表）

论文题名	作　者	发表情况	研究对象期刊
《良友》画报中的相关美术资源的认识	许万丽	《数位时尚（新视觉艺术）》，201204	以丰富的文献资源和图像资源，向大众生动地展现中国早期视觉文化传播的历史真相。
对《良友》画报研究的回顾与反思	苏全有，岳晓杰	《苏州教育学院学报》，201108	对已有该刊研究所取得的一系列成就的总结归纳与存在问题和不足的揭示和探讨。
《良友》画报——新型的美术大众传播载体	汤静	《中国书画》，200405	该文从传播学的角度，对《良友画报》作为新型的美术大众传播载体进行了深入细致的研究，对刊物传播美术的方式加以分析概括。
《真相画报》与岭南画派的艺术活动	陈正卿	《美术学报》，201201	笔者通过对画报大部分作品进行初步的考察后认为：1、切莫因画派倡导"折衷"之说便判定是"尽弃传统"。2、岭南画派具有明显的地域性，画家"群体"以广东籍人士居多，但又注意吸纳艺术见解相鼻或外省籍画家作品，这便说明了其包容性和开放性，并也促进了它独创性的形成。3、岭南画派的另一重要特征，是领军人及至画家"群体"的鲜明政治倾向。他们的"艺术革新"主张和民主政治理念是融为一体的，并且视为是建立自由平等、独立人格和健康心理的新国家的两个必备条件。
辛亥时期的先锋画报：《真相画报》	徐立	《出版史料》，201112	通过对该刊的创刊的历史政治背景，阐述其先锋性体现。
于无声处觅真相——《真相画报》研究之一	黄大德	《美术学报》，201305	试图还原《真相画报》的某些基本原貌，以期有助于民国美术史的研究现状。
《美术生活》：民国时期美术大众画报之范例	卢培钊	《广西民族大学学报（哲学社会科学版）》，201005	通过对《美术生活》的个案研究，考察杂志的办刊路线和艺术主张、期刊定位与内容取向、编辑团队与创办单位，分析民国时期美术画报类期刊的生态环境、学术价值和运作模式，进而厘清民国时期杂志媒介与美术大众传播的关系问题。

（续表）

论文题名	作 者	发表情况	研究对象期刊
近代美术艺术期刊的插图艺术研究——以《美术生活》为例	李兆宇	《大众文艺》，201602	插图艺术以多种形式追求现代的艺术性和审美性，是一种承前启后的艺术形式，对未来艺术发展，人们的生活产生了积极的影响。
《申报》视域下徐园书画雅集的近代转型——大众传媒对现代美术构建之初探	谢圣明	《美术学报》，201603	清末徐园书画雅集籍大众传媒——《申报》的积极介入，实现"时空转换"得以在更大的社会公共空间中传播和展示，并促使其在传播模式、书画购求模式两方面发生根本性变革，最终使徐园书画雅集逐步由封闭、自娱自乐的传统书画雅集向公共性、社会性、商业性的近代书画社团转型①。
《申报》美术广告与中国近代资本市场	段伟，葛天妍	《设计》，201306	本文通过对《申报》美术广告的剖析，不仅揭示了中国近代资本市场消费主义思潮的兴起和繁盛，也反映了近代中国历史发展进程中文化和审美的变迁。
从《申报》美术史料看中国近代美术市场的形成和繁荣	段伟，周祎	《辽宁工业大学学报（社会科学版）》，201308	《申报》对近代美术社团、美术展览会和重大美术事件的报道以及书画润例广告的刊载，不仅加快了中国美术吐故纳新的进程，而且也促进了近代美术市场的形成与繁荣。
《湖社月刊》的出版发行及其历史意义	吕鹏	《美术观察》，201204	阐述该刊发行的历史背景及其影响、价值和意义。
"湖社画会"与《湖社月刊》	初叟	《北京工人》，199804	历史叙述与还原。

---

① 谢圣明.《申报》视域下徐园书画雅集的近代转型——大众传媒对现代美术构建之初探 [J]. 美术学报，2016（02）：39—45.

（续表）

论文题名	作　者	发表情况	研究对象期刊
论湖社画会的美术教育思想——以《湖社月刊》为中心	孙洪广	《电影评介》，201504	评介湖社画会创办的历史原貌及其美术教育思想的传播。
上海美专校刊《美术》杂志研究	孙明媚	《艺术学研究》，201012	该刊独特的艺术视角和理论深度，与上海美专的教育实践紧密相连，也反映出那个时代上海美专的教育教学理念。
从《美术》杂志看上海美专函授教学	王芷岩	《中国美术研究》，201306	该杂志促使上海美专在函授教学方面的努力和成就得以有效传播。
《北洋画报》所见的近代美术变革	张楠	《国画家》，201509	《北洋画报》提供的历史信息表明，20世纪上半叶既是现代传媒发展的黄金时期，也是前所未有的美术变革期。
民国时期画报的广告经营——基于天津《北洋画报》史料	韩红星	《中国出版》，201205	《北洋画报》的广告经营模式和运作探析。
苏州美专校刊《艺浪》杂志研究	徐乐	《艺术学研究》，201210	通过杂志刊载的文章内容来揭示苏州美专时期的教育状况，以及当时苏州美术界的情形。
苏州美专校刊《艺浪》杂志搜寻记	徐乐	《艺术学研究》，201211	对上海美专的校史、校长、师资、课程、校刊等内容进行了深入而又详实的探讨。
《艺术旬刊》与决澜社创办的不解之缘	庄蕾	《大众文艺》，201301	作为20世纪30年代上海地区的美术刊物——《艺术旬刊》，见证和促进上海艺术界，特别是在最早倡导现代艺术的美术团体决澜社的创办和成长上发挥了不容忽视的作用，而它们也在各自的创办中结下了一份不寻常的缘分。

（续表）

论文题名	作　者	发表情况	研究对象期刊
傅雷与《艺术旬刊》	胡荣	《泉州大学学报（艺术版）》，201506	对傅雷与《艺术旬刊》的关系进行了细致考察，并结合他在这期间发表的主要艺术评论，评析了他对中外文艺的最初思考和探索。
《故宫周刊》的创办与价值	张露	《故宫学刊》，201206	《故宫周刊》成为举足轻重的以发表文物资料为主体的文化期刊，在很长一段时间内，对中国书画史和古物研究发挥了积极作用。
略论《青年界》与中国现代美术的发展	赵昊	《美术》，200812	从《青年界》对西方美术思潮的传播，对中国绘画传统与西方化的论争展开，对国内美术流派及美术团体的活动的记载，以及封面设计的美学意蕴等方面，论证其在中国现代美术发展过程中的作用与影响。
民国《美展特刊》雕塑作品缺略之缘由考	崔广晓	《艺术生活（福州大学厦门工艺美术学院学报）》，201203	《美展特刊》这本为时人及后人了解当时美术真实发展状况的最权威例证，却没有将雕塑类美术展品纳入进去，作者探寻其当时的历史原因。
《艺林》杂志综述	徐翎	《美术观察》，200907	从创刊到改版，至停刊的历史演变的呈现。
近代语境中的"山水"与"风景"——以《国画月刊》"中西山水画思想专号"为中心	李伟铭	《文艺研究》，200601	"专号"虽然提示以山水画为讨论的焦点，但介入讨论的各种文本实际上广泛涉及中西不同的文化传统及广义上的绘画的发展条件和价值标准。

3. 学位论文

除以上对民国时期美术学期刊的研究著作和论文以外，还有些学者在学位论文中展开对美术期刊的深入研究和探讨，体现了民国时期美术学文献越来越受到科研学者的重视和关注。以下为近年来一些较为重要的研究学位论文代表。

表 2-6-11　研究民国时期美术学期刊的学位论文成果

学位论文论文题目	作　者	学位信息	论及美术期刊情况
民国绘画期刊研究	郑利权	浙江大学，2007	专门梳理和研究绘画期刊的发展，近百种
民国美术期刊与民国美术发展	卢培钊	南京师范大学，2010	纵观近 400 种民国美术期刊
民国时期美术期刊的传播特征与影响研究	董春雨	河北大学，2013	重点分析近 120 种的民国美术期刊，归纳其传播特征与影响
《艺风月刊》（1933.1—1937.3）研究	石晶	东北师范大学，2012	《艺风月刊》个案研究
《艺术旬刊》研究	庄蕾	华东师范大学，2013	《艺术旬刊》个案研究
由《美育》杂志看李金发美育思想	邢晋	南京艺术学院，2009	着重整理分析《美育》中李金发的美术教育论述
上海美专校刊《美术》杂志研究	孙明媚	南京艺术学院，2009	《美术杂志》个案研究
传播学视野下《申报》与中国美术现代化进程（1872—1937）	谢圣明	浙江大学，2014	《申报》的美术宣传
民国初期（1912—1927）《申报》中的美术信息研究	李林臻	东华大学，2015	《申报》的美术信息
中国近代美术期刊封面字体设计研究	王亚楠	太原理工大学，2017	侧重分析近 50 种美术期刊的封面字体设计
《真相画报》与"视觉现代性"	陈阳	复旦大学，2014	《真相画报》个案分析
民国时期天津《北洋画报》研究	王晏殊	南开大学，2013	《北洋画报》的专门研究
《艺林》杂志研究	徐翎	中国艺术研究院，2008	《艺林》的专门研究
民初北平美术期刊研究（1919—1937）	陈春晓	中国艺术研究院，2017	民初北平近 80 种美术期刊的深入研究

（续表）

学位论文论文题目	作　者	学位信息	论及美术期刊情况
民国绘画期刊研究	郑权利	浙江大学，2007	近200种美术期刊阐释论述
近代美术期刊插图艺术研究——以《美术生活》为例	刘东霞	太原理工大学，2015	《美术生活》的插图艺术的个案代表
《北洋画报》广告艺术研究	刘虹	首都师范大学	《北洋画报》的广告艺术分析
《世界画报》的传播内容研究——基于视觉修辞理论视角	尚园园	中国青年政治学院，2017	《世界画报》的内容综合分析
《良友》画报（1926—1945）对民国美术展览的传播	宋畅	华中师范大学，2014	整理分析《良友》画报的美术展览信息
普及美术　研究美术——上海美专校刊《美术》杂志研究	王芷岩	华东师范大学，2013	《美术》杂志研究
《文华》研究（1929—1935）	张霞	杭州师范大学，2013	《文华》的美术研究
苏州美专校刊《艺浪》研究	徐乐	南京艺术学院，2013	《艺浪》的创刊、发展和内容的美术研究
上海美专校刊《美术》杂志研究	孙明媚	南京艺术学院，2009	《美术》杂志的综合研究

四、结语

（一）目录整理

1. 著作

除了依托于《民国时期总书目（1911—1949）》及各出版社目录、丛书目录、专题目录外，还未有专门的美术专著或文献的全面整理目录，有待于全方位的整理收录，将民国时期美术学文献进行专门的归纳汇集，便于文献学和美术学研究。

2. 期刊

期刊目录成果已有《过眼录》，是迄今为止较为大型和全面的整理目录成果，但在笔者全文的撰写研究过程中，也发现了其未收全的一些美术期刊，如书法、篆刻、雕版、摄影等一些专业期刊，有一些并未考察收录，这可在后续的美术期刊或书法、摄影期刊的研究中被挖掘和发现。学者们可以以《过眼录》为参照重新审视和梳理美术各门类的综合性或专业性期刊，对综合研究美术学或各具体艺术种类提供文献的全面参考价值。

（二）再版影印

无论是综合性丛书影印，还是单种影印，都较侧重于重要代表性论著的再版影印，较为集中地体现在美术史论著方面的影印，这也跟民国时期美术学论著中美术史方面的论著数量和范围都占据较大比例的出版特点有关，其他实践性论著和美术方法、美术教育等论著影印较少。

（三）数字化

主要依托于大型的综合性民国图书电子数据库或全国性综合索引，还未开发和制作专门的美术领域的专门整理数据库。各大艺术院校或美术学院有责任和义务，以及美术学、文献学领域的有识之士应致力于美术学文献领域内的资源开发和利用，将美术学文献全面汇总和电子呈现，对于专业研究有极大的资料性和工具性作用。

（四）美术学文献的研究

从呈现的研究民国时期美术学文献的时间上我们不难看出，基本在 2005 年至今的十多年间，在 2005 年之前鲜少有民国时期美术学文献的侧重关注和分析，2010 年之后，才受到学者的关注和重视，也得以将民国时期美术学文献进行深度的挖掘和再现，可见整理和研究是相辅相成，互相补充促进的。2010 年之后无论是期刊论文还是学位论文都给予了美术文献更多的关注和兴趣，无论是民国时期美术学文献的综合价值还是个体论著期刊的学术价值、史学价值都受到学界的深入研究和挖掘，值得庆幸和赞扬，这也跟近年来国家对民国文献的保护和利用被提倡和宣传并落实有极大的关系。未来学者和专家们还将对民国时期美术学文献有陆续的研究和关注，以及总体与个体的深入挖掘探讨。

1. 专著

较为集中在几种美术论著的研究上，美术史论著较多的被关注和研究，其次是名家论著成为学者的焦点，结合名家论述进行美术理论、美术思想的研究。对于民国时期美术学论著的研究相对来说还是数量较少，有待于学者们给予更大力度的探索和研究。

2. 期刊

对民国时期美术学期刊的研究热度相比较于上述的论著来说，热度更高。可见学者们更加倾向于美术期刊的某一个特征或角度进行入手来研究和探讨，研究对象指向明确，这是与学者们各自的研究领域和兴趣点直接相关的，将来越来越多的民国时期美术学期刊将得到学者专家们的重视，不同领域的学者们会更多的发现民国时期美术学期刊的价值和魅力所在，对其当时的历史政治文化艺术背景的研究都是极其珍贵的第一手资料。尤其近几年的学位论文较为明显的关注到民国时期美术学期刊的部分，展开了深入探讨，所取得成果也是显著的。

总体来说，民国时期美术学文献的整理和研究的范围和程度还有很大的空间，有待于各领域研究学者进一步的开发、整理和利用，取得更为广泛的研究成果。

第七章 民国时期西安易俗社戏曲文献（手抄本）及其整理

回望民国，鲁迅、胡适、蔡元培、陈寅恪、郁达夫、朱自清、丰子恺、林语堂、于右任以及四大名旦梅尚程荀等等的风流人物，如今谁可比肩？这一大批巨人，如群星闪耀于中国近现代史的天空上。他们的才智，他们的人格，他们不朽的文章与风范，至今令我们高山仰止，成为民族复兴的强大动力之一。

一、民国时期是中国戏曲艺术发展的一个重要历史阶段

中华民国时期是中国戏曲艺术发展的一个重要历史阶段。这不仅仅是因为这一阶段正处于中国社会发展史"近代"与"当代"的衔接，是与当代艺术家最为"亲近"的历史时期，更是因为这一历史时期由于半殖民地半封建社会制度的结束，受民主主义思潮的影响和推动，中国戏曲艺术在表演形式和内容方面，经历了由"旧戏"向"新戏"，"封建戏"向"文明戏"的转变。在表演主体戏曲艺人方面，经历了由"戏子"向"艺员"，"民间艺人"向"表演艺术家"的转化。

这是一个非常引人注目的具有承前启后和划时代意义的中国戏曲艺术发展演进期，它为中华人民共和国初期传统戏曲艺术的空前繁荣和更彻底地摆脱封建主

义文化羁绊和消极影响，奠定了继续建构的基石，拓展了更大范围再现、演绎社会生活的艺术空间。

剧本是文学创作的一种体裁，是戏曲艺术创作的基础。不适宜演出、专供阅读的剧本叫"案头剧"；已在舞台上演出的各种各样的戏剧剧本叫"剧目"。

剧目是一剧之本，它不仅可为表演的二度创作提供基础，而且能保存一个时期戏曲艺术的全面成就。它不仅是戏曲史及剧种史的重要依据，而且是戏曲艺术不断革新发展的活跃因素。戏曲艺术的发展常常是从剧目开始并围绕着剧目进行的。

我国向有"词山曲海"之说。据古今名家著录可知，宋元戏文计有 320 种，金元明清杂剧计有 1830 余种，明清传奇计有 2590 余种，汇总起来，古典戏曲剧目约 4740 余种。花部乱弹兴起后，剧种繁多，剧目浩如烟海，仅梆子系统就有万种传统剧目（包括全国各路梆子、同一题材、异名别题者亦计算在内）。

秦腔是我国丰富多彩的民族戏曲艺术中最古老的剧种之一，是三秦儿女智慧的结晶，更是我国梆子戏中历史悠久、影响深远的最大剧种。它蕴积着我们民族历史和传统文化的精华，它积蓄的剧目极其丰富，浩如烟海。

秦腔剧目原传说有"五千出"之多，陕西人民出版社 1984 年 8 月出版的《秦腔剧目初考》收编秦腔剧目一千六百多个 [①]。这些剧目，从内容到形式，都明显地表现出较强的人民性和浓郁的秦地民情风俗色彩。

在陕西，辛亥革命以前的秦腔传统剧目，由于封建统治阶级对地方戏的禁锢及知识阶层对他们的歧视，使得秦腔艺术长期处于一种心传口授的落后状态，极少文字记载。现存的传统剧目，除极少数文人作品有抄本外，大多数是解放以后戏改中挖掘出来的老艺人口述本。这些口述本大多为秦腔艺人一代一代口传的舞台剧本。辛亥革命后则涌现出大批秦腔剧作家，当以西安易俗社及其剧作

---

① 陕西省艺术研究所. 秦腔剧目初考［M］. 西安：陕西人民出版社，1984.

家为代表。

秦岭苍苍、渭水泱泱。1912 年 7 月，西安易俗社肩负着民族振兴的使命应运而生，秉承"移风易俗，辅助社会教育"的宗旨，将戏曲训练、人才培养、文化教育和舞台演出相结合，教化民众，引领风尚，以其独特的风格和广泛的影响在中国剧坛独领风骚。1924 年鲁迅在西安讲学期间，曾观看西安易俗社演出，并捐赠其讲学所得酬金，题写"古调独弹"匾额。

西安易俗社创办人李桐轩、孙仁玉和当时的主要领导人高培支、李约祉等都是西安地区具有民主主义思想的进步知识分子。易俗社成立后，仿效民主共和制建立领导机构。

西安易俗社成立后即设有专门的创作机构（编辑部），指定有剧目编写要求。李桐轩、孙仁玉、高培支、李约祉、范紫东等都参加编写剧本。从 1912 年成立到 1949 年以前的 37 年中，共创作、改编大小剧本 500 余种，不少已成为优秀保留剧目，如《吕四娘》《三滴血》《夺锦楼》《庚娘传》《人月圆》《柜中缘》等。这些剧目当时都是以手抄本流传，因《陕西传统剧目汇编》得以很好的整理和保存。

《陕西传统剧目汇编》[①] 是戏曲剧目丛书，由陕西省文化局编印，大 32 开本。1958 年 10 月出第一集，至 1963 年，共出 71 集，合计有 730 个剧目，其中秦腔 34 集。除老艺人和戏曲爱好者口述和保存的传统剧目以外，还收录民国时期为主的一大批秦腔剧作家编写的各类题材的秦腔剧目，这些秦腔剧目的剧作家主要是西安易俗社的秦腔剧作家。我们结合《陕西传统剧目汇编》，对西安易俗社剧作家和他们创作的剧本逐一作了认真研究。

---

① 　陕西省文化局.陕西传统剧目汇编·秦腔［M］.西安：陕西省文化局，1958—1983.

二、西安易俗社剧作家及其创作的秦腔剧本

（一）剧作家李桐轩及其创作的剧目

李桐轩（《陕西传统剧目汇编·秦腔》第六集之《一字狱》《孤儿记》《兴善庵》《戴宝珉》《双妒记》《呆迷记》《人伦鉴》《鬼教育》《闹督院》《泗林湖》）。

李桐轩（1860—1932），名良材，字桐轩，号莲舌居士，陕西蒲城人。近代秦腔第一位剧作家，清末贡生，同盟会员。为西安易俗社主要发起与创办人之一。历任易俗社社长、名誉社长、易俗社武汉分社社长、评议长、编辑等职。1917年撰《甄别旧戏草》一书，提出对旧的传统剧目应"推其陈，出其新"的改革主张，对易俗社编写破除迷信，宣传爱国，提倡民主与科学以补助社会教育、移风易俗的新剧目，起了极为重要的开创作用。

> 诸伶憨且稚，与子共携持。饮食以为母，教诲以为师。
> 饥寒求援手，惟此贫窭儿。权门才济济，何事效驱驰。
>
> 宣阗长安市，与子共翱翔。莫腹闻妇孺，呼吁愁人肠。
> 晨兴教歌舞，亲履粉墨场。知我谓我乐，不知谓我狂。

——这两首诗，是李桐轩在1914年所作《赠易俗社社友》四首中的两首。诗里充分表现了先生热爱戏剧事业，同情贫苦儿童以及爱社如家的崇高精神，今天读之仍然倍感亲切。

李桐轩于易俗社任期内，曾创作秦腔剧目二十多种，今存者九种。其中《世界黑》系近代秦腔戏剧史上第一个创作剧目，对于启迪改良新剧目的创作产生过积极的影响。李桐轩的艺术成就在于他善于以笔为戈，在剧中入木三分地揭露封建社会的黑暗统治，唤起民众的觉醒，因而广大观者对他的剧作曾以"利剑""火

炬"喻之。其代表作为《一字狱》。

《一字狱》内容主要为：清时，泸州百姓捣毁盐厘局，盐厘委员乃制台贾正学之内弟，贾行文于镇台宋兴，令其剿办。宋兴将泸州三十六村之百姓尽兴屠戮，仅郑全真及女若兰侥幸逃出。至夔州，适逢考试，郑家父女乃以冤情诉于众举子。有万人杰者，首倡罢考以示威学台。学台具实上奏，钦命周作人赴川查办。贾正学从刁迈朋计，令刁以挚友面见宋兴，乘机调换公文，将"剿"改为"查"，使宋兴作了替罪羊。

这个戏的演出特色是小生、须生、小旦唱做工并重戏。陕西李健民演出代表作。其本事见清人李宝嘉《官场现形记》。

李桐轩自幼读书即厌薄举业，鄙弃功名，冲破知识分子"学而优则仕"的传统思想，致力于教育子孙。参加革命，钻研科学，兴办戏曲数十年如一日。其子约祉、仪祉曾攻读京师大学堂，并参加了同盟会。同时又是秦腔剧作家。

（二）剧作家李约祉、李仪祉及其创作的剧目

李约祉（《陕西传统剧目汇编·秦腔》第七集之《庚娘传》《千子鞭》《仇大娘》《优孟衣冠》《韩宝英》《杨氏碑》）。

李约祉（1879—1969），名博，字约祉，秦腔剧作家。早年就读于陕西宏道高等学校，为同盟会员。历任易俗社编辑主任、教务主任、评议员、社长、副社长等职。为该社尚有成就之作家与领导人之一。李约祉创作秦腔剧目二十余种，今存者七种。

在先秦诸多的表演形态当中，优的活动被戏曲史家颇为看重。优亦称为倡优或俳优，是专供贵族声色之娱的职业艺人。优都是由男子充任的，他们能歌善舞，滑稽调笑，以事君为己任。他们当中有一些特别机智而聪慧的，在司马迁《史记·滑稽列传》中，留下姓名的优孟就是一个代表。优孟衣冠的故事青史流芳，他出色的扮演和天才的模仿为人所乐道。

李约祉的《优孟衣冠》讲楚国令尹孙叔敖死后，妻及子生活无着。一日，孙

子于野外挖菜，偶遇优孟之女，二人一见钟情。时，优孟已知叔敖遗官，扮作叔敖，于楚王前扮演叔敖故事。楚王动之，即封优孟为相，并命召叔敖妻、子，予以安置。孙妻至优孟家道谢，优孟即以女与孙公子成亲。

这是一出小生、小旦、老生、老旦唱做工并重戏。陕西耿善民，甘肃靖正恭、高希中演出代表作。剧目见《陕西传统剧目汇编·秦腔》第七集书录本。

《庚娘传》为先生之代表作，曾被中国著名戏剧家欧阳予倩改编为京剧本，与周信芳合作演出。

《庚娘传》主要内容为：尤庚娘随公、婆、丈夫逃难南奔。歹徒王十八偕唐柔娘亦南奔。船至黄天荡，王将庚娘全家推入水中，独留庚娘，逼之成婚，柔娘气愤投水。庚娘假允，至其家，合卺之夕，乘醉杀之。王弟察知，迫捕庚娘，庚娘投水，被耿夫人救活养之。庚娘原夫金大用落水后亦被人救，与柔娘成婚。因游金山相会，遂团圆。

此戏特色为生、旦、净、丑行当俱全唱做工并重戏。陕西刘迪民、马平民、杨荫中演出代表作。

李仪祉（《陕西传统剧目汇编·秦腔》第三集之《李寄斩蛇记》《复成桥》《卢彩英救夫记》）。

李仪祉（1882—1938），曾赴德留学，习铁路与水利工程，为但泽工业大学特许工程师。回国后把毕生精力献给了学术研究和水利建设事业。还忙中抽暇，为易俗社编写了三个秦腔剧本。这三个剧本的思想内容，着力反对封建迷信对群众的毒害，表达了对劳动人民的同情和赞扬。至于写作时期，大体在李仪祉先生回陕后的 20 年代至 30 年代。

《复成桥》取材于清末南京流传的一段风流故事。共十四回。此戏写一民女周玉英，因探亲归来迷了路，被一正派的店铺伙计薛永护送回家，不料竟引起社会上无赖的诬陷和群众的非议，周女被迫无路自缢（未死），薛生野遭致罗网。后幸得新任江苏按察司微服私访，弄清是非曲直，才使这一冤案得以平反。在这个戏中，作者站在同情人民群众的立场上，感叹"凶恶徒贪污吏狼狈为奸"，在一定程度上揭露了旧社会的黑暗。这是其积极意义之所在。

（三）剧作家孙仁玉及其创作的剧目

孙仁玉（《陕西传统剧目汇编·秦腔》第十九集之《柜中缘》《三回头》《若耶溪》《息争记》《沉香亭》《马嵬坡》《忠臣箭》《醉遣重耳》《柳林会》《将相和》《谈铗记》《翠薇洞》《琴珠缘》《平安春》《阿姑鉴》《鸡大王》《看女》《镇台念书》《爱莲女士》《杀狗劝夫》《孝子花》《吃醋记》《大如意》《女婿拍门》《白云阁》《洗衾记》《二百元》《小姑研磨》《黄河渡》《蔡州城》《新年大庆祝》《管鲍分金》《白先生看病》《蜂蜜计》《斗龙船》《新金玉缘》《南柳巷》《戎衣误》《新摇会》《解家庄》《慈孝图》《可怜儿》《火牛阵》《万古香》《新劝学》《姚家庄》《好商人》《义乳母》；第二十集之《商汤革命》、《武王革命》、《复汉图》（第一本，亦名《昆阳战》）、《复汉图》（第二本，亦名《灭莽记》）、复汉图（第三本，亦名《平河北》）、《五台案》、《芙蓉屏》；第二十一集之《秋连传》《双名珠》《青梅传》《庐山奇遇》《二义女》《荒郊奇策》《蟆蛉案》）。

孙仁玉（1872—1934），名瑗，字仁玉，陕西临潼人，著名秦腔剧作家，清末举人，系西安易俗社重要发起人和创办人之一。曾历任易俗社社长、名誉社长、评议长、编辑主任等职。

孙仁玉"一生不谋私利，不贪图个人享受，他一生没有挑剔过一次衣食，冬夏都是一身布衣，他的思想专注在工作上，他对自己的生活根本不放在心上。一九二五年，李虎臣任陕西督军。李系临潼人，常去易俗社观剧，见父亲衣食简朴，又因同乡关系，委父亲以禁烟局长之职。这是当时的所谓'肥缺'，即可以大肆贪污的官职，父亲几次以自己'能力不够'婉言谢绝，一直拖了三个多月，李见父亲坚决不去始另委他人，有些知道这件事的亲友笑父亲太傻，放着官不坐，一天过穷日子。父亲对家人说：'我编戏教书，对社会尚能有点益处，我一生只求于心无愧，生活淡泊点没有什么。"（孙明《我的父亲孙仁玉先生》，《西安易俗社七十周年资料汇编（1912—1982）》）。1934年孙仁玉积劳成疾，患脑病卧床不起，他在病情日趋严重的一个晚上，挣扎起来给他的儿孙们写了遗嘱：

> 仁玉一生坎坷，命运多舛，饱经天摩，屡遭人祸，才有今日之人丁兴旺，却去也！
>
> 居省城垣二十余载，不堪仕途，与诸同仁兴办教育、历尽沧桑、惨淡经营，方赢得今日之局面，夙愿足矣。终生淡泊清寒，却于心无愧，于世有益，去而无憾。唯愿儿孙刻苦攻读，做国家有用之才。
>
> 一生奔波，别无所留，仅存文稿一箱，渗透毕生心血，托与徐氏，妥为保存，传读后世，使晚生知其先祖曾为社会教育略献微力，年节时口忆纪念，魂灵有知，是为大幸。
>
> 辞世作古，本人生常事，伤悲大可不必，后事切忌铺张，薄葬唯我所愿，务必布衣布帽布鞋，如我平生穿着。灵柩归葬故土，侍奉父母足下，虽在世及早别离，但得泉台长聚。
>
> 坟前立一小碑，仅书："临潼孙仁玉之墓"。
>
> 恍惚遗嘱，切切牢记。

——这就是孙仁玉在弥留之际写下的一封遗书。他就这样告别了妻儿朋友，告别了人寰。

1934年8月23日，孙仁玉去世，终年62岁。由于他对易俗社贡献了自己的毕生精力，易俗社决定公葬，墓地在西安南郊。出殡之日，学校及易俗社学生列队送葬，无不痛掉。追悼会在易俗社举行，外地市各届人士送来挽幛及挽联不计其数，易俗社内及剧场内外悬挂的满满的。梅兰芳、欧阳予倩先生、杨虎城将军都送了挽幛。会后，有些外地单位及个人还送来挽幛及挽联，所以又举行了第二次追悼会。

　　孙仁玉一共创作秦腔剧目一百七十余种（本戏二十余种，小戏一百四十余种），系对秦腔贡献最大的多产作家之一。其中《三回头》《柜中缘》《镇台念书》《白先生看病》为其代表作。尤以《柜中缘》在西北地区影响最大，迄今仍保留各地舞台而盛演不衰。

　　《柜中缘》是孙仁玉 1915 年初创作的。其主要内容为：许钱氏寡居，有一子一女，子名淘气，女名翠莲。一日为女择婚事与子去娘家。钱氏走后，被秦桧所害的李都堂之子映南逃出，遇翠莲，被藏于柜中，避过公差搜捕。适淘气回家取物，见柜内有人，责妹与映南有苟且之情，争执不休。钱氏返，见情责女。后问明情由，允翠莲与李公子婚事。

　　其演出特色是老旦、丑、小生、小旦唱做工并重戏。陕西宋上华、肖若兰、姜维新、全巧民演出代表作。流行于陕、甘、宁、新、青。

　　《柜中缘》是孙仁玉 1915 年初创作的。这是一个内容为大家熟悉的生活小喜剧，但这个戏的构思过程却鲜为人知。这个戏的主题思想是呼唤爱国热情，颂扬人民群众的爱国主义精神。而他选择的事件却是发生在他家乡普通老百姓家里的一件事情。其事大略是这样的：不知是谁把一具无名尸首移放在孙仁玉岳母侄子家门口，乡约见尸赶忙报官，官家便带差人前来勘察。他岳母的侄子以为要拿自己问，吓得逃跑了。官家得知，便命令差人去寻踪追拿这个小伙子。这时，孙仁玉正好来岳母家，弄清情况后和官家辩理，官家一听举人老爷孙仁玉说得有理，遂另作破案打算。这时，追拿的差人回来了。说是看那小伙子躲进一户人家，就是没有搜见。官家听后便和差人另寻蛛丝马迹去了。没过半天，就查出了移尸者。真相大白后，孙仁玉非要差人寻回这个小伙不可，差人只好去那家请回来。原来，小伙子是被那家的姑娘藏在箱子里，没等事了从箱子里出来，那姑娘的母亲就回来了。当她知道这个小伙子在她女子的房里钻了半天后，就只有把女子许配给小伙子。一场虚惊出了一个皆大欢喜的结局。

　　孙仁玉创作《柜中缘》的事件，正是这件事发生了九年之后的事。

（四）剧作家范紫东及其创作的剧目

范紫东（《陕西传统剧目汇编·秦腔》第十一集之《软玉屏》《翰墨缘》《琴箭飞声》《萧山秀才》；第十二集之《燕子笺》《大孝传》《秦襄公》《晋文公》；第十三集之《哭秦庭》《盗虎符》《美人换马》《光复汉业》《紫金冠》；第十四集之《玉镜台》《伉俪会师》《战袍缘》《金川门》《鸳鸯阵》；第十五集之《三知己》《吕四娘》《关中书院》《锦宫袍》；第十六集之《颐和园》《秋风秋雨》《新华梦》；第十七集之《托尔斯泰》《三滴血》《双凤飞来》《黑暗衙门》；第十八集之《女儿经》《春闱考试》《京兆画眉》《风雪图》《唾骂姻缘》《试锦袍》《秋江恨》《李广射虎》《宰豚训子》《负米养亲》《姜后脱珥》《赌博账》《大学衍义》《金兰谱》《金莲痛史》《花烛泪》）。

范紫东①（1879—1954），名凝绩，陕西乾县人，著名秦腔剧作家，清末贡生，同盟会员。曾参与西安易俗社的创建工作，历任易俗社编辑主任、评议长、交际主任等职。范紫东为秦腔多产剧作家之一，一生共创作秦腔剧目六十余种，今存者四十五种，《三滴血》为其代表作。

《三滴血》是范紫东的早期奠基之作。创作于五四运动前一年，即1918年。1919年由易俗社演出。全剧十八回。描写知县晋信书用"滴血认亲"的方法断案，造成了周仁瑞一家人的悲欢离合的故事。辛辣地讽刺了进士出身的封建知识分子迷信书本、迂腐可笑的行为，阐明了"尽信书，不如无书"的深刻主题。该剧自首演以来，大受观众欢迎。八十年间，在西北五省及晋、豫、蒙、川等地一直盛演不衰。许多其他剧种也一直不断演出。1960年经过整理加工由西安电影制片厂拍成电影，更是享誉神州，声震东南亚诸国。成为范剧代表性名著。其中《虎口缘》为著名折子戏。

《虎口缘》是《三滴血》第八回，写小青年周天佑与父亲被知县"滴血认亲"拆散后，来五台山寻找父亲。上山途中，偶遇猛虎下山，经过一场搏斗，老虎摔

---

① 范紫东.范紫东秦腔剧本选［M］.西安：陕西人民出版社，1982.

死，营救了与家人被虎冲散的小姑娘贾莲香。其中唱词：

贾莲香:(唱):未开言来珠泪落,

叫声相公小哥哥。

周天佑:你不要把我叫哥哥,我还把你叫姐姐!

贾莲香:(接唱):空山寂静少人过,

虎豹豺狼常出没。

你不救我谁救我,

你若走脱我奈何?

常言说救人出水火,

胜似烧香念弥陀。

周天佑:你把我哭得心软了。

(唱):你二老霎时无去向,

我的父不知在哪方!

你在一旁哭声放,

我在一旁痛肝肠。

孤儿幼女相依傍,

同病相怜两情伤。

猿啼鹤唳山谷响,

我也觉得心惊慌。

(白):如此我随你一同前行,寻找你那二老爹娘,也就是了。

　　这一段质朴、自然、以俗为美、通俗、生动、充满童趣的对话和唱词，把两个小青年的个性和心声，表现得惟妙惟肖。剧作家运用非爱情的描写，收到了胜似爱情的效果。

《三滴血》的演出特色是小生、小旦、老生、老旦、丑角唱做工戏。陕西刘毓中、张秀民、苏牖民、姜维新、孟遏云、陈妙华、全巧民、樊新民、肖若兰演出代表作。本事见清人纪昀《阅微草堂笔记》卷十一。

范紫东除在戏曲创作上贡献卓著之外，在音乐、文学、史学、金石及历数方面都有相当造诣。先后著有《关西方言钩沉》《乐学通论》《关西周秦石刻摹本》《地球运转之研究》和《公元前 4557 年至 1953 年积年表》等。

（五）高培支及其创作的剧目

高培支（《陕西传统剧目汇编·秦腔》第三集之《宦海潮》《鸳鸯剑》《鸳鸯壶》《端阳苦乐记》《人月圆》《儿女英雄传》；第四集之《夺锦楼》《双诗帕》《千斤亭》《纨绔镜》《新诗媒》；第五集之《暖玉佩》《侠凤奇缘》《二郎庙》《双凤钗》《菊花宴》《风尘三侠》《亡国影》《公债热》《谈星》《当头棒》《争座战》《崖山泪》《鸦片战纪》）。

高培支（1881—1960），名树基，别号悟皆，陕西富平人，秦腔剧作家。早年毕业于陕西高等学堂，清末贡生，同盟会员，易俗社主要发起人与创办者。曾任该社编辑、编辑主任、教务主任、评议长、副社长、社长等职。在易俗社五十年建社历史中，曾三次出任社长，惨淡经营，拯救该社于危难存亡之中，系秦腔历史上著名班社领导人之一。先生一生共创作秦腔剧目五十余种（本戏二十五种，折戏二十九种），今存者二十三种。所写剧目之多，在易俗社编辑中他和范紫东可以齐名称优。他写的剧目或歌颂爱国英烈，或鞭笞社会蠹虫；或以细腻之笔描述青年男女冲破旧礼教藩篱的悲欢离合，或以委婉之词劝喻群众摒弃鬼神迷信。这些戏都深为群众所喜爱。他编的本戏，在易俗社的编戏史上，首推始元。据《陕西易俗社第三次报告书》中有这样记载："本社开幕，李桐轩、王伯明皆有本戏，然篇幅皆不甚长；长本戏之编，自培支《鸳鸯剑》始。其为戏也，善以极复杂之事实，错综变化，似将合而复离，意欲完而未尽，再接再厉，层出不穷。评戏者有'长江大河、波澜壮阔'之誉。"尤其《纨绔镜》和鲁迅先生 1924 年 7 月来陕讲学时曾看过的《人月圆》二剧，在当时演出后，收到了积极的社会效益，一度出现了父携子、妻伴夫到易俗社，感谢这二剧对他们的教育的情形；戒了烟，戒了赌，戒了嫖，改邪归正，促进了家庭的团结与和睦。像《夺锦楼》一剧，今天仍在上演，依然受到广大群众的称赞。剧本的社会效果如此显著，确使作者的"革命即易俗，易俗即革命"的夙愿得以实现了。

《夺锦楼》是高培支盛演不衰的代表作。

《夺锦楼》内容主要为：解元梅玉鉴寻找表兄，行至武昌，闻县令徐翰珊建夺锦楼为渔女琼英、瑶英科考择婿，乃与同学柳子俊前往应试，皆中。琼英许梅玉鉴，瑶英许柳子俊，并相约功名成就后完婚。二人赴京，梅中状元，柳中探花。柳又自毁前约，愿于相府招亲，世人斥之，柳悔悟。梅、柳即与琼、瑶二女成婚。

这个戏的演出特色是生、旦、净、丑行当俱全唱做工并重戏。陕西王秉中、刘迪民、刘建中、萧若兰演出代表作。流行于陕、甘、宁、青、新。

（六）吕南仲及其创作的剧目

吕南仲（《陕西传统剧目汇编·秦腔》第二十二集之《殷桃娘》《双锦衣》《紫碧鱼》《摔黑碗》《花月筒》《枯杨枯》《耍牌子》《十二花客》）。

吕南仲（1882—1927），名律，字南仲，浙江绍兴人，秦腔剧作家，系清末附生。曾任陕西财政厅股长，西安易俗社编辑、评议员、社长。先生一生致力于戏曲艺术事业，曾创作秦腔剧目多种。其中《双锦衣》为其代表作，至今仍活跃于各地舞台。他的剧本情节曲折富有传奇色彩，颇受观众欢迎。1924年鲁迅来西安讲学，观其《双锦衣》一剧后，曾赞扬说："以绍兴人从事编写秦腔剧本，并在秦腔中落户，很是难得。"吕南仲系陕西外籍作家专工秦腔创作中最有成就者之一。

（七）封至模及其创作的秦腔剧本

封至模（《陕西传统剧目汇编·秦腔》第二十九集之《山河破碎》；第三十集之《蝶哭花笑》）。

封至模（1893—1974），又名挺楷，陕西西安人，戏剧活动家、教育家和秦腔剧作家。1920 年就读于北平美术专科学校。曾任西安易俗社剧务主任、夏声戏校校长。中华人民共和国成立后任西北文化部戏改处副处长、陕西省戏曲研究院训练班主任等职。学生时代曾以饰《玉堂春》之苏三、《十三妹》之十三妹等京剧花旦出名。数十年来，封至模致力于戏曲艺术研究，撰有大量的研究论著，除对戏曲艺术之发展起过一定的作用外，并创作和改编秦腔剧目多种，其中《山河破碎》《还我河山》为其代表作。1937 年，作者曾亲自排演，并赴北京、兰州等地演出。作者在北京演出时，还在《京报》发表文章，痛斥汉奸卖国贼。言称：“文学是时代的反映，戏剧是大众意识的表征，在国破家亡的时候，是冲锋陷阵的际节。……两剧算不得如何的剧本……唯一的希望，是不要把它当成历史看……一个国家，一个民族，到了外强侵略，国不成国的时候，总有几个大或小的汉奸，媚外卖国为人奴役……我们只有大声呐喊：山河破碎，快还我河山吧！”

（八）王辅丞及其创作的剧目

王辅丞（《陕西传统剧目汇编·秦腔》第二十二集之《媚外镜》《比翼鸟》《一线天》；第二十三集之《一磅肉》《巧银匠》《劝新郎》《写白信》《假斯文》）。

王辅丞（生卒年不详），名象贤，字辅丞，陕西大荔人，毕业于陕西省法政专门学校，曾任陕西商南县长等职。在易俗社任编辑、社监、社长等职。编写剧本十几种，主要有本戏《一线天》《比翼鸟》《一磅肉》《媚外镜》，折戏《假斯文》《写白信》《劝新郎》《巧银匠》等。《一磅肉》根据莎士比亚《威尼斯商人》改编，它借用外国故事，着重谴责夏洛克对金钱的贪欲，使他变得阴险、残酷，以至于丧失了人性。这是较早地出现在我国戏剧舞台上的莎士比亚作品。《比翼鸟》①又名《双母记》，写两个同学宋素卿和沈步云，合伙偷去邻居的银镯，两家母亲的不同态度，结果一个金榜题名，鹏程万里，一个杀人放火，身死法场。《媚外镜》则以

---

① 西安易俗社.易俗社秦腔剧本选［M］.北京：中国戏剧出版社，1982.

后唐石敬瑭甘做"儿皇帝"的历史事实，告诫人们不可媚事外夷。至于《假斯文》《写白信》《劝新郎》和《巧银匠》，则是一组讽刺小戏。作者以诙谐的笔法，或讽刺故作斯文，不孝老人；或揭露白字先生，借以骗人；或劝诫以才取人，不可貌相；或告人自食其力，不能想入非非；都是反映现实之作，有一定教育意义。

（九）王伯明、淡栖山和谢迈千及其创作的剧本

王伯明（《陕西传统剧目汇编·秦腔》第二十三集之《梁上君子》《熊耳山》《新糊涂判》《阿毛传》）。

王伯明（1859—1942），名兆离，字伯明，陕西省扶风县人。清举人，曾任同州知府、陕西省临时议会议员、省政府顾问等。

王伯明是易俗社的发起人之一，先后任社监、社长、编辑等。清末即编写剧本《训俗亭》以提倡天足。1913年元旦，易俗社开幕时，演出其改编的《重台别》，后来继续编写大小剧本十几种，代表作有本戏《开国图》《熊耳山》，折戏《梁上君子》《长生鉴》《共和纪念》《欢迎议员》《新糊涂判》等。《开国图》写黄帝创造中国之艰难，《熊耳山》揭露严嵩及其奴仆的罪恶，《梁上君子》写后汉陈实劝诫盗贼的故事，《共和纪念》和《欢迎议员》则是发扬爱国主义精神，特别是《新糊涂判》，以浓烈的喜剧色彩，描写县官段德明同时审判三个案件，以奸污犯张仁编造的"善人"之名，先令其替韩茹还债，又令其替胡友仁之子挨打，然后将其犯罪情由写在枷上示众。此剧构思奇巧，"以其人之道，还治其人之身"，把聪明当糊涂，令人捧腹。时人评论曰："其为戏也，切实发挥，不遗余力，庄重之中，时饶兴趣。"

淡栖山（《陕西传统剧目汇编·秦腔》第二十七集之《因果鉴》；第三十二集之《双燕珠》）。

淡栖山（1897—1966），陕西西安市人，出生于一个农民家庭，曾任陕西省长安图书馆馆长、省公安总局督察员、代理警察长、省公路局总务科长等职。新中国成立后，先后任西安市革命文物征集委员会秘书、西安市文教局、文化局干

部、西安市文史馆馆员等。

1939 年底，淡栖山加入易俗社，任教员、编辑、候补理事。他编写的剧本
有《保卫祖国》《民族英雄》《会真记》《雪鸿泪史》《孟丽君》《江山美人》《黄巢
起义》《文天祥》等。他的作品，多取材于历史上的民族英雄。

谢迈千（《陕西传统剧目汇编·秦腔》第三十五集之《红粉青萍》）。

谢迈千（1895—1978），名镇东，字迈千，蒙族，陕西省西安市人。长期在山
村小镇读书。后得岳父孙仁玉资助，1924 年毕业于西北大学，曾任陕西省教育厅
科员、省建设厅秘书，兼易俗社文化教员。中华人民共和国成立后，任易俗社编剧。

他熟悉我国古代文学、历史，文字功力甚厚，兼易俗社教员时，就写过六
个剧本。其中有抵御外侮的《红粉青萍》，文鸯单骑退魏兵的《禾嘉城》，揭露
封建统治阶级内部茅盾的《七步诗》。特别是大型秦腔历史剧《淝水之战》，通
过历史上东晋与前秦之间的战争，歌颂了以谢安为代表的敢于抵抗强暴、保家
卫国的爱国精神，揭露了以苻坚为代表的侵略成性、滥施淫威的狼子野心，有
着较高的思想性和艺术性，产生了较大的影响。此外，还编写秦腔历史剧《于
谦》《林冲》。解放后，整理、改编传统剧目《三滴血》、《火焰驹》、《状元媒》、《柳
毅传书》、《双锦衣》（前后本）等，其中《三滴血》和《火焰驹》，由于能正确
对待戏曲遗产，贯彻推陈出新的精神，使之主题突出，结构严谨，人物生动，
笔墨集中，成为深受群众欢迎的保留剧目。50 年代末至 60 年代初，在北京及
南方各省、市演出后，戏剧界给予较高评价。1958 年和 1961 年，分别由长春
电影制片厂和西安电影制片厂搬上银幕。

三、西安易俗社戏曲文献的教育意义

民国时期的西安易俗社，为了以戏曲对人民进行"辅助教育""移风易俗"，
在创作的剧目中，对当时社会恶习——女子缠足，吸食鸦片，买卖婚姻，迷信鬼

神，赌博等给以针砭；提倡读书识字，兴办实业；揭露官场腐败和社会黑暗；提倡科学民主，宣扬爱国主义，难能可贵①。而这些都通过《陕西传统剧目汇编·秦腔》对西安易俗社戏曲文献（手抄本）得以整理与保护。而西安易俗社也因此与莫斯科大剧院、法国芭蕾舞团并称为"世界三大古老剧社"，当之无愧。

---

①　郭红军，苟登财，张振秦．民国时期西安秦腔班社戏报汇编·易俗社卷［M］．上海：上海书店出版社，2016．

第八章 民国时期四联总处相关文献整理与研究

四联总处即中央银行、中国银行、交通银行、中国农民银行联合办事总处的简称。四联总处成立于 1937 年 7 月，撤销于 1948 年 10 月，历时十余年，曾经三次改组，四易其址。四联总处不仅对统制全国金融、支持抗战有过重大的贡献，而且对国民政府的金融、经济政策的制订，也产生过较大的影响。抗日战争时期，四联总处被蒋介石称之为"经济作战之大本营"。因此，研究四联总处对研究民国时期金融、经济史的演变，特别是抗战时期的经济金融史具有深远历史意义与现实借鉴意义。20 余年来，笔者不揣浅陋，利用业余时间就四联总处有关问题进行探讨、学习。现拟结合个人学习与资料收集情况，对民国时期四联总处相关文献整理与利用研究情况进行梳理，作简要回顾与总结，以教正于学界同仁。

一、四联总处相关文献资料的整理与出版

一是四联总处直接史料的整理和出版。四联总处秘书处于 1947 年所编《四联总处重要文献汇编》辑录了四联总处在金融经济政策、发行、存储、投资贴放等方面大部分文献资料，是研究四联总处的最早文献。重庆市档案馆、重庆市人民银行金融研究所编辑出版的《四联总处史料》（中国档案出版社 1993 年版）是目前出版较早、较权威且引用频率较高的一部史料，该书介绍了四联总处产生、

发展和衰亡的历史过程史实，反映了国民党政府决策和处置重大金融经济问题的基本情况。中国历史第二档案馆编辑、整理的 64 册《四联总处会议录》（广西师范大学出版社 2003 年版），记录了四联总处理事会从 1939 年 10 月到 1948 年 10 月 379 次会议的全部内容，包括议事议程（报告事项、讨论事项、临时提议事项、附件）和会议记录，翔实地记录了国民政府金融经济政策的演化过程，举凡全国金融网之设计分布、四行券料之调剂、资金之集中与运用、四行发行准备之审核、受托小额币券之发行与领用、四行联合贴放事项之审核、内地及口岸汇款之审核、外汇申请之审核、战时物资之调剂及特种事业之联合投资、收兑生金银之管理、推行储蓄及其他四行联合应办事项等，均一一记录在案，是研究四联总处最重要的第一手材料。另外，中国人民银行北京分行金融研究所《北京金融志》编委会办公室 1993 年所编《北京金融史料：银行篇（九））一书中也编辑有部分四联总处史料。

二是抗战前后出版的部分书籍涉及到一些四联总处相关史料，如：《财政评论》、《金融知识》、《四川经济季刊》、《近代中国》、《东方杂志》、《新华日报》（1937—1945）、《资源委员会季刊》、《文汇报》（1938—1946）、《大公报》（1937—1945）、《工商导报》（1946）、《中行月刊》、《申报》、《西南实业通讯》、《中华年鉴》（1948）等报刊杂志，以及《四川租佃问题》（商务印书馆 1944 年版）、《最近之财政金融》（中央训练团党政训练班讲演录，单行本，1944 版）、《中国战时财政金融政策》（财政评论社 1944 年版）、《战时中国物价问题》（生活出版社 1944 年版）等书籍。目前，这些民国期间出版的刊物多作四联总处相关研究的佐证资料，未针对四联总处史料内容进行系统梳理。

三是中华人民共和国成立后出版的和四联总处密切相关的银行史资料专书整理和出版。主要有《中国农民银行》（中国财政经济出版社，1980 年版）、《中央银行史料（1928.11—1949.5）》（中国金融出版社 2005 年版）、《中国银行行史资料汇编》（档案出版社 1991 年版）、《中国银行行史 1912—1949》（中国金融出版社 1995 年版）、《交通银行史料第一卷 1907—1949》（中国金融出版社 1995 年版）、《金城银行史料》（上海人民出版社 1983 年版）、《中国革命根据地北海银行史料》（山东人民出版社 1986 年版）、《上海商业储蓄银行史料》（上海人民出版社 1990 年版）、《盛宣怀档案资料选辑之五——中国通商银行》（上海人民出版社 2000 年版）、《民国私营银行史 1911—1949》（四川大学出版社 1999 年版）、《中国之储蓄银行史》（知识产权出版社 2015 年版），等等。中华人民共和国成立后出版的和四联总处密切相关的银行史资料专书，部分篇章对四联总处相关史料进行了收集与整理分类。

四是中华人民共和国成立后已出版的金融史和货币史资料专书中几乎都包括大量四联总处资料。主要有《中华民国货币史资料》（第 1 辑）（上海人民出版社 1986 年版）、《中华民国货币史资料》（第 2 辑）（上海人民出版社 1991 年版）、《最近上海金融史上》（上海书店出版社 1992 年影印版）、《中华民国金融法规选编》（档案出版社 1989 年版）、《中华民国史档案资料汇编——财政金融卷》（江苏古籍出版社 1994、1997 年版）、《国民政府财政金融税收档案史料（1927—1937）》（中国财政经济出版社 1997 年版）、《抗战时期大后方经济开发文献资料选编》（重庆出版集团、重庆出版社 2005 年版）、《中国抗日战争时期物价史料汇编》（四川大学出版社 1998 年版）、《金融法规大全》（商务印书馆 1947 年版）、《中国近代农业史资料》（三联书店 1957 年版）、《中国近代工业史资料》（三联书店 1961 年版）、《中国银行业史》（山西经济出版社 1994 年版）、《中国金融史》（西南财经大学出版社 1993 年版）、《中国货币金融史略》（天津人民出版社 1984 年版）、《中华民国经济史》（江苏人民出版社 1989 年版）、《中国农村金融史略》（中国金融出版社 1996 年版）、《中国资本主义发展史》（人民出版社 1993 年版）、《中国金融简史》（中国金融出版社 2001 年版）、《中国抗日战争时期物价史》（四川大学出版社 1998 年版）、《抗日战争中的中国经济》（中国现代史资料编辑委员会 1957 年版）、《中国古近代金融史》（复旦大学出版社 2001 年版）、《中国金融简史》（中国金融出版社 2001 年版），等等。

五是有关四联总处的史料随笔和回忆录。史料随笔有魏宏运的《重视抗战时期金融史的研究——读〈四联总处史料〉》（《抗日战争研究》1994 年第 3 期），该文指出了四联总处在民国经济史特别是抗战经济史研究中具有重要地位，并说明了四联总处在抗战时期的双重地位，它既有强化官僚资本对中国金融垄断的一面，也有促进中国金融业现代化的一面。回忆录有钱大章的《回忆四联总处的十年》（载《中央银行史话》中国文史出版社 1987 年版），该文简要回顾了四联总处在其十年中所开展的历史活动。

二、四联总处相关文献资料的研究与利用

（一）著作的出版

一是以研究四联总处为主的专著，主要有重庆市人民银行金融研究所、重庆市档案馆编汇科出版的《抗日战争时期的四联总处》、王红曼著《四联总处与战时西南地区经济》（复旦大学出版社 2011 年版）、易棉阳著《金融统制与战时大后方经济——以四联总处为中心的考察）》（北京大学出版社 2016 年版）等书。《抗日战争时期的四联总处》一书，简要介绍四联总处机构演变、职能转换等内容。王红曼所著《四联总处与战时西南地区经济》一书，系统分析了"四联总处"作为国民政府战时金融管理机构的主要金融政策与投资策略，包括对工业经济的投资规划、农业贷款的实施、西南地区农村金融网的建立，以及战时金融制度、货币发行和金融市场波动对西南地区经济的影响，最后就"四联总处"对西南地区经济的影响与效率进行总结和分析，并对当时的金融政策绩效与制度进行了整体评价。易棉阳所著《金融统制与战时大后方经济——以四联总处为中心的考察）》一书，综合使用历史学和经济学的实证研究法，深入发掘相关档案资料，系统地研究抗战时期四联总处的金融统制行为及其对战时大后方经济的贡献和过失，得

出了诸如农贷悖论等新观点、新结论，具有一定的理论价值和学术价值。

二是一些通史类著作在其内容中对四联总处进行了简介。如：白寿彝主编的《中国通史》（上海人民出版社 1999 年 3 月版）第二十卷对四联总处的性质、职能和任务作了简要述评。李新、陈铁健主编的《中国新民主革命通史》（上海人民出版社 2001 年 4 月版）叙述了四联总处的成立、机构设置与业务划分，并指出四联总处"是一个决定金融政策、统一指挥和考核金融工作的中枢决策机关""综理战时金融设施和经济策划，享有掌握战时金融的最高地位"。王方中所著的《中国经济通史》（湖南人民出版社 2002 年 12 月版）第九卷简要介绍了四联总处的成立、机构设置过程，指出"四联总处实为国民政府的最高金融垄断机构""国民政府设立四联总处的过程，也是扶植中央银行的过程"。孙健所著的《中国经济通史》（中国人民大学出版社 2000 年版）对四联总处的成立、改组及国民党政府如何利用四联总处对全国金融业进行垄断与控制作了概述。还有一些通史类著作在其内容中也对四联总处进行简介，就不一一枚举。

三是一些经济与金融专史类著作也对四联总处进行了详尽的介绍。如：刘光弟著《中国的银行》（北京出版社 1984 年版）也简要介绍了国民政府如何通过设立四联总处来强化中央银行权力的过程。石毓符著《中国货币金融史略》（天津人民出版社 1984 年 3 月版）叙述了四联总处的设立及其对全国金融的垄断，并认为，四联总处设立的过程就是为加强中央银行作准备、打基础的过程，以扶植中央银行成为一个绝对的金融中心。盛慕杰、于滔等组织编写的《中国近代金融史》（中国金融出版社 1985 年 5 月版）对四联总处的成立、四行专业化、四行贴放活动等作了简明概括。张宪文主编的《中华民国史纲》（河南人民出版社 1985 年 10 月版）简要概述了四联总处的成立过程，同时指出"四联总处是国民政府最高金融组织机构"。董长芝、李帆所著《中国现代经济史》（东北师范大学出版社 1988 年版）对四联总处的成立、四行专业化的完成及其作用作了简要概述。詹玉荣编著的《中国农村金融史》（北京农业大学出版社 1991 年 4 月版）对四联总处的成立、改组、机构设置和职权划分作了介绍，并重点介绍了四联总处在抗战期间的农贷。李平生著《烽火映方舟——抗战时期大后方经济》（广西师范大学出版社 1995 年 12 月版）对四联总处抗战中的业务活动作了较详细的著述。虞宝棠的《国民政府与民国经济》（华东师范大学出版社 1998 年 12 月版）对四联总处的历史沿革、性质及其历史活动与作用作了较为详尽的著述。另外，《近代中国的金融市场》（中国金融出版社 1989 年版）、《中华文史资料文库》（第 14 卷：经济工商编）（中国文史出版社 1996 年版）、张公权著《中国通货膨胀史》（1937—1949 年）（文史资料出版社 1986 年版）、钟思远与刘基荣著《民国私营银行史》（1911—1949 年）（四川大学出版社 1999 年版）、杨荫溥著《民国财政史》（中国财政经济出版社 1985 年版）等书，也对四联总处相关内容作了简单介绍，不一一进行枚举。

四是一些有关民国时期经济与金融类著作对四联总处进行部分阐述，如：《战时的经济问题与经济政策》（光明书局 1938 年版）、《中国战时金融管制》（财政评论社 1943 年版）、《官僚资本论》（海燕书店 1949 年版）、《旧中国的通货膨胀》（三联出版社 1963 年版）、《中国通商银行·五十年来之中国经济》（文海出版社有限公司 1974 年版）、《云南经济》（台北传记文学出版社 1971 年版）、《贵州经济》（台北传记文学出版社 1971 年版）、《中国官僚政治研究》（中国社会科学出版社 1981 年版）、《中国的对外贸易和工业发展——史实的综合分析》（1840—1948 年）（上海社会科学院出版社 1984 年版）、《抗日战争时期西南经济发展概述》（西南师范大学出版社 1988 年版）、《西南民众对抗战的贡献》（贵州人民出版社 1992 年版）、《国民政府统治时期中国社会之变迁》（中国人民大学出版社 1993 年版）、《全面抗战时期的中国金融现代化》（科学出版社 2017 年版），等等。

（二）论文的发表

经查询"中国知网"及个人业余时间从事四联总处研究时所收集资料，至 2017 年 12 月底以"四联总处"为篇名的文章，共 35 篇。这些文章从不同角度对四联总处进行分析、研究，大体可分为以下几类：

一是整体上对四联总处进行研究的文章。1987 年黄立人在南京召开的"民国档案与民国史"国际学术研讨会上发表《论抗战时期的四联总处》产生了强烈反响，引起与会者的高度重视。该文对四联总处进行了初步探讨，可以说这是对四联总处这一机构进行专题研究的第一个成果。之后，黄立人又将这一成果整理成长达 4 万余字的《四联总处的产生、发展和衰亡》，这是全面系统研究四联总处的第一篇文章，全文通过对四联总处的产生及其所处历史背景的考察，对其组织机构和职能的分析及对其历史活动与历史地位的评价，得出四联总处是战时国统区"金融和经济的结合点""宏观金融、经济和微观金融、经济的结合点"的结论，提出了一些有价值的新观点，有理论深度，从一个特殊的高度和角度透视了国民政府金融经济政策及国统区经济演变的历史[①]。魏宏运在《重视抗战时期金融史的研究——读〈四联总处史料〉》一文中指出：四联总处在民国经济史特别是抗战经济史上具有十分重要的地位[②]。

二是对四联总处的机构演变、职能转换进行分析。刘祯贵《浅析抗日战争时期四联总处的演变情况与功能》一文对四联总处在抗战期间的演变和具备的功能进行了归纳和总结后认为：抗战初期成立的四联总处，不仅对统治全国金融、支持抗战有过重大的贡献，而且对国民政府的金融、经济政策的制订也发生过较大影响[③]。刘祯贵在《四联总处与民国中央银行职能的逐步完善》一文中分析了四联总处成立后，采取种种措施逐步完善中央银行职能的过程，其职能的不断完善与

---

① 黄立人. 四联总处的产生、发展和衰亡 [J]. 中国经济史研究, 1991（02）: 46—67.

② 魏宏运. 重视抗战时期金融史的研究——读《四联总处史料》[J]. 抗日战争研究, 1994（03）: 25—33.

③ 刘祯贵. 浅析抗日战争时期四联总处的演变情况与功能 [J]. 成都行政学院学报, 2012（03）: 83—86.

抗战初成立的四联总处息息相关[①]。杨凤琼的硕士论文《四联总处重庆分处研究》则以四联总处重庆分处为研究对象，通过对重庆市档案馆馆藏四联总处重庆分处档案，对四联总处重庆分处机构演变、职能转换进行了分析[②]。

三是对四联总处有关重要人物进行评析。伍野春、阮荣的《蒋介石与四联总处》一文认真解读了四联总处和财政部档案中蒋介石的手令、面谕和电报，揭示了蒋介石控制四联总处的全过程，并对蒋介石通过四联总处实现金融管制作了评述[③]。王红曼《徐柏园在"四联总处"中的经济金融思想与实践》一文在收集整理曾在四联总处中相继担任副秘书长、秘书长等要职的徐柏园的呈稿、报告、文章等资料的基础上，对其经济金融思想进行论述，认为徐柏园在四联总处任职期间的经济金融思想与实践，对当时的经济金融有很大的影响[④]。尤云弟《四联总处的创建及初期运作——以蒋介石为中心的考察》一文以蒋介石为中心考察四联总处的创建与初期运作，透视出其金融统制思想和实践的演变，与孔祥熙、宋子文等人的关系，抗战初期国民政府逐步展开掌控中央与地方多股金融力量的财政经验以及军事与金融的复杂关系[⑤]。

四是分析四联总处与战时金融业之间关系。杨菁《四联总处与战时金融》一文探讨了四联总处在抗战时期特定历史环境下所开展的活动，阐述了四联总处对战时金融的重大影响并分析了其主客观原因[⑥]。姜宏业《四联总处与金融管理》一

① 刘祯贵.四联总处与民国中央银行职能的逐步完善[J].成都行政学院学报，2012（02）：90—93.

② 杨凤琼.四联总处重庆分处研究[D].重庆：西南大学，2016.

③ 伍野春，阮荣.蒋介石与四联总处[J].民国档案，2001（04）：90—94.

④ 王红曼.徐柏园在"四联总处"中的经济金融思想与实践[J].贵州大学学报（社会科学版），2006（05）：100—105.

⑤ 尤云弟.四联总处的创建及初期运作——以蒋介石为中心的考察[J].史学月刊，2013（08）：72—79.

⑥ 杨菁.四联总处与战时金融[J].浙江大学学报（人文社会科学版），2000（03）：45—50.

文在考察四联总处贴放业务、发行业务、汇兑业务的基础上，指出四联总处在宏观金融管理中既发挥了积极作用也具有某些消极作用①。王红曼《四联总处与战时西南地区的通货膨胀》一文具体从四联总处的法币过量发行、反通货膨胀措施与失败，以及西南地区通货膨胀加剧在工农业经济方面的反映等方面展开论述，认为四联总处的金融制度、金融服务与抗日战争时期的通货膨胀有着最直接的联系，并对西南地区经济造成很大的影响②。王红曼《四联总处与战时西南地区的金融业》一文则认为四联总处通过对西南地区的金融网的筹设和对西南地区金融业的管理，对西南地区金融业发生了重大影响③。王红曼在《四联总处与西南区域金融网络》一文中，力图借鉴施坚雅的区域体系理论，并运用新制度经济学和新经济社会学的理论和方法，对四联总处与西南区域金融网络作简要的分析，以集中描述西南区域金融网络形成过程、空间结构及其特征等④。

五是多篇论文对四联总处的贷款等业务进行研究。邬婷《抗战时期四联总处的工贷政策》一文认为：四联总处致力于在政府政策的指导下利用国家行局的力量帮助战时经济金融发展，为以西南西北为核心的后方地区提供了大量资金帮助，对于发展国民经济、保证战争胜利起到了巨大促进作用⑤。刘祯贵《试论抗日战争时期四联总处的工矿贴放政策》一文考察了抗战时期四联总处的工矿业贴放政策，认为四联总处的工矿业贴放政策对发展战时经济起了一定的积极作用⑥。刘祯贵《对抗日战争时期四联总处农贷政策的几点思考》一文中探讨了四联总处的

① 姜宏业.四联总处与金融管理［J］.中国经济史研究，1989（02）：120—130.
② 王红曼.四联总处与战时西南地区的通货膨胀［J］.中国社会经济史研究，2006（04）：74—80.
③ 王红曼.四联总处与战时西南地区的金融业［J］.贵州社会科学，2005（03）：156—159.
④ 王红曼.四联总处与西南区域金融网络［J］.中国社会经济史研究，2004（04）：90—97.
⑤ 邬婷.抗战时期四联总处的工贷政策［J］.绥化学院学报，2016，36（08）：96—100.
⑥ 刘祯贵，侯德础.试论抗日战争时期四联总处的工矿贴放政策［J］.四川师范大学学报（社会科学版），1997（02）：122—128.

农贷政策，指出抗战时期四联总处的农贷政策对发展大后方农业起了有限的促进作用①。黄立人在其《论抗战时期国统区的农贷》一文中也认为四联总处在抗战时期所推行的农贷政策，对于救济国统区的农村金融枯竭，发展大后方农业生产起了暂时而有限的作用②。刘祯贵《抗战时期四联总处与战时盐业运输》一文认为，四联总处所实施的战时盐务贷款，在促进战时盐业运输，满足大后方军民食盐需求等方面起了重要作用，有助于战时食盐的抢运与运销，从而支持了抗战的胜利③。刘祯贵《四联总处战时工矿贷款政策成效评析》一文认为：四联总处利用国家行局的资金来推动大后方工矿内迁和发展，对大后方工矿业发展起过若干有益的作用。就本质上而言，四联总处的战时工矿贷款政策也含有向商业资本合流和转化的趋向，且是一治标之策，因而其所起的作用是有限的④。刘祯贵《抗日战争时期四联总处战时工贷政策演变》一文认为：四联总处利用国家行局的资金来推动大后方工矿内迁和发展，对巩固后方经济、供给前线起到了一定的作用，进而有益于对日作战⑤。刘祯贵《抗日战争时期四联总处战时农贷政策刍论》一文认为：四联总处所实行战时农贷政策，应该说在融通资金方面，对大后方农业的发展起过一些有益而有限的作用，进而有益于对日作战。但是，四联总处实施的战时农贷，无论在遏制农村高利贷的横行，还是在促进农业生产方面，未能完全达

---

①　刘祯贵.对抗日战争时期四联总处农贷政策的几点思考 [J].四川师范大学学报（社会科学版），1998（02）：128—134.

②　黄立人.论抗战时期国统区的农贷 [J].近代史研究，1997（06）：105—138.

③　刘祯贵.抗战时期四联总处与战时盐业运输 [J].四川理工学院学报（社会科学版），2014，29（01）：39—46.

④　刘祯贵.四联总处战时工矿贷款政策成效评析 [J].内江师范学院学报，2014，29（01）：98—102.

⑤　刘祯贵.抗日战争时期四联总处战时工贷政策演变 [J].乐山师范学院学报，2013，28（09）：93—98.

到预期的目的①。刘祯贵《浅论抗日战争时期四联总处的盐贷政策》一文认为：四联总处积极实施战时盐业贷款政策，以利用国家行局的资金来推动大后方盐业生产和运输，对增加国家盐税收入，满足战时工业和老百姓对食盐的需要，起到了一定的作用，进而有益于对日作战②。易棉阳《抗战时期四联总处农贷研究》一文认为：抗战时期，作为农贷最高决策机构的四联总处为发展后方农业以支持抗战，积极举办农贷。对于四联总处战时农贷政策之得失，该文分析道：四联总处农贷促进了后方农业生产的发展，但广大真正需要农贷资金的贫苦农民却得利甚微③。

六是专题研究四联总处对金融市场的监管。尤云弟《四联总处与抗战初期上海金融市场变动》一文认为，四联总处在一定程度上达到了稳定金融市场的目的，使国家金融中心顺利地从战前上海整体转移到内地大后方重庆，开展抗战金融的特殊运作模式④。王红曼《四联总处对战时银行内汇业务的法律监管》一文认为：四联总处作为国民政府最高金融管理机构，对银行内汇业务实施一系列立法活动，对战时状态下的内汇审核办法、汇率市场变动及改善内汇条件等各方面进行设计与监管，对我国战时金融稳定发挥了积极作用⑤。王红曼在《"四联总处"对战时货币发行的法律监管》一文中认为：四联总处通过一系列的立法活动加紧对货币发行实施监管，对战时国统区金融经济造成很大的影响，以保障战时国家财政经济的金融需求。但是，由于法律监管不力，出现发行与支出的结构不合理、货币信用缺失等问题，助长了通货膨胀的发展⑥。王红曼在《四联总处对战时银行

① 刘祯贵.抗日战争时期四联总处战时农贷政策刍论［J］.成都行政学院学报，2012（06）：85—90.

② 刘祯贵.浅论抗日战争时期四联总处的盐贷政策［J］.盐业史研究，2012（04）：17—24.

③ 易棉阳.抗战时期四联总处农贷研究［J］.中国农史，2010（04）：76—87.

④ 尤云弟.四联总处与抗战初期上海金融市场变动［J］.民国档案，2016（04）：89—97.

⑤ 王红曼.四联总处对战时银行内汇业务的法律监管［J］.兰州学刊，2012（04）：71—76.

⑥ 王红曼."四联总处"对战时货币发行的法律监管［J］.中国社会经济史研究，2008（03）：99—104.

机构的法律监管》一文中认为：四联总处通过一系列立法活动加紧对银行机构设置、业务范围及业务检查等工作实施监管，对于维持战时金融经济运行的稳定，保障战时国家财政经济的金融需求，产生了积极的影响。但是，受国民政府实行的多元化银行监理体制的影响，机构设置重叠，事权未能统一，四联总处对银行的监管力度与监管实效明显不足，致使战时通货膨胀日益加剧①。张乃中在其硕士论文《四联总处第三次改组前后国民政府国家银行监管制度研究》分析了四联总处在其第三次改组前后对各国家银行监督管理的强弱，直接影响到战时金融业稳定与否。随着四联总处对国家银行监管的削弱和监管办法的缺失，使得国民政府对各国家银行的监督管理有名无实。该文认为，四联总处的第三次改组，是国民政府国家银行监管制度的一个转折，也是国民政府金融业最终崩溃的重要原因之一②。王红曼在《战时四联总处侨汇经营管理政策分析》一文中认为：四联总处作为抗日战争时期国民党最高金融机构，在侨汇经营管理方面出台了一系列政策，这些政策对当时金融外汇与国内生产建设发挥了积极作用。该文通过参考四联总处相关史料，对四联总处侨汇经营管理政策展开分折，对于当前金融体制改革和银行制度创新有重要参考价值③。

　　七是研究四联总处对战时经济的贡献。高蓉芳在其硕士论文《四联总处与战时广西经济》中认为：广西是四联总处实施贷款的重要省份，四联总处对广西诸多方面的贷款虽然在一定程度上促进了广西经济的发展，但其在贷款中实施的政策又存在诸多弊端，贷款效果因此大打折扣④。王红曼在《四联总处与战时西南地

---

① 王红曼.四联总处对战时银行机构的法律监管［J］.安徽史学，2008（06）：85—90.

② 张乃中.《四联总处第三次改组前后国民政府国家银行监管制度研究［D］.成都：四川大学，2007.

③ 王红曼.战时四联总处侨汇经营管理政策分析［J］.贵州工业大学学报（社会科学版），2004（01）：31—34.

④ 高蓉芳.四联总处与战时广西经济［D］.桂林：广西师范大学，2015.

区的农业》一文中认为：四联总处在西南地区积极筹设农业金融网，对西南地区农业进行大量的贷款活动，并对西南地区农业经济产生重要影响。四联总处的这些活动促进了战时西南地区农业金融网的形成、农贷事业的发展，农业生产也有了一定提高，但也有若干负面作用①。王红曼在《四联总处与战时西南地区工业》一文中认为：四联总处具有国家银行性质，在西南地区进行了大量的工业投资活动，对西南地区工业现代化进程产生了重要影响②。

三、对四联总处相关文献资料整理与研究利用的几点看法

总体上看，中华人民共和国成立以来四联总处相关文献资料整理与研究利用呈现向纵深发展的总体趋势，主要表现在以下几方面：

一是从四联总处研究对象而言，从主要集中贷款、金融网铺设、机构演变等个案研究为主，转向对四联总处整体进行研究。研究范畴从史学领域为主，逐渐扩展到经济学、金融学等领域。

二是就研究深度而言，四联总处研究成果开始从陈述性研究，着重介绍四联总处的发展概况为主，到探寻四联总处的内外关系、发展规律等问题。另外，国家深化银行体制改革需要历史经验作指导，客观上使得通过四联总处相关研究来总结我国近代金融与经济发展的规律。

三是就研究领域来讲，四联总处研究领域有很大拓展，不再拘泥个案研究，开始研讨四联总处与战时金融、经济的内在关系，以及对金融市场的监管。现有四联总处研究成果中，既有描述性成果，又有分析性成果。

四是从研究方法来看，四联总处相关研究中开始重视运用经济理论和金融理

---

① 王红曼. 四联总处与战时西南地区的农业［J］. 贵州社会科学，2008（08）：125—129.
② 王红曼. 四联总处与战时西南地区工业［J］. 贵州社会科学，2007（01）：146—150.

论，从而深化了四联总处研究。受传统研究方法和理论的影响，早期四联总处研究，绝大部分是以微观研究为主。由于新的研究方法与理论的引进，开始从宏观上研究四联总处。

五是就研究队伍来看，四联总处研究队伍呈现多元化态势。研究者从以史学工作者为主，发展到许多经济学者加入了四联总处研究队伍，甚至出身于史学界的银行史研究者也自觉地加强了经济学训练。可以说，研究者自身理论修养的加强是四联总处研究向纵深发展的首要原因。

中华人民共和国成立以来，四联总处相关文献资料的研究与利用虽然取得了许多值得称道的成果，但勿须讳言，尚存诸多缺憾与不足，应该引起重视并在今后的研究中加以克服。

首先，目前多对民国时期四联总处总体上进行研究，对四联总处分支机构的研究则略显薄弱。四联总处研究，主要是对国民政府金融措施作简要历史回顾，缺乏对战时国民政府金融制度的分析，并且对四联总处在不同区域所形成的金融特征未给以充分的关注。把四联总处作为国民政府战时经济、金融措施来进行探讨，重点研究四联总处在西南地区金融网设置与推动西南地区金融与经济的发展，且对金融、经济进行分开论述，未通过四联总处对金融与经济之间的关系作深入探索。

其次，研究者多对四联总处作整体研究，以及四联总处涉及西南地区金融业、工业、农业和商业等方面的研究，但没有对四联总处在西南地区金融业与西南地区经济之间的关系作专门的、系统的考察。四联总处研究注重时间演进而缺乏空间视角。四联总处作为经济史、金融史的重要内容，研究时既要有经济学、金融学的功底又要有历史学的基础。这就要求在四联总处研究中综合运用经济学、金融学和历史学的理论与方法。部分出身于史学界的四联总处研究者不注意运用经济学理论与方法，使得其研究成果缺乏理论深度，给人以堆砌史料、简单问题复杂化的感觉；而出身于经济学界的四联总处研究者则不进行艰辛的史料搜集与考证，不重视四联总处的历史事实，生硬地用经济学、金融学理论来进行研究，这样就使得四联总处的研究结论可能符合经济学的一般规律，但却与中国的历史事实相悖，这样的研究成果难免有牵强之嫌。打破学科壁垒，综合运用经济学、历史学的理论与方法，四联总处研究才有望登上一个新的台阶。

第三，四联总处研究者多关注的是政府宏观上的经济政策与经济活动，缺乏对四联总处与政府、与基层、与企业的互动影响研究。一些研究者不注意了解四联总处学术动态，造成某些研究的低水平重复。笔者在统计1980年以来的四联总处研究成果时，经常发现阐述同一问题的雷同论文，比如四联总处战时贷款政策的研究多有重复。此外，对四联总处深层次探索缺乏运用相关学科知识的分析，研究手段和研究技术落后，缺乏与国际前沿学术理论的对话与回应。《银行周报》《银行月刊》《银行杂志》《中央银行月刊》等民国时期旧报刊、旧资料中有大量有关四联总处的史料，有助于探讨四联总处的发展演变与职能转换，但散存于各地、各馆，查阅不便，难于被系统利用，还有许多四联总处资料至今仍然尘封在档案馆内，亟待整理、出版。

第九章　宁夏民国时期影像资料文献概论

　　1839 年，摄影术正式诞生于欧洲的法国，发明者为科学家达盖尔，这项革命性的新技术，不亚于印刷术和造纸术，它使历史文献资料的存储媒介和展现方式由单纯的纸质文字变得更加丰富多彩，从此白纸黑字转为胶片底版，摄影技术带来的丰富多彩的影像世界把历史瞬间定格，逝去的时光化为光与影留存后世。影像产品是摄影技术的最终成果，可以说影像资料是现今阶段传承文明、记录历史、再现经典、留住永恒的最好载体之一。影像资料是文化和文明的重要媒介，也是人类社会发展和进步的新标杆、新起点。从此，历史文献资料从单纯的纸质文献迈向了声、光、电的多元化，影像资料清晰直观、一目了然，明确生动，栩栩如生，给人带来强烈的视觉冲击和感官刺激，使人们对影像所反映的时代内涵和历史背景有更直接的认识和了解，这种优势是许多传统文字资料档案文献所不可比拟的。所以，影像资料对于历史档案文献的重要价值和意义不言而喻。

一、宁夏民国时期影像资料文献的历史脉络

　　所谓民国时期影像资料文献是指民国时期留存下来的原始影像资料，这些民国时期的原始影像，往往是民国时期某个历史事件、某个历史人物、某种历史场景、某种社会风物的直观而生动的记录，具有真实性、原创性、独特性和唯一性，

是人们了解和研究某一地域的历史情况、民情民风、社会发展等的重要历史文献，是人们研究历史、回顾历史、考证历史、认识历史的最重要参考文献，具有非常重要的收藏和使用价值。而收藏历史越久远、摄影角度越真实、历史内涵越丰富的影像文献，其历史价值越显得尤为珍贵。本文所述及的宁夏民国时期影像文献，涵盖了整个民国时期，这段历史时期正处于社会激烈动荡、革命浪潮风起云涌的变革时代，影像文献能在这样的复杂环境下留存后世，尤为珍贵，成为记录历史的珍贵文物资料。具有重要的历史资料价值、地方文献价值和文物收藏价值。

（一）宁夏民国时期影像文献资料的历史情况

宁夏位于中国内陆边陲，闭塞落后，交通不便，西方先进科技传入渠道不畅，摄影技术的传入同样十分滞后。随着时代的发展，一些在政府高层任职的宁夏籍官员和贵族人士开始把摄影技术带入西北和宁夏，成为上层贵族人士和富商大贾消遣的工具。但也客观上使得摄影术传入宁夏的速度和普及率大大提升。例如阿拉善亲王达理札雅自幼生活在北京，很喜欢照相，对此也很擅长，他存有各种各样的相机，型号有六寸照相机，有 120 的，有 135 的，牌号有当时德国最高档的莱卡、彩色康太克司等[①]。在宁夏省城银川开设第一家照相馆的章万宝，原来就是达理札雅的父亲塔旺布里甲拉亲王的包衣（奴仆），可见当时的上层贵族和社会精英阶层对摄影技术的发展起到了很大的推动作用。

民国时期，社会上各种思潮涌动，政治上风云变幻，国家内忧外患不断，这给思想文化方面带来了剧烈的冲击，出版业和新闻业快速发展，积累了包括图书、期刊、报纸、档案、照片、影视等在内的大量历史文献，其中照片作为重要历史文献资料的一种，开始大量出现。为后人研究民国社会提供了丰富的素材。影像资料的拍摄者也是千差万别，有外国探险家、传教士、记者、商人等，还有国内

---

① 魏文锦. 回忆 20 世纪 30 年代阿拉善旗的社会状况［M］// 朝格图. 阿拉善往事：阿拉善盟文史资料选辑甲编（上）. 银川：宁夏人民出版社，2007：48.

的报纸媒体记者、军队的随军摄影师、商业照相馆的技师等等，他们从各个角度拍摄了大量的宁夏历史影像资料。

宁夏民国时期首次出现在报刊等新闻媒体上的影像资料应该是反映海原大地震的历史照片。1920 年的海原大地震，惨绝人寰，民不聊生，这次天灾吸引了大批中外记者和国内外科学家前来进行报道、科考和调查。相关的影像在报纸等媒体发表后，引起了国内外关注。对海原大地震的最早报道是震后第二天由北京《晨报》发布的。12 月 18 日，上海《时报》、成都《国民公报》、上海《大陆报》（英文版）对当时的地震情况作了报道。海原震后，新闻媒体把地震灾情和灾民的苦难生活拍成照片和电影，播映后引起了广泛的关注，这在近代中国抗震救灾史上是一个创举，提高了宣传效果。海原大地震后不到 80 天，即 1921 年 3 月初，国际饥饿救济协会的霍尔（J.W.Hall）、克劳斯（U.Close）、麦克考尔密克（E.McCormik）等到震区进行调查。他们的调查结果发表在 1922 年美国地理杂志上，题目是《在山走动的地方》，附有珍贵的震害照片。1921 年 3 月初，时任北京政法大学教授的甘肃兰州人柴春霖，陪同国际统一救灾会驻京干事约翰 .D. 黑斯与地质学家约瑟夫 .W. 霍尔赴甘肃震区考察灾情。他们先后到平凉、隆德、静宁、兰州、固原、海原、镇戎（今同心）等地考察，于 5 月 27 日回到北京。黑斯等人在灾区拍摄了大量地震灾情照片，摄制了地震灾情电影纪录片。中国著名地质学家、地震学者翁文灏、谢家荣也前往科考，并拍摄、绘制了科考图片。

民国初年，在宁夏等西北地区游历探险的一些外国探险家也拍摄了反映当地风土人情的照片，如著名的俄国探险家彼·库·科兹洛夫，他曾率队在额济纳黑城进行过盗掘西夏文物活动；1921 年至 1925 年间，美国探险家珍妮特·艾里奥特与其丈夫组织探险队曾在甘、宁、青等省区进行考察，甚至还在阿拉善旗定远营参加了阿拉善亲王达理札雅与金允诚的婚礼，对这一段历史的回忆收录在其女儿 2003 年出版的《消失的王国：一个妇女探险家在唐古特、中国和蒙古》一书中。

1928 年至 1930 年，甘肃省连续三年不雨，造成历史上少有的特大干旱，史称"民国 18 年大年馑"，上海"华洋义赈总会"赴甘肃考察的干事、外籍人安献金也专程前往考察赈灾，并拍摄了一些照片，在国内外引起反响。

1933 年，美国传教士毕敬士赴西北穆斯林地区旅行，他与同行的几位西方传教士在旅行期间总共拍摄了 900 余张照片，其中有近 300 张照片反映了那个时代宁夏的风貌。

1935 年至 1937 年间，著名记者范长江以《大公报》记者的身份三次来到当时的宁夏省采访、报道，这些珍贵的报道，后又被收入《中国的西北角》和《塞上行》两书中，在宁夏期间也拍摄过一些照片。

马鸿逵统治宁夏时期，为了加强统治，扩大宣传，在新闻舆论方面不遗余力，先后开办宁夏省印刷局及一些报纸报刊，如《宁夏民国日报》《贺兰日报》《扫荡简报》《舆论》《新闻电讯稿》《每月新闻电迅》等报刊。宁夏南部地区也有《固原日报》《固原青年》等报刊出版，随着新闻业的发展，摄影技术传播更加广泛。

20 世纪 20 年代，以"宝珍"和"华丽"照相馆为代表，宁夏开始有了专业摄影活动。1923 年，甘肃平凉的程懋斋到固原开办了宁夏的第一家照相馆——玉鉴照相馆，师徒 3 人，开设在固原小南寺巷内。清末民初，阿拉善塔王的理发师章万宝学会了照相技术，民国 9 年（1920）又派其子章文焕到北京宝记照相馆当学徒，学会了照相。民国 10 年（1921），章万宝在定远营创办照相馆。民国 13 年（1924），章万宝将照相馆搬至宁夏城商业街柳树巷（即今银川鼓楼南街），民国 15 年（1926），章万宝终于创办了宁夏历史上第一家使用西方先进器材、从事商业活动的宝珍照相馆。当时宝珍照相馆的第一台外拍机是慈禧送给内蒙定远营王爷罗布桑道尔济的照相机，后来由王爷的儿子达里札雅转送给宝珍照相馆。继宝珍之后，相继在银川创办照相馆的还有刘曦明的华丽照相馆、张兴亭的福生照相馆、黄光箓的恒丰照相馆，但规模和设备条件都不如宝珍照相馆。

当时的照相馆主要以商业活动为中心拍摄人像，但也为当时的上层统治者服务，拍摄了许多反映上层人士活动以及生活的照片。比如：1931 年吴佩孚从四川到宁夏拍的全家照，蒋介石携宋美龄三次到宁夏的留影，1929 年门致中任宁夏省政府主席时与他手下的四位厅长的合影。马鸿逵的生活照以及接待宾客的合影照片。宋子文、陈果夫、陈立夫、白崇禧、胡宗南、张学良、杨虎城、吉鸿昌、冯玉祥、九世班禅等人来宁夏的照片，为宁夏留下了珍贵的历史影像资料。

　　20 世纪 30 年代末 40 年代初，经过十几年的传播和发展，摄影器材的改进，感光材料性能的提高，摄影装备轻便化，照相业开始向中小城镇普及，同时给艺术摄影提供了有利条件，戏照和化装照逐渐盛行。影像产品还被广泛用作政治宣传工具，如当时的一些达官贵人常利用照片作为联络感情、笼络下属的政治工具，蒋介石、白崇禧等人来宁视察时，都曾给宁夏军队中上级官员赠送自己的照片，如 1947 年，国民党中央军训部长白崇禧来宁时，就给团以上军官每人赠一块带链的大怀表，表后壳镶自己的照片，这使马鸿逵十分不悦，勒令收回怀表。1935 年孙马大战时，马步芳到宁援救，战事危急，马步芳蹲在寝室门口，双手捧腮低头不语，侍从人员为他摄了一张照片，并题"忧国忧民"四字，马步芳十分满意，将此照分赠团以上军官，作为战时纪念。1935 年 10 月，蒋介石到宁夏视察，离宁前，蒋赠给少将以上军官每人一张 12 寸戎装像片和镌有蒋介石名字的"中正剑"一柄。张学良也赠给上校以上军官每人一张 12 寸照片。蒋介石为了拉拢阿拉善亲王达理札雅，在其赴重庆谒见时，在自己戎装小照上亲笔题款"锐苏亲王惠存""蒋中正赠"，并加盖蒋介石私人印章，表示对达王的尊宠优惠。①

　　（二）带有革命"红色文化"印迹的宁夏影像文献资料

　　随着马列主义在中国的传播以及中国共产党的成立，革命思潮也开始传入宁夏，一些带有鲜明"红色文化"印迹的宁夏影像资料开始出现。1926 年秋，冯玉祥在五原誓师宣布北伐，率国民革命军总部进驻宁夏，总部设在余鼎铭公馆，

---

　　①　戚涛.国民党政府对原阿拉善旗的统治［M］//朝格图.阿拉善往事：阿拉善盟文史资料选辑甲编（上）.银川：宁夏人民出版社，2007：17.

利用《中山日报》（宁夏第一份报纸，冯玉祥军总政治部主办，由原冯部《西北日报》改版而成），总政治部干部共产党员贾午担任社长，共产党员郭伯瑞、刘景熙、曹权、贾一中等十多人担任或兼任编辑、记者，这些媒体拍摄了一些宁夏影像资料，如余鼎铭公馆旧址、中共宁夏特别支部所在地鼓楼等的老照片等，冯玉祥部西北军利用照相技术作为政治宣传的重要工具，如吉鸿昌主政宁夏期间，曾提出"回汉团结"的口号，在鼓楼西墙上悬挂一幅画着回汉两位老人握手言欢的宣传画，并把此画拍成照片，在城乡广为散发。

1927 年夏，被蒋介石通缉的共产国际驻华代表、苏联派驻广东革命政府的政治顾问、孙中山高级顾问鲍罗廷被汪精卫护送出境，由 8 月到达宁夏，先后经固原、中宁、宁夏（今银川市）、外蒙库伦回到苏联，随行的有著名记者安娜·路易斯·斯特朗等 20 多人，斯特朗作为记者，也拍摄了许多反映宁夏风土人情的照片。

著名记者埃德加·斯诺于 1936 年夏赴陕甘宁边区进行采访，在宁夏同心等地也拍摄了大量珍贵照片，其中有《抗战之声》《彭德怀在豫旺堡》《红色窑工徐海东》等著名照片，这些照片大多放在他写的《红星照耀中国》一书中。

1936 年 6 月，西征红军解放了宁夏盐池县，从此盐池县成为陕甘宁边区的重要组成部分，抗战时期，陕甘宁边区的政治宣传部门和摄影记者在盐池县境内拍摄了大量反映人民生产生活的影像资料，如大生产运动中八路军 358 旅在盐池打盐、盐池县苏维埃政府旧址等影像资料。

抗战时期，还有不少照片反映了中共宁夏地下党组织的一些活动，如宁夏少年战地服务团、中共宁夏工委领导人崔景岳等，以及宁夏回汉支队、回民骑兵团等，这些照片鲜明地反映出了那段红色的革命历史。

中华人民共和国成立前夕，中国人民解放军进军大西北，十九兵团解放宁夏时，部队的随军记者拍摄了大量的史料照片。例如十九兵团政治部宣传部所属的《子弟兵报》、一九五师政治部《先锋报》、以及新华通讯社十九兵团分社的记者张鸣同志等都拍摄了解放宁夏的照片。当时国共双方的高级干部已经有意识地用照片留存了很多珍贵历史镜头，如据解放前夕贺兰军副参谋长兼参谋处长张祥麟回忆：其于 1949 年 9 月赴中宁与十九兵团司令员杨得志、政委李志民等领导举行军事会谈时，就由杨得志提议，在中宁县北门庆太亨商店十九兵团司令部招待所院内拍摄了合照[①]。

　　解放宁夏的影像资料，也是民国时期宁夏珍贵文献，这些照片后经中央军委办公厅杨建新搜集提供，由宁夏艺术史料征集委员会编辑，宁夏人民出版社1988 年出版了《解放宁夏历史图集》。著名的老照片有：六十五军一九四师攻占固原三关口，六十四军一九一师攻占青铜峡隘口、解放军入城通过银川西门大街、银川市回民欢迎解放军入城等[②]。

二、宁夏民国时期影像文献资料的收藏现状

　　宁夏民国时期影像文献资料随着岁月的洗礼，能够保存下来的不多，大多收藏在各级档案馆、图书馆、文化馆和党史方志机构中，这些影像文献已经成为重要文献资料，得到了较为妥善的保护和利用。但我们也要清楚地认识到，宁夏民国时期影像文献的收藏保护还有很多工作要做，还有大量影像文献流失在外，需要下大力气收藏和找回，形势不容乐观。这些流失的影像资料，有的在国内外的官方机构和新闻机构中保存，甚至有很多影像文献散失在民间，甚至港澳台地区，如解放前夕随马鸿逵离宁去台的宁籍官员和家属，手中肯定有不少宁夏珍贵的影像资料。甚至民国时期的主要新闻媒体，如《大公报》《字林西报》等都刊登过不少宁夏的影像资料。有的影像文献则珍藏在重庆、南京等地的博物馆和档案馆

---

　　① 张祥麟. 宁夏解放前夕军事和谈纪实［M］//宁夏回族自治区文史研究馆. 宁夏文史：第十五辑，1999.

　　② 谢江. 在新闻战线上［M］//宁夏文史资料：第十六辑　解放宁夏回忆录. 银川：宁夏人民出版社，1986：341.

中。亟待进行搜集、整理和保护。

例如：仅斯诺在陕甘宁边区采访期间，就拍摄了 30 多卷胶卷的照片，其中有很多是在宁夏拍摄的，这些照片先后在美国的《密勒氏评论报》《星期六晚邮报》和英国的《每日先驱报》等国外媒体上发表，特别是 1937 年 2 月，美国《生活》画报第一次发表了斯诺拍摄的 75 张陕甘宁苏区照片，其中亦有宁夏的老照片。美国《生活》画报是美国著名的新闻媒体，其办刊多年来刊登的 1000 万幅优秀摄影作品，已通过谷歌网公开展示①。2008 年 11 月，美国时代华纳公司宣布，将把旗下媒体《生活》杂志历年刊登的历史图片档案与谷歌公司合作，全部无偿通过网络与网民共享，任何人都可以查阅这一庞大的历史图片宝库，其中大部分属首次公开，时代华纳公司仅保留图片的商业版权，图片的使用仅则供私人和学术界免费使用。这对宁夏民国时期影像文献的收集整理无疑是个好消息，这个图片库不仅可以找到斯诺拍摄的有关宁夏的老照片，还可能找到其他时期宁夏的摄影作品。建议宁夏档案和史志部门予以重视，尽快与美方联系，使这批珍贵的宁夏民国时期影像文献尽快"回家"。

三、宁夏民国时期影像文献资料综述

民国时期重要影像文献资料有：现馆藏在南京图书馆、马鸿逵赠送给中央图书馆的《宁夏省相片全集》中，封面有马鸿逵的亲笔签字"马鸿逵赠 三十年十一月十五日"，全集附有 21 幅描绘民国时期宁夏建筑、人物、交通的照片，为了解民国时期的宁夏历史提供了极其珍贵的史料。民国时期的《军事画报》中，有多幅马鸿逵在三边围剿宁夏兵团时的照片，从另一个角度还原了历史。九世班禅罗桑曲吉尼玛曾于 1932 年 4 月被南京国民政府任命为"西陲宣化使"，1935

---

① 《中国摄影报》2009 年 3 月 6 日第一版。

年1月在内蒙古阿拉善旗定远营成立"西陲宣化使公署",并创办了《西陲宣化使公署月刊》,这是近现代中国研究蒙藏地区报刊中的一种综合性月刊。该刊从1935年至1937年共刊行7期,里面收录了九世班禅大师、著名学者刘家驹等人的文章,该刊在出版时就注明征稿范围是:"西陲历史、地理记载与考证,关于西陲政治、经济、教育、宗教之实况与研究,关于西陲社会现象、人民生活、风俗习惯之调查与统计,关于西陲名胜古迹之文字与照片。"① 由于得到了南京国民政府的大力支持,该刊编辑、印刷都比较精美,特别是里面刊发了不少具有浓郁边疆风情的宁夏照片,具有很高的历史价值。高良佐著、建国月刊社印行于民国25年2月19日刊印的《西北随辂记》中有记载宁夏贺兰山、北塔等照片。林鹏侠著、宁夏人民出版社2000年出版的《西北行》,实质上是林鹏侠历时半年,对沿途的所见所闻以日记的形式为读者呈现,一书真实反映了20世纪30年代西北社会情形,是深入了解西北社会、历史、文化的窗口,文中刊载了多幅相关阿拉善、宁夏教育等的照片。南京正论社1947年6月出版的宁夏省情专著《宁夏纪要》,叶祖灏著,前有于右任题写书名和额济纳王爷塔旺嘉布题字,以及所配照片6幅。宁夏省建设厅于民国25年11月编印的《宁夏省建设汇刊》(第一期)一书的插图部分有中卫枸杞园、中宁枣林、灵武县农事试验场、农民插种稻田、十五路军兵工团开辟青铜峡等资料,具有历史记录之意义。傅作霖编、南京正中书局民国24年7月出版的《宁夏省考察记》中刊载了宁夏建筑、水利、民俗、交通等图片。宁夏省会公安局秘书处编辑、民国24年6月刊印的《宁夏公安局周年工作报告·第二期》中,有大量宁夏省公安局各机构的人员合影及附属教育、医疗等相关的照片。支那省别全志刊行会编纂、国际出版印刷社印刷民国24年12月版的《新修支那省别全志——第七卷 宁夏 甘肃》一书的插图中,

---

附有相关宁夏市街、北塔、中卫、平罗等照片；1946 年国民政府资源委员会编的《宁夏省人文地理图志》简志油印本就在书前贴有照片若干张，中国科学院图书馆有收藏。罗时宁和张守先等编、民国 31 年刊印的《植树节纪念专刊》一书中，有多幅描绘水利、防风沙、护路护渠的图片；黄河治本研究团编、美丽祥印书馆民国 36 年 1 月刊印《黄河中上游考察报告之一》一书中刊载了宁夏青铜峡渠口、云亭渠渠口等水利照片。民国 25 年 12 月出版的《宁夏省水利专刊》刊载了青铜峡渠口、云亭渠、美丽渠口、太平渠口等及宁夏省主席马鸿逵视察各水利工程情形的照片，实属珍贵。

解放以来，随着历史研究的不断深入，相关的民国时期历史影像资料也被广泛搜集整理，并陆续刊登在学术书刊、历史著作以及地方志书、党史著作等书籍之中，当代出版的宁夏民国时期影像文献资料主要有：宁夏档案局和宁夏档案学会编、宁夏人民出版社 2014 年 4 月出版的《中国 20 世纪图鉴宁夏卷（1900—2000）》，全书以编年体与纪事体相结合的编排方式，并以翔实的史料、简练的语言、明晰的条理，客观地再现了民国时期宁夏的山川风物、人文历史、经济建设、社会变迁、人民生活等各个方面的风貌概况。全书收录 1700 余幅图片，配以 23 万字的说明，体现了图鉴图文并茂的特点。宁夏地方志办公室主编的《宁夏地方史话丛书》，先后有 26 个市、县（区）出版了分册，收录有大量的民国时期地方历史照片，还有一些行业史话，则将本行业的民国时期历史照片收录其中，如《宁夏交通史话》《宁夏军事史话》《宁夏水利史话》等。宁夏回族自治区档案馆编、2011 年 12 月由中国档案出版社出版的《宁夏解放》一书中，通过大量珍贵的档案文献和图片，再现了宁夏解放、接管和开始新的建设的历史轨迹，再现了众多感人的历史瞬间。宁夏回族自治区地震局、中共海原县委、海原县人民政府编著，2010 年 12 月由阳光出版社出版的《海原大地震·1920》一书以真实的史料记载和珍贵的图片，系统的介绍了海原大地震的全貌，真实反映海原大地震劫难给海原人民留下的沉痛记忆和宝贵的地震资源。吴忠礼主编，2009 年 1 月由宁夏人民出版社出版的《宁夏历史图经》一书中附有 1400 余幅图片，其中有不少民国时期的老照片，为民国时期历史研究提供了详尽的线索。

四、宁夏民国时期影像资料文献的历史价值和意义

1. 宁夏民国时期影像文献可以补史之缺，纠史之讹，帮助我们重新认知历史，还历史以真实面目。

以文字为主的历史文献资料汗牛充栋，数不胜数，是研究历史的重要载体，但这种文献资料都是由人来执笔，往往带有执笔者的个人喜好和主观臆断，难免对历史真实情况或隐晦、或扭曲、或误读，使后人在此基础上以讹传讹，错上加错，历史的真实性和完整性就会受到一定程度的损害和破坏。历史影像文献作为一种特殊文献，人们很难把自己的主观意愿加于其中，它对历史的真实反映和准确定位都是一般文献无法替代的，具有很好的收藏价值、文物价值和使用价值。利用历史影像资料甚至可以解历史之谜，补历史之憾。如著名记者埃德加·斯诺于 1936 年夏赴陕甘宁边区进行采访，在宁夏同心拍摄了大量珍贵照片，其中有一幅著名照片为《抗战之声》，照片上，一位英姿飒爽的红军年轻战士站在标着"中国人民红军抗日先锋军" 11 个大字的红旗下，对着喷薄欲出的朝阳，仰首挺胸，吹着军号。这张照片后来广为流传，被评为世界经典图片。这张照片就是斯诺在同心豫旺堡南门外的堡墙上拍摄的，最早是放在他写的《红星照耀中国》一书中，后来成了《西行漫记》(《红星照耀中国》中译本) 再版书的封面。但这张照片中的红军小号手到底是何人？又有着什么鲜为人知的历史故事？后人却在历史典籍中寻找不到任何线索。中华人民共和国建立后，在革命历史博物馆、军事博物馆等场馆里，这幅照片被广泛使用，但是没有发现照片具体详细的说明，在一些老红军的回忆文章、地方史志和各类的研究著作中也未见这位红军小号手的任何记载。直至多年后，照片中的小号手真实原型现身，才揭开了这段历史的

真实面貌。红军小号手为开国少将谢立全，当时为红军一军团教导营总支书记。1972 年斯诺病逝，《人民画报》为了纪念这位中国人民的老朋友，用四个整版的篇幅登载了毛泽东的唁电、斯诺的生平事迹及其拍摄的部分珍贵照片，《抗战之声》也在其中。当时谢立全正在北京出席海军军委扩大会议，在看到这幅照片后，他给妻子写了一封信："在京西宾馆买了 5 月份《人民画报》，那个吹'抗战之声'（的人）是我，这可以肯定。"为了避嫌，谢立全还叮嘱妻儿不要将这段历史告诉别人，直至他去世后，其子谢小林才将这段尘封数十年之久的往事予以公布，从而揭开了"红军小号手"的神秘面纱。从此可以看出，历史影像文献资料对于帮助当事人回忆历史真相、还原历史原貌有着很大的作用。它可以帮助我们去重新认识一段为大家所熟知的历史，恢复历史的真实面目，让一段随时光流逝而斑驳陆离的历史旧事浮现真容。宁夏时期民国影像文献不仅能纠正民国时期史料的不足、缺失和错讹，更能帮助人们更好地解读民国历史，恢复民国历史的原貌。

2. 宁夏民国时期影像文献作为历史时期的产物，甚至可以作为统治阶级和帝国主义侵略宁夏、压迫人民的罪证。

1931 年九一八事变后，日本帝国主义派遣大批间谍潜入绥远各盟和宁夏各地及甘肃河西走廊一带搜取情报，拍摄照片，为日后全面侵华做好准备。1935 年夏，日本特务江崎寿夫带着大西俊三、松木平八郎等十几个间谍及汉奸从绥远乘汽车到宁夏，沿途测量地图、考察经济、拍摄照片，马鸿逵不敢得罪，任由其为所欲为。这些日特和汉奸拍摄的照片对当时的宁夏社会有较全面的反映，是日本帝国主义侵略宁夏的铁证①。

3. 宁夏民国时期影像文献作为重要的文献资料，是人们了解历史、认识过去的重要媒介。

---

① 马鸿逵囊括阿拉善、额济纳两旗. 甘肃省文史资料选辑：第十六辑 阿拉善往事：阿拉善盟文史资料选辑甲编（上）. 银川：宁夏人民出版社，2007：238.

　　党的十九大明确指出，要坚定道路自信、理论自信、制度自信、文化自信。但自信不是凭空来的，而是来源于历史、根植于传统。宁夏民国时期影像文献作为历史文化文献资料的重要组成部分，可以用最直观、最准确的民国历史呈现在人们面前。为了加强"四个自信"建设，宁夏各地正在兴起建设革命历史陈列馆、爱国主义教育基地、红色文化展览馆的热潮，走进这些展馆，首先映入人们眼帘的就是一幅幅珍贵的老照片，这充分说明影像资料文献的确是人们了解历史、认识过去的重要媒介，这是文字等传统信息媒介所无法取代的，具有很大的优势。影像资料文献作为革命历史陈列馆、爱国主义教育基地、红色文化展览馆等重要场馆的展示品，一方面显示出民国时期影像文献的不可取代性，一方面也能显示出一些展馆民国时期影像文献还有许多不足，有的影像文献不够全面，不够详细，有的影像文献还存在张冠李戴、语焉不详等情况，需要加以改正和重视。

　　4. 宁夏民国时期影像文献资料是宁夏民国时期历史文化的集体记忆，是民国时期重要的见证和缩影。

　　影像资料文献作为一种记忆媒介，将历史文化与科学技术有机融合，通过图像这种特殊的记忆符号，使时空逆转、时间倒流，旧时风物、景物及故人故事生动活现，栩栩如生。每个国家和地区都有属于自己的独特历史记忆和文化，这些独特的历史记忆随着时代的演进和进步，都将进入历史的轨道和空间，这个悠久的文化特性和文化记忆单纯靠文字记述，难免枯燥单调，直观印象不强，表达能力有限，影像文献资料就可以完美地和文字互相补充印证，将历史上那些精彩的瞬间和感人的时刻，用摄影刻画为永恒，成为一个地区历史演变和时代变迁的文化遗产和有力物证，通过这些或彩色，或黑白的方寸天地，人们可以领略到历史的魅力，可以感悟到时代的传承。现代社会的记忆媒介日趋多样化，电影、电视、音像、书籍、报刊甚至电子书籍都成为记忆的平台，但历史影像资料的魅力依然无法取代，这是因为历史影像资料的拍摄者都是通过自己的眼睛去捕捉历史的瞬间，带有强烈的感情色彩，如对亲人故友的怀念，对亲身经历的事情或事件的回顾，这些照片承载着拍摄者的复杂情感，这种丰富的情感可以通过影像来准确地传递给观赏者，使观者产生身临其境、心神俱往的奇妙感觉。不同时期的照片带有明显的历史痕迹，包括人物的服饰、景物的变迁、个人的喜怒哀乐都可以显示的非常清晰具体，可谓是栩栩如生。民国时期的不同历史阶段，历史影像资料所承载的内容炯然不同。甚至通过人物的穿着打扮、发型等，就可以看出明显的差别，从中可以获得很多的历史感悟。

后　记

从 2015 年起，上海师范大学图书馆在校"应用文科振兴计划"项目的支持下，连续整理和撰写了《民国文献整理与研究发展报告（2015）》、《民国文献整理与研究发展报告（2016）》和《民国文献整理与研究发展报告（2017）》，均由国家图书馆出版社出版。同时，我们还在国家图书馆民国时期文献保护工作办公室的立项支持下，于 2016 年出版了《上海师范大学图书馆民国文献珍本图录》，并于 2017 年分别获得国家社科基金项目以及国家社科基金后期资助项目的立项支持。2018 年 6 月，在国家图书馆民国时期文献保护工作办公室的指导下，我们成功举办"2018 民国时期文献整理与研究国际学术研讨会"。这一会议是继 2016 年成功举办之后的第二届，在业内具有一定影响力。

上海师范大学图书馆现有馆藏图书 300 余万册，各类数据库 100 余个，通过较长时间的积累，目前已具有较为鲜明的馆藏特色。我馆的上海地方史资料较为完备，如上海郊县的府、乡、镇志和类志，上海近现代的政治、历史、经济、文化、教育等方面的资料，都比较丰富。古籍也是我馆的特色资源，馆藏线装古籍8000 余种，约 10 万册，资源总量在全上海排名第三，包括善本古籍 1400 余种，2.6 万余册，其中不少是海内外孤本，如明末钞本《水利集》十卷二册；明赵均影宋钞本《古文苑》九卷四册等。在 2009 年，我馆获得了"全国古籍重点保护单位"和"上海市古籍重点保护单位"两个称号。我馆的另一个特色资源就是民国文献，据统计，共有民国时期期刊900余种，图书6万余册，包括民国时期老教材3500余册。其中不乏善本，如《永安月刊》，我馆收藏非常完整，《北洋画报》也相对较为完整。但是过去这些民国文献主要散藏在古籍部和两校区的各个书库。这种状况不利于对这些文献的利用和保护，也不利于对其进行深度的整理开发。因此，2013年经馆领导班子讨论决定，成立了"近代文献中心"，将分散在各处的民国文献集中收藏。编目部门对这批文献进行了重新编目，分配新的索书号。通过持续几年的工作，目前民国期刊和民国老教材已全部编目整理完，民国图书也完成了近三分之二，资源家底基本上做到了有据可查。

"近代文献中心"成立以后，我馆一直非常重视这部分馆藏的整理和建设工作。首先，我们吸纳专职和兼职人员，建立了民国文献的研究团队，着手馆藏民国文献的整理与延伸研究。文献整理，并不是简单的点点数字，排排架，还需要对文献内容进行全面的了解和挖掘，这就需要对文献的存藏情况、出版概况、整理现状等都有充分了解。因此，可以说，没有一定的学术研究支撑，我们做不好、做不深文献整理；相应的，文献研究也必须依托文献及文献整理的实践开展，否则就如无源之水，无从开展。从我馆的实际来讲，我们拥有较为丰富的民国文献资源，馆员具备良好的文献整理专业素养，我们把民国文献研究定位为我馆学术研究方向，一直鼓励馆员发挥自己的强项，依托优势文献，开展整理与研究，并在研究平台构建、学术团队组建、学术活动开展等方面为馆员营造浓厚的学术环境和氛围。目前，我馆已形成了一个以年轻馆员为主体的民国文献研究队伍，依托本馆资源，科研团队经过几年不懈的努力和在民国文献研究方向持续的耕耘，开展了卓有成效的民国文献研究，也取得诸多成果。2015年以来，团队成员在CSSCI期刊上发表民国文献相关论文近40篇，出版专著5种。其中《民国文献整理与研究发展报告》在国内外民国文献研究领域产生了广泛影响。

其次，通过开展相关研究项目，挖掘珍藏。2015年，我们争取到"上海师范大学应用文科振兴计划项目——民国文献整理与研究发展报告"的项目立项。

在项目支持下，从 2015 年起，连续三年持续开展民国文献相关研究，每年出版发展报告一本，目前已出版 2015、2016、2017 年度报告，2018 年度报告也即将出版；2016 年，《上海师范大学图书馆民国文献珍本图录》获得民国时期文献保护计划项目立项资助，借助这一项目，对馆藏民国文献进行了排查，发现了一批珍贵罕见版本，如曾被禁的奉天启智书店版《骆驼祥子》，瞿秋白"谢版"《乱弹及其他》，以及敦煌文献最早的刊录本，1909 年国粹堂石印本王仁俊辑印《敦煌石室真迹录》，1920、1930 年代刊印的罗振玉《敦煌零拾》《敦煌石室碎金》等一系列对后世敦煌学有着重要和深远影响的学术著作的初版。以及 1912 年出版的《中华初等小学国文教科书》和《中华中学历史教科书：西洋之部》等的教育部送审本和批语本。目前该项目已顺利结项，并于 2016 年年底出版《上海师范大学图书馆民国文献珍本图录》一书；基于前期的积累，在 2017 年，我们申报的"《新版民国文献总目编撰（1949—）》"成功获得国家社科基金项目资助立项，项目对目前新版民国文献的出版情况进行收集、整理和编目，对完善中华人民共和国成立后新版民国文献目录体系有较大意义。

第三，通过承办学术活动，扩大学术影响。2016 年 11 月，我馆与上海图书馆、国家图书馆出版社共同主办了"回眸与展望：民国文献整理与研究国际学术研讨会"。这次会议是民国文献整理与研究方面的首次国际性学术研讨会，对民国文献研究的进一步开展起到了积极的推动作用。随着会议影响力和我馆在民国文献学术领域影响力的扩大，2018 年 6 月，我馆再次承办这一研讨会，并将成为今后每两年举办一次的品牌学术活动。

除此之外，我馆为进一步加强原有特色馆藏，补藏了一部分民国时期老教材，以补足原版文献缺藏或品种方面的不足。2013 年以来，还购买了《申报》《民国文献类编》《民国史料丛刊》等一大批新版民国文献和《民国图书数据库》《晚清民国期刊全文数据库》等数字资源建设文献。可以说，通过项目立项、成果发表以及学术会议承办，扩大了我馆在民国文献学术研究领域的影响力，我馆逐渐成为上海乃至全国民国文献研究的一个重要学术领地。未来我们还将进一步强化民国文献资源特藏的建设，加强民国文献的整理和研究，为这一时期文献的保存、保护和整理，贡献我们的绵薄之力。

2015 年 12 月 4 日，我们在上海师范大学召开了《民国文献整理与研究发展报告（2015）》（以下简称《发展报告（2015）》）发布会，与会领导和专家对《发展报告（2015）》的出版给予了充分肯定，也给予了更大的希望。同时，《人民日报》《文汇报》等 14 家媒体到会进行采访；2016 年 11 月 16—19 日，"回眸与展望：民国文献整理与研究国际学术研讨会"在上海师范大学举行，来自美国、博茨瓦纳、中国台湾和大陆 20 余个省及上海本地的专家学者，图书馆、档案馆、出版社等业界同仁 120 余人与会。会议期间，我们还举办了《上海师范大学图书馆民国文献珍本图录》及《民国文献整理与研究发展报告（2016）》两书的新书发布会并举行了新书揭幕仪式。《新民晚报》、东方网等近 10 家媒体到会采访。

2018 年 6 月 7—8 日，"回眸与展望：2018 民国时期文献整理与研究国际研讨会"再次在上海师范大学召开。来自美国、博茨瓦纳和全国 10 余个省市自治区及上海本地的图书馆、出版社、高校、科研院所等学界、业界同仁 230 余人参会。开幕式上举行了《民国时期图书总目·哲学》新书发布仪式和颁奖典礼。相较 2016 年会议，此次会议在参会人员的数量和层次、研讨主题的广度和深度、提交论文的数量和质量等方面来讲都具有较为明显的提高，是一次由国内外相关研究领域专家学者与图书馆界和出版界同仁共同参与的学术盛会，也是对民国时期文献整理和研究工作的进一步总结和推动。

今天，《发展报告（2018）》也即将出版，本年度《发展报告》在体例上基本延续了前一阶段的布局谋篇，专题设置上比以往更加全面，涉及民国时期文献的修复、民国时期物理学文献、民国时期美术学文献、民国时期佛教文献、民国时期女性教育文献、民国时期儿童教育文献、民国时期四联总处相关文献、民国时期西安易俗社戏曲文献、民国时期影像资料文献等，在专题资源的收集和研究写作方面都更为全面和更加深入。本年度《发展报告》在我校社会科学处的大力支持下，从组建科研团队、策划专题、撰写报告，后经数次修改完善，最终定稿，历时近一年时间。在这里，我谨代表所有团队成员，对学校的大力支持，以及关心项目进展，对本报告的出版以及"回眸与展望：2018 民国时期文献整理与研究国际研讨会"顺利举行给予无私帮助的副校长陈恒教授，社科处马英娟处长、公磊副处长，人文学院苏智良教授，国家图书馆陈力常务副馆长、马静主任，上海图书馆周德明副馆长，《图书馆杂志》金晓明常务副主编，国家图书馆出版社魏崇社长、葛艳聪副社长和殷梦霞总编辑，天华学院图书馆吴志荣馆长表示感谢。同时，本次报告还以上海师范大学民国文献科研团队为基础，适当吸引其他专业人员的加入，为本次年度报告的出版增添许多新颖的专题内容，主要有陕西省艺术研究院王东明，西安电子科技大学图书馆何美珍，成都市城乡建设委员会刘祯贵，宁夏社会科学院李习文、张玉梅、王晓华，河南理工大学图书馆万秀梅。最后，让我代表个人，对他们的加入以及上海师范大学科研团队人员的辛勤付出，在此一并表示感谢。

因我们水平和经验有限，本报告还是会存在许多瑕疵，敬请学者批评指正。

本报告得到校"应用文科振兴计划"项目的资助，主要由上海师范大学图书馆"近代文献中心"编撰。专题撰写及编审工作具体分工如下：

主编　刘民钢　蔡迎春

上编　年度报告

　　第一章　民国文献整理出版综述　段晓林

　　第二章　民国文献研究综述　朱　叶

　　第三章　民国档案研究综述　蔡迎春

　　第四章　民国报刊研究综述　刘　昕

　　第五章　民国教材研究综述　唐晓艳

下编　专题报告

第一章　民国文献的修复研究　万秀梅

第二章　民国时期佛教报刊出版研究　蔡迎春

第三章　民国时期物理学文献的整理与研究　刘惠敏

第四章　民国时期儿童教育文献的整理与研究　张雅琴

第五章　民国时期女性教育文献整理与研究　石晓玲

第六章　民国时期美术学文献整理与研究　宋娜

第七章　民国时期西安易俗社戏曲文献（手抄本）及其整理　王东明

第八章　民国时期四联总处相关文献整理与研究　刘祯贵

第九章　宁夏民国时期影像资料文献概论　李习文

最终的审稿、统稿由刘民钢馆长和我共同完成。

上海师范大学图书馆副馆长　蔡迎春

2018 年 8 月 8 日